ŒUVRES
DE
CHATEAUBRIAND

Révolutions anciennes — Analyse raisonnée de l'histoire de France

TOME ONZIÈME

PARIS
DUFOUR, MULAT ET BOULANGER, LIBRAIRES-ÉDITEURS
6, RUE DE BEAUNE, PRÈS LE PONT-ROYAL
(Ancien hôtel de Nesle)

MDCCCLVIII

ŒUVRES
DE
CHATEAUBRIAND

TOME XI

LAGNY. — TYPOGRAPHIE DE VIALAT

GABRIEL VISITE L'ANGE DES MERS
(Les Martyrs)

ŒUVRES

DE

CHATEAUBRIAND

Révolutions anciennes — Analyse raisonnée de l'histoire de France

TOME ONZIÈME

PARIS

DUFOUR, MULAT ET BOULANGER, ÉDITEURS

6, RUE DE BEAUNE, PRÈS LE PONT-ROYAL
(Ancien hôtel de Nesle)

M DCCC LVIII

ESSAI HISTORIQUE

POLITIQUE ET MORAL

SUR

LES RÉVOLUTIONS

ANCIENNES ET MODERNES

CONSIDÉRÉES DANS LEURS RAPPORTS

AVEC L'A RÉVOLUTION FRANÇAISE

SECONDE PARTIE

(Suite.)

CHAPITRE XII.

Denys à Corinthe. — Les Bourbons.

Cependant Denys était arrivé à Corinthe. On s'empressa de venir repaître ses regards du spectacle d'un monarque dans l'adversité. Nous chérissons moins la liberté que nous ne haïssons les grands, parce que nous ne pouvons souffrir le bonheur dans les autres, et que nous nous imaginons que les grands sont heureux. Comme les rois semblent d'une autre espèce que le reste de la foule, au jour de l'affliction ils ne trouvent pas une larme de pitié. Voilà donc, dit chacun en soi-même, cet homme qui commandait aux hommes, et qui, d'un coup d'œil, aurait pu me ravir la liberté et la vie? Toujours bas, nous rampons sous les princes dans leur gloire, et nous leur crachons au visage lorsqu'ils sont tombés [a].

Qu'eût dû faire Denys dans ses revers? Il eût dû savoir que les tigres et les déserts sont moins à craindre pour les misérables que la

---

[a] Si l'espèce humaine était telle que je la voyais alors, il faudrait aller se noyer. Il est vrai que l'on crache au visage des princes quand ils sont tombés : reste à savoir si les princes, lorsqu'ils ont recouvré leur pouvoir, ne crachent pas au visage de ceux qui les ont servis. (N. ÉD.)

société. Il eût dû se retirer dans quelque lieu sauvage pour gémir sur ses fautes passées, et surtout pour cacher ses pleurs ; ou plutôt il pouvait, comme les anciens, se coucher et mourir. Un homme n'est jamais très à plaindre lorsqu'il a le droguiste ou le marchand de poignards à sa porte, et qu'il lui reste quelques *mines* [a].

L'âme de Denys n'était pas de cette trempe. Le tyran abandonné tenait, on ne sait pourquoi, à l'existence. Peut-être quelque lien caché qu'il n'osait découvrir, quelque sentiment secret... Denys n'était-il pas père ? et les faiblesses du cœur n'attachent-elles pas à la vie ? C'est un effet cruel de l'adversité, qu'elle redouble notre sensibilité, en même temps qu'elle l'éteint pour nous dans le cœur des autres, et qu'elle nous rend plus susceptibles d'amitiés lorsque l'heure des amis est passée.

Le prince de Syracuse offrait une grande leçon à Corinthe, où les étrangers s'empressaient de venir méditer ce spectacle extraordinaire. Le malheureux roi, couvert de haillons, passait ses jours sur les places publiques ou à la porte des cabarets, où on lui distribuait, par pitié, quelque reste de vin et de viande. La populace s'assemblait autour de lui, et Denys avait la lâcheté de l'amuser de ses bons mots [1]. Il se rendait ensuite dans les boutiques des parfumeurs, ou chez des chanteuses auxquelles il faisait répéter leurs rôles, s'occupant à disputer avec elles sur les règles de la musique [2]. Bientôt, pour ne pas mourir de faim, il fut obligé de donner des leçons de grammaire dans les faubourgs aux enfants du petit peuple [3], et ce ne fut pas le dernier degré d'avilissement où le réduisit la fortune.

Une conduite aussi indigne a porté les hommes à en chercher les causes. Cicéron fait là-dessus une remarque cruelle [4]. Denys, dit-il, voulut dominer sur des enfants par habitude de tyrannie. Justin [5], au contraire, croit qu'il n'agissait ainsi que dans la crainte que les Corinthiens ne prissent de lui quelque ombrage. Ne serait-ce point plutôt le désespoir qui jeta le roi de Syracuse dans cet excès de bassesse ? A force de l'insulter on le rendit digne d'insultes. Le malheur est une maladie de l'âme qui ôte l'énergie nécessaire pour se défaire de la

---

[a] Il ne me restait plus, pour couronner l'œuvre, qu'à recommander le suicide. Si cent pages de l'*Essai* n'étaient en contradiction directe avec de tels principes, n'expiaient ces incartades d'un esprit blessé, il n'y a point de reproche que l'on ne dût adresser à l'auteur d'un pareil livre. Si je pouvais chercher une excuse à des doctrines aussi pernicieuses, je ferais remarquer que c'est encore un sentiment généreux et même monarchique qui me les fait énoncer ici. J'aurais voulu que Denys se fût tué, plutôt que d'avilir à la fois sa personne et son sceptre, l'homme et le roi ; le conseil est criminel, mais le motif de ce conseil est noble. (N. Éd.)

[1] Plut., *in Timol.* — [2] *Id., ibid.* — [3] *Id., ibid.*; Cic., *Tusc.*, lib. III, n° 27; Just., lib. XXI; Lucian., *Somn.*, cap. XXIII; Val. Max., lib. VI, cap. IX. — [4] Cic., *Tusc.* — [5] Just., lib. XXI, cap. V.

vie ; et lorsqu'un misérable sent que son caractère s'avilit, que la pitié des hommes ne s'étend plus sur lui, alors il se plonge tout entier dans le mépris, comme dans une espèce de mort.

Malgré le masque d'insensibilité que le monarque de Sicile portait sur le visage, je doute que la borne de la place publique, qui lui servait d'oreiller durant la nuit, et qu'il partageait peut-être avec quelque mendiant de Corinthe [1], fût entièrement sèche le matin. Plusieurs mots échappés à ce prince justifient cette conjecture.

Diogène, le rencontrant un jour, lui dit : « Tu ne méritais pas un pareil sort ! » Denys, se trompant sur le motif de cette exclamation, et étonné de trouver de la pitié parmi les hommes, ne put se défendre d'un mouvement de sensibilité. Il repartit : « Tu me plains donc ! je t'en remercie. » La simplicité de ce mot, qui devait briser l'âme de Diogène, ne fit qu'irriter le féroce cynique. « Te plaindre ! s'écria-t-il, tu te trompes, esclave : je suis indigné de te voir dans une ville où tu puisses jouir encore de quelques plaisirs [2]. » À Dieu ne plaise qu'une pareille philosophie soit jamais la mienne !

Dans une autre occasion, le même prince, importuné par un homme qui l'accablait de familiarités indécentes, dit tranquillement : « Heureux ceux qui ont appris à souffrir [3] ! »

Quelquefois il savait repousser une injure grossière par une raillerie piquante. Un Corinthien, soupçonné de filouterie, s'approche de lui en secouant sa tunique, pour montrer qu'il n'avait point de poignard (manière dont on en usait en abordant les tyrans) : « Fais-le en sortant, » dit Denys [4].

La fortune voulut mêler quelques douceurs à l'amertume de ses breuvages pour en rendre le déboire plus affreux. Denys obtint la permission de voyager, et Philippe le reçut dans son royaume avec tous les honneurs dus à son rang. Pédagogue à Corinthe, roi encore à la table de celui de Macédoine, réduit de nouveau à la mendicité, ces étranges vicissitudes devaient bien apprendre au prince de Sicile la folie de la vie et la vanité des rôles qu'on y remplit. Du moins le père d'Alexandre s'honora-t-il en respectant l'infortune. Il ne put s'empêcher de dire à son hôte, en le voyant, avec une espèce de chaleur : « Comment avez-vous perdu un empire que votre père sut conserver si longtemps ? — J'héritai de sa puissance, répondit Denys, et non de sa fortune [5]. » Ce mot-là explique l'histoire du genre humain. Un soir que les deux tyrans s'entretenaient familièrement dans une orgie,

---

[1] Val. Max., lib. vi, cap. ix. — [2] Plut., in Timol. — [3] Stob., Serm. 110. — [4] Plut., in Timol., Ælian., Var. Hist., lib. iv, cap. xviii. — [5] Ælian., Var. Hist., lib. xii, cap. ix.

celui de la Grèce demanda à celui de Sicile quel temps son père, Denys l'Ancien, prenait pour composer un si grand nombre de poëmes : « Le temps que vous et moi mettons ici à boire, » répliqua gaiement le roi détrôné [1][a].

Le sort voulut enfin terminer ce grand drame de l'école des rois par un dénoûment non moins extraordinaire que les autres scènes. Denys, réduit au dernier degré de misère, ou rendu fou de chagrin, s'engagea dans une troupe de prêtres de Cybèle, et l'on vit le monarque de Syracuse, avec sa grosse taille [2], et ses yeux à moitié fermés [3], parcourant les villes et les bourgs de la Grèce, sautant et dansant en frappant un tympanon, et allant après tendre la main à la ronde, pour recevoir les chétives aumônes de la populace [4].

Si je me suis arrêté longtemps aux infortunes de Denys, on en sent assez la raison. Outre la grande leçon qu'elles présentent, l'Europe a devant les yeux, au moment où j'écris ceci, un exemple frappant, non des mêmes vices, mais presque des mêmes malheurs. Déjà un Bourbon, qui devait être le plus riche particulier de l'Europe, a été obligé, pour vivre, d'avoir recours en Suisse au moyen employé par Denys à Corinthe. Sans doute le duc d'Orléans aura enseigné à ses pupilles les dangers d'une ambition coupable, et surtout les périls d'une mauvaise éducation. Il se sera fait une loi de leur répéter que le premier devoir de l'homme n'est pas d'être roi, mais d'être probe. Si ce mot paraît sévère, j'en appelle à ce prince lui-même, qu'on dit d'ailleurs plein de courage et de vertus naturelles [b]. Qu'il jette les regards autour de lui en Europe, qu'il contemple les milliers de victimes sacrifiées chaque jour à l'ambition de sa famille : j'aurais voulu éviter de nommer son père.

Le reste de la famille des Bourbons a éprouvé diverses calamités. L'héritier des rois, le souverain légitime de la France, erre maintenant en Europe à la merci des hommes [c]; et le maître de tant de palais

---

[1] Plut., *in Timol.*

[a] Je n'ai pas tiré tout le parti que je pouvais tirer de cette entrevue de Denys et de Philippe. Denys l'Ancien était un tyran assez remarquable; il eut un misérable fils. Philippe était un prince habile qui eut pour héritier un des plus grands hommes dont l'histoire ait conservé le souvenir. Ce petit despote qui finissait le royaume de Sicile, dînant avec le jeune Alexandre, en qui allait commencer un des trois grands royaumes du monde, formait un contraste qui n'aurait pas dû m'échapper. (N. Éd.)

[2] Just., lib. xxi, cap. ii. — [3] Athen., lib. x, pag. 439; Just., *ibid.*; Plut., *de Adul.*, tom. ii. — [4] Ælian., *Var. Hist.*, lib. ix, cap. viii; Athen., lib. xii, cap. xi.

[b] *Voyez* la note [a], pag. 130. (N. Éd.) — [c] Mes sentiments pour la monarchie de saint Louis et pour mes rois légitimes sont nettement exprimés ici; mais le parallèle entre Denys et les héritiers de tant de monarques offre la même impertinence qu'une foule d'autres rapprochements de l'*Essai*. Le petit tyran de quelques villes de la Sicile, fils d'un autre tyran, premier-né de sa race, a-t-il

serait trop heureux de posséder dans quelque coin de la terre la moindre des cabanes de ses sujets.

Cependant si un royaume florissant, un peuple nombreux, une naissance illustre, se réunissent pour augmenter l'amertume des regrets de Louis, il ne saurait craindre, comme les rois de l'antiquité, l'excès de l'indigence. Cette différence tient à l'état relatif des constitutions. Chez les anciens un prince fugitif ne rencontrait que des républiques qui insultaient à sa misère; dans le monde moderne il trouve du moins d'autres princes qui lui procurent les nécessités de la vie [a]. S'il arrivait que l'Europe se formât en démocraties, le dernier des monarques détrônés serait aussi malheureux que Denys.

Depuis les premiers âges du monde jusqu'à la catastrophe des Bourbons en France, l'histoire nous offre un grand nombre de princes fugitifs et en proie aux douleurs, le partage commun des hommes. On remarque particulièrement, chez les anciens, le monarque aveugle qui parcourait la Grèce appuyé sur son Antigone; Thésée, le législateur, le défenseur de sa patrie, et banni par un peuple ingrat; Oreste, suivi d'un seul ami; Idoménée, chassé de Crète; Démarate, roi de Sparte, retiré auprès de Darius; Hippias, mort au champ de Marathon, en cherchant à recouvrer sa couronne; Pausanias II, roi de Sparte, condamné à mort et sauvé par la fuite; Denys à Corinthe; Darius, fuyant seul devant Alexandre, et assassiné par ses courtisans; Cléomène, digne successeur d'Agis, crucifié en Égypte, où il s'était retiré; Antiochus Hiérax, réfugié chez Ptolémée, qui le jette dans les cachots; Antiochus X, errant chez les Parthes et en Cilicie; Mithridate, cherchant en vain un asile auprès de Tigrane son gendre, et réduit à s'empoisonner; à Rome, Tarquin chassé par Brutus, et soulevant en vain l'Italie en sa faveur; une foule d'empereurs des deux empires qu'il serait trop long d'énumérer [b]. Parmi les peuples modernes, on reconnaît en Afrique Gélimer [1], chassé du trône des Vandales et réduit à cultiver

---

avec la dynastie des Bourbons quelque rapport d'influence, de caractère et de grandeur? L'histrion royal descendu du trône pour danser dans une troupe de prêtres de Cybèle peut-il être nommé sans honte auprès de ce roi magnanime qui repoussa si noblement les propositions de l'usurpateur de sa couronne? Mais il me fallait, bon gré mal gré, des comparaisons, afin d'arriver à des réflexions plus ou moins justes, à des pages plus ou moins dans le sujet. (N. Éd.).

[a] Il y a quelque chose d'étroit, de sec et de vulgaire dans cette remarque. Je l'ai dit ailleurs, et plus noblement : Un roi de France qui manque de tout est encore roi quand il peut dormir sur la terre enveloppé dans sa casaque fleurdelisée, ayant pour bâton le sceptre de saint Louis, et pour épée celle de Henri IV. (N. Éd.) — [b] J'aurais dû au moins, dans ce catalogue des rois détrônés, nommer Persée, ne fût-ce que pour rappeler le trône d'Alexandre. (N. Éd.)

[1] Son histoire est touchante, et présente un des jeux les plus extraordinaires de la fortune. Le lendemain du jour que Gélimer sortit secrètement de Carthage, Bélisaire, dans le palais de ce prince des Vandales, servi par ses propres esclaves, dîna sur la table, dans les plats, et des viandes mêmes

un champ de ses propres mains; en Italie, Lamberg, premier prince fugitif de l'Europe moderne; Pierre de Médicis, qui, sans Philippe de Commines, n'eût pu trouver une retraite à Venise; l'empereur Henri IV, fuyant devant son fils; le comte de Flandre, chassé par Artevelle; Charles V de France, dépouillé par la faction de Charles de Navarre; Charles VII, réduit à sa ville d'Orléans; Henri VI d'Angleterre, détrôné, puis rétabli, puis détrôné encore; Édouard IV, errant dans les Pays-Bas, privé de tout secours; Henri IV de France, chassé par la Ligue; Charles II d'Angleterre, obligé de dormir sur un chêne dans ses États, tandis que sa famille sur le continent était forcée de se tenir au lit, faute de feu; Gustave Vasa, retiré dans les mines; Stanislas, roi de Pologne, s'échappant déguisé de son palais; Jacques II, trouvant une cour en France, mais dont les descendants n'avaient pas un lieu où reposer leur tête *a*; Marie, portant son fils dans les rangs hongrois; enfin les Bourbons, terminant cette liste d'illustres infortunés. Dans ce catalogue de misères, chacun pourra satisfaire le penchant de son cœur: l'envie y verra des rois; la pitié, des malheureux; et la philosophie, des hommes.

CHAPITRE XIII.

Aux Infortunés.

Thrice happy you, who look as from the shore
And have no venture in the wreck you see!

Ce chapitre n'est pas écrit pour tous les lecteurs; plusieurs peuvent le passer sans interrompre le fil *b* de cet ouvrage : il est adressé à la

---

préparées pour le repas du malheureux monarque. Le roi fugitif s'étant ensuite remis entre les mains du général romain, il fut conduit à Constantinople, où, après s'être prosterné devant Justinien, on lui donna quelque terre dans un coin de l'Empire. (PROCOP., *Bell. Vandal.*, lib. I, cap. XXI, etc.) Ce bon Procope, qui raconte si naïvement ses songes, l'amour d'Honorius pour une poule nommée *Rome*, et les chansons des petits enfants qui disaient : « G. chassera B., et B. chassera G., » me fait ressouvenir qu'on trouve, dans son Histoire de la guerre des Perses, un chapitre intéressant sur la mer Rouge et le commerce des Indes, qui a, je crois, échappé au savant Robertson, dans sa *Disquisition*. On y apprend que l'on construisait les vaisseaux sans clous pour cette navigation, en attachant seulement les planches avec des cordes, non à cause des rochers d'aimant, dit Procope, qui se pique alors d'incrédulité, mais pour les rendre plus légers*. (*De Bell. Pers.*, lib. I, cap. XVIII.)

a La France les repoussa, mais Rome, cette mère commune des infortunés, les accueillit. (N. ÉD.)
— *b* On n'interrompt point le fil d'un ouvrage, on le rompt. Langue à part, cette phrase condamne tout le chapitre. C'est au lecteur à dire s'il veut qu'on le supprime. (N. ÉD.)

---

* Cette note est écrite à la diable, bien qu'elle soit assez curieuse. Mais à quoi bon tout cela, et les petits enfants qui chantent, et Honorius et Robertson, et le commerce des Indes, et les rochers d'aimant, etc., etc.? Érudition tout à fait digne du *Chef-d'œuvre d'un Inconnu*. (N. ÉD.)

classe des malheureux ; j'ai tâché de l'écrire dans leur langue, qu'il y a longtemps que j'étudie *!

Celui-là n'était pas un favori de la prospérité qui répétait les deux vers qu'on voit à la tête de ce chapitre. C'était un monarque, le malheureux Richard II, qui, le matin même du jour où il fut assassiné, jetant à travers les soupiraux de sa prison un regard sur la campagne, enviait le pâtre qu'il voyait assis tranquillement dans la vallée auprès de ses chèvres.

Quelles qu'aient été tes erreurs, innocent ou coupable, né sur un trône ou dans une chaumière ; qui que tu sois, enfant du malheur, je te salue : *Experti invicem sumus, ego ac fortuna.*

On a beaucoup disputé sur l'infortune comme sur toute autre chose. Voici quelques réflexions que je crois nouvelles *b*.

Comment le malheur agit-il sur les hommes ? Augmente-t-il la force de leur âme ? La diminue-t-il ?

S'il l'augmente, pourquoi Denys fut-il si lâche ?

S'il la diminue, pourquoi la reine de France déploya-t-elle tant de fortitude ?

Prend-il le caractère de la victime ? Mais, s'il le prend, pourquoi Louis, si timide au jour du bonheur, se montra-t-il si courageux au jour de l'adversité *c* ? Et pourquoi ce Jacques II, si brave dans la prospérité, fuyait-il sur les bords de la Boyne lorsqu'il n'avait plus rien à perdre ?

Serait-ce que le malheur transforme *d* les hommes ? Sommes-nous forts parce que nous étions faibles, faibles parce que nous étions forts ? Mais le pusillanime empereur romain qui se cachait dans les latrines de son palais au moment de sa mort avait toujours été le même, et le Breton Caractacus fut aussi noble dans la capitale du monde que dans ses forêts.

Il paraît donc impossible de raisonner d'après une donnée certaine sur la nature de l'infortune.

Il est vraisemblable qu'elle agit sur nous par des causes secrètes qui tiennent à nos habitudes et à nos préjugés, et par la position où nous nous trouvons relativement aux objets environnants. Denys, si vil à Corinthe, eût peut-être été très-grand entre les mains de ses sujets à Syracuse.

---

a On va voir en effet que j'ai examiné la question dans tous ses rapports, que je suis savant dans la science des infortunés. Je me délectais à parler du malheur : j'étais là comme un poisson dans l'eau. (N. Éd.) — *b* J'ai un grand penchant à m'applaudir. (N. Éd.) — *c* Je louais et j'admirais ces grandes victimes lorsque je ne demandais rien et n'avais rien à attendre de leurs héritiers. (N. Éd.) — *d* Le verbe *transformer* ne s'emploie guère absolument ; mais si je m'étais mis à relever les hardiesses de langue dans l'*Essai*, je n'en aurais pas fini. (N. Éd.)

Autre recherche. Voilà le malheur considéré en lui-même ; examinons-le dans ses relations extérieures.

La vue de la misère cause différentes sensations chez les hommes. Les grands, c'est-à-dire les riches, ne la voient qu'avec un dégoût extrême ; il ne faut attendre d'eux qu'une pitié insolente, que des dons, des politesses, mille fois pires que des insultes.

Le marchand, si vous entrez dans son comptoir, ramassera précipitamment l'argent qui se trouve atteint : cette âme de boue confond le malheureux et le malhonnête homme.

Quant au peuple, il vous traite selon son génie. L'infortuné rencontre en Allemagne la vraie hospitalité ; en Italie, la bassesse, mais quelquefois des éclairs de sensibilité et de délicatesse ; en Espagne, la morgue et la lâcheté, parfois aussi de la noblesse ; le peuple français, malgré sa barbarie, lorsqu'il s'assemble en masse, est le plus charitable, le plus sensible de tous envers le misérable, parce qu'il est sans contredit le moins avide d'or. Le désintéressement est une qualité que mes compatriotes possèdent éminemment au-dessus des autres nations de l'Europe. L'argent n'est rien pour eux, pourvu qu'ils aient exactement la vie. En Hollande, le malheureux ne trouve que brutalité ; en Angleterre, le peuple méprise souverainement l'infortune ; il sent, il frotte, il mord, il examine, il fait sonner son schelling ; il ne voit partout que du cuivre ou de l'argent. Au reste, il est précisément le contraire du Français. Autant les individus qui le composent feraient des bassesses pour quelques demi-couronnes, autant ils sont généreux pris en corps. Au fait, je ne connais point deux nations plus antipathiques de génie, de mœurs, de vices et de vertus, que les Anglais et les Français, avec cette différence, que les premiers reconnaissent généreusement plusieurs qualités dans les derniers, tandis que ceux-ci refusent toute vertu aux autres [a].

Examinons maintenant si de ces diverses remarques on ne peut retirer quelques règles de conduite dans le malheur. J'en sais trois :

Un misérable est un objet de curiosité pour les hommes. On l'examine, on aime à toucher la corde des angoisses, pour jouir du plaisir d'étudier son cœur au moment de la convulsion de la douleur, comme ces chirurgiens qui suspendent des animaux dans des tourments, afin d'épier la circulation du sang et le jeu des organes [b]. La première règle

---

[a] Il y avait peut-être quelque courage à écrire ainsi en Angleterre ; mais il y a une transposition évidente dans le texte. Au lieu de lire : « Je ne connais point deux nations aussi antipathiques... que les Anglais et les Français... » Il faut lire : *Que les Français et les Anglais*. (N. Éd.) — [b] Cette idée abominable que j'ai des hommes me poursuit. Il y a incohérence dans les images. (N. Éd.)

est donc de cacher ses pleurs. Qui peut s'intéresser au récit de nos maux? Les uns les écoutent sans les entendre, les autres avec ennui, tous avec malignité. La prospérité est une statue d'or dont les oreilles ressemblent à ces cavernes sonores décrites par quelques voyageurs : le plus léger soupir s'y grossit en un son épouvantable.

La seconde règle, qui découle de la première, consiste à s'isoler entièrement. Il faut éviter la société lorsqu'on souffre, parce qu'elle est l'ennemie naturelle des malheureux; sa maxime est : l'infortuné — coupable. Je suis si convaincu de cette vérité sociale, que je ne passe guère dans les rues sans baisser la tête.

Troisième règle : Fierté intraitable. L'orgueil est la vertu du malheur. Plus la fortune nous abaisse, plus il faut nous élever, si nous voulons sauver notre caractère. Il faut se ressouvenir que partout on honore l'habit et non l'homme. Peu importe que vous soyez un fripon, si vous êtes riche; un honnête homme, si vous êtes pauvre. Les positions relatives font dans la société l'estime, la considération, la vertu. Comme il n'y a rien d'intrinsèque dans la naissance, vous fûtes roi à Syracuse, et vous devenez particulier malheureux à Corinthe. Dans la première position vous devez mépriser ce que vous êtes; dans la seconde, vous enorgueillir de ce que vous avez été; non qu'au fond vous ne sachiez à quoi vous en tenir sur ce frivole avantage, mais pour vous en servir comme d'un bouclier contre le mépris attaché à l'infortune. On se familiarise aisément avec le malheureux; et il se trouve sans cesse dans la dure nécessité de se rappeler sa dignité d'homme, s'il ne veut que les autres l'oublient.

Enfin vient une grande question sur le sujet de ce chapitre : que faut-il faire pour soulager ses chagrins? Voici la pierre philosophale.

D'abord la nature du malheur n'étant pas parfaitement connue, cette question reste pour ainsi dire insoluble. Lorsqu'on ne sait où gît le siége du mal, où peut-on appliquer le remède?

Plusieurs philosophes anciens et modernes ont écrit sur ce sujet. Les uns nous proposent la lecture, les autres la vertu, le courage. C'est le médecin qui dit au patient : Portez-vous bien.

Un livre vraiment utile au misérable, parce qu'on y trouve la pitié, la tolérance, la douce indulgence, l'espérance plus douce encore, qui composent le seul baume des blessures de l'âme, ce sont les Évangiles. Leur divin auteur ne s'arrête point à prêcher vainement les infortunés, il fait plus : il bénit leurs larmes, et boit avec eux le calice jusqu'à la lie [a].

---

[a] J'ai déjà cité ce passage dans ma préface comme une preuve de mon *incrédulité*. (N. Éd.)

Il n'y a point de panacée universelle pour le chagrin, il en faudrait autant que d'individus. D'ailleurs la raison trop dure ne fait qu'aigrir celui qui souffre, comme la garde maladroite qui, en tournant l'agonisant dans son lit pour le mettre plus à son aise, ne fait que le torturer. Il ne faut rien moins que la main d'un ami pour panser les plaies du cœur, et pour vous aider à soulever doucement la pierre de la tombe.

Mais, si nous ignorons comment le malheur agit, nous savons du moins en quoi il consiste : en une privation. Que celle-ci varie à l'infini ; que l'un regrette un trône ; l'autre, une fortune ; un troisième, une place ; un quatrième, un abus : n'importe, l'effet reste le même pour tous. M*** me disait : Je ne vois qu'une infortune réelle ; celle de manquer de pain. Quand un homme a la vie, l'habit, une chambre et du feu, les autres maux s'évanouissent. Le manque du nécessaire absolu est une chose affreuse, parce que l'inquiétude du lendemain empoisonne le présent. M*** avait raison, mais cela ne tranche pas la question[a].

Car que faudrait-il faire pour se procurer ce premier besoin ? Travailler, répondent ceux qui n'entendent rien au cœur de l'homme. Nous supportons l'adversité non d'après tel ou tel principe, mais selon notre éducation, nos goûts, notre caractère, et surtout notre génie. Celui-ci, s'il peut gagner passablement sa vie par une occupation quelconque, s'apercevra à peine qu'il a changé de condition ; tandis que celui-là, d'un ordre supérieur, regardera comme le plus grand des maux de se voir obligé de renoncer aux facultés de son art, de faire sa compagnie de manœuvres, dont les idées sont confinées autour du bloc qu'ils scient, ou de passer ses jours, dans l'âge de la raison et de la pensée, à faire répéter des mots aux stupides enfants de son voisin. Un pareil homme aimera mieux mourir de faim que de se procurer à un tel prix les besoins de la vie. Ce n'est donc pas chose si aisée que d'associer le nécessaire et le bonheur : tout le monde n'entendra pas ceci[b].

Ainsi nous ne sommes pas juges compétents du bon et du mauvais

---

[a] N'est-il pas étrange que je ne fasse aucune mention des peines morales, des douleurs paternelles, maternelles et filiales, de celles de l'amitié? Le secret de cet oubli, c'est que je vivais au milieu de l'émigration, où j'étais sans cesse frappé de la vue des maux physiques et des chagrins politiques. Aussi mettais-je au nombre des infortunes l'*indigence* et les *abus*. (N. Éd.) —
[b] Il faut me passer cet éternel *moi* et ce ton de confidence que je prends avec les lecteurs. L'amour du raisonner que j'avais dans ma jeunesse, cette manière de faire une thèse de tout, ces argumentations en forme sur le malheur, ces aphorismes à l'usage des infortunés, s'éloignent tout à fait de la manière que j'emploierais aujourd'hui dans un pareil sujet : les traits pourraient être semblables, mais la chaîne des idées ne serait pas la même. (N. Éd.)

pour les autres : il ne s'agit pas de l'apparence mais de la réalité.

Je m'imagine que les malheureux qui lisent ce chapitre le parcourent avec cette avidité inquiète que j'ai souvent portée moi-même dans la lecture des moralistes, à l'article des misères humaines, croyant y trouver quelque soulagement. Je m'imagine encore que, trompés comme moi, ils me disent : Vous ne nous apprenez rien ; vous ne nous donnez aucun moyen d'adoucir nos peines ; au contraire, vous prouvez trop qu'il n'en existe point. O mes compagnons d'infortune ! votre reproche est juste : je voudrais pouvoir sécher vos larmes, mais il vous faut implorer le secours d'une main plus puissante que celle des hommes [a]. Cependant ne vous laissez point abattre ; on trouve encore quelques douceurs parmi beaucoup de calamités. Essayerai-je de montrer le parti qu'on peut tirer de la condition la plus misérable ? Peut-être en recueillerez-vous plus de profit que de toute l'enflure d'un discours stoïque.

Un infortuné parmi les enfants de la prospérité ressemble à un gueux qui se promène en guenilles au milieu d'une société brillante : chacun le regarde et le fuit. Il doit donc éviter les jardins publics, le fracas, le grand jour ; le plus souvent même il ne sortira que la nuit. Lorsque la brune commence à confondre les objets, notre infortuné s'aventure hors de sa retraite, et, traversant en hâte les lieux fréquentés, il gagne quelque chemin solitaire, où il puisse errer en liberté. Un jour il va s'asseoir au sommet d'une colline qui domine la ville et commande une vaste contrée ; il contemple les feux qui brillent dans l'étendue du paysage obscur, sous tous ces toits habités. Ici, il voit éclater le réverbère à la porte de cet hôtel, dont les habitants, plongés dans les plaisirs, ignorent qu'il est un misérable, occupé seul à regarder de loin la lumière de leurs fêtes, lui qui eut aussi des fêtes et des amis ! Il ramène ensuite ses regards sur quelque petit rayon tremblant dans une pauvre maison écartée du faubourg, et il se dit : Là, j'ai des frères [b].

Une autre fois, par un clair de lune, il se place en embuscade sur un grand chemin, pour jouir encore à la dérobée de la vue des hommes, sans être distingué d'eux ; de peur qu'en apercevant un malheureux, ils ne s'écrient, comme les gardes du docteur anglais, dans la *Chaumière Indienne* : Un Paria ! un Paria !

Mais le but favori de ses courses sera peut-être un bois de sapins, planté à quelque deux milles de la ville. Là, il a trouvé une société

---

[a] Ces cris religieux, échappés tout à coup et comme involontairement du fond de l'âme, prouvent mieux mes sentiments intérieurs que tous les raisonnements de la terre. (N. Éd.) — [b] On retrouve quelque chose de ce passage dans *René*. (N. Éd.)

paisible, qui, comme lui, cherche le silence et l'obscurité. Ces Sylvains solitaires veulent bien le souffrir dans leur république, à laquelle il paye un léger tribut; tâchant ainsi de reconnaître, autant qu'il est en lui, l'hospitalité qu'on lui a donnée [a].

Lorsque les chances de la destinée nous jettent hors de la société, la surabondance de notre âme, faute d'objet réel, se répand jusque sur l'ordre muet de la création, et nous y trouvons une sorte de plaisir que nous n'aurions jamais soupçonnée. La vie est douce avec la nature. Pour moi, je me suis sauvé dans la solitude, et j'ai résolu d'y mourir, sans me rembarquer sur la mer du monde [b]. J'en contemple encore quelquefois les tempêtes, comme un homme jeté seul sur une île déserte, qui se plaît, par une secrète mélancolie, à voir les flots se briser au loin sur les côtes où il fit naufrage. Après la perte de nos amis [c], si nous ne succombons à la douleur, le cœur se replie sur lui-même; il forme le projet de se détacher de tout autre sentiment, et de vivre uniquement avec ses souvenirs. S'il devient moins propre à la société, sa sensibilité se développe aussi davantage. Le malheur nous est utile; sans lui les facultés aimantes de notre âme resteraient inactives : il la rend un instrument tout harmonie, dont, au moindre souffle, il sort des murmures inexprimables. Que celui que le chagrin mine s'enfonce dans les forêts; qu'il erre sous leur voûte mobile; qu'il gravisse la colline, d'où l'on découvre, d'un côté de riches campagnes, de l'autre le soleil levant sur des mers étincelantes dont le vert changeant se glace de cramoisi et de feu; sa douleur ne tiendra point contre un pareil spectacle : non qu'il oublie ceux qu'il aima, car alors ses maux seraient préférables; mais leur souvenir se fondra avec le calme des bois et des cieux : il gardera sa douceur et ne perdra que son amertume. Heureux ceux qui aiment la nature! ils la trouveront, et trouveront seulement elle, au jour de l'adversité.

Telle est la première sorte de plaisir qu'on peut tirer du malheur; mais on en compte plusieurs autres. Je recommanderais particulièrement l'étude de la botanique comme propre à calmer l'âme en détournant les yeux des passions des hommes, pour les porter sur le peuple innocent des fleurs. Armé de ses ciseaux, de son style, de sa lunette, on s'en va tout courbé, longeant les fossés d'un vieux chemin, s'arrêtant au massif d'une tour en ruines, aux mousses d'une antique fontaine, à l'orée septentrionale d'un bois; ou peut-être on

---

[a] Qu'est-ce que ces Sylvains?... — Des oiseaux? En vérité, je l'ignore. Jeannot Lapin pourrait bien être là-dedans. Qui sait? (N. Éd.) — [b] C'était vrai, et je n'aurais pas eu le temps de me lasser de cette solitude, puisque je me croyais au moment d'en trouver une autre plus profonde. (N. Éd.) — [c] Voilà enfin les douleurs morales. (N. Éd.)

parcourt des grèves que les algues festonnent de leurs grands falbalas frisés et couleur d'écaille fondue. Notre botanophile se plaît à rencontrer la *tulipa silvestris* qui se retire comme lui sous les ombrages les plus solitaires; il s'attache à ces *lis* mélancoliques, dont le front penché semble rêver sur le courant des eaux. A l'aspect attendrissant du *convolvulus*, qui entoure de ses fleurs pâles quelque aune décrépit, il croit voir une jeune fille presser de ses bras d'albâtre son vieux père mourant; l'*ulex* épineux, couvert de ses papillons d'or, qui présente un asile assuré aux petits des oiseaux, lui montre une puissance protectrice du faible; dans les *thyms* et le *calamens*, qui embellissent généreusement un sol ingrat de leur verdure parfumée, il reconnaît le symbole de l'amour de la patrie. Parmi les végétaux supérieurs, il s'égare volontiers sous ces arbres dont les sourds mugissements imitent la triste voix des mers lointaines; il affecte cette famille américaine, qui laisse pendre ses branches négligées comme dans la douleur; il aime ce saule au port languissant, qui ressemble, avec sa tête blonde et sa chevelure en désordre, à une bergère pleurant au bord d'une onde. Enfin il recherche de préférence, dans ce règne aimable, les plantes qui, par leurs accidents, leurs goûts, leurs mœurs, entretiennent des intelligences secrètes avec son âme[a] [1].

Oh! qu'avec délices, après cette course laborieuse, on rentre dans sa misérable demeure chargé de la dépouille des champs! Comme si l'on craignait que quelqu'un ne vînt ravir ce trésor, fermant mystérieusement la porte sur soi, on se met à faire l'analyse de sa récolte, blâmant ou approuvant Tournefort, Linné, Vaillant, Jussieu, Solander, du Bourg. Cependant la nuit approche. Le bruit commence à cesser au dehors, et le cœur palpite d'avance du plaisir qu'on s'est préparé. Un livre qu'on a eu bien de la peine à se procurer, un livre qu'on tire précieusement du lieu obscur où on le tenait caché, va remplir ces heures de silence. Auprès d'un humble feu et d'une lumière vacillante, certain de n'être point entendu, on s'attendrit sur les maux imaginaires des Clarisse, des Clémentine, des Héloïse, des Cécilia. Les romans sont les livres des malheureux : ils nous nourrissent d'illusions, il est vrai; mais en sont-ils plus remplis que la vie?

Eh bien! si vous le voulez, ce sera un grand crime, une grande

---

[a] On retrouve quelques-unes de ces idées et de ces études dans le *Génie du Christianisme*.
(N. Éd.)

[1] Je suis fâché que ce ne soit pas le botaniste de la duchesse de Portland (J.-J.) qui ait appelé *Portlandia* l'arbuste de la famille des Rubiacées, connu sous ce nom. La protectrice, le protégé et la plante se fussent prêté mutuellement des charmes, et la reconnaissance d'un grand homme eût vécu éternellement dans le parfum d'une fleur.

vérité, dont notre solitaire s'occupera : Agrippine assassinée par son fils. Il veillera au bord du lit de l'ambitieuse Romaine, maintenant retirée dans une chambre obscure à peine éclairée d'une petite lampe. Il voit l'impératrice tombée faire un reproche touchant à la seule suivante qui lui reste, et qui elle-même l'abandonne; il observe l'anxiété augmentant à chaque minute sur le visage de cette malheureuse princesse qui, dans une vaste solitude, écoute attentivement le silence. Bientôt on entend le bruit sourd des assassins qui brisent les portes extérieures; Agrippine tressaille, s'assied sur son lit, prête l'oreille. Le bruit approche, la troupe entre, entoure la couche; le centurion tire son épée et en frappe la reine aux tempes; alors : *Ventrem feri!* s'écrie la mère de Néron : mot dont la sublimité fait hocher la tête.

Peut-être aussi, lorsque tout repose, entre deux ou trois heures du matin, au murmure des vents et de la pluie qui battent contre vos fenêtres, écrivez-vous ce que vous savez des hommes. L'infortuné occupe une place avantageuse pour les bien étudier, parce qu'étant hors de leur route il les voit passer devant lui.

Mais, après tout, il faut toujours en revenir à ceci : sans les premières nécessités de la vie, point de remèdes à nos maux. Otway, en mendiant le morceau de pain qui l'étouffa; Gilbert, la tête troublée par le chagrin, avalant une clef à l'hôpital, sentirent bien amèrement à cet égard, quoique hommes de lettres, toute la vanité de la philosophie [a].

CHAPITRE XIV.

Agis à Sparte [1].

La révolution des Trente Tyrans à Athènes eut des conséquences funestes pour la république imprudente qui l'avait favorisée. Lysander, en faisant porter à Lacédémone l'or et l'argent de l'Attique, introduisit les vices de ce dernier pays dans sa patrie. Bientôt la simplicité des mœurs y passa pour grossièreté; la frugalité, pour sottise; l'honnêteté, pour duperie : et l'éphore Épitadès ayant publié une loi par laquelle on pouvait aliéner le patrimoine de ses pères, toutes les propriétés passèrent entre les mains des riches; et les Spartiates, jadis si égaux en rang et en fortune, se trouvèrent divisés en un vil troupeau d'esclaves et de maîtres.

---

[a] Dans un ouvrage bien composé ce chapitre serait un véritable hors-d'œuvre; mais dans un ouvrage aussi incohérent que l'*Essai* il importe peu que j'aie parlé des infortunés ou de toute autre chose. (N. Éd.)

[1] Voyez *Plutarque.*

Tel était l'état de la république de Lycurgue, lorsqu'il s'éleva à Lacédémone un roi digne des grands siècles de la Grèce. Agis, épris des charmes de la vertu, entreprit, dans l'âge où la plupart des hommes sentent à peine leur existence, de rétablir les lois et les mœurs de l'antique Laconie. Il s'ouvrit de ses desseins à la jeunesse lacédémonienne, qu'il trouva, contre son attente, plus disposée que les vieillards à favoriser son entreprise. On a remarqué la même chose en France au commencement de la révolution : il y a dans le bel âge une chaleur généreuse qui nous porte vers le bien, tant que la société n'a point encore dissipé la douce illusion de la vertu*a*. Cependant le roi de Lacédémone parvint à gagner trois hommes d'une grande influence, Lysander, Mandroclide et Agésilas; il réussit de même auprès de sa mère Agésistrata.

Tout semblait favoriser l'entreprise. Lysander avait été nommé éphore, les dettes publiquement abolies, le roi Léonidas s'était vu forcé à la fuite, après une vaine opposition aux projets de son collègue Agis, et l'on avait élu son gendre Cléombrotus à sa place. Enfin, il ne restait plus qu'à procéder au partage des terres, lorsque Agésilas, qui jusqu'alors avait secondé la révolution, trahit la cause de son parti, et fit changer la fortune.

Ce Spartiate possédait de grandes propriétés, et se trouvait en même temps écrasé de dettes. Il embrassa donc avidement l'occasion de se décharger de celles-ci, mais il ne voulut plus de la réforme aussitôt qu'elle atteignit ses biens. Ayant eu l'adresse de se faire nommer éphore, et Agis se trouvant absent, il exerça mille tyrannies. Les citoyens se voyant joués par Agésilas, et croyant que le jeune roi s'entendait avec lui, se liguèrent ensemble et rappelèrent sous main Léonidas, ce roi exilé dont Cléombrotus occupait la place.

Cependant Agis était de retour à Lacédémone; bientôt Léonidas y rentra lui-même en triomphe, et il ne resta plus pour Agis et Cléombrotus qu'à éviter sa vengeance et celle de la faction des riches, maintenant toute-puissante. Le dernier se rendit suppliant dans le temple de Neptune; et, sauvé peu après par la vertu de son épouse, il fut seulement condamné à l'exil. Il n'en arriva pas ainsi du jeune et malheureux prince Agis, réfugié dans le temple de Minerve. Je laisse parler le bon Amyot.

---

a A présent que je suis vieux on pourrait me prendre pour un flatteur de la jeunesse, lorsque je donne à cette jeunesse les louanges qu'elle mérite; mais on voit que je m'exprimais avec le même attachement et la même admiration pour elle lorsque j'étais dans ses rangs. (N. Éd.)

CHAPITRE XV.

Condamnation et exécution d'Agis et de sa famille.

« Ainsi, Leonidas ayant chassé Cleombrotus hors de la ville, et au lieu des premiers ephores qu'il deposa, en ayant substitué d'autres, se mit incontinent à penser les moyens comment il pourroit avoir Agis : si tascha de luy persuader premierement qu'il sortist de la franchise du temple, et qu'il s'en allast avec luy à seureté exercer sa royauté, lui donnant à entendre que ses citoyens luy avoient pardonné tout le passé, à cause qu'ils cognoissoient bien qu'il avoit esté deceu et circonvenu par Agesilaus, comme jeune homme desireux d'honneur qu'il estoit. Toutefois pour cela Agis ne bougeoit point de sa franchise, ains avoit pour suspect tout ce que l'autre luy alleguoit : au moyen de quoi Leonidas se desporta de tascher de l'attirer et l'abuser par belles paroles : mais Amphares, Demochares et Arcesilaus alloient souvent le visiter et deviser avec luy, tant quelques fois qu'ils le menoient jusqu'aux estuves ; puis, quand il s'y estoit estuvé et lavé, ils le ramenoient dedans la franchise du temple, car ils estoient ses familiers. Mais Amphares ayant de nagueres emprunté d'Agesistrata quelques precieux meubles, comme tapisseries et vaisselle d'argent, entreprint de trahir, luy, sa mere et son ayeule, sous esperances que ses meubles qu'il avoit empruntez lui demoureroient. Et dit-on que ce fut luy qui, plus que nul autre, presta l'oreille à Leonidas, et incita et irrita les ephores, du nombre desquels il estoit, à l'encontre de luy. Comme doncques Agis eut accoustumé de se tenir toujours le reste du temps dedans le temple, excepté quelquefois il alloit jusqu'aux estuves, ils proposerent de le surprendre quand il seroit hors de la franchise. Si espierent un jour qu'il s'estoit estuvé, ainsi qu'ils avoient accoustumé, lui allerent au-devant, et le saluerent, faisant semblant de le vouloir renvoyer, en devisant et raillant avec lui comme avec un jeune homme duquel ils se tenoient fort familiers ; mais quand ils furent à l'endroit du destour d'une rue tournante qui alloit à la prison, Amphares mettant la main sur luy pource qu'il estoit magistrat, luy dit : « Je te fais prisonnier, Agis, et te mene devant les ephores pour rendre compte et raison de ce que tu as innové en l'estat de la chose publique. » Et lors, Demochares, qui estoit grand et puissant homme, luy jeta aussitost sa robe à l'entour du col et le tira par devant ; les autres le poussoient par derriere comme ils avoient conspiré entre eux. Ainsi n'y ayant personne auprès d'eux qui peust secourir Agis, ils firent tant qu'ils le traisnerent en prison, et incontinent y arriva Leonidas avec bon nombre de soldats estrangers, qui environnerent la prison par le dehors. Les ephores entrerent dedans et envoyerent querir ceux du sénat, qu'ils sçavoient bien estre de mesme volonté qu'eux : puis, ils commanderent à Agis, comme par forme de procez, de dire pour quelle cause il avoit fait ce qu'il avoit remué en l'administration de la chose publique. Le jeune homme se prit à rire de leur simulation : et adonc Amphares luy dit qu'il n'estoit pas temps de rire, et qu'il falloit qu'il payast la peine de sa folle temerité. Un autre ephore faisant semblant de luy favoriser et de luy monstrer un expedient pour eschapper de cette criminelle procedure, luy demanda s'il n'avoit pas esté seduit et contraint à ce faire par Agesilaus et par Lysander. Agis respondit qu'il n'avoit esté enduit ne forcé de personne : mais qu'il l'avoit fait seulement, pour ensuivre l'ancien Lycurgus, ayant voulu remettre la chose publique en mesme estat que luy jadis l'avoit ordonnée. Le mesme ephore lui demanda s'il se repentoit pas de ce qu'il avoit fait. Le jeune homme respondit franchement qu'il ne se repentiroit jamais de chose si sagement et si vertueusement entreprinse ; encore qu'il vist la mort toute certaine devant ses yeux. Alors ils le condamnerent à mourir, et commanderent aux sergents de le mener dans la Decade, qui est un certain lieu de la prison, là où on estrangle ceux qui sont condamnez à mourir par justice. Et Demochares voyant que les sergents n'osoient mettre la main sur lui, et que semblablement les soldats estrangers refuyoient et avoient en horreur une telle execution, comme chose contraire à tout droit divin et humain, de mettre la main sur la personne d'un roy, en les menaçant et leur disant injures, traisna lui-mesme Agis dedans ceste chartre : car plusieurs avoient desja entendu sa prinse, et y avoit jà grand tumulte à la porte de la prison, et force lumieres, torches, et y accoururent aussitost la mere et l'ayeule d'Agis, qui crioient et requeroient que le roy de Sparte peust avoir justice, et que son procez lui soit fait par ses citoyens. Cela fut cause de faire haster et precipiter son execution pour que ses ennemis eurent peur qu'on ne le recourust par force la nuict d'entre leurs mains s'il arrivoit encore plus de gens. Ainsi estant Agis mené à la fourche, apperceut en allant l'un des sergents qui ploroit et se tourmentoit, auquel il dit : Mon ami, ne te tourmente point pour pitié de moi, car je suis plus homme de bien que ceulx qui me font mourir si meschamment et si malheureusement ; et en disant ces paroles, il bailla volontairement son col au cordeau. Cependant Amphares sortit à la porte de la prison, là où il trouva Agesistrata, mere d'Agis, qui se jeta à ses pieds ; et luy, la relevant comme pour la familiarité et l'amitié qu'il avoit euë avec elle, luy dit qu'on ne feroit force ni violence à Agis, et qu'elle le pouvoit aller voir si bon lui sembloit ; elle pria qu'on laissast entrer sa mere quand et elle. Amphares respondit que rien ne l'empeschoit, et ainsi les met dedans toutes deux, faisant refermer les portes de la prison après elles. Mais entrées qu'elles furent, il bailla au sergent Archidamia la premiere à executer, laquelle estoit fort ancienne et avoit vescu jusqu'à son extresme vieillesse en plus grand honneur et plus de dignité qu'aucune autre dame de la ville. Celle-là executée, il commanda à Agesistrata d'entrer après, et elle voyant le corps de son fils mort et estendu et sa mère encore pendue au gibet, aida elle-mesme aux bourreaux à la despendre, et l'estendit au long du corps de son fils ; et, après l'avoir accoustrée et couverte, se jeta par terre auprès du corps de son fils en le baisant au visage : Helas ! dit-elle, ta trop grande bonté, douceur et clemence, mon fils, sont cause de ta mort et de la nostre. Adonc Amphares, qui regardoit de la porte ce qui se passoit au dedans, oyant ce qu'elle disoit, entra sur ce point et lui dict en colere : Puisque tu as esté consentante du faict de ton fils, tu souffriras aussi mesme peine que lui. Lors Agesistrata se relevant pour estre estranglée : Au moins, dit-elle, puisse ceci profiter à Sparte. Ce cas estant divulgué par la ville et les trois corps portez hors de la prison, la crainte des magistrats ne peut estre si grande que les citoyens de Sparte ne montrassent évidemment qu'ils en estoient fort déplaisants, et qu'ils ne haïssent de mort Leonidas et Amphares, estimant qu'il n'avoit oncques esté commis un si cruel, si malheureux ni si damnable forfait en Sparte, depuis que les Doriens estoient venus habiter le Peloponese : car les ennemis mesme en bataille ne mettoient pas volontiers les mains sur les rois lacedemoniens, ains s'en destournoient s'il leur estoit possible pour la crainte et reverence qu'ils portoient à leur majesté... Il est certain que cet Agis fut le premier des rois que les ephores firent mourir, pour avoir voulu faire de tres belles choses et tres convenables à la gloire et dignité de Sparte, estant en l'aage en laquelle, quand les hommes faillent, encore leur pardonne-t-on, et ayant eu ses amis plus juste occasion de se plaindre de luy que non pas ses ennemis pour ce qu'il sauva la vie à Leonidas et se fia aux autres comme la plus douce et la plus humaine creature du monde qu'il estoit [1]. »

On a pu remarquer dans cette histoire touchante plusieurs circonstances semblables à celles qui ont accompagné la mort de Louis : l'appel au peuple refusé, l'injustice et l'incompétence des juges, etc. Je vais donner l'esquisse rapide de la condamnation de Charles Ier, roi

---

[1] Page 529, tom. II; Paris, 1649.

d'Angleterre, et de celle de Louis XVI, roi de France, afin que le lecteur trouve ici rassemblés sous un seul point de vue les trois plus grands événements de l'histoire.

CHAPITRE XVI.

Jugement et condamnation de Charles Ier, roi d'Angleterre.

Le grand projet de juger Charles avait depuis longtemps été développé dans le conseil secret de Cromwell [1]; mais soit que celui-ci ne

---

[1] On connaît les farces religieuses que ce grand homme employa pour se faire autoriser dans son crime. J'ai entre les mains une collection de pamphlets du temps de Cromwell, en trois gros volumes large in-8º. Il est presque impossible de les parcourir, tant ils sont dégoûtants et vides de faits; mais en même temps ils peignent d'une manière frappante l'esprit et les malheurs du siècle où ils furent écrits. Ce sont, pour la plupart, des espèces de sermons politiques, d'une absurdité et d'un ridicule qui passent toute croyance. Je rapporterai l'inscription de quelques-uns de ces étranges monuments des révolutions pour amuser le lecteur : « A tender visitation of the Father's love to all the elect-children, or an Epistle unto the righteous congregation who in the light are gathered and are worshippers of the Father in spirit and truth. » Tendre visitation de l'amour du Père à tous les enfants élus, ou une Épître aux très-justes congrégations qui sont assemblées dans la lumière, et sont les adorateurs du Père en esprit et en vérité. « A few words of tender counsel unto the Pope, with all that walk that way. » Quelques tendres avis au Pape, et à tous ceux qui suivent ce chemin. « An alarm to all flesh with an invitation to the true seeker. » Alarme à la chair, avec une invitation au vrai chercheur. En voilà bien assez. Il faut faire connaître maintenant le style de ces productions littéraires. « An alarm to all flesh, etc. Howle, howle, shriek, bawl and roar, ye lust-full, cursing, swearing, drunken, lewd, superstitions, devilish, sensual, earthly inhabitants of the whole earth; bow, bow you most surly trees and lofty oaks; ye tall cedars and low shrubs, cry out aloud; hear, hear ye, proud waves, and boistrous seas; also listen, ye uncircumcised, stiff-necked and mad-raging bubbles, who even hate to be reformed. In the name of the Lord God of gods, King of kings, hear, hear, repent, repent forthwith, repent; for be as sure as the Lord liveth you shall feel... the irresistible and the mighty hand of the All-Mighty... for behold, his invincible, glittering, invisible sword is on his thigh... Then shall the Bashan oaks, Ismael and Diveses of this generation, roar and reel, yea shake and quake, look upward and downward, and curse their leaders and their God which now is their, lust, bellyes, superstitions and pleasures. Horror shall lay hold on their right, and terror shall seize upon their left; and every man's hands shall be upon his loyns shall be « who wills hew us any good ? » And an unparalleled dart of amazement shall pierce quite through the liver of the champion, etc. Hurlez, hurlez, criez, beuglez, rugissez, ô vous libidineux, maudits, jureurs, ivrognes, impurs, superstitieux, diaboliques, sensuels, habitants terrestres de la terre. Courbez-vous, courbez-vous, ô vous arbres très-dédaigneux; et vous, chênes élevés, vous, hauts cèdres et petits buissons, criez de toutes vos forces; écoutez, écoutez, vagues orgueilleuses, et vous mers indomptables; écoutez-moi, vous écume roide, nue, incirconcise et enragée, qui haïssez la réforme. Au nom du Seigneur, Dieu des dieux, et Roi des rois, écoutez, écoutez, repentez-vous, repentez-vous; oui, repentez-vous; car, soyez-en aussi sûrs que de l'existence du Seigneur, vous sentirez la main puissante et irrésistible du Tout-Puissant... Oh! voyez! son épée invincible, brillante, invisible, est sur sa cuisse... Alors les chênes de Bashan, d'Ismaël et de Divesses, de cette génération, rugiront et râleront; ils trembleront même et craqueront; ils regarderont en haut et en bas, et maudiront leurs chefs et leur Dieu, qui sont maintenant leurs jouissances, leur ventre, leurs superstitions et leurs plaisirs. L'horreur saisira leur main droite, la terreur, la main gauche; chaque homme mettra le poing sur sa hanche, et s'écriera : « Qui veut nous montrer le bien ?... » et un incroyable dard de surprise percera d'outre en outre le foie du

pût faire tremper le parlement dans son crime, tandis que ce corps était encore intègre, soit par tout autre motif, l'exécution du dessein s'était trouvée suspendue. Aussitôt que les communes furent réduites à un petit nombre de scélérats dévoués aux ordres du tyran, il lui fut aisé de faire jouer l'étonnante tragédie.

On chargea un comité d'enquérir dans la conduite de Sa Majesté Britannique, et, sur le rapport qui en fut fait, la Chambre basse nomma une haute cour de justice, composée de cent trente-trois membres, pour juger Charles Stuart, roi d'Angleterre, comme coupable de trahison envers la nation. Cromwell et Ireton étaient du nombre des juges ; Cook, accusateur pour le peuple ; Bradshaw, président.

Le bill fut rejeté par les pairs, mais les communes passèrent outre ; et le colonel Harrison, fils d'un boucher, et le plus furieux démagogue d'Angleterre, reçut ordre d'amener son souverain à Londres.

La cour était séante à Westminster. Charles parut dans cet antre de mort au milieu de ses assassins avec les cheveux blancs de l'infortune et la sérénité de l'innocence [1]. Depuis dix-huit mois accoutumé à con-

---

champion, etc. » Le reste est de la même force. Je suis fâché que l'auteur d'un pareil écrit ait eu la modestie de cacher son nom ; car il n'est pas d'un certain Georges Fox, qui joue un grand rôle dans mon recueil. Je finirai cette note par quelques vers d'un jeune quaker qui se trouvent dans cette même collection : les beaux-arts y figurent auprès de la saine logique.

> Dear friend J.-C., with true unfeigned love
> I thee salute. . . . .
> . . . .
> Feel me, dear friend ; a member joyntly knit
> To all in Christ, in heavenly places sit ;
> And there, to friends no stranger would I be,
> Though they my face, as outward, ne'er did see.
> For truly, friend, I dearly love and own
> All travelling souls, who truly sigh and groan
> For the adoption which sets free from sin, etc.

« Mon cher ami Jésus-Christ, je te baise avec un amour sans réserve... Touche-moi, cher ami, moi, membre conjointement uni à tous en Christ, qui est assis aux lieux célestes. Là, je ne serai point étranger parmi les amis ; j'aime tendrement, et je l'avoue, les âmes voyageuses qui soupirent et gémissent véritablement pour l'adoption qui rachète les péchés. » Ce sont de tels hommes que Butler a peints si admirablement, surtout dans le second chant de la deuxième partie d'*Hudibras*, où il trace de main de maître le tableau raccourci de la révolution de Cromwell. Les amateurs ne doivent pas négliger ce morceau friand, trop long pour être cité.

[1] Charles n'était pas innocent sans doute, mais il l'était de ce dont on l'accusait ; il l'était pa l'incompétence des juges qui osaient le condamner, de l'aveu même de l'auteur de la *Defection of the Court*, de celui de l'histoire *of Independency*. Les lecteurs qui se sont arrêtés aux citations de cet *Essai* auront pu remarquer que j'ai poussé l'impartialité jusqu'à citer toujours ensemble, autant que cela était possible, deux auteurs d'un parti contraire [*].

[*] On ne peut nier cependant que le parlement d'Angleterre, ou une commission nommée par ce parlement, pouvait faire valoir, en essayant d'excuser son crime, des *précédents* que la Convention nationale n'avait pas. Les limites qui ont séparé de tout temps dans la Grande-Bretagne l'aristo-

templer les scènes trompeuses de la vie du fond d'une prison solitaire, il n'espérait plus rien des hommes, et il parut devant ses juges dans toute la splendeur du malheur. Il serait difficile d'imaginer une conduite plus noble et plus touchante. De prince ordinaire devenu monarque magnanime, il refusa avec dignité de reconnaître l'autorité de la cour. Trois fois il fut conduit devant ses bourreaux, et trois fois il déploya les talents d'un homme supérieur, la majesté d'un roi et le calme d'un héros. Il eut à y souffrir des peines de plusieurs espèces. Des soldats demandaient sa mort à grands cris et lui crachaient au visage, tandis que le peuple fondait en larmes et l'accablait de bénédictions. Charles était trop grand pour être ému de ces injures atroces, mais trop tendre pour n'être pas touché de ces témoignages d'amour : ce ne sont pas les outrages, ce sont les marques de bienveillance qui brisent le cœur des infortunés [1].

A la quatrième confrontation, les juges condamnèrent à mort Charles Stuart, roi d'Angleterre, comme traître, assassin, tyran et ennemi de la république. Trois jours lui furent accordés pour se préparer.

De toute la famille royale il ne restait en Angleterre que la princesse Élisabeth et le duc de Glocester. Charles obtint la permission de dire un dernier adieu à cet aimable enfant, qui, sous les traits naïfs de l'innocence, semblait déjà porter le cœur sympathique d'un homme. Durant les trois jours de grâce, l'intrépide monarque dormit d'un profond sommeil au bruit des ouvriers qui dressaient l'appareil de son supplice.

---

[1] O lord, let the voice of his blood (Christ) be heard for my murderers, louder than the cry of mine against them. O deal not with them as blood-thirsty and deceitful men ; but overcome their cruelty with thy compassion and my charity. *Icon Basiliké*, pag. 289. Tels étaient les souhaits du malheureux Charles pour ses cruels ennemis. L'*Icon* et le *Testament* de Louis ont fait plus de royalistes que n'auraient pu faire les édits de ces princes dans toute leur prospérité. Les écrits posthumes nous intéressent ; il semble que ce soit une voix qui s'élève du fond de la tombe : l'effet surtout en est prodigieux, s'ils nous découvrent les vertus cachées d'un homme que nous avons persécuté, et nous font sentir le poids de notre ingratitude. Malgré les plaisanteries de Milton et le silence de Burnet, quoique les preuves externes soient contre l'authenticité de l'*Icon*, les preuves internes sont si fortes, que je suis persuadé, comme Hume, qu'il est écrit de la main de Charles.

cratie de la monarchie sont extrêmement confuses. L'omnipotence parlementaire est aujourd'hui un dogme politique chez nos voisins : le parlement s'est cru plus d'une fois le droit de déposer et de juger ses rois, témoin l'histoire de Richard II. Que le parlement ait été l'instrument de l'ambition du duc de Lancastre en 1399, ou de Cromwell en 1640, ou de Guillaume en 1688, peu importe ; il partait toujours du principe que lui, parlement, avait le droit de faire ce qu'il faisait. Mais dans la monarchie française il n'y avait rien d'équivoque : si le parlement de Paris commença en 1589 le procès de Henri III, ce ne fut qu'une monstrueuse usurpation, laquelle ne pouvait pas créer un droit. Le parlement sous Cromwell pouvait se dire héritier du parlement sous Richard II; mais quand la Convention aurait eu la prétention de descendre des états généraux, elle n'aurait pu en faire dériver son autorité régicide, car les états généraux ne s'étaient jamais arrogé le droit de juger leur souverain. (N. Éd.)

Le 30 de janvier 1649 le roi d'Angleterre fut conduit à l'échafaud élevé à la vue de son palais, raffinement de barbarie qui n'a pas été oublié par les régicides de France. On avait eu soin d'entourer le lieu du sacrifice d'une foule de soldats, de peur que la voix de la victime ne parvînt jusqu'au peuple, rangé au loin dans une morne épouvante. Charles, voyant qu'il ne pouvait se faire entendre, voulut du moins laisser en mourant une grande leçon à la postérité : il reconnut que le sang de l'innocent, qu'il avait autrefois permis de répandre, rejaillissait justement sur lui. Après cet aveu, il présenta hardiment la tête au bourreau, qui la fit voler d'un seul coup [1].

CHAPITRE XVII

M. de Malesherbes. — Exécution de Louis XVI.

La monarchie française n'existait plus. Le descendant de Henri IV attendait à chaque instant que les régicides consommassent le crime, et le crime fut résolu.

De tous les serviteurs de Louis XVI un seul était resté à Paris. Ce digne vieillard, le plus honnête homme de la France, de l'aveu même des révolutionnaires, s'était tenu éloigné de la cour durant la prospérité du monarque. Ce fut sans doute un beau spectacle que de voir M. de Malesherbes, honoré de soixante-douze années de probité, se

---

[1] Les temps dans lesquels nous vivons et la nature de mes études m'ont fait désirer de voir l'endroit où Charles Ier fut exécuté. Je demeurais alors dans le Strand. J'arrivai après bien des passages déserts, par des derrières de maisons et des allées obscures, jusqu'au lieu où l'on a érigé très-impolitiquement la statue de Charles II, montrant du doigt le pavé arrosé du sang de son père. A la vue des fenêtres murées de Whitehall, de cet emplacement qui n'est plus une rue, mais qui forme avec les bâtiments environnants une espèce de cour, je me sentis le cœur serré et oppressé de mille sentiments. Je me figurais un échafaud occupant le terrain de la statue, les gardes anglaises formant un bataillon carré, et la foule se pressant au loin derrière. Il me semblait voir tous ces visages, les uns agités par une joie féroce, les autres par le sourire de l'ambition, le plus grand nombre par la terreur et la pitié ; et maintenant ce lieu si calme, si solitaire, où il n'y avait que moi et quelques manœuvres qui équarissaient des pierres en sifflant avec insouciance. Que sont devenus ces hommes célèbres, ces hommes qui remplirent la terre du bruit de leur nom et de leurs crimes, qui se tourmentaient comme s'ils eussent dû exister toujours ? J'étais sur le lieu même où s'était passée une des scènes les plus mémorables de l'histoire : quelles traces en restait-il * ? C'est ainsi que l'étranger, dans quelques années, demandera le lieu où périt Louis XVI, et à peine des générations indifférentes pourront le lui dire**. Je regagnai mon appartement plein de philosophie et de tristesse, et plus que jamais convaincu par mon pèlerinage de la vanité de la vie, et du peu, du très-peu d'importance de ses plus grands événements.

* Quelque chose de ces sentiments a passé dans le récit de *René*. Voyez cet épisode. (N. Éd.) —
** Non pas, car le lieu où a péri Louis XVI est consacré aux fêtes publiques : la joie perpétuera la mémoire de la douleur ; et quand on ira danser aux Champs-Élysées, quand on tirera des pétards sur la place arrosée du sang du Juste, il faudra bien se souvenir de l'échafaud du roi martyr.
(N. Éd.)

rendre, non au palais de Versailles, mais dans les prisons du Temple pour défendre seul son souverain infortuné, lorsque les flatteurs et les gardes avaient disparu. De quel front les prétendus républicains osaient-ils regarder à leur barre l'ami de Jean-Jacques? celui qui, dans tout le cours d'une longue vie, s'était fait un devoir de prendre la défense de l'opprimé contre l'oppresseur, et qui, de même qu'il avait protégé le dernier individu du peuple contre la tyrannie des grands, venait à présent plaider la cause d'un roi innocent contre les despotes plébéiens du faubourg Saint-Antoine? Ah! il était donné à notre siècle de contempler le vénérable magistrat revêtu de la chemise rouge, monté sur un tombereau sanglant, et mené à la guillotine entre sa fille, sa petite-fille et son petit-fils, aux acclamations d'un peuple ingrat, dont il avait tant de fois pleuré la misère. Qu'on me pardonne ce moment de faiblesse : Vertueux Malesherbes! s'il est vrai qu'il existe quelque part une demeure préparée pour les bienfaiteurs des hommes, vos mânes illustres, réunis à ceux de l'auteur de l'*Émile* [a], habitent maintenant ce séjour de paix. D'autres [b], plus heureux que moi, ont mêlé leur sang au vôtre [1] : c'était ma destinée de traîner après vous sur la terre une vie désormais sans illusions et pleine de regrets.

---

[a] Je ne veux point déshériter Rousseau du ciel que je lui ai donné dans ma jeunesse, mais je dois dire que l'âme de M. de Malesherbes ne ressemblait en rien à celle du citoyen de Genève. Le doute misérable exprimé dans cette phrase n'est qu'une contradiction de plus dans cet amas de contradictions que j'ai appelé *Essai historique*. (N. Éd.) — [b] Mon frère. (N. Éd.)

[1] Ce que l'on sent trop n'est pas toujours ce qu'on exprime le mieux, et je ne puis parler aussi dignement que je l'aurais désiré du défenseur de Louis XVI. L'alliance qui unissait ma famille à la sienne me procurait souvent le bonheur d'approcher de lui. Il me semblait que je devenais plus fort et plus libre en présence de cet homme vertueux qui, au milieu de la corruption des cours, avait su conserver dans un rang élevé l'intégrité du cœur et le courage du patriote. Je me rappellerai longtemps la dernière entrevue que j'eus avec lui. C'était un matin ; je le trouvai par hasard seul chez sa petite-fille. Il se mit à me parler de Rousseau avec une émotion que je ne partageais que trop. Je n'oublierai jamais le vénérable vieillard voulant bien condescendre à me donner des conseils, et me disant : « J'ai tort de vous entretenir de ces choses-là ; je devrais plutôt vous engager à modérer cette chaleur d'âme qui a fait tant de mal à votre ami (J.-J.). J'ai été comme vous ; l'injustice me révoltait ; j'ai fait autant de bien que j'ai pu, sans compter sur la reconnaissance des hommes. Vous êtes jeune, vous verrez bien des choses ; moi j'ai bien peu de temps à vivre. » Je supprime ce que l'épanchement d'une conversation intime et l'indulgence de son caractère lui faisaient alors ajouter. De toutes ces prédictions, une seule s'est accomplie : je ne suis rien, et il n'est plus. Le déchirement de cœur que j'éprouvai en le quittant me sembla dès lors un pressentiment que je ne le reverrais jamais. M. de Malesherbes aurait été grand, si sa taille épaisse ne l'avait empêché de paraître. Ce qu'il y avait de très-étonnant en lui, c'était l'énergie avec laquelle il s'exprimait dans une vieillesse avancée. Si vous le voyiez assis sans parler, avec ses yeux un peu enfoncés, ses gros sourcils grisonnants et son air de bonté, vous l'eussiez pris pour un de ces augustes personnages peints de la main de Le Sueur. Mais si on venait à toucher la corde sensible, il se levait comme l'éclair, ses yeux à l'instant s'ouvraient et s'agrandissaient : aux paroles chaudes qui sortaient de sa bouche, à son air expressif et animé, il vous aurait semblé voir un jeune homme dans toute l'effervescence de l'âge : mais à sa tête chenue, à ses mots un peu confus, faute de dents pour les prononcer, vous reconnaissiez le septuagénaire. Ce contraste redoublait les charmes que

Mais pourquoi parlerais-je du jugement de Louis XVI! qui en ignore les circonstances? Qui ne sait que tout fut inutile contre un torrent de crimes et de factions? Agis, Charles et Louis périrent avec tout l'appareil et toute la moquerie de la justice. Laissons d'Orléans observer son roi et son parent la lorgnette à la main, et prononçant *la mort*, à l'effroi même des scélérats. Fions-nous-en à la postérité, dont la voix tonnante gronde déjà dans l'avenir; à la postérité qui, juge incorruptible des âges écoulés, s'apprête à traîner au supplice la mémoire pâlissante des hommes de mon siècle [a].

Le fatal 21 de janvier 1793 se leva pour le deuil éternel de la France. Le monarque, averti qu'il fallait mourir, se prépara avec sérénité à ce grand acte de la vie : sa conscience était pure et la religion lui ouvrait les cieux. Mais que de liens il avait eu auparavant à rompre sur la terre! Louis avait vu son épouse, il avait vu aussi sa fille et son jeune fils qui courait parmi les gardes en demandant la grâce de son père : tant d'angoisses ne déchirèrent jamais le cœur d'un homme.

L'heure était venue. Le carrosse attendait à la porte. Louis descendit avec son confesseur. Il ne put s'empêcher, dans la cour, de jeter un regard vers les fenêtres de la reine, où il ne vit personne : ce regard-là dut peindre bien de la douleur. Cependant le roi était monté dans la voiture qui roulait lentement au milieu d'un morne silence; Louis, répétant avec son confesseur les prières des agonisants, savourait à longs traits la mort. Il arrive enfin à la place où l'instrument de destruction était élevé à la vue du palais de Henri IV. Louis, descendu de la voiture, voulut au moins protester de son innocence : « Vous n'êtes pas

---

l'on trouvait dans sa conversation, comme on aime ces feux qui brûlent au milieu des neiges et des glaces de l'hiver. M. de Malesherbes a rempli l'Europe du bruit de son nom; mais le défenseur de Louis XVI n'a pas été moins admirable aux autres époques de sa vie que dans les derniers instants qui l'ont si glorieusement couronnée. Patron des gens de lettres, le monde lui doit l'*Émile*, et l'on sait que c'est le seul homme de cour, le maréchal de Luxembourg excepté, que Jean-Jacques ait sincèrement aimé. Plus d'une fois il brisa les portes des bastilles; lui seul refusa de plier son caractère aux vices des grands, et sortit pur des places où tant d'autres avaient laissé leur vertu. Quelques-uns lui ont reproché de donner dans ce qu'on appelle *les principes du jour*. Si par principes du jour on entend haine des abus, M. de Malesherbes fut certainement coupable. Quant à moi, j'avouerai que s'il n'eût été qu'un bon et franc gentilhomme, prêt à se sacrifier pour le roi son maître, et à en appeler à son épée plutôt qu'à sa raison, je l'eusse sincèrement estimé, mais j'aurais laissé à d'autres le soin de faire son éloge. Je me propose d'écrire la vie de M. de Malesherbes, pour laquelle je rassemble depuis longtemps des matériaux. Cet ouvrage embrassera ce qu'il y a de plus intéressant dans le règne de Louis XV et de Louis XVI. Je montrerai l'illustre magistrat mêlé dans toutes les affaires des temps. On le verra patriote à la cour, naturaliste à Malesherbes, philosophe à Paris. On le suivra au conseil des rois et dans la retraite du sage. On le verra écrivant d'un côté aux ministres sur des matières d'État, de l'autre entretenant une correspondance de cœur avec Rousseau sur la botanique. Enfin je le ferai voir disgracié par la cour pour son intégrité, et voulant porter sa tête sur l'échafaud avec son souverain.

[a] Qu'en disent les accusateurs de l'*Essai*? est-ce là le *révolutionnaire*? (N. Éd.)

ici pour parler, mais pour mourir, » lui dit un barbare. Ce fut alors que l'on vit un des meilleurs rois qui aient jamais régné sur la France, lié sur une planche ensanglantée, comme le plus vil des scélérats, la tête passée de force dans un croissant de fer et attendant le coup qui devait le délivrer de la vie : et comme s'il ne fût pas resté un seul Français attaché à son souverain, ce fut un étranger qui assista le monarque à sa dernière heure, au milieu de tout son peuple. Il se fait un grand silence : « Fils de saint Louis! montez aux cieux, » s'écrie le pieux ecclésiastique en se penchant à l'oreille du monarque. On entend le bruit du coutelas qui se précipite [a].

[a] Ceux qui aiment les libertés publiques en sont-ils moins attachés à leurs princes et moins fidèles au malheur? Il reste un étrange monument du courage de Louis XVI; monument, pour ainsi dire, aussi infernal que le testament de ce monarque est divin : le ciel et l'enfer se sont entendus pour louer la victime. Je veux parler de la lettre de Sanson, bourreau de Paris. L'original même de cette lettre m'a été confié par mon digne et honorable ami, M. le baron Hyde de Neuville, l'homme des sacrifices à la royauté, si bien traité par les ministres du roi. J'ai tenu, je tiens encore dans ce moment même ce papier sur lequel s'est traînée la main sanglante de Sanson, cette main qui a osé toucher à la tête de mon roi, qui a fait tomber cette tête sacrée et l'a présentée au peuple épouvanté. La lettre de Sanson a été donnée par celui qui en était propriétaire à M. Tastu, imprimeur, qui a très-noblement refusé de la vendre à des étrangers, quelque prix qu'ils en aient offert. C'est un monument de remords, de douleur, de gloire et de vertu, qui appartient à la France : c'est un papier de famille qui doit rester au trésor des chartes dans les archives de la maison de Bourbon. Peu de jours avant la clôture de la dernière session, M. Aimé Martin, secrétaire-rédacteur de la chambre des députés, homme aussi connu par ses talents comme écrivain que par ses sentiments comme royaliste, parla de la lettre de M. Sanson à M. le baron Hyde de Neuville. Celui-ci fut d'abord saisi d'horreur; mais bientôt, en lisant la lettre, il n'y vit plus que le dernier rayon mis à la couronne du roi martyr. M. Hyde de Neuville avait plus qu'un autre des droits à devenir l'un des instruments de la Providence pour la plus grande manifestation de cette lettre. On sait à quels dangers il fut exposé pendant le procès du roi. Ce fut appuyé sur le bras de ce fidèle sujet que M. de Malesherbes quitta la barre de la Convention, après être venu pour la dernière fois implorer les bourreaux de Louis XVI. Vingt années de péril ont succédé à cet acte de courage. Et où étaient ceux qui frappent aujourd'hui mon honorable ami? Aucun doute ne peut s'élever sur l'authenticité de la lettre de Sanson : l'écriture et la signature de cet homme sont trop connues; il a certifié *conforme* la plupart de nos crimes et de nos malheurs. D'ailleurs cette lettre a été imprimée dans un journal révolutionnaire du temps, appelé *le Thermomètre du jour*; et, autant qu'il m'en souvient, elle fut répétée dans le journal de Peltier à Londres. Voici l'article du *Thermomètre*; il est du 13 février 1793, n° 410, page 356. Cette dernière partie de l'historique de la lettre de Sanson a été fournie par M. Aimé Martin. L'article du *Thermomètre* a pour titre : *Anecdote très-exacte sur l'exécution de Louis Capet*, et on lit ce qui suit : « Au moment où le *condamné* monta sur l'échafaud » (c'est Sanson l'exécuteur des hautes œuvres criminelles qui a raconté cette circonstance, et qui s'est servi du mot *condamné*), « je fus surpris de son assurance et de sa fermeté; mais au roulement des tambours qui interrompit sa harangue, et au mouvement simultané que firent mes garçons pour saisir le condamné, sur-le-champ sa figure se décomposa; il s'écria trois fois de suite très-précipitamment : *Je suis perdu*. Cette circonstance, réunie à une autre que Sanson a également racontée, savoir, que le condamné avait copieusement soupé la veille et fortement déjeuné le matin, nous apprend que Louis Capet avait été dans l'illusion jusqu'à l'instant précis de sa mort, et qu'il avait compté sur sa grâce. Ceux qui l'avaient maintenu dans cette illusion avaient eu sans doute pour objet de lui donner une contenance assurée qui pourrait en imposer aux spectateurs et à la postérité; mais le roulement des tambours a dissipé le charme de cette fausse fermeté, et les contemporains, ainsi que la postérité, sauront actuellement à quoi s'en tenir sur les derniers moments du tyran condamné. » — « Le bourreau ayant lu cette note (c'est M. Aimé Martin qui parle),

CHAPITRE XVIII.

Triple parallèle : Agis, Charles et Louis.

Ainsi les Grecs virent tomber Agis, roi de Sparte; ainsi nos aïeux furent témoins de la catastrophe de Charles Stuart, roi d'Angleterre;

crut devoir réclamer contre tous les faits qu'elle renferme; et le lundi 18 février 1793, le *Thermomètre du jour* contenoit un article ainsi conçu : « Le citoyen Sanson, exécuteur des jugements criminels, m'a écrit (disait le rédacteur du *Thermomètre*) pour réclamer contre un article inséré dans le n° 410 du *Thermomètre*, dans lequel on lui fait raconter les dernières paroles de Louis Capet. « *Il déclare que ce récit est de toute fausseté.* » — « Je ne suis pas l'auteur de cet article (continue le rédacteur); il a été tiré des *Annales patriotiques* par Carra, qui en annonce le contenu comme certain. Je l'invite à se rétracter. J'invite aussi le citoyen Sanson à me faire parvenir, comme il me le promet, le récit exact de ce qu'il sait sur un événement qui doit occuper une grande place dans l'histoire. Il est intéressant pour le philosophe d'apprendre comment les rois savent mourir... » Cette leçon terrible (c'est encore M. Aimé Martin qui parle), que des assassins osaient demander au nom de la philosophie, ne leur fut point refusée. Au milieu de la multitude frappée d'épouvante, un seul témoignage était possible, un seul était irrécusable! La Providence permit que celui qui avait versé le sang devint l'historien de la victime; et la main du bourreau, puisqu'il faut le nommer, traça cette page sanglante, qui pénètre à la fois d'horreur et de respect*. » Le jeudi 21 février 1793, un mois juste après la mort de la victime, *le Thermomètre* publia la lettre suivante. On la donne avec toutes ses fautes d'orthographe : c'est un *original* auquel il n'est pas permis de toucher.

Citoyen,

« Un voyage d'un instant a été la cause que je n'ais pas eu l'honneur de répondre à l'invitation que vous me faite dans votre Journal au sujet de Louis Capet. Voici suivant ma promesse l'exacte véritée de ce qui c'est passé. Descendant de la voiture pour l'exécution, on lui a dit qu'il faloit ôter son habit. Il fit quelques difficultés en disant qu'on pouvoit l'exécuter comme il étoit. Sur la représentation que la chose étoit impossible, il a lui-même aidé à ôter son habit. Il fit encore la même difficultée lorsqu'il cest agit de lui lier les mains, qu'il donna lui-même lorsque la personne qui lacompagnoit lui eût dit (que c'étoit un dernier sacrifice. Alors? il s'informa sy les tembours batteroit toujour. Il lui fût répondu que l'on n'en savoit rien, et c'étoit la véritée. Il monta à l'échaffaud et voulut foncer sur le devant comme voulant parler. Mais? on lui representa que la chose étoit impossible encore, il se l'aissa alors conduire a l'endroit où on l'attachat et où il s'est écrié tréshaut : Peuple je meurs innocent. Ensuitte se retournant vers nous, il nous dit : Messieurs, je suis innocent de tout ce dont on m'inculpe. Je souhaite que mon sang puisse cimenter le bonheur des François. Voilà citoyen ses dernières et ses véritables paroles.

« L'espèce de petit débat qui se fit au pied de l'echaffaud roulloit sur ce qu'il ne croyoit pas nécessaire qu'il ôtat son habit et qu'on lui liat les mains. Il fit aussi la proposition de se couper lui-même les cheveux.

« Et pour rendre homage à la véritée, il a soutenu tout cela avec un sang froid et une fermeté qui nous a tous étonnés. Je reste très-convaincu qu'il avoit puisé cette fermetée dans les principes de la religion dont personne plus que lui ne paroissoit pénétrée ny persuadé.

« Vous pouvez être assuré, citoyen, que voila la véritée dans son plus grand jour.

« J'ay lhonneur destre, citoyen,

« Votre concitoyen,

« *Signé* Sanson.

« Paris, ce 20 février 1793, l'an 2ᵉ de la république françoise. »

On est presque généralement étonné, en lisant cette lettre, de l'angélique douceur de la victime et de la naïveté de cet homme de sang, qui parle de ce qui s'est passé comme un ouvrier parle-

---

* Ici finit le récit de M. Aimé Martin.

ainsi a péri sous nos yeux Louis de Bourbon, roi de France. Je n'ai rapporté en détail l'exécution du second que pour montrer jusqu'à quel point les Jacobins ont porté l'imitation dans l'assassinat du dernier. J'ose dire plus : si Charles n'avait pas été décapité à Londres, Louis n'eût vraisemblablement pas été guillotiné à Paris *a*.

Si nous comparons ces trois princes, la balance, quant à l'innocence, penche évidemment en faveur d'Agis et de Louis. L'un et l'autre furent pleins d'amour pour leurs peuples; l'un et l'autre succombèrent en voulant ramener leurs sujets à la liberté et à la vertu ; tous les deux méconnurent les mœurs de leur siècle. Le premier dit aux Spartiates corrompus : Redevenez les citoyens de Lycurgue; et les Spartiates le sacrifièrent. Le second donna aux Français à goûter le fruit défendu : « Tout ou rien, » fut le cri.

Charles, dans une monarchie limitée, avait envahi les droits d'une nation libre : Louis, dans une monarchie absolue, s'était continuellement dépouillé des siens en faveur de son peuple.

Les trois monarques, bons, compatissants, moraux, religieux, eurent toutes les vertus sociales. Le premier était plus philosophe ; le second, plus roi; le troisième, plus homme privé : la destinée se servit de défauts diamétralement opposés dans leurs caractères, pour leur faire commettre les mêmes erreurs et les conduire à la même catastrophe : l'esprit de système dans Agis, l'obstination dans Charles, et

---

rait de son ouvrage. Louis XVI déclare *qu'on pouvait l'exécuter comme il était*. Sur la représentation que la chose était impossible, *il aide lui-même à ôter son habit*. Même difficulté quand il s'agit de lier les mains à cet autre Christ, qui donne ensuite lui-même ses mains royales, *lorsque la personne* (le confesseur que le bourreau n'ose nommer) *qui l'accompagnait lui eut dit que c'était un dernier sacrifice*. Louis XVI déclare qu'il meurt innocent, et souhaite que *son sang puisse cimenter le bonheur des Français*. C'est le bourreau qui a entendu ces paroles testamentaires, et qui les redit à la France ! *Voilà, citoyen*, dit-il, *ses dernières et ses véritables paroles !* Le bourreau rend compte *du petit débat qui se fit au pied de l'échafaud* entre lui et la victime : il ne s'agissait que d'ôter l'habit au roi, de lui lier les mains et de lui couper les cheveux ! Tel était *le petit débat* entre Sanson et le fils de saint Louis ! Mais que dire des dernières paroles du bourreau lui-même, paroles qui diffèrent tellement du reste de la lettre, qu'on hésiterait à croire qu'elles sont de l'auteur de cette lettre, s'il ne s'y trouvait la faute de langue la plus grossière, et si ce document n'était tout entier de la main de Sanson. *Je reste très-convaincu qu'il avait puisé cette fermeté* (Louis XVI) *dans les principes de la religion, dont personne plus que lui ne paraissait pénétré ni persuadé*. Ne croit-on pas entendre le centenier chargé de garder Jésus glorifier Dieu malgré lui au moment où le Juste expire, en disant : *Certe hic homo justus est !* Cet aveu de Sanson est peut-être un des plus grands triomphes que jamais la religion ait obtenus. S'il était permis de mêler des réflexions étrangères à un sujet aussi sacré, je ferais remarquer qu'à l'époque de la mort de Louis XVI la presse était libre : on massacrait, il est vrai, les écrivains royalistes, mais cela ne les dégoûtait pas ; et ils auraient enfin ramené le roi légitime, si Robespierre et ensuite le Directoire n'avaient eu recours à la censure des geôliers et des bourreaux. C'est donc à la liberté de la presse, le 21 janvier 1793, que nous devons le Testament de Louis XVI et la lettre de Sanson. Il y a pourtant aujourd'hui de prétendus hommes d'État qui pensent, comme le pensait Robespierre, qu'on ne peut gouverner sans la censure. (N. Éd.)

a « Je le crois encore aujourd'hui. (N. Éd.)

le manque de vouloir dans Louis. Tous les trois, modérés et sincères, se firent accuser tous les trois de despotisme et de duplicité; le roi de Lacédémone en s'attachant avec trop d'ardeur à ses notions exaltées, le roi d'Angleterre en n'écoutant que sa volonté, le roi de France en ne suivant que celle des autres *a*.

Quant aux souffrances, Louis, au premier coup d'œil, semble avoir laissé loin derrière lui Agis et Charles[1]. Mais qui nous transportera à Lacédémone? Qui nous fera voir le digne imitateur de Lycurgue obligé de se tenir caché dans un temple pour prix de sa vertu, et, en attendant la mort, méditant au pied des autels sur l'ingratitude des hommes? Qui nous introduira auprès du malheureux Charles, abandonné de l'univers entier? Qui nous le montrera à Carisbrook avec sa barbe négligée, sa tête vénérable blanchie par les chagrins, aidant le matin au pauvre vieillard, sa seule compagnie, à allumer son feu; le reste du jour livré à une vaste solitude, et veillant dans les longues nuits sur sa triste couche, pour entendre retentir les pas des assassins dans les corridors de la prison[2]? Enfin qui nous ouvrira les portes du Temple? Qui nous introduira auprès du roi de France, à peine vêtu, livré à des barbares qui l'obsédaient sans cesse, et le cœur fendu de douleur au spectacle des misères de son épouse et de ses enfants incessamment sous ses yeux? Voyons Agis trahi par ses amis, traîné à travers les rues de Sparte au tribunal du crime; le tendre Charles dans Witehall, tenant son fils sur ses genoux, et donnant à l'enfant attentif un dernier conseil et un dernier baiser; Louis, dans le Temple, disant le fatal adieu à sa famille : le roi de Lacédémone étranglé ignominieusement dans le cachot des scélérats, et bientôt suivi au tombeau par sa mère et son aïeule auguste; le roi d'Angleterre sur l'échafaud, se dépouillant à la vue de son peuple, et se préparant à la mort; le roi de France au pied de la guillotine, les cheveux coupés, la chemise ouverte, et les mains liées derrière le dos. Terminons ce parallèle affligeant pour l'humanité. Monarque ou esclave, guerrier ou philosophe, riche ou pauvre,

---

a Cela me semble écrit avec impartialité. (N. Éd.)

[1] Il ne faut pas oublier qu'Agis, Charles et Louis furent tous les trois condamnés, au mépris des lois de la plus commune justice, et d'après une manifeste violation de toutes les formes légales *. En sorte que s'il était possible d'admettre le principe que le peuple a le droit de juger ses chefs, principe qui détruirait toute société humaine, il n'en resterait pas moins certain encore qu'Agis, Charles et Louis furent assassinés. Néron, tout justement condamné qu'on puisse le penser, ne le fut cependant que par contumace. Conrad fut indignement massacré à Naples. Élisabeth n'avait pas plus de droit sur Marie Stuart que Charles d'Anjou sur Conrad. La reine de France ne fut pas même écoutée. Ces observations sont de la plus haute importance, et prouvent beaucoup dans l'histoire des peuples et des hommes. — [2] Charles s'attendait à être secrètement assassiné.

* Très-juste. (N. Éd.)

souffrir et mourir, c'est toute la vie. Entre les malheurs du roi et ceux du sujet, il n'y a, pour la postérité, que cette différence qui se trouve entre deux tombeaux, dont l'un, chargé d'un marbre douloureux, se fait voir durant quelques années, tandis que l'autre, couvert d'un peu d'herbe, ne forme qu'un petit sillon que les enfants du voisinage, en se jouant, ont bientôt effacé sous leurs pas [a][1].

[a] Voici de la philosophie fort mal à propos. Certainement pour l'homme *qui meurt*, qu'il soit roi ou sujet, la mort est absolument la même chose ; mais pour les hommes qui vivent, la mort d'un roi puissant est d'une toute autre importance que la mort d'un sujet obscur. La tête de Louis XVI en tombant a fait tomber la tête de plusieurs millions d'hommes. Et qu'importe à la France que la tête de mon frère ait roulé sur l'échafaud, ou que celle de mon cousin, Armand de Chateaubriand, ait été percée d'une balle à la plaine de Grenelle ! (N. Éd.)

[1] Je n'aime point à écrire l'histoire de mon temps. On a beau tâcher de faire justice, on doit toujours craindre que quelque passion cachée ne conduise votre plume. Lorsque je me trouve donc obligé de parler d'un homme de mon siècle, je me fais ces questions : L'ai-je connu ? M'a-t-il fait du bien ? M'a-t-il fait du mal ? Ne m'a-t-on point prévenu pour ou contre lui ? Ai-je entendu discuter les deux côtés de la question ? Quelle est ma passion favorite ? Ne suis-je point sujet à l'enthousiasme, à la trop grande pitié, à la haine, etc. ? Et malgré tout cela, j'écris encore en tremblant. J'avouerai donc que j'ai approché de Louis XVI, qu'il avait accordé des grâces à ma famille et à moi-même, quoique leur objet n'ait jamais été rempli. Cependant mon caractère était si antipathique avec la cour ; j'avais un tel mépris pour certaines gens, et je le cachais si peu ; je me souciais si peu encore de ce qu'on appelait *parvenir*, que j'étais comme les confidents dans les tragédies, qui entrent, sortent, regardent et se taisent [*]. Aussi S. M. ne m'a-t-elle jamais parlé que deux fois dans ma vie, la première, lorsque j'eus l'honneur de lui être présenté ; la seconde, à la chasse. Il me semble donc que je n'ai eu aucun motif d'intérêt secret dans ce que j'ai dit plus haut du roi de France, et je crois que c'est avec candeur et impartialité que j'ai rendu justice à ses vertus. Quant à son innocence, elle est même avouée des Jacobins. Louis était d'une taille avantageuse ; il avait les épaules larges, le ventre prédominant ; il marchait en roulant d'une jambe sur l'autre. Sa vue était courte ; ses yeux, à demi fermés ; sa bouche, grande ; sa voix, creuse et vulgaire. Il riait volontiers aux éclats ; son air annonçait la gaieté, non peut-être cette gaieté qui vient d'un esprit supérieur, mais cette joie cordiale de l'honnête homme qui naît d'une conscience sans reproche. Il n'était pas sans connaissances, surtout en géographie ; au reste, il avait ses faibles comme les autres hommes. Il aimait, par exemple, à jouer des tours à ses pages ; à guetter, à cinq heures du matin, au travers des fenêtres du palais, les seigneurs de sa cour qui sortaient des appartements. Si, à la chasse, vous passiez entre le cerf et lui, il était sujet à des emportements, comme je l'ai éprouvé moi-même. Un jour qu'il faisait une chaleur étouffante, un vieux gentilhomme de ses écuries qui l'avait suivi à la chasse, se trouvant fatigué, descendit de cheval, et, se couchant sur le dos, s'endormit à l'ombre. Louis vint à passer par là, et, apercevant le bonhomme, trouva plaisant de le réveiller. Il descend donc lui-même de cheval, et, sans avoir intention de blesser cet ancien serviteur, lui laisse tomber une pierre assez lourde sur sa poitrine. Celui-ci se réveille, et, dans le premier mouvement de la douleur et de la colère, s'écrie : « Ah ! je vous reconnais bien là ! voilà comme vous étiez dans votre enfance ; vous êtes un tyran, un homme cruel, une bête féroce. » Et il se met à accabler le roi d'injures. S. M. regagne vite son cheval, moitié riant, moitié fâché d'avoir fait mal à cet homme qu'il aimait beaucoup, et disant en s'en allant : « Oh ! il se fâche, il se fâche ! il se fâche ! » Ces petits traits, tout misérables qu'ils puissent paraître, peignent le caractère mieux que les grandes actions, qui ne sont, pour la plupart du temps, que des vertus de parade, et d'ailleurs n'ôtent rien du respect que l'on doit avoir pour Louis. L'innocence de ses mœurs, sa haine de la tyrannie, son amour pour son peuple, en feront toujours, aux yeux d'un homme impartial, un monarque estimable et digne d'éloges. Louis n'a que trop prouvé que parmi les hommes il vaut mieux, pour notre intérêt, être méchant que faible.

[*] Je me peignais il y a trente ans comme je me suis peint dans la Préface générale de cette édition. On trouvera peut-être qu'il y a de l'ingénuité dans ces aveux. (N. Éd.)

CHAPITRE XIX.

Quelques pensées.

Je ne ferai que quelques courtes réflexions sur ces événements fameux. Les grands crimes comme les grandes vertus nous étonnent. Tout ce qui fait événement plaît à la multitude. On aime à être remué, à s'empresser, à faire foule; et tel honnête homme qui plaint son souverain légitime massacré par une faction, serait cependant bien fâché de manquer sa part du spectacle, peut-être même trompé, s'il n'allait pas avoir lieu *a*. Voilà la raison pour laquelle les générations suivantes sont si fort tentées de les imiter : lorsqu'on mène des enfants à une tragédie, ils ne peuvent dormir à leur retour, si l'on ne couche auprès d'eux l'épée ou le poignard des conspirateurs qu'ils ont vus. D'ailleurs il y a toujours quelque chose de bon dans une révolution, et ce quelque chose survit à la révolution même. Ceux qui sont placés près d'un événement tragique sont beaucoup plus frappés des maux que des avantages qui en résultent : mais pour ceux qui s'en trouvent à une grande distance, l'effet est précisément inverse; pour les premiers, le dénoûment est en action; pour les seconds, en récit. Voilà pourquoi la révolution de Cromwell n'eut presque point d'influence sur son siècle, et pourquoi aussi elle a été copiée avec tant d'ardeur de nos jours. Il en sera de même de la révolution française, qui, quoi qu'on en dise, n'aura pas un effet très-considérable sur les générations contemporaines, et peut-être bouleversera l'Europe future *b*.

Mais la grande différence qui se fait sentir entre les troubles de Sparte sous Agis, ceux de l'Angleterre sous Charles I*er*, et ceux de la France sous Louis, vient surtout des hommes. A qui peut-on comparer parmi nous un Lysander, patriote ferme, intègre et modèle des vertus antiques? un Cromwell, cachant sous une apparence vulgaire tout ce qu'il y a de grand dans la nature humaine; profond, vaste et secret comme un abîme, roulant une ambition de César dans une âme immense, trop supérieur pour être connu de ses collègues, hors du seul Hampden, qui l'avait su pénétrer?

Lui opposerons-nous le sombre Robespierre, méditant des crimes

---

a C'est abominable. (N. Éd.) — *b* Oserais-je dire que tout ce paragraphe était digne d'un meilleur ouvrage que l'*Essai*? Quand je l'écrivais, ce paragraphe, la France élevait partout des républiques; je prévoyais que ces républiques ne seraient pas de longue durée; mais je prévoyais aussi les conséquences éloignées de la révolution, et j'avais raison de les prévoir; j'avais le courage d'écrire *qu'il y a toujours quelque chose de bon dans une révolution*. (N. Éd.)

dans la cavernosité de son cœur, et grand de cela même qu'il n'avait pas une vertu?

Rapprocherons-nous du vertueux Hampden, qui l'eût été même dans la Rome du premier Brutus, ce Mirabeau, à la fois législateur, chef de parti, orateur, nouvelliste, historien, d'une politique incommensurable, savant dans la connaissance des hommes, à la fois le plus grand génie et le cœur le plus corrompu de la révolution [a]?

Lorsqu'il se trouve de telles disproportions entre les hommes, il doit en exister de très-grandes entre les temps où ces hommes ont vécu. Mais nous verrons ceci ailleurs; et il faut maintenant revenir sur nos pas au siècle d'Alexandre.

CHAPITRE XX.

Philippe et Alexandre.

Tandis que Denys tombait à Syracuse, qu'Athènes était en proie aux factions, un tyran s'était élevé en Macédoine. Le caractère de Philippe est trop connu, et n'entre pas assez dans le plan de cet *Essai* pour que je m'y arrête. Il me suffira de remarquer que Philippe est le père de cette politique moderne, qui consiste à troubler pour recueillir, à corrompre pour régner. En vain Démosthènes le foudroya de son éloquence : le roi de Macédoine, avançant dans l'ombre tant qu'il se sentit faible, leva le masque aussitôt qu'il se trouva fort. Les Grecs alors se réveillèrent, mais trop tard, et leur bel édifice à la liberté, élevé avec tant de périls au milieu de mille tempêtes, s'écroula dans les plaines de Chéronée, devant le génie de deux hommes qui vinrent encore changer la face de l'univers.

CHAPITRE XXI.

Siècle d'Alexandre.

Si l'âge d'Alexandre diffère du nôtre par la partie historique, il s'en rapproche du côté moral. Ce fut alors que s'éleva, comme de nos jours, une foule de philosophes, qui se mirent à douter de Dieu, de l'univers et d'eux-mêmes. Jamais on ne poussa plus loin l'esprit de recherches. On écrivait sur tout, on analysait tout, on disséquait tout. Point de petit sentier de politique, point de subtilité métaphysique qu'on n'eût

---

[a] J'ai fait déjà remarquer que le nom de *Buonaparte* ne se rencontre dans l'*Essai* qu'une seule fois, et dans une note où ce nom fameux est jeté comme par hasard avec quelques autres noms. Mirabeau avait *du génie*, mais ce n'était pas un *grand génie :* il y a exagération. (N. Éd.)

soigneusement examinés. Les peuples, instruits de leurs droits, connaissant toutes les espèces de gouvernement, possédaient bien plus que des livres qui leur apprenaient à être libres; ils avaient les traditions de leurs ancêtres, et leurs tombeaux aux champs de Marathon. Ils jouissaient même des formes républicaines, vains jouets que les tyrans leur laissèrent, comme on permet aux enfants de toucher des armes dont ils n'ont pas la force de faire usage : grand exemple qui renverse nos systèmes sur l'effet des lumières [a]. Il prouve qu'il ne suffit pas de raisonner sciemment sur la vertu pour parvenir à l'indépendance ; qu'il faut l'aimer, cette vertu, et que tous les moralistes de l'univers ne sauraient en donner le goût lorsqu'on l'a une fois perdu. Les siècles de lumières, dans tous les temps, ont été ceux de la servitude ; par quel enchantement le nôtre sortirait-il de la règle commune? Les rapprochements des philosophes anciens et modernes qui vont suivre mettront le lecteur à même de juger jusqu'à quel point l'âge d'Alexandre ressembla au nôtre. On verra que, loin d'avoir rien imaginé de nouveau, nous sommes demeurés, excepté en histoire naturelle, fort au-dessous de la Grèce. On remarquera qu'à l'instant où les sophistes commencèrent à attaquer la religion et les idées reçues du peuple, celui-ci se trouva lié des chaînes de Philippe.

D'après les données de l'histoire, je ne puis m'empêcher de trembler sur la destinée future de la France [b].

CHAPITRE XXII.

Philosophes grecs.

Deux beaux génies, vivant à peu près dans le même temps, devinrent les fondateurs des diverses classes philosophiques de la Grèce. Voici les arbres de ces deux écoles :

---

[a] Pas du tout. Dans l'antiquité l'esprit humain était jeune, bien que les peuples fussent déjà vieux ; c'est faute d'avoir fait cette distinction que l'on a voulu mal à propos juger les nations modernes d'après l'histoire des nations anciennes, que l'on a confondu deux sociétés essentiellement différentes. J'ai déjà dit cela dans ma Préface, et montré vingt fois dans ces *Notes critiques* d'où provenait mon erreur. (N. Éd.) — [b] Le despotisme a suivi la république en France, et j'avais raison de trembler : mais je me trompe dans le reste de ce passage, et toujours par la préoccupation où je suis de cette liberté des anciens fondée sur les mœurs. On verra bientôt une note de l'*Essai* où je combats moi-même le système qui me domine ici. (N. Éd.)

ARBRE IONIQUE.

THALÈS.

SES DISCIPLES SUCCESSIFS :

ANAXIMÈNES, ANAXAGORE, ARCHÉLAUS, SOCRATE.

De l'école de Socrate sortiront cinq principaux rameaux subdivisés en d'autres branches, telles qu'on les voit tracées ci-dessous.

SOCRATE.

SECTE MÉGARIQUE.	SECTE ÉLIQUE.	SECTE ACADÉMIQUE.	SECTE CYRÉNAIQUE.	SECTE CYNIQUE.
EUCLIDE.	PHÉDON.	PLATON.	ARISTIPPE.	ANTISTHÈNES.
Système de dialectique, ou l'art de tout prouver, et de ne prouver rien. (Bientôt décrite.)	Pure doctrine de Socrate : la raison et la morale pratique. (Bientôt décrite.)	*Speusippe, Polémon, Crantès,* Moyenne Académie, *Arcésilaüs,* Nouv. Acad., *Carnéades. Aristote,* Secte connue des péripatéticiens. (Branche des académiques.) Système de la chaîne des êtres : dialectique, Académiques. Système de spiritualité, Moyenne Académie, le doute. Nouv. Acad., un doute moins fort.	Système du plaisir des sens. (Bientôt décrite.)	*Cynique.* Toute action naturelle est bonne de soi. Mépris des sciences.

ARBRE ITALIQUE.

PYTHAGORE.

Ses disciples sont peu connus jusqu'à Empédocle ; sous celui-ci l'école se divise en trois sectes.

EMPÉDOCLE.

SECTE ÉLÉATIQUE.	SECTE ÉPICURIENNE.	SECTE PYRRHONIENNE
LEUCIPPE, DÉMOCRITE. ET QUELQUES AUTRES.	ÉPICURE.	PYRRHON
Zénon. Grande secte des stoïciens. (Branche des cyniques.) Fortitude d'âme. Fatalité. Système des atomes. Athéisme.	*Ses disciples.* Système des atomes perfectionné. Doctrine du bonheur.	*Ses disciples.* Système du doute universel.

Thalès fut le père de l'école Ionique, Pythagore celui de l'école Italique ; j'ai parlé ailleurs de leurs systèmes [1]. Traçons rapidement la

---

[1] Thalès : l'eau, principe de création. Pythagore : système des harmonies. J'ajouterai que Thalès trouva en mathématiques les théorèmes suivants : les angles opposés aux sommets sont égaux ; les angles faits à la base du triangle isocèle sont égaux. Si deux angles et un côté d'un triangle sont égaux à deux angles et un côté d'un autre triangle, les deux triangles sont égaux. Pythagore découvrit ces belles vérités : dans un triangle rectangle le carré de l'hypoténuse est égal à la somme des carrés faits sur les deux autres côtés ; les seuls polygones qui puissent remplir un espace autour d'un point donné sont le triangle équilatéral, le quadrilatère et l'hexagone : le premier pris six

philosophie des fondateurs des principales sectes de ces deux écoles, nous bornant à Platon, Aristote, Zénon, Épicure et Pyrrhon.

Platon [1]. La sagesse, prise dans toute l'étendue platonique du mot, est la connaissance de ce qui est [2].

Philosophie, selon Platon, veut dire désir de science divine [3]. Elle se divise en trois classes : philosophie de dialectique, philosophie de théorie, philosophie de pratique [4]. Je passe la première.

Philosophie de théorie. Rien ne se fait de rien. De là deux principes de toute éternité : Dieu et la matière. Le premier imprima le mouvement et l'ordre à la seconde. Dieu ne peut rien créer, il a tout arrangé [5].

Dieu, le principe opposé à la matière, est un Être entièrement spirituel, bon par excellence, intelligent dans le degré le plus supérieur [6], mais non omnipuissant, car il ne peut subjuguer la propension au mal de la matière [7].

Dieu a arrangé le monde d'après le modèle existant de toute éternité en lui-même [8], d'après cette raison de la Divinité, qui contient les moules incréés des choses passées, présentes et à venir. Les idées de l'Essence spirituelle vivent d'elles-mêmes, comme êtres distincts et réels [9]. Les objets visibles de cet univers ne sont que les ombres des idées de Dieu, qui forment seules les vraies substances [10].

Enfin, outre ces idées préexistantes, la Divinité fit couler un souffle de sa vie dans l'univers, et en composa un troisième principe mixte, à la fois esprit et matière, appelé l'âme du monde [11].

Tel est le système théologique de Platon, d'où l'on prétend que les chrétiens ont emprunté leur mystère de la Trinité.

Au reste, Platon admettait l'immortalité de l'âme [12] qui devait retourner, après la mort du corps, à Dieu, dont elle était émanée [13]. Quant à la politique, j'en parlerai ailleurs; j'observe seulement ici que Platon admettait la monarchie comme le meilleur gouvernement.

Aristote [14] divisait la philosophie en trois sortes, de même que

---

fois, le second quatre, le troisième trois. De toutes les manières de démontrer le carré de l'hypoténuse, celle de Bezout me semble la plus claire *.

[1] Platon, né avant J.-C. 429, ol. 87, 3ᵉ année; mort avant J.-C. 347, ol. 108. — [2] *In Phæd.* pag. 278. — [3] *Protag.*, pag. 313. — [4] *Resp.*, lib. ɪv, pag. 495. — [5] *Tim.*, pag. 28; Dɪᴏɢ. Lᴀᴇʀᴛ., lib. 3; Pʟᴜᴛ., *de Gen. Anim.*, pag. 78. — [6] *De Leg.*, pag. 886; *Tim.*, pag. 30. — [7] *Polit.*, pag. 174. — [8] *Tim.*, pag. 249. — [9] *Id., ibid.* — [10] *Respub.*, lib. vɪɪ, pag. 515. — [11] *Tim.*, pag. 34. — [12] Tout singulier que cela puisse paraître, il y a eu des auteurs qui ont prétendu que Platon ne croyait point à l'immortalité de l'âme, et ce n'est pas sans raison. — [13] *Tim.*, pag. 298. — [14] Aristote, né avant J.-C. 384, ol. 99, 1ʳᵉ année; mort avant J.-C. 322, ol. 114, 2ᵉ année.

* J'ai parlé ailleurs de mon premier penchant pour les mathématiques; il faut pardonner cette note à un jeune homme élevé d'abord pour le service de la marine. (N. Éᴅ.)

Platon ; sans parler de sa malheureuse dialectique, qui a si longtemps servi de retraite à l'ignorance, je ne m'arrête qu'à sa métaphysique.

La doctrine des péripatéticiens est le système célèbre de la chaîne des êtres. Aristote remonte d'action en action, et prouve qu'il faut qu'il existe quelque part un premier agent du mouvement. Or, ce premier mobile de toute chose incréée et mue est la seule substance en repos. Elle n'a, de nécessité, ni quantité ni matière. Quant au problème insoluble, savoir : comment l'âme agit sur le corps, le Stagyrite croyait avoir répondu en attribuant le phénomène à un acte immédiat de la volonté du Moteur universel [1].

Il n'en savait pas davantage sur la nature de l'âme, qu'il appelait une parfaite énergie; non le premier mouvement, mais un principe de mouvement, etc. [2] : il la tenait immortelle.

Zénon [3], *père de la secte stoïcienne*. La philosophie est un effort de l'âme vers la sagesse, et dans cet effort consiste la vertu [4].

Le monde s'arrangea par sa propre énergie. La nature est ce tout, qui comprend tout, et dont tout ne peut être que membre ou partie. Ce tout se compose de deux principes, l'un actif, l'autre passif, non existant séparés, mais unis ensemble. Le premier s'appelle *Dieu;* le second, *matière*. Dieu est un pur éther, un feu qui enveloppe la surface extérieure et convexe du ciel ; la matière est une masse inerte et à repos [5].

Outre les deux principes, il en existe un troisième, auquel Dieu et la matière sont également soumis. Ce principe est la chaîne nécessaire des choses ; c'est cet effet qui résulte des événements, et est en même temps la cause inévitable : c'est la fatalité [6].

Dieu, la matière, la fatalité, ne font qu'un. Ils composent à la fois les roues, le mouvement, les lois de la machine, et obéissent, comme parties, aux lois qu'ils dictent comme tout [7].

Les stoïciens affirmaient encore que le monde périra alternativement par l'eau et le feu, pour renaître ensuite sous la même forme [8]; que l'homme a une âme immortelle ; et ils admettaient, comme l'Église romaine, les trois états de récompense, de purification et de punition dans une autre vie, ainsi que la résurrection des corps avec l'embrasement général du monde [9].

---

[1] *De Gen. Anim.*, lib. II, cap. III; *Met.*, lib. II, cap. VI, etc. ; *de Cœlo*, lib. XI, cap. III, etc. — [2] *De Gen. Anim.*, lib. II, cap. IV; lib. III, cap. XI. — [3] Zénon, né avant J.-C. 359, ol. 195, 2ᵉ année; mort avant J.-C. 261, ol. 129, 1ʳᵉ année. — [4] Plut., *de Plac. Phil.*, lib. IV; Sen., *Ep.* LXIX. — [5] Laert., lib. V; Stob., *Eccl. Phys.*, cap. XIV; Sen., *Consol.*, cap. XXIX. — [6] Cic., *de Nat. deor.*, lib. I; Anton., lib. VII. — [7] *Loc. cit.* — [8] Cic., *de Nat. deor.*, lib. III, cap. XLVI; Laert., lib. VII; Senec., *Ep.* IX, XXXVI, etc. — [9] Senec., *Ep.* XC; Plut., *Resign. Stoic.*, p. 31; Laert., lib. VII; Sen., *ad Marc.*; Plut., *de Fac. lun.*, pag. 383.

Épicure [1]. La philosophie est la recherche du bonheur. Le bonheur consiste dans la santé et la paix de l'âme. Deux espèces d'études y conduisent : celle de la physique et celle de la morale.

L'univers subsiste de toute éternité. Il n'y a que deux choses dans la nature : les corps et le vide [2].

Les corps se composent de l'agrégation de parties de matière infiniment petites, ou d'atomes.

Les atomes ont un mouvement interne : la gravité. Leur motion se ferait dans le plan vertical [3], si, par une loi particulière, ils ne décrivaient une ellipse dans le vide [4].

La terre, le ciel, les planètes, les étoiles, les animaux, l'homme compris, naquirent du concours fortuit de ces atomes; et, lorsque la vertu séminale du globe se fut évaporée, les races vivantes se perpétuèrent par la génération [5].

Les membres des animaux, formés au hasard, n'avaient aucune destination particulière. L'oreille concave n'était point creusée pour entendre, l'œil convexe poli, pour voir; mais ces organes se trouvant propres à ces différents usages, les animaux s'en servirent machinalement, et de préférence à un autre sens [6].

Il y a des dieux, non que la raison nous les montre, l'instinct seul nous le dit. Mais ces dieux, extrêmement heureux, ne se mêlent ni ne peuvent se mêler des choses humaines. Ils résident au séjour inconnu de la pureté, des délices et de la paix [7].

Morale. Deux espèces de plaisirs : le premier consiste en un parfait repos d'esprit et de corps; l'autre, en une douce émotion des sens qui se communique à l'âme. Par plaisir il ne faut pas entendre cette ivresse de passions qui nous subjugue, mais une tranquille absence de maux. Cet état de calme à son tour ne doit pas être une profonde apathie, un marasme de l'âme, mais cette position où l'on se sent lorsque toutes les fonctions mentales et corporelles s'accomplissent avec une paisible harmonie. Une vie heureuse n'est ni un torrent rapide, ni une eau léthargique, mais un ruisseau qui passe lentement et en silence, répétant dans son onde limpide les fleurs et la verdure de ses rivages [8].

Tel était le système charmant d'Épicure, si longtemps calomnié. Quant à Pyrrhon, le vrai scepticisme antique n'était pas tant une néga-

---

[1] Épicure, né avant J.-C. 343, ol. 109, 3e année; mort avant J.-C. 270, ol. 127, 2e année. — [2] LUCRET., lib. II; LAERT., lib. X. — [3] Épicure imagina ce mouvement de déclinaison pour éviter de tomber dans le système des fatalistes qui exclut de droit toute recherche du bonheur. Mais l'hypothèse est absurde; car si ce mouvement est une loi, il est de nécessité : et comment une cause obligée produira-t-elle un effet libre? — [4] LUCRET., lib. II; LAERT., lib. X. — [5] LUCRET., lib. V-X; CIC., *de Nat. deor.*, lib. I, cap. VIII-IX. — [6] LUCRET., lib. IV-V. — [7] *Id.*, lib. X; CIC., *de Nat. deor.* — [8] LAERT., lib. X; CIC, *Tuscul.*, lib. III, cap. XVII; *de Finib.*, lib. I, cap. XI-XVII.

tive universelle qu'une indifférence de tout. Le Pyrrhonien ne rejetait pas l'existence des corps, les accidents du chaud et du froid, etc.; mais il disait qu'il croyait apercevoir et sentir telle ou telle chose, sans savoir si cette chose était réellement, et sans qu'il importât qu'elle fût ou qu'elle ne fût pas. Dieu est ou n'est pas; tel corps paraît rond, carré, ovale; il semble qu'il neige, que le soleil brille : voilà le langage du sceptique"[1].

Nous devons moins considérer ce qu'il y a de vrai ou de faux dans ces systèmes, que l'influence qu'ils ont eue sur le bonheur des peuples où ils furent enseignés. Nous examinerons ailleurs cette influence. Nous remarquerons seulement ici que, par leur teneur, ils s'élevaient directement contre les institutions morales, religieuses et politiques de la Grèce. Aussi les prêtres et les magistrats de la patrie s'y opposèrent-ils avec vigueur : ils sentaient qu'ils attaquaient l'édifice jusqu'à la base; que des livres qui prêchaient monarchie dans une république, athéisme ou déisme chez des nations pleines de foi, devaient amener tôt ou tard la destruction de l'ordre social. Ainsi les philosophes grecs, de même que les nôtres, se trouvaient en guerre ouverte avec leur siècle. Mais ils disaient la vérité ! Et qu'importe? La vérité simple et abstraite ne fait pas toujours la vérité complexe et relative. Ne précipitons point le cours des choses par nos opinions. Un gouvernement est-il mauvais, une religion superstitieuse, laissons agir le temps, il y remédiera mieux que nous. Les corps politiques, quand on les abandonne à eux-mêmes, ont leurs métamorphoses naturelles, comme les chrysalides. Longtemps l'animal, entouré des chaînes qu'il s'est lui-même forgées, languit dans le sommeil de l'abjection, sous l'apparence la plus vile, lorsqu'un matin, aux regards surpris, il perce les

---

[a] L'explication de ces systèmes a paru aux critiques du temps prouver quelque lecture. J'aimais passionnément la métaphysique; mais que n'aimais-je pas? Je me plaisais à l'algèbre comme à la poésie, et j'avais pour l'érudition historique le goût d'un véritable bénédictin. (N. Éd.)

[1] Il reste toujours contre le pyrrhonisme une objection insurmontable dans les vérités mathématiques. Que les corps ne soient que la modification de mes sens, à la bonne heure; mais les choses géométriques existent d'elles-mêmes. Les propriétés du cylindre, du polygone, de la tangente, de la sécante, etc., me sont démontrées à l'évidence, soit que je me considère comme corps ou comme esprit. Il y a donc quelque chose qui ne m'appartient pas, qui ne saurait être une combinaison de mes pensées, parce que toute vérité qui peut se démontrer (il n'y a que les vérités mathématiques de cette espèce) est d'elle-même. D'ailleurs, si je suis esprit, ou partie du tout, Dieu ou matière, comment la quantité mesurée de la ligne deviendrait-elle l'effet d'une cause incommensurable? Dès lors qu'il se trouve quelque chose hors de moi, le système des sceptiques s'écroule; car, quoique je ne puisse prouver la réalité de tel objet, j'ai lieu de croire à son identité, à moins qu'on n'admit les vérités mathématiques comme les *Nombres de Pythagore* ou le *Monde d'idées de Platon*. Dans ce cas, elles seraient le vrai Dieu tant cherché des philosophes [*].

[*] On voit par cette note même, où je combats de si bonne foi le pyrrhonisme, combien j'étais loin au fond de l'athéisme et du matérialisme. (N. Éd.)

murs de sa prison, et, déployant deux ailes brillantes, s'envole dans les champs de la liberté ; mais si, par une chaleur factice, vous cherchez à hâter le phénomène, souvent le ver meurt dans l'opération délicate ; et, au lieu de reproduire la vie et la beauté, il ne vous reste qu'un cadavre et des formes hideuses [a].

Avant de passer à ce grand sujet, de l'influence des opinions sur les mœurs et les gouvernements des peuples [b], rapprochons nos philosophes de ceux de la Grèce.

CHAPITRE XXIII.

Philosophes modernes. — Depuis l'invasion des Barbares jusqu'à la renaissance des lettres.

L'Italie, la France, la Grande-Bretagne, étant tombées sous le joug des peuples du Nord, une philosophie barbare s'étendit sur l'Occident en même temps que la haine des sciences régnait dans ceux qui auraient pu les protéger. C'était alors que des empereurs faisaient des lois pour bannir les *mathématiciens* et les *sorciers* [1] ; que les papes incendiaient les bibliothèques de Rome [2c]. On étudiait avec ardeur dans les cloîtres le *Trivium* et le *Quadrivium* [3]. Un moine [4] inventait les notes de musique sur l'*Ut queant laxis* [5] ; et pour comble de maux, vers le douzième siècle reparurent les ouvrages d'Aristote. Alors on vit se former cette malheureuse philosophie scolastique, qui se composait des subtilités de la dialectique péripatéticienne et du jargon mystique de Platon.

---

[a] L'image est peut-être trop prolongée ; mais elle renferme une grande vérité : il n'y a de révolution durable que celle que le temps amène graduellement et sans efforts. (N. Éd.) — [b] Ici mon système devient raisonnable ; il est impossible de nier l'influence de l'opinion sur les mœurs.

[1] *Cod. Just.*, lib. x, tit. xviii ; *Cod. Theod. de Pagan.*, pag. 37. — [2] Sarisbériens. Policrat., lib. ii-viii. Grégoire fit brûler la belle bibliothèque du temple d'Apollon, formée par les empereurs romains.

[c] C'est fort bien de ne pas vouloir qu'on brûle les livres ; mais pourquoi vouloir mettre au nombre des *calamités* du temps le nom donné aux notes de musique par Guido Aretin ? Quelle est la transition entre l'étude du *Trivium* et les premières syllabes d'une strophe de l'*Ut queant laxis* ? Et comment les ouvrages d'Aristote ont-ils comblé les maux commencés par *ut, re, mi, fa, sol, la* ? Je savais tout cela il y a trente ans. (N. Éd.)

[3] Alcuin., *Op. Fab. Bibl. Lat. Med.*, tom. i, pag. 134. La science du Trivium et du Quadrivium était toute renfermée dans ces deux vers fameux :

Gramm. loquitur, *Dia.* vera docet, *Rhet.* verba colorat,
Mus. canit, *Ar.* numerat, *Geo.* ponderat, *Ast.* colit astra.

[4] Guido Aretin. Il trouva l'expression des six notes sur l'hymne de Paul Diacon :

Ut queant laxis *Re*sonare fibris
*Mi*ra gestorum *Fa*muli tuorum :
*Sol*ve pollutis *La*biis reatum,
Sancte Joannes.

[5] Weizius, *in Heortologio*, pag. 263.

Bientôt la nouvelle secte se divisa en *nominalistes, albertistes, occamistes, réalistes*. Souvent les champions en vinrent aux mains, et les papes et les rois prenaient parti pour et contre. Entre les nouveaux philosophes brillèrent Thomas d'Aquin, Albert, Roger Bacon; et avant eux, Abailard, qu'il ne faut pas oublier. Il y a des morts dont le simple nom nous dit plus qu'on ne saurait exprimer [a][1].

[a] Il faut convenir que c'est accrocher subtilement une note à un mot. Voici, à propos d'Abailard, un assez long morceau de mes *Voyages en Amérique*. On y retrouve la description de la cataracte de Niagara, description que j'ai transportée dans *Atala*. J'entre dans un récit assez circonstancié sur mes projets de découverte dans l'Amérique septentrionale. Ce ne sont donc ni les voyages de Mackenzie ni les dernières expéditions des Anglais qui m'ont fait dire que j'avais voulu autrefois tenter la découverte du passage dans les mers polaires, au nord-ouest du Canada, découverte que poursuit dans ce moment même le capitaine Francklin. Mon projet avait précédé toutes ces entreprises; en voilà la preuve consignée dans l'*Essai* publié à Londres en 1797, il y a vingt-neuf ans. C'est ainsi que la Providence m'a placé plusieurs fois à l'entrée de diverses carrières où j'ai toujours eu en perspective le but le plus difficile et le plus éloigné; elle m'a mis tour à tour à la main le bâton du voyageur, l'épée du soldat, la plume de l'écrivain et le portefeuille du ministre. (N. Éd.)

[1] J'ai bien éprouvé une fois dans ma vie cet effet d'un nom. C'était en Amérique. Je partais alors pour le pays des Sauvages, et je me trouvais embarqué sur le paquebot qui remonte de New-York à Albany par la rivière d'Hudson. La société des passagers était nombreuse et aimable, consistant en plusieurs femmes et quelques officiers américains. Un vent frais nous conduisait mollement à notre destination. Vers le soir de la première journée, nous nous assemblâmes sur le pont pour prendre une collation de fruits et de lait. Les femmes s'assirent sur les bancs du gaillard, et les hommes se mirent à leurs pieds. La conversation ne fut pas longtemps bruyante : j'ai toujours remarqué qu'à l'aspect d'un beau tableau de la nature on tombe involontairement dans le silence. Tout à coup je ne sais qui de la compagnie s'écria : « C'est auprès de ce lieu que le major André fut exécuté. » Aussitôt voilà mes idées bouleversées : on pria une Américaine très-jolie de chanter la romance de l'infortuné jeune homme; elle céda à nos instances, et commença à faire entendre une voix timide, pleine de volupté et d'émotion. Le soleil se couchait; nous étions alors entre de hautes montagnes. On apercevait çà et là, suspendues sur des abîmes, des cabanes rares qui disparaissaient et reparaissaient tour à tour entre des nuages, mi-partie blancs et roses, qui filaient horizontalement à la hauteur de ces habitations. Lorsque au-dessus de ces mêmes nuages on découvrait la cime des rochers et les sommets chevelus des sapins, on eût cru voir de petites îles flottantes dans les airs. La rivière majestueuse, tantôt coulant nord et sud, s'étendait en ligne droite devant nous, encaissée entre deux rives parallèles comme une table de plomb; puis tout à coup, tournant à l'aspect du couchant, elle courbait ses flots d'or autour de quelque mont qui, s'avançant dans le fleuve avec toutes ses plantes, ressemblait à un gros bouquet de verdure noué au pied d'une zone bleue et aurore. Nous gardions un profond silence; pour moi, j'osais à peine respirer. Rien n'interrompait le chant plaintif de la jeune passagère, hors le bruit insensible que le vaisseau, poussé par une légère brise, faisait en glissant sur l'onde. Quelquefois la voix se renflait un peu davantage lorsque nous rasions de plus près la rive; dans deux ou trois endroits elle fut répétée par un faible écho : les anciens se seraient imaginé que l'âme d'André, attirée par cette mélodie touchante, se plaisait à en murmurer les derniers sons dans les montagnes. L'idée de ce jeune homme, amant, poëte, brave et infortuné, qui, regretté de ses concitoyens et honoré des larmes de Washington, mourut dans la fleur de l'âge pour son pays, répandait sur cette scène romantique une teinte encore plus attendrissante. Les officiers américains et moi nous avions les larmes aux yeux; moi, par l'effet du recueillement délicieux où j'étais plongé; eux sans doute, par le souvenir des troubles passés de la patrie, qui redoublait le calme du moment présent. Ils ne pouvaient contempler, sans une sorte d'extase de cœur, ces lieux naguère chargés de bataillons étincelants et retentissants du bruit des armes, maintenant ensevelis dans une paix profonde, éclairés des derniers feux du jour, décorés de la pompe de la nature, animés du doux sifflement des cardinaux et du roucoulement des ramiers sauvages, et dont les simples habitants, assis sur la pointe d'un roc, à quelque

Cependant Constantinople venait de passer sous le joug des Turcs, et le reste des philosophes grecs fugitifs trouvèrent un asile en Italie. Les lettres commencèrent à revivre de toutes parts. Dante et Pétrarque avaient paru. Celui-ci est plus connu par ses *Canzones* que par ses traités de *Contemptu mundi; de Sua ipsius et aliorum Ignorantia,* quoique ce dernier ouvrage vaille mieux que la plupart de ses sonnets. Mais Laure, Vaucluse, sont de doux noms, et les hommes se prennent

distance de leurs chaumières, regardaient tranquillement notre vaisseau passer sur le fleuve au-dessous d'eux. Au reste, ce voyage que j'entreprenais alors n'était que le prélude d'un autre bien plus important, dont à mon tour j'avais communiqué les plans à M. de Malesherbes, qui devait les présenter au gouvernement. Je ne me proposais rien moins que de déterminer par terre la grande question du passage de la mer du Sud dans l'Atlantique par le nord. On sait que, malgré les efforts du capitaine Cook et des navigateurs subséquents, il est toujours resté un doute. Un vaisseau marchand, en 1786, prétendit avoir entré, par le 48° de latitude nord, dans une mer intérieure de l'Amérique septentrionale, et que tout ce qu'on avait pris pour la côte, au nord de la Californie, n'était qu'une longue chaîne d'îles extrêmement serrées. D'une autre part, un voyageur, parti de la baie d'Hudson, a vu la mer par les 72° de latitude nord à l'embouchure de la rivière du *Cuivre*. On dit qu'il est arrivé l'été dernier une frégate, que l'amirauté d'Angleterre avait chargée de vérifier la découverte du vaisseau marchand dont j'ai parlé, et que cette frégate confirme la vérité des rapports de Cook. Quoi qu'il en soit, voici sommairement le plan que je m'étais tracé : Si le gouvernement avait favorisé mon projet, je me serais embarqué pour New-York. Là, j'eusse fait construire deux immenses chariots couverts, traînés par quatre couples de bœufs. Je me serais procuré en outre six petits chevaux, pareils à ceux dont je me suis servi dans mon premier voyage. Trois domestiques européens et trois sauvages des Cinq-Nations m'eussent accompagné. Quelques raisons m'empêchent de m'étendre davantage sur les plans que je comptais suivre : le tout forme un petit volume en ma possession, qui ne serait pas inutile à ceux qui explorent des régions inconnues. Il me suffira de dire que j'eusse renoncé à parcourir les déserts de l'Amérique, s'il en eût dû coûter une larme à leurs simples habitants. J'aurais désiré que, parmi ces nations sauvages, *l'homme à longue barbe,* longtemps après mon départ, eût voulu dire l'ami, le bienfaiteur des hommes. Enfin tout étant préparé, je me serais mis en route, marchant directement à l'ouest, en longeant les lacs du Canada jusqu'à la source du Mississipi, que j'aurais reconnue. De là, descendant par les plaines de la haute Louisiane, jusqu'au 40e degré de latitude nord, j'eusse repris ma route à l'ouest, de manière à attaquer la côte de la mer du Sud, un peu au-dessus de la tête du golfe de Californie. Suivant ici le contour des côtes, toujours en vue de la mer, j'aurais remonté droit au nord, tournant le dos au Nouveau-Mexique. Si aucune découverte n'eût arrêté ma marche, je me fusse avancé jusqu'à l'embouchure de la grande rivière de *Cook,* et de là jusqu'à celle de la rivière du *Cuivre,* par les 72 degrés de latitude septentrionale. Enfin, si nulle part je n'eusse trouvé un passage, et que je n'eusse pu doubler le cap le plus nord de l'Amérique, je serais rentré dans les États-Unis par la baie d'Hudson, le Labrador et le Canada. Tel était l'immense et périlleux voyage que je me proposais d'entreprendre pour le service de ma patrie et de l'Europe. Je calculais qu'il m'eût retenu (tout accident à part) de cinq à six ans. On ne saurait mettre en doute son utilité. J'aurais donné l'histoire des trois règnes de la nature, celle des peuples et de leurs mœurs, dessiné les principales vues, etc. Quant à ce qui est des risques du voyage, ils sont grands sans doute ; mais je suppose que ceux qui calculent tous les dangers ne vont guère voyager chez les Sauvages. Cependant on s'effraye trop sur cet article. Lorsque je me suis vu exposé en Amérique, le péril venait toujours du local et de ma propre imprudence, mais presque jamais des hommes. Par exemple, à la cataracte de Niagara, l'échelle indienne qui s'y trouvait jadis étant rompue, je voulus, en dépit des représentations de mon guide, me rendre au bas de la chute par un rocher à pic d'environ deux cents pieds de hauteur. Je m'aventurai dans la descente. Malgré les rugissements de la cataracte et l'abîme effrayant qui bouillonnait au-dessous de moi, je conservai ma tête, et parvins à une quarantaine de pieds du fond. Mais ici le rocher lisse et vertical n'offrait plus ni racines ni fentes où pouvoir reposer mes pieds. Je demeurai suspendu par la main à toute ma longueur, ne pouvant ni remonter ni descendre, sentant mes doigts s'ouvrir plus aisément par le cœur que par la tête. Pic de La Mirandole, Politien, Ficinus et mille autres furent des prodiges d'érudition [1]. Érasme suivit : ses *Lettres* et son *Éloge de la Folie* sont pleins d'esprit et d'élégance. Bientôt les réformateurs de l'Église romaine attaquèrent plus rigoureusement encore la secte scolastique [2]. On commença à faire revivre les autres philosophies de la Grèce. Gassendi renouvela peu après la secte d'Épicure [3], et se rendit célèbre par son génie astronomique.

peu à peu de lassitude sous le poids de mon corps, et voyant la mort inévitable : il y a peu d'hommes qui aient passé deux minutes dans leur vie comme je les comptai alors, suspendu sur le gouffre de Niagara. Enfin, mes mains s'ouvrirent, et je tombai. Par le bonheur le plus inouï je me trouvai sur le roc vif, où j'aurais dû me briser cent fois, et cependant je ne me sentais pas grand mal ; j'étais à un demi-pouce de l'abîme, et je n'y avais pas roulé : mais lorsque le froid de l'eau commença à me pénétrer, je m'aperçus que je n'en étais pas quitte à aussi bon marché que je l'avais cru d'abord. Je sentis une douleur insupportable au bras gauche ; je l'avais cassé au-dessus du coude. Mon guide, qui me regardait d'en haut, et auquel je fis signe, courut chercher quelques Sauvages qui, avec beaucoup de peine, me remontèrent avec des cordes de bouleau, et me transportèrent chez eux. Ce ne fut pas le seul risque que je courus à Niagara : en arrivant, je m'étais rendu à la chute, tenant la bride de mon cheval entortillée à mon bras. Tandis que je me penchais pour regarder en bas, un serpent à sonnettes remua dans les buissons voisins ; le cheval s'effraye, recule en se cabrant et en approchant du gouffre ; je ne puis désengager mon bras des rênes, et le cheval, toujours plus effarouché, m'entraîne après lui. Déjà ses pieds de devant quittaient la terre, et, accroupi sur le bord de l'abîme, il ne s'y tenait plus que par la force des reins. C'en était fait de moi, lorsque l'animal, étonné lui-même du nouveau péril, fait un dernier effort, s'abat en dedans par une pirouette, et s'élance à dix pieds loin du bord. Lorsque j'ai commencé cette note, je ne comptais la faire que de quelques lignes ; le sujet m'a entraîné : puisque la faute est commise, une demi-page de plus ne m'exposera pas davantage à la critique, et le lecteur sera peut-être bien aise qu'on lui dise un mot de cette fameuse cataracte du Canada, la plus belle du monde connu. Elle est formée par la rivière Niagara, qui sort du lac Érié et se jette dans l'Ontario. A environ neuf milles de ce dernier lac se trouve la chute ; sa hauteur perpendiculaire peut être d'environ deux cents pieds. Mais ce qui contribue à la rendre si violente, c'est que, depuis le lac Érié jusqu'à la cataracte, le fleuve arrive toujours en déclinant par une pente rapide, dans un cours de près de six lieues ; en sorte qu'au moment même du saut, c'est moins une rivière qu'une mer impétueuse, dont les cent mille torrents se pressent à la bouche béante d'un gouffre. La cataracte se divise en deux branches, et se courbe en un fer à cheval d'environ un demi-mille de circuit. Entre les deux chutes s'avance un énorme rocher creusé en dessous, qui pend avec tous ses sapins sur le chaos des ondes. La masse du fleuve qui se précipite au midi se bombe et s'arrondit comme un vaste cylindre au moment qu'elle quitte le bord, puis se déroule en nappe de neige, et brille au soleil de toutes les couleurs du prisme : celle qui tombe au nord descend dans une ombre effrayante comme une colonne d'eau du déluge. Des arcs-en-ciel sans nombre se courbent et se croisent sur l'abîme, dont les terribles mugissements se font entendre à soixante milles à la ronde. L'onde, frappant le roc ébranlé, rejaillit en tourbillons d'écume qui, s'élevant au-dessus des forêts, ressemblent aux fumées épaisses d'un vaste embrasement. Des rochers démesurés et gigantesques, taillés en forme de fantômes, décorent la scène sublime ; des noyers sauvages, d'un aubier rougeâtre et écailleux, croissent chétivement sur ces squelettes fossiles. On ne voit auprès aucun animal vivant, hors des aigles qui, en planant au-dessus de la cataracte où ils viennent chercher leur proie, sont entraînés par le courant d'air, et forcés de descendre en tournoyant au fond de l'abîme. Quelque *carcajou* tigré, se suspendant par sa longue queue à l'extrémité d'une branche abaissée, essaye d'attraper les débris des corps noyés des élans et des ours que le remous jette à bord ; et les serpents à sonnettes font entendre de toutes parts leurs bruits sinistres.

[1] Fabr., *Bibl. Gr.*, v. 10, pag. 278 ; Shelborn., *Amœnitat. Leter.*, tom. I, pag. 18 ; *Vita à J. Fr. Pico in Bates Vet. Select.* — [2] *Declarationes ad Hoildelbergentes*, apud Werensdorf. — [3] Sorbière, *de Vit. Gass. Præf. Synt. Phil. Epic.*; Bayle.

Trois hommes enfin, Jordan Bruno, Jérôme Cardan et François Bacon s'élevèrent en Europe, et, dédaignant de marcher sur les pas des Grecs, se frayèrent une route nouvelle : en eux commence la *philosophie moderne*.

CHAPITRE XXIV.

(Suite.) — Depuis Bacon jusqu'aux encyclopédistes.

Le chancelier lord Bacon [1], un de ces hommes dont le genre humain s'honore, a laissé plusieurs ouvrages. C'est à son traité *on the Advancement of learning* et à celui du *Novum Organum Scientiarum*, qu'il doit particulièrement son immortalité.

Dans le premier, il examine en son entier le cercle des sciences, classant chaque chose sous sa faculté, facultés dont il reconnaît quatre : l'âme, la mémoire, l'imagination, l'entendement. Les sciences s'y trouvent réduites à trois : la poésie, l'histoire, la philosophie. Dans le second ouvrage, il rejette la méthode de raisonner par syllogismes; il propose seulement la physique expérimentale pour seul guide dans la nature. C'est ainsi que ce grand homme ouvrit à ceux qui l'ont suivi le vrai chemin de la philosophie; et que chacun, écoutant son génie, sut désormais où se placer [2].

Tandis que Bacon brillait en Angleterre, Campanella [3] florissait en Italie. Cet homme extraordinaire attaqua vigoureusement les préjugés de son siècle, et tomba lui-même dans le vague des systèmes. Plongé vingt-sept ans dans les cachots [4], il y vécut, comme une salamandre, au milieu du feu de son génie, n'ayant ni plume ni papier pour lui ouvrir une issue au dehors. Ses écrits étincellent [5], mais on y remarque une tête déréglée. Au reste, il admettait l'âme du monde de Platon, etc.

Hobbes [6], contemporain de Bacon, publia plusieurs ouvrages : son livre *de la Nature humaine*, son Traité *de Corpore Politico*, son *Leviathan* et sa *Dissertation sur l'Homme*, sont les plus considérables. En politique, il trouva à peu près les principes du *Contrat Social* de J.-J. Rousseau; mais il soutient les opinions les plus destructives de la société. Il avance que l'autorité, non la vérité, doit faire le principe de la loi; que le magistrat suprême, qui punit l'innocent, pèche contre Dieu, mais non contre la justice; qu'il n'y a point de propriétés, etc.

---

[1] Né en 1560, mort en 1626. — [2] *Voyez* les ouvrages cités. — [3] Né en 1568, mort en 1639. — [4] Pour une prétendue conspiration contre le roi d'Espagne. — [5] Entre autres les ouvrages intitulés : *Philosophia rationalis; de Libris propriis; Civitas solis.* — [6] Né en 1588, mort en 1679.

En morale, il dit que l'état de nature est un état de guerre, que la félicité consiste en un continuel passage de désir en désir [1].

Descartes [2] fit revivre le pyrrhonisme, et ouvrit les sources du déluge de la philosophie moderne. La seule vérité, selon lui, consistait en son fameux argument, *je pense, donc j'existe*. Il admettait les idées innées, l'existence de la matière. Il expliquait l'action de l'âme sur le corps d'après les principes de Platon [3]. On connaît ses tourbillons en physique.

Leibnitz publia son système des *Monades*, par lesquelles il entendait une simple substance sans parties. Mais cette substance varie en propriétés et relations, et c'est de ces diverses modifications apparentes que résultent *plusieurs* dans l'*unité*. Cela rentre dans les *Nombres* de Pythagore et les *Idées* de Platon, Leibnitz [4] est l'auteur du *Calcul différentiel* [5].

Spinosa [6] rappelle l'athée par excellence. Il admettait une substance universelle, laquelle substance a en elle-même tous les principes de modification : elle est Dieu. Tout vient ainsi de Dieu : le mort et le mourant, le riche et le pauvre, l'homme qui sourit et celui qui pleure, la terre, les astres, tout cela se passe et est en Dieu [7].

Locke [8] a laissé dans son traité *on human Understanding* un des plus beaux monuments du génie de l'homme. On sait qu'il y détruit la doctrine des idées innées; qu'il explique la nature de ces idées, les dérivant de deux sources : la sensation et la réflexion [9].

Grotius [10] après Machiavel, Mariana, Bodin [11], fut un des premiers à faire revivre en Europe la politique. Son livre *de Jure belli et pacis* manque de méthode et s'étend au delà de son titre. Il part d'ailleurs d'une majeure douteuse : la sociabilité de l'homme*a*. Au reste, on y trouve du génie et de l'érudition.

Puffendorf [12] a déployé moins de génie que Grotius dans son Traité *de Jure naturæ et gentium;* mais on y apprend davantage, par l'excellent plan de l'ouvrage. Il y part de la morale pour remonter à la poli-

---

[1] *Voyez* les ouvrages cités, particulièrement le *Leviathan.* — [2] Né en 1596, mort en 1650. — [3] *Vid. Princip. Phil.; Medit. Phil.; de Prima Phil.* — [4] Né en 1646, mort en 1701. — [5] *Vid.* Theodicea, *Calculus differentialis*, etc. Un monument littéraire, bien plus précieux que la correspondance des encyclopédistes, est celle de Newton, Clarke et Leibnitz; par exemple, Leibnitz faisant part à Newton de sa découverte de son *Calcul différentiel*, et Newton lui demandant son avis sur sa *Théorie des marées.* — [6] Né en 1632, mort en 1677. — [7] *Tractat. Theolog. Politic.; Or., pro Chr.;* Bayl.; Spin. — [8] Né en 1632, mort en 1704. — [9] *Essay on hum. Underst.* —[10] Né en 1583, mort en 1645. —[11] Sidney écrivit quelque temps après. Il ne faut pas confondre ce Sidney, écrivain d'un excellent traité *sur le Gouvernement*, avec le Sidney, auteur de l'*Arcadie*.

a Eh bien! vais-je nier aussi la sociabilité de l'homme? (N. Éd.)

[12] Né en 1631, mort en 1694.

tique (le seul chemin par où on puisse arriver à la vérité), considérant l'homme dans ses rapports avec Dieu, lui-même, et ses semblables [a].

L'universel scepticisme de Bayle [1] se fait apercevoir dans ses écrits. Il y détruit tous les systèmes des autres, sans en élever un lui-même [2]. Il passe avec raison pour le plus grand dialecticien qui ait existé.

Malebranche [3] a laissé un nom célèbre. Les deux opinions les plus extraordinaires qui aient peut-être jamais été avancées par aucun philosophe, se trouvent dans sa *Recherche de la Vérité*. Il y affirme que la pensée ne se produit pas de l'entendement, mais découle immédiament de Dieu, et que l'esprit humain communique directement avec la Divinité et voit tout en elle [4].

Rappeler ces grands hommes qui travaillaient en même temps à l'*Histoire naturelle* serait trop long et hors du sujet de cet ouvrage. Copernic, qui rendit à l'univers son vrai système [5], perdu depuis Pythagore; Galilée, qui inventa le télescope, découvrit les satellites de Jupiter, l'anneau de Saturne, etc. [6]; enfin l'immortel Newton, qui traça le chemin aux comètes, vit se mouvoir tous les mondes, pénétra dans le principe des couleurs, et vola pour ainsi dire à Dieu le secret de la nature [7]; tous ces hommes illustres précédèrent les encyclopédistes dont il me reste à parler.

CHAPITRE XXV.

Les encyclopédistes [8].

Il serait impossible d'entrer dans le détail de la philosophie des encyclopédistes; la plupart sont déjà oubliés, et il ne reste d'eux que la révolution française [9]. Traiter de leurs livres n'est pas plus facile; ils n'y ont point exposé de systèmes complets. Nous voyons seulement par plusieurs ouvrages de Diderot qu'il admettait le pur athéisme;

---

[a] J'avais du moins étudié quelque chose de mon métier avant d'être ambassadeur. (N. Éd.)

[1] Né en 1647, mort en 1706. — [2] *Dict. Resp. ad Provincial. Quend.* — [3] Né en 1638, mort en 1715. — [4] *Recherche de la Vérité.* — [5] *De Orbium cœlest. Revol.* — [6] Viviani, *Vit. Gal.*; *Act. Phil.*; *Systema Cosmicum.* — [7] *Philosophiæ naturalis Principia mathematica.* On ne sait lequel admirer le plus des trois grands hommes que je viens de nommer, lorsqu'on les voit s'élever les uns après les autres de merveilles en merveilles. Je ne puis m'empêcher d'observer qu'on doit à Galilée ces vérités importantes : que l'espace parcouru dans la chute des corps est en raison du carré des temps; que le mouvement des projectiles se fait dans la courbe parabolique [*]. — [8] Je comprends sous ce nom non-seulement les vrais encyclopédistes, mais encore les philosophes qui les ont suivis jusqu'à notre temps. — [9] Qu'il soit bien entendu qu'ils n'en sont pas la seule cause, mais une grande cause. La révolution française ne vient point de tel ou tel homme, de tel ou tel

[*] Toujours mes chères mathématiques : cela prouve du moins que je n'avais pas la mauvaise habitude d'écrire avant d'avoir lu; habitude trop commune dans ce siècle. (N. Éd.)

sans en apporter que de mauvaises raisons [1] [a]. Voltaire n'entendait rien en métaphysique : il rit, fait de beaux vers, et distille l'immoralité. Ceux qui se rapprochent encore plus de nous ne sont guère plus forts en raisonnement. Helvétius a écrit des livres d'enfants, remplis de sophismes que le moindre grimaud de collége pourrait réfuter. J'évite de parler de Condillac et de Mably, je ne dis pas de Jean-Jacques et de Montesquieu, deux hommes d'une trempe supérieure aux encyclopédistes.

Quel fut donc l'esprit de cette secte? La destruction. Détruire, voilà leur but; détruire, leur argument. Que voulaient-ils mettre à la place des choses présentes? Rien. C'était une rage contre les institutions de leur pays, qui, à la vérité, n'étaient pas excellentes; mais enfin quiconque renverse doit rétablir [b], et c'est la chose difficile, la chose qui doit nous mettre en garde contre les innovations. C'est un effet de notre faiblesse que les vérités négatives sont à la portée de tout le monde, tandis que les raisons positives ne se découvrent qu'aux grands hommes. Un sot vous dira aisément une bonne raison contre, presque jamais une bonne raison pour.

Ayant à parler ailleurs des encyclopédistes [2], je finirai ici leur article, après avoir remarqué que, si l'on trouve que je parle trop durement de ces savants, estimables à beaucoup d'autres égards, et moi aussi je leur rends justice de ce côté-là [c]. Mais j'en appelle à tout homme impartial : qu'ont-ils produit? Dois-je me passionner pour leur athéisme? Newton, Locke, Bacon, Grotius, étaient-ils des esprits faibles, inférieurs à l'auteur de *Jacques le Fataliste,* à celui des *Contes de mon cousin Vadé?* N'entendaient-ils rien en morale, en physique, en métaphysique, en politique? J.-J. Rousseau était-il une petite âme? Eh bien! tous croyaient au Dieu de leur patrie, tous prêchaient religion et vertu. D'ailleurs, il y a une réflexion désolante : était-ce bien l'opinion intime de leur conscience que les encyclopédistes publiaient? Les

---

livre : elle vient des choses. Elle était inévitable ; c'est ce que mille gens ne veulent pas se persuader. Elle provient surtout du progrès de la société à la fois vers les lumières et vers la corruption ; c'est pourquoi on remarque dans la révolution française tant d'excellents principes et de conséquences funestes. Les premiers dérivent d'une théorie éclairée ; les secondes de la corruption des mœurs. Voilà le véritable motif de ce mélange incompréhensible des crimes entés sur un tronc philosophique ; voilà ce que j'ai cherché à démontrer dans tout le cours de cet *Essai* *.

[1] Cela n'est pas vrai de tous ses ouvrages, mais résulte de leur ensemble : il est même déiste en plusieurs endroits de ses écrits : il est difficile d'être conséquent.

[a] *Sans en apporter que de mauvaises raisons.* Comme j'arrangeais la langue! Quel barbare! (N. Éd.) — [b] C'est du bon sens. (N. Éd.)

[2] A l'article du Christianisme.

[c] De quel côté? (N. Éd.)

* Si j'ai écrit quelque chose de bon dans ma vie, il faut y comprendre cette note. (N. Éd.)

hommes sont si vains, si faibles, que souvent l'envie de faire du bruit les fait avancer des choses dont ils ne possèdent pas la conviction*" ;* et après tout, je ne sais si un homme est jamais parfaitement sûr de ce qu'il pense réellement [b].

Avant de parler de l'influence que les beaux esprits du siècle d'Alexandre et ceux du nôtre eurent sur leur âge respectif, nous allons les présenter au lecteur rassemblés. Nous choisirons les plus aimables, pour donner une idée de leurs ouvrages et de leur style : de là nous passerons au tableau de leurs mœurs ; et nous aurons ainsi une petite histoire complète de la philosophie et des philosophes.

CHAPITRE XXVI.

Platon, Fénelon, J.-J. Rousseau. — La *République* de Platon, le *Télémaque*, l'*Émile*.

Si les grâces de la diction, la chaleur de l'imagination, un je ne sais quoi dans l'expression de mystique et d'intellectuel, qui ressemble au langage des anges, font le grand, le sublime écrivain, Platon en mérite le titre. Peut-être sa manière ressemble-t-elle plus à celle du vertueux archevêque de Cambrai qu'au style de Jean-Jacques ; mais celui-ci, d'une autre part, s'en est rapproché davantage par son sujet. Nous allons offrir le beau groupe de ces trois génies, qui renferme tout ce qu'il y a d'aimable dans la vertu, de grand dans les talents, de sensible dans le caractère des hommes.

Platon, dans sa *République ;* Fénelon, dans son *Télémaque ;* Jean-Jacques, dans son *Émile,* ont cherché l'homme moral et politique.

Le premier divise sa *République* en trois classes [1] : Le peuple, ou les mécaniques ; les guerriers qui défendent la patrie, et les magistrats qui la dirigent. L'éducation du citoyen commence à sa naissance. Sans doute de tendres parents s'empressent autour de son berceau ? Non. Porté dans un lieu commun [2], il attend qu'un lait inconnu vienne satisfaire ses besoins ; et sa propre mère, qui ne le connaît plus, nourrit auprès de lui le fils de l'étrangère.

Lorsque le citoyen commence à entrer dans l'âge de l'adolescence, le gymnase occupe ses instants.

La première chose qui y frappe sa vue, c'est la pudeur sans voiles, et les formes [c] de la jeune fille souillées, comme une rose dans la poussière

---

[a] Suis-je un athée ? Réflexion très-juste ; on a un million d'exemples de cette déplorable vanité. (N. Éd.) — [b] Naïveté comique. (N. Éd.)

[1] Plat., *de Rep.*, lib. ii, pag. 273, etc. — [2] *Id., ibid.*, lib. v, pag. 460.

[c] *Les formes.* Mauvais jargon du temps, emprunté des arts. (N. Éd.)

de l'arène [1]. Son œil s'accoutume à parcourir les grâces nues, et son imagination perd les traits du beau idéal. Privé d'une famille, il ne pourra avoir une amante; et, lorsque la patrie aura choisi pour lui une compagne [2], il sera peu après obligé de rompre ses premiers liens, pour recevoir dans la couche nuptiale, non une vierge timide et rougissante, mais une épouse banale [3], pour qui les baisers n'ont plus de chasteté, ni l'amour de mystères.

Si, parmi ces enfants communs de la patrie, il s'en trouve un qui, par la beauté de ses traits, les indices de son génie, décèle le grand homme futur, on l'enlève à la foule [4], on l'instruit dans les sciences; il va ensuite combattre avec les autres à la défense de la patrie. A mesure qu'il avance en âge, on lui confie les plus importants emplois, et bientôt on lui découvre les causes secrètes de la nature. Un philosophe lui dévoile le grand Être. Il apprend à se détacher des choses humaines : voyageur dans le monde intellectuel, il se dépouille pour ainsi dire de son corps, il s'associe à la sagesse divine, dont la nôtre n'est que l'ombre; et lorsque cinquante années d'étude et de méditations l'ont rendu d'une nature supérieure à ses semblables, alors il redescend sur la terre, et devient un des magistrats de la patrie [5].

Tel est l'homme politique de Platon. Le divin disciple de Socrate, dans le délire de sa vertu, voulait spiritualiser les hommes terrestres; et, pour les rendre pareils à Dieu, il commençait par opprimer le peuple, en établissant un corps de janissaires, par faire des législateurs métaphysiciens, et par enlever à tous la piété maternelle, l'amour conjugal, que la nature donne aux tigres mêmes dans leurs déserts. Des enfants communs ! O blasphème philosophique ! Plus heureuse cent fois la femme indigente de nos cités, qui mendie ses premiers besoins en portant son fils dans ses bras ! La société l'abandonne, mais la nature lui reste; elle ne sentira point l'inclémence des hivers, si, dans ses haillons, elle peut trouver un coin de manteau pour envelopper son tendre fruit. La faim même qui la dévore, elle l'oublie, si sa mamelle donne encore la nourriture accoutumée au cher enfant qui sourit à ses larmes et presse son sein maternel de ses petites mains [a].

Fénelon vit mieux que Platon l'état de la société. Son jeune homme moral quitte le lieu de sa naissance pour aller chercher son père. La Sagesse, sous la figure de Mentor, l'accompagne. Le premier pas qu'il fait dans la carrière est, comme dans la vie, vers le malheur. La mort

---

[1] PLAT., *de Rep.*, lib. v, pag. 452, etc. — [2] *Id., ibid.*, pag. 459. — [3] *Id., ibid.*, pag. 447. — [4] *Id., ibid.*, lib. vi, pag. 486. — [5] *Id., ibid.*, pag. 503-505; lib. vii, pag. 517.

[a] J'ai transporté quelque chose de ceci dans le *Génie du Christianisme*, mais le morceau entier est mieux dans l'*Essai*. (N. Éd.)

le menace en Sicile ; échappé à ce danger, l'esclavage et la pauvreté l'attendent en Égypte : les dieux et les lettres viennent à son secours.

Prêt à retourner dans sa patrie, la main du sort le saisit de nouveau et le replonge dans les cachots. Là, du haut d'une tour, il passe ses jours à contempler les flots qui se brisent au loin sur les rivages, et les mortels agités par la tempête. Tout à coup un grand combat attire ses regards ; il voit tomber un roi despotique, dont la tête sanglante, secouée par les cheveux, est montrée en spectacle au peuple qu'il opprimait.

Télémaque quitte l'Égypte, et la tyrannie la plus affreuse se montre à lui en Phénicie. Il abandonne cette terre d'esclavage et arrive à celle des plaisirs. Le jeune homme va succomber : tout à coup la Sagesse se présente à lui ; il fuit avec elle cette île empoisonnée, et, durant une navigation tranquille, il écoute les discours divins sur Dieu et la vertu, qui rouvrent son cœur aux voluptés morales.

Bientôt à l'horizon on découvre des montagnes, dont le sommet se colore des premières réfractions de la lumière. Peu à peu la Crète s'avance au-devant du vaisseau. Des moissons verdoyantes, des champs d'oliviers, des villages champêtres, des cabanes riantes entrecoupées de bouquets de bois, toute l'île enfin se déploie en amphithéâtre sur l'azur calme et brillant de la mer.

Quelle baguette magique a créé cette terre enchantée ? Un bon gouvernement. Ici le spectacle d'un peuple heureux développe au jeune homme le secret des lois et de la politique. Il y apprend que le gouverné n'est pas fait pour le gouvernant, mais celui-ci pour le premier. Toujours croissant en sagesse, Télémaque refuse, par amour de la patrie, la royauté qu'on lui offre. Il s'embarque, après avoir mis un philosophe à la tête des Crétois ; et Vénus, irritée de ses mépris, l'attend avec l'Amour à l'île de Calyso.

Ici il ne sent point cette volupté grossière qui subjuguait son corps à Chypre. Ce qu'il éprouve tient d'une nature céleste, et règne à la fois dans son âme et dans ses sens. Ce ne sont plus des beautés hardies, dont les grâces faciles n'offrent rien à deviner au désir, ce sont les tresses flottantes d'Eucharis qui voilent des charmes inconnus ; c'est la modestie, c'est la pudeur de la vierge qui aime, et n'ose avouer son amour, mais l'exhale comme un parfum autour d'elle.

D'une autre part, une passion dévorante consume la malheureuse Calypso. La jalousie, plus dévorante encore, marbre ses yeux de taches livides. Ses joues se creusent ; elle rugit comme une lionne. Télémaque effrayé ne trouve d'abri qu'auprès d'Eucharis, que la déesse est prête à déchirer, tandis que l'enfant Cupidon, au milieu de cette troupe de nymphes, s'applaudit en riant des maux qu'il a faits.

C'en est fait; le jeune homme succombe, il va périr : la Sagesse se présente à lui, l'entraîne vers le rivage. Insensible à la vertu, Télémaque ne voit qu'Eucharis; il voudrait baiser la trace de ses pas, et il demande à lui dire au moins un dernier adieu. Mais des flammes frappent soudain sa vue; elles s'élèvent du vaisseau que Minerve avait bâti, et que l'Amour vient de consumer. Une secrète joie pénètre dans le cœur du fils d'Ulysse; la Sagesse prévoit le retour de sa faiblesse, saisit l'instant favorable, et, poussant son élève du haut d'un roc dans les flots, s'y précipite avec lui.

Télémaque aborde à la nage un vaisseau arrêté à la vue de l'île. Là il retrouve un ancien ami. Celui-ci lui raconte la mort d'un tyran, et lui fait la peinture d'un peuple heureux selon la nature. Le jeune homme, au milieu de ces doux entretiens, croyant arriver dans sa patrie, touche à des rives étrangères. Des tours à moitié élevées, des colonnes entourées d'échafauds, des temples sans combles, annoncent une ville qui s'élève. Là règne Idoménée, chassé de Crète par ses sujets.

Ici Télémaque reçoit les dernières leçons. Le tableau des cours et de leurs vices passe devant ses yeux; l'homme vertueux banni, le fripon en place, les ambitions, les préjugés, les passions des rois, les guerres injustes, les plans faux de législation; enfin, non l'excès de la tyrannie, mais ce mal général peut-être pis encore, qui règne dans les gouvernements corrompus, est développé aux yeux de l'élève de Minerve. Après être descendu aux enfers, après y avoir vu les tourments réservés aux despotes et les récompenses accordées aux bons rois; après avoir supporté les fatigues de la guerre, et chéri une flamme licite pour l'épouse qu'il se choisit, Télémaque retourne dans sa patrie, instruit par la sagesse et l'adversité; également fait désormais pour commander ou obéir aux hommes, puisqu'il a vaincu ses passions.

Le défaut de cet immortel ouvrage vient de la hauteur de ses leçons, qui ne sont pas calculées pour tous les hommes. On y trouve des longueurs, surtout dans les derniers livres. Mais ceux qui aiment la vertu et chérissent en même temps le beau antique ne doivent jamais s'endormir sans avoir lu le second livre de *Télémaque*. L'influence de cet ouvrage de Fénelon a été considérable; il renferme tous les principes du jour : il respire la liberté, et la révolution même s'y trouve prédite. Que l'on considère l'âge où il a paru, et l'on verra qu'il est un des premiers écrits qui ont changé le cours des idées nationales en France[a].

---

[a] Il me semble par ces pages que j'avais appris à écrire. (N. Éd.)

« Tout est bien sortant des mains de l'Auteur des choses, tout dégénère entre les mains de l'homme. » C'est ainsi que commence l'*Émile*, et cette phrase explique tout l'ouvrage. Jean-Jacques prend, comme Platon, l'homme dans ses premiers langes ; il recommande le sein maternel. Il veut qu'aussitôt que l'enfant ouvre ses yeux à la lumière il soit soumis sur-le-champ à la nécessité, la seule loi de la vie : s'il pleure, on ne l'apaise point ; s'il demande un objet, on l'y porte. La louange, le blâme, la frayeur, le courage, sont des ressorts de l'âme dont il ignore même le nom. Dieu demande toute la force de la raison pour le comprendre, on n'en parle donc point à l'Émile de Jean-Jacques.

Aussitôt qu'il sort des mains des femmes, on le remet entre les mains de son ami, non de son maître, il n'en a point. L'étude difficile de celui-ci est de ne rien lui apprendre. Émile ne sait ni lire ni écrire, mais il connaît sa faiblesse ; et tous les jours, dans ses jeux, quelques accidents lui font désirer de s'instruire des lettres, des mathématiques et des autres arts. Il en est ainsi pour lui des idées morales et civiles. On a bien pris garde de lui enseigner ce que c'est que la justice, la propriété [a] ; mais un joueur de gobelets, un jardinier, et mille autres hasards développent graduellement dans son cerveau le système des choses relatives.

Émile ne sait point rester où il s'ennuie, veiller lorsqu'il veut dormir. S'il a faim, il mange ; s'il ne peut satisfaire ses besoins ou ses désirs, il ne murmure point : ne connaît-il pas la nécessité ?

Courageux, il ne l'est point parce qu'il faut l'être, mais parce qu'il ignore le danger. La mort, il ne sait ce que c'est. Il a vu mourir, et cela lui semble bon, parce que c'est une chose naturelle, et surtout une nécessité.

Cependant Émile a appris une question. A quoi cela est-il bon ? demande-t-il lorsqu'il voit faire quelque chose qu'il ne connaît pas. Souvent on ne répond point à cette question ; et Émile, par hasard, ne manque pas de trouver tôt ou tard lui-même la raison dont il s'enquérait.

Mais l'âge des passions s'avance, et l'on commence à entendre gronder l'orage. L'élève de Jean-Jacques a appris dans ses jeux, non-seulement les principes des sciences abstraites, mais ceux des arts mécaniques, tels que la menuiserie ; car, quoique Émile soit riche, il peut être exposé aux révolutions des États. « Vous vous fiez, dit Jean-Jacques, à l'ordre actuel de la société, sans songer que cet ordre est sujet à des révolutions inévitables, et qu'il vous est impossible de

---

[a] Phrase inintelligible qui veut dire : *On ne lui a pas enseigné*. (N. Éd.)

prévoir ni de prévenir celle qui peut regarder vos enfants. Le grand devient petit, le riche devient pauvre, le monarque devient sujet. Les coups du sort sont-ils si rares que vous puissiez compter d'en être exempt? Nous approchons de l'état de crise et du siècle des révolutions. *Je tiens pour impossible que les grandes monarchies de l'Europe aient encore longtemps à durer; toutes ont brillé, et tout État qui brille est sur son déclin. J'ai de mon opinion des raisons plus particulières que cette maxime; mais il n'est pas à propos de les dire, et chacun ne les voit que trop* [a] [1] »

[a] Je n'ai rien à rétracter des éloges que je donne ici à Rousseau, dans le *texte* et dans la *note*. Quant à mon jugement général sur ses ouvrages, je renvoie le lecteur à la note [a], pag. 171.
(N. Éd.)

[1] Tom. xi, pag. 85, édit. de Londres, 1781. Voilà le fameux passage de l'*Émile*. Il y a plusieurs choses à remarquer ici. La première est la clarté avec laquelle Jean-Jacques a prédit la révolution présente. La seconde a rapport à sa célèbre idée de faire apprendre un métier à chaque enfant. Comme on s'en moqua à l'époque de la publication de l'*Émile!* Comme on trouvait le philosophe ridicule! Je n'ai pas besoin de demander si nous en sentons maintenant la vérité. Il y a beaucoup de nos seigneurs français qui seraient trop heureux maintenant de savoir faire le métier d'Émile. Ils recevraient par jour leur demi-couronne, ou leurs quatre schellings; et seraient citoyens utiles du pays où le sort les aurait jetés. La troisième remarque, et la plus importante, tient à la nature du passage même. Il est clair que non-seulement Jean-Jacques avait prévu la révolution, mais encore les horreurs dont elle serait accompagnée. Il annonce que le dessein d'Émile est d'émigrer. Comment le républicain Jean-Jacques aurait-il pu avoir une telle pensée, s'il n'avait entrevu l'espèce de gens qui feraient une révolution en France, s'il n'avait jugé par l'état des mœurs du peuple qu'une révolution vertueuse était impossible? Sans doute le sensible philosophe, qui disait qu'une révolution qui coûte la vie à un homme est une mauvaise révolution, n'aurait pas célébré celle de la France. J'ai entendu une discussion très-intéressante, au sujet de Voltaire et de Rousseau, dans une société de gens de lettres qui les avaient connus, par ailleurs grands partisans de la révolution. On examinait quelle aurait été vraisemblablement la conduite du poëte et du philosophe, s'ils avaient vécu jusqu'à la révolution. Il fut conclu à l'unanimité qu'ils auraient été des aristocrates. Voltaire, disait-on, n'aurait jamais pu oublier sa qualité de gentilhomme du roi, ni pardonner l'apothéose de Jean-Jacques. Quant à celui-ci, l'horreur du sang répandu en aurait fait un antirévolutionnaire décidé. Ces remarques sont très-justes, et peignent les deux hommes; mais quelle force de génie, dans Rousseau, d'avoir à la fois prédit la révolution et ses crimes! et quelle incroyable circonstance que ses écrits mêmes aient servi à les amener! Il paraît encore que Rousseau prévoyait plusieurs autres catastrophes. Je ne sais, mais s'il m'était permis de m'expliquer, j'aurais peut-être quelque chose d'intéressant à dire à ce sujet. Si l'Angleterre doit éprouver une révolution, elle sera totalement différente de celle de France [*]; parce que, d'après mille raisons, trop longues à détailler, les partis en viendraient à une guerre civile ouverte et non à un carnage sourd, comme dans ma patrie. Si l'Angleterre évite le sort dont elle est menacée, ce ne sera que par beaucoup de prudence et de justice dans le gouvernement. Au reste, l'idée de Jean-Jacques, de faire apprendre un métier à

[*] Sans doute, parce qu'il y a une aristocratie puissante dans la Grande-Bretagne, et que l'aristocratie n'était plus rien en France. Non-seulement les hautes classes de la société en Angleterre se sauveront avec la prudence et la justice que je leur recommande, mais elle se sauveront encore mieux en dirigeant les idées nouvelles, et se mettant, comme elles l'ont fait toujours, à la tête des siècles à mesure qu'ils se succèdent. Ainsi ces hautes classes, n'étant jamais dépassées par les classes qui les suivent, conservent tous leurs droits à une supériorité naturelle. Il faut aussi se souvenir qu'il n'y a point de peuple proprement dit en Angleterre, excepté dans les grandes villes; tout est client et patron comme dans l'ancienne Rome. Cela rend une révolution populaire presque impossible. Quand les prolétaires ou les ouvriers se soulèvent, les propriétaires s'arment; on tue quelques-uns des plus mutins, et tout est fini. (N. Éd.)

Enfin Émile parvient à l'âge de la raison, et Dieu va lui être dévoilé. Un philosophe sensible se rend un matin au sommet d'une haute colline, au bas de laquelle coule le Pô, tandis que le soleil levant projette l'ombre des arbres dans la vallée. Après quelques instants de silence et de recueillement, inspirés par ce beau spectacle et par les idées qu'il fait naître de la Divinité, le vicaire savoyard prouve l'existence du grand Être, non d'après des raisonnements métaphysiques, mais sur le sentiment qu'il en trouve dans son cœur. Un Dieu juste, bienfaisant et aimant les humains, est le seul que reconnaisse Émile. Il confesse dans les Évangiles une morale tendre et sublime ; mais il n'y voit qu'un homme [a].

L'amour a ses droits sur le cœur de l'élève de Jean-Jacques, mais il veut une femme telle que son imagination éprise de la vertu se plaît à la lui peindre. Il la rencontre enfin dans une retraite. La modestie, la grâce, la beauté, règnent sur le front de Sophie. Émile brûle, et ne peut l'obtenir. Son ami l'arrache à son ivresse pour le mener parcourir l'Europe. La passion du jeune homme amoureux survit au temps et à l'absence ; il revient, épouse sa maîtresse, et trouve le bonheur [b].

Quoi ! c'est à cela que se réduit l'*Émile*? Sans doute ; et Émile est autant au-dessus des hommes de son siècle qu'il y a de différence entre nous et les premiers Romains. Que dis-je ! Émile est l'homme par excellence ; car il est l'homme de la nature. Son cœur ne connaît point les préjugés. Libre, courageux, bienfaisant, ayant toutes les vertus sans y prétendre, s'il a un défaut, c'est d'être isolé dans le monde, et de vivre comme un géant dans nos petites sociétés.

Tel est le fameux ouvrage qui a précipité notre révolution. Son principal défaut est de n'être écrit que pour peu de lecteurs. Je l'ai quelquefois vu entre les mains de certaines femmes qui y cherchaient des règles pour l'éducation de leurs enfants, et j'ai souri. Ce livre n'est point un livre pratique ; il serait de toute impossibilité d'élever un jeune homme sur un système qui demande un concours d'êtres environnants qu'on ne saurait trouver ; mais le sage doit regarder cet écrit de Jean-Jacques comme un trésor. Peut-être n'y a-t-il dans le monde entier que cinq ouvrages à lire : l'*Émile* en est un [c].

Émile, n'est que ce que disait Néron, lorsqu'on lui reprochait l'ardeur avec laquelle il se livrait à l'étude de la musique ; il répondait par une fameuse phrase grecque. « Un artiste vit partout. » Il est singulier que la pensée d'un philosophe ne soit que le mot d'un tyran.

[a] Voilà ce que j'ai appelé dans mon jugement général un sermon socinien. (N. Éd.) — [b] Rousseau a peint avec moins de charme l'épouse dans Sophie que l'amante dans Julie : le caractère de son talent s'arrangeait mieux d'une couche illégitime que de la chasteté du lit conjugal. (N. Éd.) — [c] Cela est risible à force d'être exagéré. Qu'il me soit permis de renvoyer encore le lecteur à la note de la page 171. (N. Éd.)

Je commettrais un péché d'omission impardonnable, si je finissais cet article sans parler de l'influence que l'*Émile* a eue sur ce siècle. J'avance hardiment qu'il a opéré une révolution complète dans l'Europe moderne, et qu'il forme époque dans l'histoire des peuples. L'éducation, depuis la publication de cet ouvrage, s'altéra totalement en France ; et qui change l'éducation change les hommes. Quel dut être l'étonnement des nations, lorsque Rousseau, sortant du cercle obscur des opinions reçues, aperçut au delà la lumière de la vérité ; que, brisant l'édifice de nos idées sociales, il montra que nos principes, nos sentiments même, tenaient à des habitudes conventionnelles sucées avec le lait de nos mères ; que par conséquent nos meilleurs livres, nos plus justes institutions, n'avaient point encore montré la créature de Dieu ; que nous existons comme dans une espèce de monde factice ! l'étonnement, dis-je, dut être grand, lorsque Rousseau vint à jeter parmi ses contemporains abâtardis l'homme vierge de la nature [a].

Je ne fais point ces réflexions sur l'immortel *Émile* sans un sentiment douloureux. La Profession de foi du Vicaire Savoyard, les principes politiques et moraux de cet ouvrage, sont devenus les machines qui ont battu l'édifice des gouvernements actuels de l'Europe, et surtout celui de la France [b], maintenant en ruine. Il s'ensuit que la vérité n'est pas bonne aux hommes méchants ; qu'elle doit demeurer ensevelie dans le sein du sage, comme l'espérance au fond de la boîte de Pandore. Si j'eusse vécu du temps de Jean-Jacques, j'aurais voulu devenir son disciple ; mais j'eusse conseillé le secret à mon maître. Il y a plus de philosophie qu'on ne pense au système de mystère adopté par Pythagore et par les anciens prêtres de l'Orient.

CHAPITRE XXVII.

Mœurs comparées des philosophes anciens et des philosophes modernes.

Si les philosophes anciens et modernes ont eu, par leurs opinions, la même influence sur leur siècle, ils n'eurent cependant ni les mêmes passions ni les mêmes mœurs.

Tout le monde a entendu parler du tonneau de Diogène. Ménédus de

---

[a] Il ne jeta point parmi ses contemporains un homme *vierge*, mais un homme factice qui n'était en rapport avec rien de ce qui existait ; son Émile n'est que le songe d'un système, la création d'un sophiste, l'être imaginaire qui n'a de réel que le rabot dont il est armé. (N. Éd.) — [b] Je n'ai pu m'empêcher de faire, dans ce passage, la part aux faits ; mais je suis si épris de Rousseau, que je ne puis me résoudre à le trouver coupable ; j'aime mieux soutenir qu'on a abusé de ses principes, que je m'obstine à trouver bons, même en avouant qu'ils ont fait un mal affreux ; j'aime mieux condamner le genre humain tout entier que le citoyen de Genève. Quelle infatuation ! (N. Éd.)

Lampsaque paraissait en public revêtu d'une robe noire; un chapeau d'écorce sur la tête, où l'on voyait gravés les douze signes du zodiaque; une longue barbe descendait à sa ceinture; et, monté sur le cothurne tragique, il tenait un bâton de frêne à la main. Il se prétendait un esprit revenu des enfers pour prêcher la sagesse aux hommes [1].

Anaxarque, maître de Pyrrhon, étant tombé dans une ravine, celui-ci refusa gravement de l'en retirer, parce que toute chose est indifférente de soi; et qu'autant valait demeurer dans un trou que sur la terre [2].

Lorsque Zénon marchait dans les villes, ses amis l'accompagnaient, dans la crainte qu'il ne fût écrasé par les voitures : il ne se donnait pas la peine d'échapper à la fatalité [3].

Démocrite s'enfermait, pour étudier, dans les tombeaux [4]; et Héraclite broutait l'herbe de la montagne [5].

Empédocle, voulant passer pour une divinité, se précipita dans l'Etna; mais le volcan ayant rejeté les sandales d'airain de cet impie, sa fourbe fut découverte [6]. Cette fable des Grecs est ingénieuse. Ne veut-elle pas dire que les dieux savent punir l'orgueil du philosophe superbe, en le dénonçant à l'humanité par quelques parties viles et honteuses de son caractère [a]?

Nos philosophes modernes gardèrent au moins plus de mesure. Spinosa, il est vrai, vivait avec ses chiens, ses oiseaux, ses chats; et J.-J. Rousseau portait l'habit arménien [7]; mais aucun ne s'en est allé dans les faubourgs prêchant la sagesse à la canaille assemblée, et je doute que celui qui aurait voulu se loger dans un tonneau eût été laissé tranquille par la populace de nos villes : tant nos mœurs diffèrent de celles des anciens!

Mais si les sophistes de la Grèce affectèrent l'originalité de conduite, ils ne se distinguèrent pas moins par la chasteté et la pureté de leurs mœurs [b]. Ils s'occupaient tous des autres exercices des citoyens, et supportaient comme eux les travaux de la patrie. Solon, Socrate, Charondas, et mille autres, furent non-seulement de grands philosophes, mais de grands guerriers. La frugalité, le mépris des plaisirs, toutes les vertus morales brillaient dans leur caractère.

---

[1] SUID.; ATHÆN., lib. IV, pag. 162. — [2] LAERT., lib. in Pyrrhon. — [3] Id., lib. VII. — [4] Id., lib. IX, in Dem. — [5] Id., ibid.; in Heracl. — [6] Id., lib. VIII; LUCIAN.; STRAB.; lib. VI; HOR., Ars. poet.

[a] Décidément j'aime beaucoup la liberté dans l'Essai, et fort peu les philosophes, dont je me moque ici peut-être pas trop mal. (N. ÉD.)

[7] Rousseau portait cet habit par nécessité. Il me semble pourtant qu'il aurait pu en choisir un un peu moins remarquable.

[b] Pas Diogène au moins. (N. ÉD.)

Nos philosophes, bien différents, enfermés dans leur cabinet, brochaient le matin des livres sur la guerre où ils n'avaient jamais été; sur le gouvernement où ils n'avaient jamais eu de part; sur l'homme naturel qu'ils n'avaient jamais étudié que dans les sociétés de la capitale; et, après avoir écrit un chapitre rigide contre le luxe, la corruption du siècle, le despotisme des grands, ils s'en allaient le soir flatter ceux-ci dans nos cercles, corrompre la femme de leur voisin, et partager tous les vices du monde.

« Vieux fou, vieux gueux! » se disait Diderot, âgé de soixante-deux ans, et amoureux de toutes les femmes, « quand cesseras-tu donc de t'exposer à l'affront d'un refus ou d'un ridicule[1]? »

« Voici de quoi composer votre paradis, » disait madame de Rochefort à Duclos, « du pain, du vin, du fromage et la première venue[2]. »

Helvétius, par ailleurs honnête homme et bon homme (mot dont on a trop mésusé, et qu'il faut faire revenir à sa première valeur), Helvétius marié se faisait amener chaque nuit une nouvelle maîtresse par son valet de chambre, qui les cherchait, autant qu'il pouvait, dans la classe honnête du peuple. Madame de... n'a pas, dit-on, été à l'abri des caresses du vieillard de Ferney, dont l'immoralité est d'ailleurs bien connue[3] [a].

J'ai entendu Chamfort conter une anecdote curieuse sur Jean-Jacques. Il avait vu (Chamfort) des lettres du philosophe genevois à une femme, dans lesquelles celui-ci employait toute la séduction de son éloquence pour prouver à cette femme que l'adultère n'est pas un crime. « Voulez-vous savoir le secret de ces lettres? » ajoutait Chamfort, « l'ami des mœurs était amoureux. »

Enfin personne n'ignore que les mains du grand chancelier Bacon n'étaient pas pures; que Hobbes, ce philosophe si hardi dans ses écrits, ne put se résoudre à mourir[4]; et qu'excepté Fénelon et Catinat, les mœurs des philosophes[b] de notre âge diffèrent totalement de celles des anciens sages de la Grèce.

---

[1] CHAMF., *Pens., Max.* — [2] *Id., ibid.* — [3] Je ne parle pas des sales romans sortis de la plume de la plupart de nos philosophes.

[a] Puisque j'ai eu le courage d'écrire une pareille page, je suis obligé d'avouer que les faits qu'elle contient sont encore au-dessous de la vérité. Tous les mémoires publiés depuis l'apparition de l'*Essai* nous montrent des philosophes du dix-huitième siècle bien misérables par les mœurs. On peut voir ces détails scandaleux dans les écrits de Grimm, de madame d'Épinay, des secrétaires de Voltaire, etc., etc. Les mœurs de nos réformateurs littéraires ne valaient pas mieux que les mœurs de la cour contre lesquels ils jetaient de si hauts cris; et les Mémoires de M. de Besenval et de Lauzun n'offrent rien de plus immoral que ceux que je viens de citer. La société tout entière était en décomposition; les philosophes, qui appelaient de leurs vœux la révolution, comme les courtisans qui la redoutaient, ne valaient pas mieux les uns que les autres. (N. ÉD.)

[4] HUME's *Hist. of Engl.*, vol. VII, p. 346; BAYLE, *Art. Hob.*

[b] Par quelle étrange aberration d'esprit remonté-je jusqu'à Bacon, Fénelon et Catinat, en parlant des philosophes de notre âge? (N. ÉD.)

A Dieu ne plaise que je révèle la turpitude de ces grands hommes [a], par une malignité que je ne trouve point dans mon cœur ! Malgré leurs faiblesses, je les crois des plus honnêtes gens de notre siècle; et il n'y a pas un de nous qui les blâmons qui les valions au fond du cœur : mais j'ai été contraint, contre mon goût, de faire apercevoir ces différences, parce qu'elles mènent à des vérités essentielles au but de cet *Essai*.

Il doit résulter de ce tableau que nos philosophes modernes, vivant plus dans le monde et selon le monde que les anciens, ont dû mieux peindre la société, et connaître davantage les passions et leurs ressorts. De là il résulte que les ouvrages, plus calculés pour leur siècle, ont dû avoir une influence plus rapide sur leurs contemporains que les livres des Platon et des Aristote. Aussi voyons-nous qu'il s'est écoulé moins d'années entre la subversion des principes en France et le règne des encyclopédistes [b], qu'entre la même subversion des principes en Grèce et le triomphe des sophistes. Cependant, et les premiers et les seconds parvinrent à renverser les lois et les opinions de leur pays. La recherche de l'influence des philosophes de l'âge d'Alexandre sur leur siècle, et de celle des philosophes modernes sur notre propre temps, demande à présent toute l'attention du lecteur.

CHAPITRE XXVIII.

<small>De l'influence des philosophes grecs de l'âge d'Alexandre sur leur siècle, et de l'influence des philosophes modernes sur le nôtre.</small>

C'est une grande question que celle-là : savoir comment la philosophie agit sur les hommes; si elle produit plus de bien que de mal, plus de mal que de bien; comment elle détermine les révolutions, et dans quel sens elle les détermine, et jusqu'à quel point un peuple qui ne se conduirait que d'après des systèmes philosophiques serait heureux?

Nous n'embrasserons pas cette question générale, qui nous mènerait

---

[a] *Ces grands hommes!* Je ne veux pas parler sans doute de Diderot et de d'Alembert? Je réclame ici contre mon humilité, et je crois valoir tout autant *que les plus honnêtes gens de notre siècle*. (N. Éd.) — [b] Je ne me suis point réconcilié avec les philosophes du dix-huitième siècle; j'ai très-bien fait de les traiter comme je l'ai fait dans l'*Essai*. Je ne puis souffrir des hommes qui croyaient qu'on peut rendre un peuple libre *en étranglant le dernier roi avec le boyau du dernier prêtre*, et qui voulaient substituer, pour le triomphe des lumières, la lecture d'un roman obscène à celle de l'Évangile. Je vois avec joie qu'ils tombent tous les jours en discrédit parmi notre raisonnable jeunesse, et j'en augure bien pour l'avenir. L'incrédulité n'est pas plus une preuve de la force de l'esprit, qu'une marque de l'indépendance du caractère. La superstition déplaît aujourd'hui, l'hypocrisie est en horreur, mais le siècle rejette également les turpitudes irréligieuses et le fanatisme philosophique. On traite gravement la liberté, et l'on a cessé de vouloir en faire une impie ou une prostituée. (N. Éd.)

trop loin, et nous considérerons seulement la philosophie par l'influence qu'elle a eue sur la Grèce et sur la France, en nous bornant à la politique et à la religion. Un essai est un livre pour faire des livres; il ne peut passer pour bon qu'en raison du nombre de fœtus d'ouvrages qu'il renferme. D'ailleurs, le sujet que je traite s'étend si loin, et mes talents sont si faibles, que je tâche de me circonscrire; d'une autre part, le temps se précipite, et je me fatigue.

CHAPITRE XXIX.

Influence politique.

On aperçoit une différence considérable entre l'âge philosophique d'Alexandre et le nôtre, considérés du côté de leur influence politique. Les divers écrits sur le gouvernement, qui parurent en Grèce à cette époque, devinrent le signal d'une révolution générale dans les constitutions des peuples. L'Orient commua ses institutions despotiques en des monarchies plus modérées, tandis que les républiques grecques rentrèrent sous le joug des tyrans.

Les livres de nos publicistes modernes ont développé au contraire une révolution totalement opposée. Des États populaires se sont érigés sur les débris des trônes; ceci naît d'une position relative différente dans les siècles.

Lorsque les Platon, les Aristote, publièrent leurs *Républiques,* la Grèce possédait encore les formes de ce gouvernement. Le disciple de Socrate et le Stagyrite n'apprenaient donc rien de nouveau aux peuples; et n'avaient-ils pas les lois des Solon et des Lycurgue? Nous pénétrons ici dans les replis du cœur de l'homme. Quel gouvernement les philosophes légistes d'Athènes exaltèrent-ils dans leurs écrits comme le meilleur? Le monarchique [1]. Pourquoi? parce qu'ils avaient senti les inconvénients du populaire; mais non, disons plutôt parce qu'ils ne possédaient pas le monarchique. L'état où nous vivons nous semble toujours le pire de tous; et mille petites passions honteuses, que nous n'osons nous avouer, nous font continuellement haïr et blâmer les institutions de notre patrie. Si nous descendions plus souvent dans notre conscience pour examiner les grandes passions du patriotisme et de la liberté qui nous éblouissent, peut-être découvririons-nous la fourbe. En les touchant avec l'anneau de la vérité, nous verrions ces magiciennes, comme celle de l'Arioste, perdre tout à coup leurs charmes

---

[1] Je ne cite point; j'ai cité en mille endroits.

empruntés, et reparaître sous les formes naturelles et dégoûtantes de l'intérêt, de l'orgueil et de l'envie [a]. Voilà le secret des révolutions.

Du moins les philosophes grecs, en vantant la monarchie, suivaient-ils en cela les mœurs du peuple, désormais trop corrompues pour admettre la constitution démocratique [b]. Les livres de ces hommes célèbres durent avoir une très-grande influence sur les opinions de ceux qui, se trouvant à la tête de l'État, pouvaient beaucoup pour en altérer les formes. Démosthènes eut beau crier contre Philippe, plusieurs pensaient à Athènes que son gouvernement n'était pourtant pas si mauvais. Leurs préjugés contre les rois s'étaient adoucis par la lecture des ouvrages politiques, et bientôt la Grèce passa sans murmurer sous l'autorité royale.

Jean-Jacques, Mably, Raynal, en embouchant la trompette républicaine, trouvèrent l'Europe endormie dans la monarchie. Le peuple réveillé ouvrit les yeux sur des livres qui ne prêchaient qu'innovations et changements ; un torrent de nouvelles idées se précipita dans les têtes. Le relâchement des mœurs, l'enthousiasme des choses nouvelles, l'envie des petits et la corruption des grands, le souvenir des oppressions monarchiques, et plus que cela la fureur des systèmes qui s'était glissée parmi les courtisans mêmes ; tout seconda l'influence de l'esprit philosophique, et jeta la France dans une révolution républicaine. Car, par la même raison que les publicistes grecs vantèrent le gouvernement royal, les publicistes français célébrèrent la constitution populaire [c].

Ainsi l'influence politique des philosophes de l'âge d'Alexandre et de ceux de notre siècle agit dans le sens le plus contraire. En Grèce elle produisit la monarchie, en France, la république ; mais il ne faut pas admettre trop promptement ces vérités. La France affecte maintenant des formes qu'on appelle démocratiques ; les conservera-t-elle ? voilà la question [d]. Si nous partons des mœurs, nous trouvons que celles des peuples de la Grèce, au moment de la révolution d'Alexandre, étaient à peu près au même degré de corruption que les mœurs des Français à l'instant de l'institution de leur république : or, ces mœurs produisirent

---

[a] Cela est vrai pour les individus, cela n'est pas vrai pour les nations. (N. Éd.) — [b] L'observation est très-vraie en ce qui regarde les anciens, elle est fausse pour nous. (N. Éd.). — [c] C'est chercher une trop petite cause à de trop grands effets ; c'est attribuer des révolutions qui ont changé la face du monde à un mouvement d'humeur et à un esprit de contradiction, tandis que les causes réelles de ces révolutions venaient du changement graduellement opéré dans les croyances religieuses et politiques. (N. Éd.) — [d] Cette question a été promptement résolue ; le despotisme militaire est sorti de la démocratie française, et de ce despotisme est née à son tour la monarchie constitutionnelle, sorte de monarchie qui est l'heureuse alliance de l'ordre qu'apporte le pouvoir royal et de la liberté que donne le pouvoir populaire. (N. Éd.)

l'esclavage à Athènes; sera-ce un livre de plus ou de moins qui les rendra mères de la liberté à Paris ª?

Passons à l'influence religieuse des philosophes. Je n'ai pas besoin de faire remarquer que religion et politique se tiennent de si près, que beaucoup de choses, que j'ai supprimées dans ce chapitre et qu'on trouvera dans les suivants, auraient pu tomber également sous l'article que je viens de traiter.

CHAPITRE XXX.

Influence religieuse.

C'est ici que les philosophes de la Grèce et ceux de la France ont eu, par leurs écrits, une influence absolument la même sur leur âge respectif. Ils renversèrent le culte de leur pays, et, en introduisant le doute et l'athéisme, amenèrent les deux plus grandes révolutions dont il soit resté des traces dans l'histoire. Ce fut l'altération des opinions religieuses qui produisit en partie la chute du colosse romain; altération commencée par les sectes dogmatiques d'Athènes : et c'est le même changement d'idées religieuses dans le peuple qui a causé de nos jours le bouleversement de la France et renouvellera dans peu la face de l'Europe. Je vais essayer de rappeler toutes mes forces pour terminer ce volume par ce grand sujet. Il faut, pour bien l'entendre, donner l'histoire du polythéisme et du christianisme. Loin d'ici celui qui chérit ses préjugés. Que nul qui n'a un cœur vrai et simple ne lise ces pages. Nous allons toucher au voile qui couvre le Saint-des-Saints, et nos recherches demandent à la fois le recueillement de la religion, l'élévation de la philosophie et la pureté de la vertu ᵇ.

CHAPITRE XXXI.

Histoire du polythéisme, depuis son origine jusqu'à son plus haut point de grandeur.

Il est un Dieu. Les herbes de la vallée et les cèdres du Liban le bénissent, l'insecte bruit ses louanges, et l'éléphant le salue au lever du

---

ª Raisonnement dont le vice est toujours dans la comparaison insoutenable entre l'ordre politique et moral des peuples anciens, et l'ordre politique et moral des peuples modernes. (N. Éd.)
— ᵇ N'ai-je pas l'air d'un homme qui se sent au moment de commettre une grande faute, et qui cherche à la justifier d'avance, en voulant la faire passer pour une action méritoire? Quel droit avais-je d'invoquer la religion, la philosophie, la vertu, lorsque j'allais, de la main la plus téméraire, essayer d'ébranler les bases de l'ordre social? Et pourtant il est vrai que, dans ces mêmes pages, je repousse avec horreur l'athéisme, et que, dans mes raisonnements, non sans vue, s'ils sont sans prudence, j'annonce le renouvellement de la *face de l'Europe*. (N. Éd.)

soleil; les oiseaux le chantent dans le feuillage, le vent le murmure dans les forêts, la foudre tonne sa puissance, et l'Océan déclare son immensité; l'homme seul a dit : Il n'y a point de Dieu.

Il n'a donc jamais, celui-là, dans ses infortunes, levé les yeux vers le ciel? Ses regards n'ont donc jamais erré dans ces régions étoilées, où les mondes furent semés comme des sables? Pour moi, j'ai vu, et c'en est assez, j'ai vu le soleil suspendu aux portes du Couchant dans des draperies de pourpre et d'or. La lune, à l'horizon opposé, montait comme une lampe d'argent dans l'Orient d'azur. Les deux astres mêlaient aux zénith leurs teintes de céruse et de carmin. La mer multipliait la scène orientale en girandoles de diamants, et roulait la pompe de l'Occident en vagues de roses. Les flots calmés, mollement enchaînés l'un à l'autre, expiraient tour à tour à mes pieds sur la rive, et les premiers silences de la nuit et les derniers murmures du jour luttaient sur les coteaux, au bord des fleuves, dans les bois et dans les vallées [a].

O toi que je ne connais point! toi, dont j'ignore et le nom et la demeure, invisible architecte de cet univers, qui m'as donné un instinct pour te sentir, et refusé une raison pour te comprendre, ne serais-tu qu'un être imaginaire, que le songe doré de l'infortune? Mon âme se dissoudra-t-elle avec le reste de ma poussière? Le tombeau est-il un abîme sans issue, ou le portique d'un autre monde? N'est-ce que par une cruelle pitié que la nature a placé dans le cœur de l'homme l'espérance d'une meilleure vie à côté des misères humaines? Pardonne à ma faiblesse, Père des miséricordes! non, je ne doute point de ton existence; et soit que tu m'aies destiné une carrière immortelle, soit que je doive seulement passer et mourir, j'adore tes décrets en silence, et ton insecte confesse ta Divinité [b].

Lorsque l'homme sauvage, errant au milieu des déserts, eut satisfait aux premiers besoins de la vie, il sentit je ne sais quel autre besoin dans son cœur. La chute d'une onde, la susurration du vent solitaire, toute cette musique qui s'exhale de la nature, et qui fait qu'on s'imagine entendre les germes sourdre dans la terre, et les feuilles croître et se développer, lui parut tenir à cette cause cachée. Le hasard lia ces effets locaux à quelques circonstances heureuses ou malheureuses de ses

---

[a] J'ai repris ces images et ces descriptions pour le *Génie du Christianisme*, où on les retrouve plus pures et plus correctes. (N. Éd.) — [b] Au commencement de ce paragraphe, je doute de l'existence de Dieu; quelques lignes plus bas je n'en doute plus, et j'arrive enfin à m'arranger d'avoir une âme ou de n'en point avoir, tout cela par soumission aux décrets de la Divinité. Mon respect pour Dieu est si grand, que je consens à me faire matérialiste : quel excellent déiste! et comme tout est logique et concluant dans cette philosophie de collège! Ici ma besogne s'abrége, et ma réfutation est faite par moi-même depuis longtemps : c'est surtout contre cette dernière partie de l'*Essai* que j'ai écrit le *Génie du Christianisme*. (N. Éd.)

chasses; des positions relatives d'un objet ou d'une couleur le frappèrent aussi en même temps : de là le Manitou du Canadien, et le Fétiche du Nègre, la première de toutes les religions.

Cet élément du culte, une fois développé, ouvrit la vaste carrière des superstitions humaines. Les affections du cœur se changèrent bientôt dans les plus aimables des dieux; et le Sauvage en élevant le *mont* du tombeau à son ami, la mère en rendant à la terre son petit enfant, vinrent, chaque année, à la chute des feuilles de l'automne, le premier répandre des larmes, la seconde épancher son lait sur le gazon sacré. Tous les deux crurent que ce qu'ils avaient tant aimé ne pouvait être insensible à leur souvenir; ils ne purent concevoir que ces absents si regrettés, toujours vivants dans leurs pensées, eussent entièrement cessé d'être; qu'ils ne se réuniraient jamais à cette autre moitié d'eux-mêmes. Ce fut sans doute l'Amitié en pleurs sur un monument qui imagina le dogme de l'immortalité de l'âme et la religion des tombeaux [a].

Cependant l'homme, sorti de ses forêts, s'était associé à ses semblables. Des citoyens laborieux, secondés par des chances particulières, trouvèrent les premiers rudiments des arts, et la reconnaissance des peuples les plaça au rang des divinités. Leurs noms, prononcés par différentes nations, s'altérèrent dans des idiomes étrangers. De là le Thoth des Phéniciens, l'Hermès des Égyptiens, et le Mercure des Grecs [1]. Des législateurs fameux par leur sagesse, des guerriers redoutés par leur valeur, Jupiter, Minos, Mars, montèrent dans l'Olympe. Les passions des hommes se multipliant avec les arts sociaux, chacun déifia sa faiblesse, ses vertus ou ses vices : le voluptueux sacrifia à Vénus; le philosophe, à Minerve; le tyran, aux déités infernales [2]. D'une autre part, quelques génies favorisés du ciel, quelques âmes sensibles aux attraits de la nature, un Orphée, un Homère, augmentèrent les habitants de l'immortel séjour. Sous leurs pinceaux, les accidents de la nature se transformèrent en esprits célestes : la Dryade se joua dans le cristal des fontaines; les Heures, au vol rapide, ouvrirent les portes du jour; l'Aurore rougit ses doigts, et cueillit ses pleurs sur les feuilles de roses humectées de la fraîcheur du matin; Apollon monta sur son char de flammes; Zéphyre, à son aspect, se réfugia dans les bois; Téthys rentra dans ses palais humides [3]; et Vénus, qui cherche l'ombre et le mystère,

---

[a] Voici à peu près le même texte purgé du philosophisme : « Les derniers devoirs qu'on rend aux hommes seraient bien tristes, s'ils étaient dépouillés des signes de la religion. La religion a pris naissance aux tombeaux, et les tombeaux ne peuvent se passer d'elle : il est beau que le cri de l'espérance s'élève du fond du cercueil, et que le prêtre du Dieu vivant escorte au monument la cendre de l'homme; c'est en quelque sorte l'immortalité qui marche à la tête de la mort. » (*Génie du Christ.*, IVe part., liv. II, chap. 1er.) (N. Éd.)

[1] Sanchon., *apud* Euseb. — [2] Apoll., etc. — [3] Hom., *Iliad.*; Hesiod., *Theog. Poes.*; Orph., etc.

enlaçant de sa ceinture le beau chasseur Adonis [1], se retira avec lui et les Grâces dans l'épaisseur des forêts.

Des hommes adroits, s'apercevant de ce penchant de la nature humaine à la superstition, en profitèrent. Il s'éleva des sectes sacerdotales, dont l'intérêt fut d'épaissir le voile de l'erreur. Les philosophes se servirent de ces idées des peuples pour sanctifier de bonnes lois par le sceau de la religion [2]; et le polythéisme, rendu sacré par le temps, embelli du charme de la poésie et de la pompe des fêtes, favorisé par les passions du cœur et l'adresse des prêtres, atteignit, vers le siècle de Thémistocle et d'Aristide, à son plus haut point d'influence et de solidité.

CHAPITRE XXXII.

Décadence du polythéisme chez les Grecs, occasionnée par les sectes philosophiques et plusieurs autres causes.

Mais tandis que le polythéisme voyait se multiplier ses temples, une cause de destruction avait germé dans son sein. Les écoles de Thalès et de Pythagore voyaient chaque jour s'augmenter leurs disciples. Les ravages de la peste, les malheurs de la guerre du Péloponèse, la corruption des mœurs toujours croissante, avaient relâché graduellement les liens sociaux. Bientôt la philosophie, qui s'était longtemps traînée dans l'ombre, se montra à découvert. Platon, Aristote, Zénon, Épicure, et mille autres, levèrent l'étendard contre la religion de leur pays, et érigèrent l'autel du matérialisme, du théisme, de l'athéisme. Le lecteur se rappelle leurs systèmes. Qu'y avait-il de plus opposé aux opinions reçues sur la nature des dieux? N'ébranlaient-ils pas les idées religieuses de la Grèce jusqu'à la base? Et pourquoi ce déchaînement contre le culte national? Des atomes, des mondes d'idées, des chaînes d'êtres, valaient-ils mieux qu'un Jupiter vengeur du crime et protecteur de l'innocence? Il y avait bien peu de philosophie dans cette philosophie-là.

Les poëtes, imitant les sophistes de leur âge, osèrent mettre sur le théâtre des principes métaphysiques [3]. Les prêtres et les magistrats firent quelques efforts pour arrêter le torrent: on obligea les dramatistes à se rétracter; plusieurs philosophes furent condamnés à l'exil, d'autres même à la mort [4]. Mais ils trouvèrent le moyen d'échapper, et bientôt ils devinrent trop nombreux pour avoir rien à craindre. La même chose est exactement arrivée parmi nous, et dans les deux cas

---

[1] Bion., *apud Poet. Minor. Græc.* — [2] Thucyd.; Plut.; Herod., etc. — [3] Euripid.: Aristoph. — [4] Xenoph.; *Hist. Græc.*; Plut., *Mor.*; Plat., *in Phæd.*; Laert., etc.

une grande révolution a eu lieu : toutes les fois que la religion d'un État change, la constitution politique s'altère de nécessité ª. Nous voyons, par l'exemple de la Grèce, à quel point l'esprit systématique peut nuire aux hommes : les sectaires ne pouvaient pas, comme les nôtres, avoir le prétexte des mauvaises institutions de leur pays, puisqu'ils vivaient sous les lois des Solon et des Lycurgue, et cependant ils ne purent s'empêcher d'en saper les fondements. C'est qu'il faut que les hommes fassent du bruit, à quelque prix que ce soit. Peu importe le danger d'une opinion, si elle rend son auteur célèbre; et l'on aime mieux passer pour un fripon que pour un sot [b].

Les changements moraux et politiques des États vinrent à leur tour attaquer les principes du polythéisme. Les peuples, désormais soumis à des maîtres, n'avaient plus les grands intérêts de la patrie à consulter à Delphes. Que leur faisait d'apprendre de l'oracle si ce serait Alexandre, Antipater, Démétrius ou d'autres tyrans qui les gouverneraient? Ceux-ci, de leur côté, sûrs de leur puissance, en voyant la corruption des nations, s'embarrassaient peu d'envoyer de riches présents à la Pythie; et, la superstition ne leur étant plus nécessaire, ils se firent eux-mêmes philosophes. Ainsi l'ancien culte tombait de jour en jour : il ne se soutenait désormais que par la machine extérieure des fêtes. Plus on devenait tiède en matière de religion, plus on apercevait l'absurdité. Le double sens de l'oracle n'était plus la majesté d'un Dieu, mais la fourberie d'un prêtre; on s'amusait à le surprendre en défaut; les phénomènes de la nature, expliqués par la physique, perdirent leur divinité, et les lumières arrachèrent du Panthéon les dieux que l'ignorance y avait placés. Tel était la décadence du polythéisme en Grèce lorsque les Romains soumirent la terre à leur joug. Les religions naissent de nos craintes et de nos faiblesses, s'agrandissent dans le fanatisme et meurent dans l'indifférence [c].

[a] Cela est vrai, et j'énonçais cela, comme on le voit, longtemps avant les écrivains qui ont cherché à faire de la liaison de la religion et de la politique un argument pour attaquer ce que nous avons. Ces écrivains ont interverti l'axiome, et ils ont dit : Lorsque la constitution d'un État change, la religion de cet État change nécessairement; ainsi nous deviendrons protestants, parce que nous avons une monarchie constitutionnelle : principe aussi absurde en logique que faux en histoire. —
[b] Rien n'est plus étrange que la disposition de mon esprit dans tout cela. Je partage en partie les opinions de ces mêmes philosophes contre lesquels je m'élève; j'adopte intérieurement leurs principes, et je repousse extérieurement l'application qu'ils en ont faite. Que voulais-je donc? Que les philosophes joignissent l'hypocrisie à l'impiété? Non, sans doute, et pourtant telle serait la conclusion qu'il faudrait nécessairement tirer de mon amour pour leurs doctrines et de ma haine pour leurs personnes. Le fait est que je n'étais qu'un blanc-bec de sophiste, dont les idées et les sentiments en opposition produisaient ces misérables incohérences. (N. Éd.) — [c] Toute cette page est bonne, appliquée au polythéisme. (N. Éd.)

CHAPITRE XXXIII.

Le polythéisme à Rome jusqu'au christianisme.

La réduction de la Grèce en province romaine fut l'époque de la décadence de la religion en Italie. L'esprit philosophique émigra à la capitale du monde. Bientôt tout ce qu'il y eût de grand à Rome en fut attaqué [1]. Les Caton, les Brutus, en pratiquèrent les vertus; les Lucrèce, les Cicéron, en développèrent les principes; et les Tibère et les Néron, les vices.

Une autre cause, particulière aux Romains, contribua à la chute du polythéisme : l'admission des dieux étrangers au Panthéon national. En répandant la confusion dans les objets de foi, on affaiblit la religion dans les cœurs. Bientôt les Romains, encore républicains, mais corrompus, tombèrent dans l'apathie du culte. Il n'y a que les peuples très-libres ou très-esclaves qui soient essentiellement religieux. Les premiers, par leurs vertus, se rapprochent de la Divinité; les seconds se réfugient au pied de son trône, par l'instinct de leurs malheurs. L'honnête homme et l'infortuné sont rarement incrédules : le vice l'est presque toujours [a].

Mais un homme extraordinaire [b] avait paru dans l'Orient. Le commencement du christianisme étant la fin du polythéisme, l'histoire de celui-ci va désormais se trouver réunie à celle du premier.

CHAPITRE XXXIV.

Histoire du christianisme, depuis la naissance du Christ jusqu'à sa résurrection [2].

Il existait un peuple haï des autres peuples; nation esclave et cruelle, qui, hors un législateur, un roi et quelques poëtes d'un beau génie, n'avait jamais produit un seul grand homme. Le Dieu du Sinaï était son Dieu. Ce n'était point, comme le Jupiter des Grecs, une divinité revêtue des passions humaines, mais un Dieu tonnant, un Dieu sublime, qui,

---

[1] Dès avant cette époque la philosophie avait été connue à Rome, comme le montre Cicéron au commencement du quatrième livre des *Tusculanes*. Il y parle d'un Amafanius qui écrivit de la philosophie, et forma une secte nombreuse. Mais je ne sais où on a pris que cet Amafanius enseignait la doctrine d'Épicure. Cicéron garde là-dessus un profond silence.

[a] Voilà mon bon génie revenu au milieu de toutes mes folies. (N. Éd.) — [b] Ce bon génie ne m'a pas conduit bien loin. (N. Éd.)

[2] Je ne marque point les dates, parce qu'elles se trouvent aux chapitres des philosophes modernes.

entre toutes les cités de la terre, choisit la ville de Jacob pour y être adoré.

Parmi ce peuple juif, l'Éternel avait dit qu'une vierge, de la maison de David, écraserait la tête du serpent, et enfanterait un Homme-Dieu. Et cependant les siècles s'étaient écoulés, et Jérusalem gémissait sous le joug d'Auguste, et le grand monarque tant attendu n'avait point encore paru.

Tout à coup le bruit se répand que le Sauveur a vu le jour dans la Judée. Il n'est point né dans la pourpre, mais dans l'humble asile de l'indigence; il n'a point été annoncé aux grands et aux superbes, mais les anges l'ont révélé aux petits et aux simples; il n'a point réuni autour de son berceau les heureux du monde, mais les infortunés; et, par ce premier acte de sa vie, il s'est déclaré de préférence le Dieu du misérable.

Si la morale la plus pure et le cœur le plus tendre, si une vie passée à combattre l'erreur et à soulager les maux des hommes, sont les attributs de la Divinité, qui peut nier celle de Jésus-Christ? Modèle de toutes les vertus, l'amitié le voit endormi sur le sein de Jean, ou léguant sa mère à ce disciple chéri; la tolérance l'admire avec attendrissement, dans le jugement de la femme adultère; partout la pitié le trouve bénissant les pleurs de l'infortuné; dans son amour pour les enfants, son innocence et sa candeur se décèlent; la force de son âme brille au milieu des tourments de la croix; et son dernier soupir, dans les angoisses de la mort, est un soupir de miséricorde.

CHAPITRE XXXV.

Accroissement du christianisme jusqu'à Constantin.

Le Christ, dans sa glorieuse ascension, ayant disparu aux yeux des hommes, ses disciples, doués de son esprit, se disséminèrent dans les contrées voisines : bientôt ils passèrent en Grèce et en Italie. Nous avons vu les diverses raisons qui tendaient alors à affaiblir le culte de Jupiter; quelle fut la surprise des peuples, lorsque les apôtres, sortis de l'Orient, vinrent étonner leur esprit par des récits de prodiges, et consoler leur cœur par la plus aimable des morales! Ils étaient esclaves, et la nouvelle religion ne prêchait qu'égalité; souffrants, et le Dieu de paix ne chérissait que ceux qui répandent des larmes; ils gémissaient écrasés par des tyrans, et le prêtre leur chantait *deposuit potentes de sede, et exaltavit humiles*. Enfin Jésus avait été pauvre comme eux, et il promettait un asile aux misérables dans le royaume de son père.

Quelle divinité du paganisme pouvait, dans le cœur du faible et du malheureux, balancer le nouveau Dieu qu'on offrait à ses adorations? Qu'avait le plébéien à espérer d'un Élysée où l'on ne comptait que des princes et des rois?

Voilà les grands moyens qui favorisèrent la propagation du christianisme. Aussi est-il remarquable qu'il se glissa d'abord dans les classes indigentes de la société. Les disciples furent bientôt assez nombreux pour former une secte. On la persécuta, et conséquemment on l'accrut. Les premiers chrétiens, trompant les bourreaux, se dérobaient au supplice, et s'affermissaient dans leur culte. Une religion a bien des charmes, lorsque, prosterné au pied des autels, dans le silence redoutable des catacombes, on dérobe aux regards des humains un Dieu persécuté; tandis qu'un prêtre saint, échappé à mille dangers, et nourri dans quelque souterrain par des mains pieuses, célèbre peut-être à la lueur des flambeaux, devant un petit nombre de fidèles, des mystères que le péril et la mort environnent.

Des martyrs, des miracles populaires, les vices des Néron [1] et des Caligula, tout concourut à multiplier la nouvelle doctrine. Après avoir essayé de la doctrine, les empereurs songèrent à s'en servir. Constantin arbora l'étendard de la croix, et les dieux du paganisme tombèrent du Capitole [b].

CHAPITRE XXXVI.

(Suite.) — Depuis Constantin jusqu'aux Barbares.

La religion chrétienne ne fut pas plus tôt solidement établie, qu'elle se divisa en plusieurs sectes [2]. On vit alors ce qu'on avait ignoré jusqu'à ce temps, je veux dire un caractère nouveau de culte. On vit des hommes se jeter dans tous les écarts de l'imagination, et se persécuter les uns les autres pour des mots qu'ils n'entendaient pas. Les prêtres, durant ces troubles, commencèrent à acquérir une influence que ceux du po-

---

[a] Bien qu'il soit plus question, dans cette partie, des Révolutions modernes que des RÉVOLUTIONS ANCIENNES, ce dernier titre a dû rester en tête de toutes les pages, en conformité de l'édition de Londres, qui porte les mots RÉVOLUTIONS ANCIENNES en marge jusqu'à la fin. (N. ÉD.)

[1] Suétone nous apprend comment l'impie Néron en usait avec les dieux : *Religionum usquequaque contemptor, præter unius deæ Syriæ. Hanc mox ita sprevit, ut urina contaminaret.*

[b] Ces deux derniers chapitres ont été transportés presque tout entiers dans le *Génie du Christianisme*, et ils méritaient cet honneur : c'est l'excuse et l'expiation de tout ce qui va suivre. Quand je suis chrétien ainsi, sans vouloir l'être, il y a un accent de vérité dans ce que j'écris qui ne se trouve point au fond de mes radotages philosophiques. Pour tout homme de bonne foi la question est jugée par ces deux chapitres. J'étais chrétien et très-chrétien avant d'être chrétien. (N. ÉD.)

[2] Les ariens, etc.

lythéisme n'avaient jamais eue, et à jeter les fondements de la grandeur des papes.

Julien voulut faire un dernier effort en faveur des dieux de l'Olympe. Il abjura le christianisme; et, en qualité de guerrier, de politique et de philosophe, il avait une triple raison de s'opposer aux progrès du christianisme. Il sentait que, partout où une nouvelle religion s'établit, l'État court à une révolution inévitable; mais il était trop tard pour y remédier, et en cela Julien se trompa.

Il ne se contenta pas d'attaquer le christianisme par la force civile, il le fit encore par le sel de ses écrits [a]. Plusieurs philosophes s'exercèrent aussi sur le même sujet : on opposait aux miracles de Jésus ceux de divers imposteurs. Les poëtes, d'un autre côté, trouvant que Belzébuth et Astaroth entraient mal dans le mètre de Virgile, regrettaient Pluton et l'ancien Tartare.

Les chrétiens ne manquaient pas de champions, qui réussirent à railler les dieux du Panthéon, que Lucien avait déjà traînés dans la boue. Julien ayant péri dans son expédition contre les Perses, la croix sortit triomphante.

Mais le moment critique était arrivé. Constantin, en divisant l'Empire et réformant les légions, lui avait porté un coup mortel. Les malheurs de la famille de ce prince ébranlèrent le système romain; les opinions religieuses vinrent augmenter le désordre : des myriades de Barbares se précipitèrent sur toutes les frontières. Théodose soutint un moment le choc; le calme avait reparu, quand tout à coup le destructeur de l'Empire, le génie des Huns, qui du mur de la Chine s'était, durant trois siècles, avancé en silence à travers les forêts, jeta un cri formidable dans le désert. A la voix du fantôme, les Goths épouvantés se précipitèrent dans l'Empire. Valens tomba du trône de l'Orient, et peu après un roi d'Italie régna sur le patrimoine des Brutus [1].

[a] « L'Église, sous l'empereur Julien, fut exposée à une persécution du caractère le plus dangereux. On n'employa pas la violence contre les chrétiens; mais on leur prodigua le mépris. On commença par dépouiller les autels; on défendit ensuite aux fidèles d'enseigner et d'étudier les lettres. Mais l'empereur, sentant l'avantage des institutions chrétiennes, voulut, en les abolissant, les imiter; il fonda des hôpitaux et des monastères; et, à l'instar du culte évangélique, il essaya d'unir la morale à la religion, en faisant prononcer des espèces de sermons dans les temples. Les sophistes dont Julien était environné se déchaînèrent contre le christianisme; Julien ne dédaigna pas de se mesurer avec les Galiléens. L'ouvrage qu'il écrivit contre eux ne nous est pas parvenu; mais saint Cyrille, patriarche d'Alexandrie, en cite des fragments dans la réfutation qu'il a faite, et que nous avons encore. Lorsque Julien est sérieux, saint Cyrille triomphe du philosophe; mais lorsque l'empereur a recours à l'ironie, le patriarche perd ses avantages. » (*Génie du Ch.*, 1re part., liv. 1er, chap. 1er.) (N. Éd.)

[1] *Vident.* FLEURY, *Hist. Ecclésiast.*; *Hist. August.*; GIBB., *Rise and fall of the romain empire*; DE GUINES, *Hist. des Huns et des Tartares*; MONTESQUIEU, *Causes de la grandeur et de la décadence des Romains*.

CHAPITRE XXXVII.

(Suite.) — Conversion des Barbares.

Si le christianisme avait trouvé dans les malheurs des hommes une cause de ses premiers succès, cette cause agit dans sa plus grande force au moment de l'invasion des Barbares. Un bouleversement général de propriétés et de libertés eut lieu en même temps dans tout le monde connu. On écrasait les hommes comme des insectes : lorsque les Vandales ne pouvaient prendre une ville, ils massacraient leurs prisonniers; et, abandonnant leurs cadavres à l'ardeur du soleil autour de la cité assiégée, ils y communiquaient la peste [1].

Toute autorité étant donc dissoute au civil, les prêtres seuls pouvaient protéger les peuples. Ce qui restait encore d'habitants attachés à l'ancien culte se rangea sous la bannière du christianisme. Si jamais la religion a paru grande, c'est lorsque, sans autre force que la vertu, elle opposa son front auguste à la fureur des Barbares, et, les subjuguant d'un regard, les contraignit de dépouiller à ses pieds leur férocité native [a].

On conçoit aisément comment des Sauvages, sortis de leurs forêts, n'ayant aucun préjugé religieux antérieur à déraciner, se soumirent à la première théologie que le hasard leur offrit. L'imagination est une faculté active, à la fois écho et miroir de la nature qui l'environne : celle de l'homme des bois, frappée du spectacle des déserts, des cavernes, des torrents, des montagnes, se remplit de murmures, de fantômes, de grandeur. Présentez-lui alors des objets intellectuels, elle les saisira avidement, surtout s'ils sont incompréhensibles; car la mort de l'imagination, c'est la connaissance de la vérité.

D'autres raisons facilitaient encore la conversion des Barbares au christianisme. A mesure qu'ils émigraient vers le sud en quittant les régions sombres et tempétueuses du septentrion, ils perdaient l'idée de leur culte paternel, inhérent au climat qu'ils habitaient. Un ciel rasséréné ne leur montrait plus dans les nuages les âmes des héros décédés; ils ne retenaient plus, à la pâle lueur de la lune, des bruyères désertes, des vallées solitaires, où l'on entendait derrière soi les pas légers des fantômes; des ombres irritées ne saisissaient plus la cime des pins dans leur course; le météore ne reposait plus entre les rameaux du cerf, au

---

[1] ROBERTSON, *Hist. of Charles V*, vol. I.

[a] Mais, en vérité, n'est-ce pas là le *Génie du Christianisme* tout pur, et ne suis-je pas, dans ces paragraphes, l'apologiste plutôt que le détracteur de la religion? (N. Éd.)

bord du torrent bleuâtre; le brouillard du soir avait cessé d'envelopper les tours; la bouffée de la nuit, de siffler dans les salles abandonnées du guerrier; le vent du désert, de soupirer dans l'herbe flétrie, et autour des quatre pierres moussues de la tombe [1] : enfin la religion de ces peuples s'était dissipée avec les orages, les nues et les vapeurs du nord [2].

D'ailleurs le nouveau culte qu'on leur offrait n'était pas si étranger aux dogmes de leurs pères qu'on l'a généralement cru. Si Jéhovah créa Adam et Ève, Odin aussi avait formé de limon le brave Askus, et la belle Emla : Henœrus leur donna la raison; et Lœdur, versant dans leurs veines les flots d'un sang pur, ouvrit leurs yeux à la vie [3].

Enfin les rois barbares, déjà politiques, embrassèrent le christianisme pour obtenir des empires; et les hommes, ayant changé de mœurs, de langage, de religion; ayant perdu jusqu'au souvenir du passé, crurent être nouvellement créés sur la terre [4].

CHAPITRE XXXVIII.

Depuis la conversion des Barbares jusqu'à la renaissance des lettres. — Le christianisme atteint à son plus haut point de grandeur.

Au milieu de ces orages, les prêtres, croissant de plus en plus en puissance, étaient parvenus à s'organiser dans un système presque iné-

---

[1] Les *deux Edda*, MALLET, *Introd. à l'Hist. du Dan.*; OSSIAN. — [2] Si je cite Ossian avec d'autres auteurs, c'est que je suis, avec le docteur Blair en Angleterre, M. Goëthe en Allemagne, et plusieurs autres, un de ces esprits crédules auxquels les plaisanteries de Johnson n'ont pu persuader qu'il n'y eût pas quelque chose de vrai dans les ouvrages du barde écossais. Que Johnson, lorsqu'on lui demandait s'il connaissait beaucoup d'hommes capables d'écrire de pareils poëmes, ait répondu : « Oui, plusieurs hommes, plusieurs femmes, plusieurs enfants, » le mot est gai, mais ne prouve rien. Il me paraît singulier que, dans cette dispute célèbre, on ait oublié de citer la collection du ministre Smith, qui cote le celte continuellement au bas des pages, et propose une édition de l'original des poëmes d'Ossian par souscription. On trouve dans cette collection de Smith un chant sur la mort de Gaul, où il y a des choses extrêmement touchantes, particulièrement Gaul expirant de besoin sur un rivage désert, et nourri du lait de son épouse *. — [3] BARTHOLIN, *Antiq. Dan.*

Askum et Emlam, omni conatu destitutos,
Animam nec possidebant, rationem nec habebant,
Nec sanguinem, nec sermonem, nec faciem venustam :
Animam dedit Odinus; rationem dedit Henœrus;
Lœdur sanguinem addidit et faciem venustam.

[4] DANIEL, *Hist. de France*; GRÉG. DE TOURS, liv. I; HUME's *Hist. of Engl.*; HENRY's *ibid.*, etc.

* Je ne suis plus convaincu de l'authenticité des poëmes d'Ossian; au lieu de croire aujourd'hui que le celte d'Ossian a été traduit en anglais par Macpherson, je crois, au contraire, que l'anglais de Macpherson a été traduit en celte par les bons Écossais amoureux de la gloire de leur pays.

(N. Éd.)

branlable. Des sectes de solitaires, vivant à l'abri des cloîtres, formaient les colonnes de l'édifice; le clergé régulier, classé de même en ordres distincts et séparés, exécutait les décrets du pontife romain, qui, sous le nom modeste de *pape*, s'était placé par degrés à la tête du gouvernement ecclésiastique. L'ignorance, redoublant alors ses voiles, servait à donner à la superstition une apparence plus formidable; et l'Église, environnée de ténèbres qui agrandissaient ses formes, marchait comme un géant au despotisme.

Ce fut après le règne de Charlemagne et la division de son empire que le christianisme atteignit à son plus haut point de grandeur. Les guerres civiles d'Italie, connues sous le nom de guerres des Guelfes et des Gibelins, offrent un caractère neuf à quiconque n'a pas étudié les hommes. Les papes, attaqués par les empereurs, avaient contre eux la moitié des peuples d'Italie, qui les regardaient comme des tyrans et des scélérats; et cependant un édit de la cour de Rome détrônait tel ou tel souverain, l'obligeait à venir pieds et tête nus se morfondre en hiver sous les fenêtres du pontife, qui daignait enfin lui accorder une absolution humblement demandée à genoux [1]. Rome religieuse se trouvait alors mêlée dans toutes les affaires civiles, et disposait des couronnes, comme des hochets de sa puissance.

Les croisades qui suivirent bientôt après forment époque dans l'histoire du christianisme [2], parce qu'en adoucissant les mœurs par l'esprit de chevalerie elles préparèrent la voie au retour des lettres. C'était alors que les sires de Créqui, embrassant leur écu, abandonnaient leur manoir pour aller en quête de royaumes et d'aventures. Ces bons chevaliers se trouvaient-ils sans armes dans un péril imminent, ils se jetaient tous aux pieds les uns des autres, comme le rapporte le sire de Joinville, en s'entre-demandant naïvement l'absolution. Avaient-ils la lance au poing au milieu des dangers, ils se disaient en riant : « Biaux sires, et en fairons moult recits à les damselles. »

CHAPITRE XXXIX.

Décadence du christianisme occasionnée par trois causes : les vices de la cour de Rome, la renaissance des lettres, et la réformation.

C'est de l'époque des croisades qu'il faut dater la décadence de la religion chrétienne. Les papes, expulsés d'Italie, s'étaient retirés pendant quelque temps à Avignon; et la création des antipapes, en faisant

---

[1] Denin., *Ist. del Ital.*; Machiav., *Ist. Flor.*; Adh., *Chr. d'Allem.*; Hen., *Chron.*; Gian., *Ist. di Nap.* — [3] Vert., *Hist. des Crois.*; *Mém. de* Joinville.

naître des schismes, affaiblissait l'autorité de l'Église. D'une autre part, les pontifes, subjugués par le luxe et l'ivresse de la puissance, s'étaient plongés dans tous les vices. L'athéisme public de quelques-uns, l'effronterie et le scandale de leur vie privée, ne devaient pas beaucoup servir au maintien du culte chez les peuples. Le clergé, aussi dépravé que son chef, se livrait à tous les excès; et les couvents servaient de repaire à la crapule et à la débauche [1].

Dans ces circonstances, un grand événement vint porter un coup mortel au christianisme. L'empire d'Orient étant tombé sous le joug des Turcs, le reste des savants grecs se réfugia auprès des Médicis en Italie. Par un concours singulier de choses, l'imprimerie avait été découverte en Occident quelque temps avant l'arrivée de ces philosophes, comme si elle eût été préparée pour la réception des illustres fugitifs. J'ai parlé ailleurs de la renaissance des lettres et de ses effets. Elle fut bientôt suivie de la réformation; de sorte que le christianisme eut à soutenir coup sur coup des attaques dont il ne s'est jamais relevé [a].

CHAPITRE XL.

La réformation.

C'est une grande époque dans l'Europe moderne que celle de la réformation. Dès que les hommes commencent à douter en religion, ils doutent en politique. Quiconque ose rechercher les fondements de son culte, ne tarde pas à s'enquérir des principes de son gouvernement. Quand l'esprit demande à être libre, le corps aussi veut l'être : c'est une conséquence naturelle [b].

---

[1] Dante, *Inferno*; Petr., *Lett.*; Mach., *Ist. Fiorent.*

[a] Il y a quelque chose de vrai, historiquement parlant, dans ce que je viens de dire du christianisme depuis la conversion des Barbares jusqu'à la réformation; mais on sent un ennemi dans l'historien; l'esprit de satire perce de toutes parts. Quant au christianisme, qui ne *s'est jamais relevé des attaques qu'il a eues à soutenir*, c'est une erreur capitale que d'en avoir jugé ainsi. La religion chrétienne n'a point péri dans la révolution; elle ne périra point chez les hommes, parce qu'elle a ses racines dans la nature divine et dans la nature humaine. La foi pourra changer de pays; mais elle subsistera toujours, selon la parole de Dieu. (N. Éd.)

[b] J'expose ici dans quatre lignes deux ou trois vérités sur lesquelles on a élevé depuis de gros ouvrages remplis de déclamations contre les libertés publiques. Il n'y a point de mal à s'enquérir des principes de son gouvernement pour s'y attacher quand ils sont bons, pour les réformer quand ils sont mauvais; je ne vois aucune raison de mettre un bandeau sur les yeux des hommes afin de les faire marcher droit. Je sais bien, il est vrai, que celui qui prétend guider les hommes a un grand intérêt à leur laisser ce bandeau, parce qu'il peut alors les conduire où il veut et comme il veut. Le christianisme, de son côté, ne craint pas plus la lumière que la liberté ne la craint : plus on l'examinera, plus on le trouvera digne d'admiration et d'amour. Il n'est pas bien d'ailleurs de vouloir faire de la religion et de la politique une cause commune; il s'ensuivrait que quand un peuple est esclave il faudrait qu'il le restât éternellement, dans la peur de toucher aux choses saintes. Ce serait faire un tort immense à la foi que de l'associer aux injustices du despotisme. (N. Éd.)

Érasme avait préparé le chemin à Luther; Luther ouvrit la voie à Calvin; celui-ci à mille autres. L'influence politique de la réformation se trouvera dans les révolutions qui me restent à décrire. En la considérant seulement ici sous le rapport religieux, on peut remarquer que les diverses sectes qu'elle engendra produisirent sur le christianisme le même effet que les écoles philosophiques de la Grèce sur le polythéisme : elles affaiblirent tout le système sacerdotal. L'arbre, partagé en rameaux, ne poussa plus vigoureusement sa tige unique, et devint ainsi plus aisé à couper branche à branche. Je ne puis quitter l'article de la réformation sans faire une réflexion de plus. Pourquoi toutes ces scènes de carnage? La Ligue [1], où l'on vit, comme de nos jours, les

[1] *Esprit de la Ligue.* On trouve dans les *Lettres de Pasquier* deux passages intéressants sur les malheurs que les révolutions ont causés à la France, et surtout à la capitale du royaume. Je les citerai tous les deux. Le premier a rapport aux guerres civiles du temps de Charles VI. Pasquier, après avoir parlé de la population et de la richesse de Paris sous Charles V, ajoute : « Pendant que furieusement nostre ville s'amusa de soustenir le party bourguignon, elle deuint, sans y penser, toute deserte, et commencerent ces grands hostels de Flandres, Artois, Bourbon, Bourgongne, Nesles, et plusieurs autres, seruir de nids à corneilles, au lieu où au precedent c'estoient receptacles de princes, ducs, marquis et comtes. I'ai leu dans vn liure escrit à la main, en forme de papier iournal, que de ce temps-là il y auoit vn loup qui tous les mois passoit au trauers de la ville, lequel ils appelloyent *le Courtaud*, estant le peuple tant accoustumé de le voir, qu'il n'en faisoit que rire. Chose qui se faisoit, ou pour les massacres qui se commettoient dans Paris, et pour les cadauers qui y pouuoient estre (n'y ayant animal qui ait le flair si subtil comme le loup), ou parce que la ville estoit lors grandement deshabitee. Quoy que soit, s'estant sur les troubles de Bourguignon et Orleannois entre la guerre de l'Anglois et du François, il faut tenir pour chose tres certaine que la ville de Paris vint en grande souffrette, veu qu'en l'histoire mesdisante du roy Louis vj, nous trouuons que, pour la repeupler, il voulut faire comme Romulus auoit fait autrefois dans Rome, et donner toute impunité des mesfaits precedents, et rappel de ban à tous ceux qui s'y voudroient habituer. Mais plus grande demonstration ne pouuez-vous auoir cette pauureté et solitude, que de l'ordonnance qui se trouue aux vieux registres du Chastellet, par laquelle il estoit permis de mettre en criees les lieux vagues de la ville ; et si, pendant les six sepmaines, il ne se trouuoit nul proprietaire qui s'y opposast, le lieu demouroit à celui qui se le faisoit adiuger. Aussi quand nous lisons dans nos vieux tiltres et enseignements quelques maisons et heritages, tant en la ville qu'ez champs, vendus à non-prix, tant s'en faut que ce soit vn argument de la félicité de ce temps-là, qu'au contraire c'est vne demonstration tres certaine du malheur qui estoit lors en regne, par la longue suite des troubles. » (Tom. I, liv. x, pag. 655.) Si, dans une histoire de la révolution actuelle, on traduisait mot à mot en français le morceau suivant du même auteur, personne ne se douterait qu'il s'agit de la Ligue. « Il y a longtemps que ie ronge ie ne sçay quelle humeur melancholique dans moi, qu'il faut maintenant que ie vomisse en vostre sein, ie crain, ie croy, ie voi presentement la fin de nostre republique. Nous ne pouuons denier que n'ayons vn grand Roy ; toutes fois si Dieu ne l'aduise d'un œil de pitié, il est sur le poinct ou de perdre sa couronne, ou de voir son royaume tout renuersé. — Le vray subside dont le Prince doit faire fonds, est de la bienueillance de ses subiects. La plus grande partie de ceux qui ont esté près du Roy, ont estimé n'auoir plus beau magazin pour s'accroistre, qu'en lui fournissant memoires à la ruine du pauure peuple, c'est-à-dire à la ruine de lui-mesme : dignes certes, ces malheureux ministres, d'vne punition plus horrible, que celuy qu'on tire à quatre cheuaux, pour auoir voulu attenter contre la Maiesté de son Prince. D'autant qu'en conseruant leur grandeur par ces damnables inuentions, ils ont mis leur maistre en tel desarroy que nous le voyons maintenant..... Dieu doua nostre Roy de plusieurs grandes benedictions, qui luy sont particulieres ; mais comme il est né homme, aussi ne peut-il estre accomply de tant de bonnes parties qu'il n'ait des imperfections. Y a-t-il aucun seigneur (ie n'en excepteray vn) de ceux qui ont eu part en ses bonnes graces, qui ait, ie ne diray point resisté (ce mot seroit mal

Français traîner les entrailles fumantes de leurs victimes, dévorer leurs cœurs encore palpitants, leurs chairs encore tièdes, et, fouillant dans les sépulcres, couvrir le sol de la patrie des carcasses à moitié consumées de leurs pères? Pourquoi ces troubles des Pays-Bas, où le duc d'Albe joua le premier acte de la tragédie de Robespierre[1]? les massacres des paysans d'Allemagne, les guerres civiles d'Écosse[2]? la révolution de Cromwell, durant laquelle des malheureux, entassés dans les

mis en œuure contre un Roy), mais qui ne se soit estudié de fauorizer en toutes choses ses opinions, ores qu'elles se fouruoyassent à l'œil, du chemin de la raison? On le voyoit naturellement enclin à vne libéralité. C'estoit vne inclination qu'il tenoit de la Royne sa mere, vertu vraiment royale, quand elle ne se desborde à la foule et oppression des subiects : qui est celuy qui par ses importunitez extraordinaires n'en ait abuzé?... Le malheur veut que nul de ses principaux officiers qui estoient près de luy ne la controlle. Voilà comment un grand et beau prince, se laissant en premier lieu emporter par ses volontez, puis vaincu par les importunitez des siens, enfin non secouru de ceux qui pour la necessité de leurs charges y deuoient auoir l'œil, il n'a pas esté mal aisé de voir toutes nos affaires tomber au desordre et confusion telle que nous voyons aujourd'hui. Sur ce pied a esté batie la ruine de nostre France; premierement par ie ne sçay quelle malheureuse inuention de contents (qui ont rendu tous les gens de bien malcontents), lesquels ne pouuans à la longue fournir aux liberalitez extraordinaires du Roy, ont eu recours à une infinité de meschants edicts, non pour subuenir aux necessitez publiques, ains pour en faire dons, voire au milieu des troubles, à vns et autres. Et pour leur faire sortir effect, on a forcé les seigneurs des Cours Souueraines de les passer, tan tost par la présence du Roy, tan tost des Princes du sang : liberalité qui ne s'estoit jamais pratiquée en autre republique que la nostre. Et si l'argent n'y estoit prompt, pour suppleer à ce deffaut, la malignité du temps produisit vne vermine de gens, que nous appellasmes par vn nouveau mot *partisans,* qui auanceoient la moitié ou tiers du denier, pour auoir le tout : race vrayement de viperes, qui ont fait mourir la France, leur mere, aussi tost qu'ils furent esclos. On adiousta à tout cela, pour chef-d'œuure de nostre malheur, vn esloignement des Princes et des grands seigneurs, et auancement des moindres près du Roy. Ie vous racompte tout cecy en gros. Car si j'auoy entrepris de vous particularizer en détail, et par le menu, comme toutes ces choses se sont passées, l'encre me deffaudroit plus tost que la matiere. Mais quel fruit a produit tout ce mesnage? Vne oppression de tous les subiects, une pauureté par tout le royaume, vn mescontentement général des grands, vne haine presque du peuple encontre son Roy. Et pour au bout de tout cela, que pouuions-nous attendre autre chose que ce meschef, qui nous est ces iours passez aduenu?... Tant de novalitez mises sus à la foule des pauures subiects, estoient autant de malignes humeurs ramassées au corps de nostre republique, lesquelles ne nous promettoient autre chose, que ce grand esclat de scandale, que nous avons veu dans Paris. C'estoit un pus, c'estoit vne bouë qui couuoit dans nous, à laquelle le medecin supernaturel a voulu donner vent, lors que nul de nous n'y pensoit. Le Roy mesme l'a fort bien recogneu ; quand soudain apres estre arriué à Chartres, pour donner quelque ordre à ce mal, il a reuoqué trente malheureux edicts et encore promis par autres lestres patentes de n'user plus de contents. Pleut à Dieu que deux mois auparauant il les eust reuoquez de son seul instinct, affin que ceux que ie voy contre luy vlcerez eussent estimé luy deuoir totalement ceste grâce, et non au scandale aduenu. Mais c'est un mal commun à tous Roys, de ne recognoistre iamais leurs fautes, quand ils sont visitez de Dieu... De ma part, ie ne pense point que iamais Roy ait receu vn plus grand affront de son peuple (il faut que ceste parole à notre tres grande honte m'eschape), que celui qu'a receu le nostre. Que luy, qui à son retour de la Beauce avoit esté receu auec tant de congratulations et applaudissements du Parisien, six ou sept mois apres ait esté caressé de telle façon qu'auons veu, en la iournée des Barricades, mesmes dans vne ville qu'il auoit aimée et cherie par-dessus toutes les autres. Que le ieudy et vendredy qu'il demeura dans la ville, on ne veit iamais plus grand chaos et emotion populaire, et le samedy soudain que l'on fust adverty de son partement, nous veismes un raquoisement inopiné de toutes choses : signe malheureux et trop expres de la haine qu'on luy porte. » (Tom. I, liv. XII, p. 796, etc.)

[1] BENTIVOG.; GROTIUS ; STRADA, etc. — [2] ROBERTSON's *Hist. of Scotland.*

cales humides des vaisseaux, périssaient empoisonnés les uns par les autres[1]? Pourquoi, dis-je, ces abominables spectacles? Parce qu'un moine s'avisa de trouver mauvais que le pape n'eût pas donné à son ordre, plutôt qu'à un autre, la commission de vendre des indulgences en Allemagne. Pleurons sur le genre humain[a].

CHAPITRE XLI.
Depuis la réformation jusqu'au Régent.

Lorsque les tempêtes élevées par la réformation se furent apaisées, le Vatican reparut, mais à moitié en ruine. Il avait perdu l'orgueil de ses murs, et ses combles entr'ouverts étaient sillonnés de ses propres foudres, que la fureur de l'orage avait repoussées contre lui. Les rois et les papes, en s'opposant par des mesures violentes aux innovations religieuses, n'avaient fait qu'irriter les esprits. Petite et faible dans le calme, la liberté devient un géant dans la tempête.

Entre les conséquences funestes qui résultèrent de ces troubles pour la religion, une ne doit pas être omise. Les révolutions ravagent les mœurs dans leurs cours, comme ces sources empoisonnées qui font mourir les fleurs sur leur passage. L'œil de la loi, fermé pendant les convulsions d'un État, ne veille plus sur le citoyen, qui lâche les rênes à ses passions et se plonge dans l'immoralité; il faut ensuite des années, quelquefois des siècles, pour épurer un tel peuple. Ce fut évidemment le cas en Europe, après les troubles dont je viens de parler; et la religion, qui se calcule toujours sur les mœurs, dut, en proportion de la relaxation de celles-ci, perdre beaucoup de son influence.

Cependant, l'harmonie s'étant rétablie, les hommes reportèrent les yeux en arrière, et commencèrent à rougir de leur folie. Les lumières, toujours croissantes, secondaient ce penchant à haïr ce qui semblait la cause de tant de maux. En matière de foi il n'est point de bornes; aussitôt qu'on cesse de croire quelque chose, on cessera bientôt de croire le tout. Rabelais, Montaigne, Mariana, étonnèrent les esprits par la nouveauté et la hardiesse de leurs opinions politiques et religieuses. Hobbes et Spinosa, levant ensuite le masque, se montrèrent à découvert; et bientôt après, Louis XIV donna à l'Europe le dernier exemple de fanatisme national, par la révocation de l'édit de Nantes [2].

---

[1] Hume; Whitelock; Walker, etc.

[a] Ce chapitre avait bien commencé pour la réformation; c'est dommage, pour le philosophisme, qu'il ait fini aussi mal. Il paraît que je n'étais dans l'*Essai* ni pour *Genève* ni pour *Rome*. (N. Éd.)

[2] Je ne parle pas des scènes scandaleuses de la populace de Londres contre les catholiques, en 1680.

CHAPITRE XLII.

Le Régent. — La chute du christianisme s'accélère.

Enfin le Régent parut, et de cette époque il faut dater presque la chute totale du christianisme *a*. Le duc d'Orléans brillait de génie, de grâces, d'urbanité; mais il était l'homme le plus immoral de son siècle, et le moins fait pour gouverner une nation volage, sur laquelle les vices de ses chefs avaient tant d'influence, lorsqu'ils étaient aimables. Ce fut alors qu'on vit naître la secte philosophique, cause première *b* et finale de la révolution présente. Lorsque les nations se corrompent, il s'élève des hommes qui leur apprennent qu'il n'y a point de vengeance céleste.

Le bouleversement que Law [1] opéra dans l'État par son papier ne contribua pas peu à ébranler la morale du peuple. Intérêt et cœur humain sont deux mots semblables *c*. Changer les mœurs d'un État, ce n'est qu'en changer les fortunes. Dans les accès du désespoir, et dans le délire des succès, tout sentiment de l'honnête s'éteint, avec cette différence que le parvenu conserve ses vices, et l'homme tombé perd ses vertus.

La presse, cette invention céleste et diabolique *d*, commençait à vomir les chansons, les pamphlets, les livres philosophiques. Chaque poste annonçait au citoyen, tantôt l'inceste d'un père, tantôt l'exécrable mort d'un cardinal, des débauches que la plume d'un Suétone rougirait de décrire; et, en payant les taxes, il soldait à la fois et les vils courtisans, et les troupes qui le forçaient à leur obéir. Le mépris, puis la rage, étaient les sentiments qui devaient s'emparer du cœur de ce citoyen *e*. Que le peuple alors apprenne le secret de sa force, et l'État n'est plus.

Ce fut sous le règne suivant qu'éclata la secte encyclopédique, dont j'ai déjà touché quelque chose. Je vais, comme je l'ai promis, la consi-

---

a Toujours la *chute du christianisme!* Le christianisme ne tombait point; les mœurs seulement se corrompaient. Et quand la religion chrétienne se serait affaiblie en France, cela voudrait-il dire qu'elle s'éteint également dans le reste du monde? (N. Éd.) — *b* Il fallait mettre au lieu de *cause première*, cause seconde. (N. Éd.)

[1] Dans les projets de cet étranger, on retrouve le plan littéral exécuté de nos jours par Mirabeau l'aîné : le payement de la dette nationale en papier, la vente des biens du clergé, etc.

c Cela n'est pas vrai en France. (N. Éd.) — *d* La presse n'est diabolique que lorsqu'elle n'est pas réglée par des lois. Si vous l'enchaînez par l'arbitraire, c'est-à-dire par la censure, elle perd ce qu'elle a de céleste, et ne conserve que ce qu'elle a de diabolique. Personne n'approuve les abus de la presse; mais c'est aux lois seules à prévenir et à punir les abus. (N. Éd.) — *e* J'ai raison dans mon indignation contre la régence. La régence et le règne de Louis XV sont deux époques de notre histoire qu'on ne saurait assez maltraiter. (N. Éd.)

dérer à présent dans ses rapports religieux et politiques avec les institutions de la France.

CHAPITRE XLIII.

La secte philosophique sous Louis XV.

Cet esprit d'innovation et de doute qui prit naissance sous le Régent fit en peu de temps des progrès rapides. On vit enfin sous Louis XV se former une société des plus beaux génies que la France ait produits : les Diderot, les d'Alembert, les Voltaire [a]. Deux grands hommes seulement, et les deux plus grands, refusèrent d'en être, Jean-Jacques Rousseau et Montesquieu [b] : de là, la haine de Voltaire contre eux, et surtout contre le premier, l'apôtre de Dieu et de la morale. Cette société disait avoir pour fin la diffusion des lumières et le renversement de la tyrannie : rien de plus noble sans doute ; mais le vrai esprit des encyclopédistes était une fureur persécutante de systèmes, une intolérance d'opinions qui voulait détruire dans les autres jusqu'à la liberté de penser ; enfin, une rage contre ce qu'ils appelaient l'*Infâme*, ou la religion chrétienne, qu'ils avaient résolu d'exterminer [c].

Ce qu'il y a de bien étonnant dans l'histoire du cœur humain, c'est que le despote Frédéric était de cette coalition qui sapait la base du pouvoir des princes. Le monument le plus extraordinaire de littérature qui existe est peut-être la correspondance entre Diderot, Voltaire, d'Alembert et le roi de Prusse. C'est là qu'à chaque page on s'étonne de voir les philosophes jetant le manteau dont ils se revêtaient pour la foule ; le monarque, déposant le masque royal, traiter de fable la morale de la terre, parler hardiment de liberté entre eux, en réservant l'esclavage pour le peuple stupide ; se jouer de ce qu'il y a de plus sacré, et se jeter les uns aux autres, ballotter d'une main criminelle et puissante les hommes et leurs opinions comme de vains jouets.

Telle était cette fameuse secte, qui, sous Louis XV, commença à s'étendre et à détruire la morale en France ; ses progrès furent éton-

---

[a] Diderot et d'Alembert, placés au nombre des plus beaux génies que la France ait produits, est chose parfaitement ridicule. (N. Éd.) — [b] Non, Voltaire les vaut, et Buffon se place, comme écrivain, auprès de ces grands hommes. (N. Éd.) — [c] Bien jugé, très-bien jugé, selon mon âge mûr : les encyclopédistes étaient les plus intolérants des hommes, et c'est pour cela que je ne les puis souffrir. Je les regarde comme des hypocrites de liberté, comme de faux apôtres de philosophie, qui prenaient l'honneur de leur vanité blessée pour un sentiment d'indépendance, leurs mauvaises mœurs pour un retour au droit naturel, et leur fureur irréligieuse pour de la sagesse. Ce ne sont point leurs doctrines qui ont produit ce qu'il y a de bon au fond de notre révolution ; nous ne leur devons dans cette révolution que le massacre des prêtres, les déportations à la Guiane, et les échafauds. (N. Éd.)

nants. L'infatigable Voltaire ne cessait de répéter : « Frappons, écra-« sons l'Infâme. » Une foule de petits auteurs, pour être regardés du grand homme, se mirent à écrivailler à l'exemple de leur maître. Le bon ton fut bientôt d'être incrédule. Jean-Jacques avait beau crier d'une voix sainte : « Peuple, on vous égare ; il est un Dieu vengeur des crimes, et rémunérateur des vertus ; » les efforts du sublime athlète furent vains contre le torrent des philosophes et des prêtres, ennemis mortels réunis pour persécuter le grand homme [a].

Tandis que les principes religieux étaient combattus par une troupe de philosophes, d'autres attaquaient la politique ; car il est remarquable que la secte athée déraisonnait pitoyablement en matière d'État. Montesquieu [b], J.-J. Rousseau, Mably, Raynal [c], vinrent malheureusement éclairer des hommes qui avaient perdu cette force et cette pureté d'âme, nécessaires pour faire un bon usage de la vérité. Depuis la révolution, chaque faction a déchiré ces illustres citoyens : les Jacobins, Montesquieu ; les royalistes, Jean-Jacques : cela n'empêchera pas que l'immortel *Esprit des Lois*, et le sublime *Émile*, si peu entendu, ne passent à la dernière postérité. Quant au *Contrat Social*, comme on en retrouve une partie dans l'*Émile*, que ce n'est d'ailleurs qu'un extrait d'un grand ouvrage, qu'il rejette tout et ne conclut rien, je crois que, dans son état actuel d'imperfection, il a fait peu de bien et beaucoup de mal [d] : je suis seulement étonné que les républicains du jour l'aient pris pour leur règle ; il n'y a pas de livre qui les condamne davantage.

Ainsi, au moment que le peuple commença à lire, il ouvrit les yeux sur des écrits qui ne prêchaient que politique et religion : l'effet en fut prodigieux. Tandis qu'il perdait rapidement ses mœurs et son ignorance, la cour, sourde au bruit d'une vaste monarchie qui commençait à rouler en bas vers l'abîme où nous venons de la voir disparaître, se plongeait plus que jamais dans les vices et le despotisme. Au lieu d'élargir ses plans, d'élever ses pensées, d'épurer sa morale, en progression relative à l'accroissement des lumières, elle rétrécissait ses petits préjugés, ne savait ni se soumettre à la force des choses, ni s'y opposer avec vigueur. Cette misérable politique, qui fait qu'un gouvernement se resserre quand l'esprit public s'étend, est remarquable dans toutes les révolutions : c'est vouloir inscrire un grand cercle dans une petite circonférence ; le résultat en est certain. La tolérance s'accroît, et les prêtres

---

[a] Ai-je dans le *Génie du Christianisme* rien de plus fort, rien de plus énergique contre le philosophisme antireligieux ? J'oppose très-bien ici Rousseau aux autres philosophes. (N. Éd.) — [b] Cela est vrai : l'athéisme n'est bon à rien ; il n'est qu'une preuve de la faiblesse de l'esprit et de la médiocrité des talents. (N. Éd.) — [c] Mably et Raynal, avec Montesquieu et Rousseau, ce sont de ces associations que l'on fait dans la jeunesse, lorsque le jugement n'est pas formé, et que le goût est incertain. (N. Éd.) — [d] Je juge bien le *Contrat Social*, et très-mal l'*Émile*. (N. Éd.)

font juger à mort un jeune homme qui, dans une orgie, avait insulté un crucifix : le peuple se montre incliné à la résistance, et tantôt on lui cède mal à propos, tantôt on le contraint imprudemment : l'esprit de liberté commence à paraître, et on multiplie ces lettres de cachet. Je sais que ces lettres ont fait plus de bruit que de mal; mais, après tout, une pareille institution détruit radicalement les principes. Ce qui n'est pas loi est hors de l'essence du gouvernement, est criminel. Qui voudrait se tenir sous un glaive suspendu par un cheveu sur sa tête, sous prétexte qu'il ne tombera pas? A voir ainsi le monarque endormi dans la volupté, des courtisans corrompus, des ministres méchants ou imbéciles, le peuple perdant ses mœurs; les philosophes, les uns sapant la religion, les autres l'État; des nobles, ou ignorants ou atteints des vices du jour; des ecclésiastiques, à Paris la honte de leur ordre, dans les provinces pleins de préjugés, on eût dit d'une foule de manœuvres s'empressant à l'envi de démolir un grand édifice [a].

Depuis le règne de Louis XV, la religion ne fit plus que décliner en France; et elle s'est enfin évanouie [b] avec la monarchie dans le gouffre de la révolution.

Pour compléter l'histoire du christianisme, je vais maintenant montrer les armes avec lesquelles les philosophes modernes sont parvenus à le renverser, de même que j'ai expliqué les systèmes par lesquels les sophistes grecs ébranlèrent le polythéisme. Il y a cependant entre eux cette différence, que les Platon et les Aristote se contentèrent de publier des dogmes nouveaux, sans attaquer directement la religion de leur pays; tandis que les Voltaire et les d'Alembert, sans énoncer d'autres opinions, se déchaînèrent contre le culte de leur patrie : en cela, bien plus immoraux que les sectaires d'Athènes [c].

J'avertis que, dans les chapitres qui vont suivre, je n'y suis plus pour rien. Simple narrateur des faits, je rapporte, comme mon sujet m'y oblige, les raisonnements des autres sans les admettre [d]. Il est néces-

[a] Courageusement jugé, et aussi bien écrit que je puisse écrire. (N. Éd.) — [b] La religion, encore une fois, ne s'est pas évanouie. Quand la monarchie passerait, la religion resterait. (N. Éd.) — [c] On ne peut être ni plus impartial ni plus sévère. Si je suis un philosophe dans l'*Essai*, il faut convenir que les philosophes n'ont jamais eu un confrère d'une humeur plus aigre et plus désagréable. (N. Éd.) — [d] Passage bien remarquable dans l'*Essai* ! Il suffirait seul pour me laver des reproches que l'on a voulu me faire comme antichrétien. On ne peut prétendre que ces paroles soient une précaution de l'écrivain; car il n'y a pas de trace d'hypocrisie ou de frayeur dans l'*Essai*: rien n'y est caché; je ne capitule ni avec les choses ni avec les hommes, j'écris tout avec l'outrecuidance d'un jeune homme. Je ne cherchais donc point par ces paroles à me mettre à l'abri de l'avenir. Je disais simplement la vérité; je disais que j'allais rapporter les raisonnements des autres *sans les admettre;* que je n'étais pour rien dans les chapitres qui allaient suivre : ce sont pourtant ces chapitres qui ont servi principalement d'acte d'accusation contre moi. En vérité, plus on lit l'*Essai*, plus on l'examine, et moins on me trouve coupable. Cependant je ne prétends point me faire un bouclier du passage qui donne lieu à cette note; j'ai eu tort, très-grand tort, de rapporter

saire de faire connaître les causes qui nous ont plongés dans la révolution actuelle; or celles-ci sont d'entre les plus considérables.

CHAPITRE XLIV.

Objections des philosophes contre le christianisme. — Objections philosophiques.

On peut diviser les différentes objections des philosophes contre le christianisme en quatre sortes : 1° objections philosophiques proprement dites; 2° objections historiques et critiques; 3° objections contre le dogme; 4° objections contre la discipline. Voyons les premières.

Objections philosophiques [1]. La création est absurde. Quelle volonté peut tirer une parcelle de matière du néant? Toutes les raisons imaginables ne renverseront jamais cet axiome commun : Rien ne se fait de rien. Mais les Écritures mêmes ne l'admettent pas, le néant : et *l'Esprit de Dieu reposait sur les eaux*. Voilà donc la matière coexistante avec l'esprit; voilà donc un chaos.

Dieu, dites-vous, a été l'architecte? Ce n'est plus le système chrétien. Mais voyons si cela même peut être admis.

Si Dieu a arrangé la matière, c'est un être impuissant et borné. Le chaos était la première forme, et de nécessité la meilleure, puisqu'elle est la forme naturelle; puisque les vices, les souffrances, les chagrins y dorment passifs. Qu'a fait Dieu? Il a tout séparé, tout divisé, et, en classant les maux, il n'a fait qu'un monde vulnérable dans toutes ses parties, d'un univers engourdi et tranquille; il a donné une âme à la douleur, et rendu les peines sensibles [a]. Il s'est donc mépris, et son prétendu ordre est un affreux désordre.

Mais nous vous abandonnons la majeure. Nous supposons, pour un moment, que tout est émané de Dieu. Ce Dieu, en créant l'homme, lui a dit : Tu ne pécheras point, ou tu mourras; et il avait prévu qu'il pécherait et qu'il mourrait : Tu seras bon, vertueux, ou je te condamnerai aux peines de l'enfer; et Dieu savait qu'il ne serait ni bon ni vertueux, et c'était lui qui l'avait créé! Dieu, répondez-vous, vous a fait libre? Ce n'est pas là la question. A-t-il prévu que je tomberais, que je

---

les objections des philosophes contre le christianisme; d'autant plus tort qu'il est évident que je m'y complais, que tout en disant qu'elles ne sont pas de moi, ce qui est vrai, j'ai pourtant l'air d'y applaudir. (N. Éd.)

[1] Il serait impossible de citer à chaque ligne les auteurs dont ces raisonnements sont empruntés, parce qu'ils se trouvent répétés d'un bout à l'autre de leurs livres, et qu'il faudrait pour ainsi dire noter toutes les pages. Je les rassemblerai donc en commun à la fin de chaque chapitre.

[a] *Voyez*, pour la réfutation de toutes ces belles choses, les *Notes et Éclaircissements du Génie du Christianisme*. (N. Éd.)

serais à jamais malheureux? Oui, indubitablement. Eh bien! votre Dieu n'est plus qu'un tyran horrible et absurde. Il donne aux hommes des passions plus fortes que leur raison, et il s'écrie : Je t'ai donné la raison! — Sans doute, et les passions aussi; et tu savais que celles-ci l'emporteraient; et tu prévis, des millions de siècles avant ma naissance, que je serais vicieux, que je serais condamné à ton tribunal aux éternelles douleurs. Qui t'obligeait à me tirer du néant? Qui te forçait, Être tout-puissant, à faire un misérable? Ne pouvais-tu me rendre fort et vertueux au degré nécessaire pour me rendre heureux? Tu te crées des victimes et tu les insultes au milieu des tourments, en leur parlant d'un franc arbitre, sur des choses que ta prescience t'avait fait connaître de toute éternité, et qui, par la raison même que tu les avais prévues, devaient nécessairement arriver!

Dieu ne pouvait vous empêcher de naître dans la chaîne des êtres où votre place se trouvait marquée : — d'accord; mais ceci n'est plus le Dieu des Juifs, c'est la destinée, autre système qui a ses inconvénients. Vous vous retranchez dans le grand argument, et vous dites que nous ne pouvons pas plus comprendre le grand Être qu'un ciron ne saurait comprendre un homme : cette raison, excellente en elle-même, ne prouve rien pour les Écritures. Je m'en tiens à ce que je ne puis comprendre Dieu; et là-dessus je n'ai pas plus de motif d'en croire Moïse que Platon, excepté que celui-ci raisonne mieux que celui-là.

Je passe une multitude d'autres raisons philosophiques, telles que celles tirées des diverses espèces de l'homme, de l'ancienneté du globe, etc.; et je viens aux raisons historiques et critiques [1].

CHAPITRE XLV.

Objections historiques et critiques.

Les prophètes d'Israël avaient depuis longtemps annoncé la mission du Fils de Dieu. Et il est venu, ce Fils de Dieu; et la lettre des prophéties a été accomplie.

Une chose n'est pas prédite parce qu'elle arrivera, mais elle arrive parce qu'elle est prédite. De cela les Évangiles mêmes font preuve; ils ont la naïveté de nous dire à chaque ligne : « Et Jésus fit cette chose, *afin que la parole du prophète fût accomplie.* » Mais, sans nous arrêter à combattre votre futile argument, nous vous montrerons que cette

---

[1] BAYLE; *Lettres de Diderot au roi de Prusse;* TOLAND; VOLT., *Dictionn. Philosoph.;* HUME's *Philosoph. Essay ;* LE BOUCHER; BUFFON, etc.

annonce du Christ ne vient que de la honteuse ignorance des Juifs : ils convertirent en prédictions le calendrier céleste des Égyptiens qu'ils n'entendaient pas. Là, on voyait tout le mystère de la Vierge et de son Fils, qui ne signifiait autre chose que le lever et le coucher de diverses constellations. Les Hébreux, en sortant d'Égypte, emportèrent ces signes, et les transformèrent bientôt en des fables les plus absurdes.

Il y a bien plus : c'est qu'il n'est pas du tout démontré qu'il exista jamais un homme appelé Jésus, qui se fit crucifier à Jérusalem. Quelles sont vos preuves de ce fait? Les Évangiles. Admettriez-vous, dans un procès, comme valides, des papiers visiblement écrits par l'une des parties? Nous raisonnons ici comme si nous croyions à l'authenticité du Nouveau Testament (ce que nous sommes bien loin de faire, comme on le verra par la suite). Loin de rien trouver dans l'histoire qui admette la vérité de l'existence du Christ, nous voyons, d'après les auteurs latins, qui parlent avec le dernier mépris de la secte naissante [1], que les Évangiles n'étaient pas même entendus à la lettre par les premiers chrétiens. C'étaient des espèces d'allégories, des mystères auxquels on se faisait initier comme à ceux d'Éleusis.

Mais encore il vous a plu de supprimer une multitude d'évangiles, que vous appelez apocryphes, qui cependant ne le sont pas plus que les autres. Là, on remarque tant de contradictions (contradictions que vous n'avez pu même faire disparaître des évangiles que vous nous avez laissés), qu'il faut nécessairement en conclure que, dans le principe, l'histoire du Christ était un conte qu'on brodait selon son bon plaisir.

Les premiers schismes de l'Église viennent à l'appui de cette opinion. Les Pères ne s'entendaient pas plus sur le fond que sur la forme. Comment se peut-il qu'étant si près de l'événement, ils ignorassent la vérité? Il est trop clair, par ce choc de sentiments opposés, que, le système chrétien n'étant pas encore formé, chacun le modifiait à sa manière. Rien ne paraît donc moins prouvé que l'existence du Christ.

Allons plus loin. Admettons la réalité de sa vie et l'authenticité des Évangiles. De la simple lecture de ceux-ci résulte le renversement de la divinité de Jésus. Nous voyons que tout ce qu'il y avait d'honnêtes gens à Jérusalem, les prêtres, les magistrats, enfin cette classe d'hommes que, dans tous les temps, on croit de préférence à la populace, regardait le Christ comme un imposteur qui cherchait à se faire un parti. On lui demanda des miracles publics, et il ne put en faire; mais il ressuscitait, il est vrai, des morts parmi la canaille. Dans ses réponses il ne s'explique jamais clairement, il parle obscurément, comme l'oracle de

---

[1] « Afflicti suppliciis christiani, genus hominum superstitionis novæ ac maleficæ. » (SUET., *in Neron.*) Tacite n'en parle guère mieux.

Delphes. Quant à sa résurrection, un peu de vin et d'argent aux gardes en explique tout le mystère. A qui apparut-il après sa sortie triomphante du tombeau? A ses disciples, à des femmes crédules, à des gens qui avaient intérêt à prolonger l'imposture. Il ne se montra pas aux prêtres, au peuple, aux magistrats, qui le virent expirer, et qui étaient bien sûrs qu'il n'était plus. Passons aux dogmes [1].

CHAPITRE XLVI.

Objections contre le dogme.

Il paraît, par les preuves internes et externes, que les Évangiles ne furent jamais prêchés par Jésus, ni écrits par ses disciples. Ils furent, en toute probabilité, composés à Alexandrie dans les premiers siècles de l'Église.

Après les conquêtes d'Alexandre, et l'érection du royaume égyptien par les Ptolémées, les écoles de la Grèce furent transférées à Alexandrie, où elles prirent un nouvel éclat. De la situation de cette cité, qui formait passage entre l'Orient et l'Occident, il en résulta que les opinions des brahmanes des Indes, des mages de la Perse, des anciens prêtres de l'Égypte, et des philosophes de l'Ouest, vinrent se concentrer dans ce foyer commun d'erreurs et de lumières. C'est au milieu de la bibliothèque d'Alexandrie et de cette foule de sectes, que les Évangiles furent visiblement compilés. Ils sont un mélange de diverses doctrines recueillies dans un corps et revêtues du langage figuré de l'Orient. Leur auteur ou leurs auteurs furent sans doute doués d'un beau génie et d'une âme sensible. En rassemblant la morale de tous les sages, la simplicité, la pureté des leçons de Socrate, l'élévation des principes de Confucius, de Moïse, ils mêlèrent une tendresse de cœur qui leur était propre; et, en y faisant entrer le roman touchant et allégorique du Christ, ils parvinrent à répandre le plus grand charme sur leur ouvrage. Telle est l'histoire de la partie morale des Évangiles; quant aux dogmes, les voici:

Le mystère de la Trinité est emprunté de l'école de Platon: Dieu, l'esprit, ou les idées; l'âme du monde, ou le Fils incorporé à la matière [2].

---

[1] *Voyez* les auteurs cités aux chapitres précédents. — [2] *Voyez* les différents systèmes aux articles des philosophes grecs et persans. Il y a eu des modernes qui ont avancé que Jésus-Christ n'était autre chose que Platon, qu'on disait aussi sorti du sein d'une vierge. Les Indiens avaient de même une trinité: Sree-Mun Narrain, Mbah Letchimy, une belle femme (comme le Fils, emblème de l'amour), et le Serpent, ou l'esprit (*Sketches on the Mythology and Customs of the Hindoos*, p. 11.) « These persons, » dit l'auteur du livre cité, « are supposed by the Hindoos to be wholly indivisible. The one is three, and the three are one. » (Pag. 12.)

Du Wishnou des brahmanes vient le mystère de l'Incarnation [1], qui correspond d'ailleurs à l'âme du monde des académies. La Vierge, comme nous l'avons déjà dit, renferme un emblème astronomique. La persécution, le martyre et la résurrection du Christ ne sont que le dogme allégorique persan concernant le bon et le mauvais Principe, dans lequel le méchant triomphe et détruit d'abord le bon ; et ensuite le bon renaît, et subjugue à son tour le méchant. La doctrine de la rénovation des choses, et de la résurrection des corps, après l'incendie général du globe, se tire de la secte de Zénon, ou des fatalistes. Il serait aisé, disaient les philosophes, de morceler ainsi tous vos évangiles et d'en montrer les pièces de rapport ; mais tenons-nous-en ici : il suffit d'avoir fait voir où vos dogmes fondamentaux ont été puisés. Nous allons maintenant parler de la discipline de votre Église [2].

CHAPITRE XLVII.

Objections contre la discipline.

Vous dites que c'est Dieu lui-même qui a établi votre Église, où tout respire une origine divine. En vérité, il faut que vous supposiez les hommes bien sots ou bien ignorants.

Votre hiérarchie de cardinaux, d'archevêques, d'évêques, de pré-

---

[1] Wishnou n'était pas le seul Dieu des Indiens qui se fût incarné. Voici l'histoire d'une des incarnations de Sree-Mun Narrain. « Sree-Mun Narrain, la grande divinité des Indiens, avec ses inséparables associés Mhah Letchimy et le Serpent, résolut de s'incarner, pour corriger d'énormes abus qui s'étaient glissés parmi les hommes. Narrain prit la figure du guerrier Ram ; Letchimy devint sa femme, sous le nom de Seetah Devee ; et le Serpent, métamorphosé, joua le personnage de Letchimum, frère et compagnon de Ram. Un jour qu'ils voyageaient dans un désert, Ram se trouvant obligé de quitter Seetah, la confia, jusqu'à son retour, à la garde de son frère Letchimum. Celui-ci demeura quelque temps avec sa belle-sœur sans qu'il lui arrivât aucun accident ; mais un fameux magicien ayant aperçu Seetah, en devint éperdument amoureux. Pour la séparer de son fidèle gardien, il se transforma en un oiseau du plus brillant plumage. La faible épouse de Ram n'eut pas plus tôt remarqué le perfide oiseau qu'elle supplia Letchimum de l'attraper. C'est en vain que celui-ci représente le danger : désir de femme est irrésistible ; Seetah, sourde à toutes les raisons, dans un moment de dépit, accuse son beau-frère d'avoir des vues criminelles sur elle. A cette horrible accusation, Letchimum ne balance plus ; mais avant de quitter l'ingrate beauté pour courir après l'oiseau, il trace un cercle autour d'elle, en lui apprenant que, tant qu'elle se tiendra dans cet espace, elle n'a rien à craindre. A peine est-il parti, que le magicien, prenant la forme d'un vieillard décrépit, s'approche de Seetah, et la supplie de lui procurer un peu d'eau pour apaiser une soif ardente. La malheureuse et compatissante épouse de Ram franchit le cercle fatal, et devient la proie du cruel enchanteur. » L'auteur dont je tire cette historiette se tait sur la suite de l'aventure. Il paraît seulement que le magicien n'obtint pas le but de sa perfidie ; car lorsque Ram eut retrouvé Seetah, ne se fiant pas trop aux protestations de sa femme, il ordonna l'épreuve par le feu. Seetah marcha sur les fers rouges ; « mais ses pieds, dit l'auteur, bronzés par l'innocence, les foulèrent comme un lit de fleurs. » (*Sketches of the Mythology of the Hindoos*, pag. 74-81.) — [2] *Les Ruines* de VOLNEY et les auteurs précédents.

tres, de diacres, de sous-diacres, sont des institutions égyptiennes. Là, se trouvait un hiérophante, d'où découlait une suite de prêtres, qui diminuaient d'ordres et de pouvoir en raison de leur plus ou moins d'éloignement du chef suprême. L'Occident, et l'Orient surtout, vous fourniront le modèle de vos cérémonies et de vos costumes. Vous imitâtes les chœurs d'enfants, la marche sur deux colonnes, les oscillations de l'encensoir, la génuflexion et le chant à de certains signaux réguliers, d'après les pompes attiques et romaines. Vous retenez de nos jours, dans vos cérémonies funèbres, l'air qu'on chantait à Athènes dans des occasions semblables au siècle de Périclès; et plusieurs de vos sectes marchent encore dans la sandale grecque.

La tenture, l'exposition des tableaux, la suspension des lampes, le dais, les vases d'or et d'argent vous viennent de l'Orient. Mais que disons-nous! vous portez sur vous-même les marques du paganisme sans vous en apercevoir! La tonsure sur votre tête, l'étole à votre cou, l'hostie et le sacrement rayonnant dans vos mains, ne sont-ils pas les mêmes symboles qui, parmi les prêtres de la Perse, représentaient le disque et les rayons de l'astre qu'on y adorait? Si les mages revenaient parmi nous, ne croiraient-ils pas, en voyant vos mitres, vos robes, vos surplis, vos chapes, que vous êtes des membres de leurs sectes, disséminés chez des peuples barbares?

Les détails de vos cérémonies offrent les mêmes rapports. On sait que la communion est une institution judaïque. L'époque de vos fêtes correspond exactement à celle des fêtes chez les anciens. Vous avez conservé même dans vos prières les formes latines. La messe des Rameaux, dans le onzième siècle, où le peuple répétait trois fois en chorus le cri d'un âne après l'*Ite Missa est*, cachait une des allégories les plus obscènes de l'antiquité. Le carnaval, avant le jour des Cendres, n'était qu'un reste des bacchanales. Enfin il est clair que vous dérivez votre discipline des prêtres du polythéisme [1].

Nous ne condamnons pas ceci absolument, ajoutaient les philosophes, nous vous en voulons seulement de n'être pas de bonne foi, et de vouloir faire passer tout cela comme provenant d'une origine céleste [a]. Nous sentons fort bien que vous n'auriez jamais converti les peuples au christianisme sans la solennité du culte. C'est en quoi nous préférons la secte romaine. Il est ridicule d'être luthérien, calviniste,

---

[1] Saint-Foix, *Essai sur Paris*. *Les Ruines* de Volney et les auteurs cités.

[a] Jamais l'Église n'a prétendu que les vêtements de ses prêtres, les ornements de ses autels, etc., eussent une origine céleste. J'ai mieux raisonné dans le *Génie du Christianisme*, lorsque, pour faire aimer la majesté de notre culte, j'ai montré qu'il se rattachait aux plus nobles coutumes de l'antiquité, et aux traditions historiques les plus vénérables. (N. Éd.)

quaker, etc.; de recevoir, à quelques différences près, l'absurdité du dogme, et de rejeter la religion des sens, la seule qui convienne au peuple. Il n'est pas plus difficile de croire le tout qu'une partie; et lorsqu'on admet l'incarnation, il n'en coûte pas davantage d'adopter la présence réelle.

Telles étaient les objections des philosophes modernes contre le christianisme; objections dont je n'ai extrait qu'une très-petite partie. Je suis bien fâché que mon sujet ne me permette pas de rapporter les raisons victorieuses avec lesquelles les Abbadie, les Houteville, les Bergier, les Warburton ont combattu leurs antagonistes, et d'être obligé de renvoyer à leurs ouvrages [a].

Moi, qui suis très-peu versé dans ces matières, je répéterai seulement aux incrédules, en ne me servant que de ma propre raison, ce que je leur ai déjà dit : « Vous renversez la religion de votre pays, vous plongez le peuple dans l'impiété, et vous ne proposez aucun autre palladium de la morale. Cessez cette cruelle philosophie, ne ravissez point à l'infortuné sa dernière espérance; qu'importe qu'elle soit une illusion, si cette illusion le soulage d'une partie du fardeau de l'existence, si elle veille dans les longues nuits à son chevet solitaire et trempé de larmes; si enfin elle lui rend le dernier service de l'amitié, en fermant elle-même sa paupière, lorsque seul et abandonné sur la couche du misérable il s'évanouit dans la mort [b]? »

CHAPITRE XLVIII.

De l'esprit des prêtres chez les anciens et chez les modernes, considéré dans un gouvernement populaire.

Nous avons consacré la fin de ce premier livre à des recherches sur les religions. Les prêtres tiennent de si près à ce sujet, et leur influence a été si grande dans tous les siècles, qu'on ne peut s'empêcher d'en dire un mot en parlant du culte. Au reste, ceci demanderait un volume, et je n'ai que quelques chapitres à y consacrer.

J'entends par prêtres des ministres dévoués au service de l'autel; qui ont souvent des vertus, quelquefois des vices; vivent des préjugés du peuple, comme mille autres états; ne sont ni moins ni plus fripons

---

[a] Puisque j'avais cité contre la religion d'aussi misérables autorités que celles de Diderot, de Toland, de Saint-Foix, etc., je pouvais bien citer pour la religion les Abbadie, les Warburton, les Clarke, etc. (N. Éd.) — [b] J'ai cité ce paragraphe dans la Préface de l'*Essai* : réuni à celui où je déclare que *je rapporte les objections des autres sans les admettre*, il détruit en grande partie l'effet de ces misérables et odieux chapitres. (N. Éd.)

que le reste de leur siècle, ni meilleurs ni pires que les autres hommes [a].

Ceux de l'antiquité nous offrent un esprit un peu différent de ceux de notre âge : ceci tient aux positions politiques des nations. Distinguons donc entre les prêtres dans un État monarchique et les prêtres dans une république. Commençons par les derniers.

Chez les Grecs et chez les Romains, l'influence du sacerdoce était considérable; mais l'État se trouvant administré sous une forme populaire, l'intérêt des prêtres penchait du côté de la liberté. Lorsqu'on allait consulter l'oracle de Delphes, les réponses du dieu se faisaient généralement dans le sens de l'indépendance ; cependant il se ménageait toujours adroitement une porte de retraite ; et les trépieds des tyrans étaient suspendus aux voûtes du temple, comme ceux des patriotes. En cela, les prêtres anciens et les prêtres modernes se ressemblaient parfaitement.

Autre ressemblance. La caste religieuse d'Athènes n'était guère moins persécutante que les ministres du christianisme [b]. Les sophistes s'en trouvaient aussi mal en Grèce que les encyclopédistes en France; mais comme la loi, dans le premier pays, protégeait le citoyen, lorsque la charge d'*impiété* n'était pas prouvée, le magistrat renvoyait l'accusé. Pour claquemurer parmi nous un philosophe à la Bastille, il ne fallait pas tant de cérémonies [c]. Venons maintenant aux différences.

D'abord, une très-importante se présente. Les prêtres des Grecs avaient un pouvoir considérable sur la masse du peuple, mais ils n'en exerçaient aucun sur les particuliers : les nôtres, au contraire, nous environnaient, nous assiégeaient. Ils nous prenaient au sortir du sein de nos mères, et ne nous quittaient plus qu'après nous avoir déposés dans la tombe. Il y a des hommes qui font le métier de vampires, qui vous sucent de l'argent, le sang, et jusqu'à la pensée [d].

Seconde différence. Chez les anciens, surtout à Rome, les prêtres ignoraient ce système d'association qui communique tant de force aux choses religieuses. Les ministres des dieux, dispersés dans l'État, ne s'ap-

---

[a] Quoique dur, le jugement est impartial. Mais le mot de fripon qui vient sans cesse sous ma plume en parlant du siècle, est très-peu poli. (N. Éd.) — [b] Les ministres de la *philosophie* ont été moins *persécutants* que les ministres du christianisme. (N. Éd.) — [c] Ici, je suis extrêmement injuste, même historiquement parlant. On condamnait très-bien à l'exil ou à la mort à Athènes pour cause d'impiété, et cela sur un simple écrit, quelquefois sur un seul vers. Il ne faut ni tuer ni emprisonner personne pour cause de religion ; mais quand on écrit l'histoire il ne faut pas dénaturer les faits. Il n'est pas bien de représenter les philosophes persécutés par les prêtres, à l'époque même où les philosophes triomphaient des prêtres. J'aurais dû être averti : quand j'écrivais ces choses-là, n'avais-je pas sous les yeux, dans les rues de Londres, ces prélats vénérables, ces milliers de prêtres déportés, exilés par les disciples des encyclopédistes? (N. Éd.) — [d] Toutes ces injures sont ignobles, et j'en ai fait justice dans le *Génie du Christianisme*. (N. Éd.)

puyaient point les uns sur les autres, et par conséquent ne pouvaient, comme individus, devenir dangereux à la liberté. La constitution hiérarchique de l'Église romaine, chez les peuples modernes, infusait dans tout le clergé un esprit de corps trop formidable. Au reste, les gardiens du culte en Grèce, graves, posés, vertueux, se tenaient dans la mesure de leur profession [a]. Nos abbés en manteau court exhibaient à Paris le vice, le ridicule et la sottise [b]; et l'on concevrait à peine comment des hommes pouvaient ainsi se donner en spectacle, si l'on ne connaissait la bêtise et la friponnerie du monde. Lorsque je vois les différents personnages de la société, je me figure ces escrocs qui se rendent exprès sur les promenades publiques, bizarrement vêtus. Tandis que la foule hébétée se rassemble à considérer le bout de ruban rouge, bleu, noir, dont le pasquin est bariolé, celui-ci lui vide adroitement ses poches; et c'est toujours le plus chargé de décorations qui fait fortune [c].

Tout considéré, les prêtres sont nécessaires aux mœurs et excellents dans une république; ils ne sauraient y causer de mal, et peuvent y faire beaucoup de bien.

CHAPITRE XLIX.

De l'esprit des prêtres chez les anciens et chez les modernes, considéré dans un gouvernement monarchique.

Mais si l'esprit du sacerdoce peut être salutaire dans une république [d], il devient terrible dans un État despotique, parce que, servant d'ar-

---

[a] Cela n'est pas vrai; il y avait en Grèce des prêtres de tous les dieux, de tous les vices, de toutes les folies. Les ministres de Bacchus, de Mercure, de Cybèle, de Priape, de Cupidon, n'étaient ni graves ni posés. *La mesure de leur profession* était de se prostituer, de s'enivrer, de courir les champs comme des forcenés, ou de faire les saltimbanques dans les villages et aux carrefours des cités. (N. Éd.) — [b] Vulgairement écrit et injuste : le vice de quelques individus dans un ordre ne peut jamais être considéré comme le caractère d'un ordre entier. (N. Éd.) — [c] J'en voulais sérieusement à la société. Je ne lui pardonnais pas, quand j'étais jeune, le mal qu'elle m'avait fait. Aujourd'hui je suis sans rancune; nous allons bientôt nous quitter. Je reconnais que mes observations n'étaient pas toutes également justes : par exemple, j'ai été à mon tour chargé de rubans; je ne vois pas qu'ils m'aient servi à enchaîner la fortune. (N. Éd.) — [d] Je ne sais pas pourquoi les prêtres seraient plus utiles dans une république que dans une monarchie; je dirais même tout le contraire aujourd'hui, et je crois dire plus vrai. D'ailleurs, est-ce là une grande vue du sujet? Politiquement et philosophiquement parlant, il fallait montrer ce qu'étaient les prêtres en Grèce et à Rome dans l'ordre social, quelle part ils avaient à la politique, quelle portion du pouvoir ils retenaient, et comment ils influaient sur les destinées de l'État, soit qu'ils fussent placés en dedans, soit qu'ils fussent laissés en dehors des institutions. On ne peut pas dire que des hommes qui, dans de certains cas, pouvaient éloigner ou dissoudre les assemblées du peuple, empêcher ou ordonner de livrer une bataille, étaient des hommes sans autorité politique, surtout lorsqu'il y avait des charges pontificales souvent occupées par des citoyens ambitieux et puissants. Je n'ai donc su absolument ce que je disais dans ce passage de *l'Essai* qui me paraît, sous tous les rapports, pitoyable. (N. Éd.)

rière-garde au tyran, il rend l'esclavage légitime et saint aux yeux du peuple*a*.

Les prêtres de la Perse et de l'Égypte ressemblèrent parfaitement aux nôtres. Leur esprit se composait également de fanatisme et d'intolérance*b*. Les mages firent brûler et ravager les temples de la Grèce lors de l'expédition de Xerxès. Ils gouvernaient le trône, et avaient exclusivement l'oreille des rois : deux traits cependant les distinguent des ministres du culte chez les chrétiens.

Ils ne croyaient pas à la religion qu'ils enseignaient ; ils professaient secrètement une autre doctrine, et adressaient leurs prières au vrai Dieu qui gouverne le monde. Nos prêtres, pour la plupart, admettent les dogmes qu'ils publient*c*.

La seconde différence se trouve dans les lumières. Les mages étudiaient particulièrement les sciences; notre clergé, au contraire, faisait vœu d'y renoncer*d*. Les deux chemins conduisent au même but : l'on domine également du fond du tonneau de Diogène et du haut de l'observatoire babylonien.

Mais une institution particulière a contribué à donner à nos ministres un esprit différent de celui des prêtres de l'antiquité, je veux dire la confession auriculaire. Cet ouvrage a été un des grands textes des déclamations des philosophes. Comment, disaient-ils, l'innocence allant peut-être déposer ses secrets dans le sein du crime, la pudeur dans celui de l'immoralité, l'homme libre révélant sa pensée au tyran, les inimitiés entre deux amis, entre l'époux et l'épouse, enfin tout ce qui ne doit être connu que du ciel et de nous, le confier à un homme faible, à un homme sujet à nos passions! Prêtre, je m'agenouille à ton tribunal : j'ai péché ; j'ai trahi l'amitié, la beauté, la jeunesse, l'innocence... Mais je te vois palir ! Et toi aussi serais-tu coupable? et n'es-tu pas homme? Sois donc mon ami, et ne sois pas mon juge ; console-moi,

---

a Si je n'avais dit que de ces choses-là j'aurais eu moins de corrections fraternelles à m'administrer. (N. Éd.) — *b* J'ai toujours la même horreur du fanatisme et de l'intolérance ; mais l'esprit des prêtres chrétiens n'était point l'intolérance et le fanatisme. Ces prêtres ont été quelquefois fanatiques et intolérants selon les siècles ; et même dans ces siècles où ils subissaient les mœurs de leur temps, ils se sont souvent montrés plus éclairés et plus charitables que leurs contemporains. Des évêques se sont opposés aux massacres de la Saint-Barthélemy. Que Rome ait applaudi à ces massacres ; que quelques prêtres indignes de ce nom se soient fait remarquer par leur fureur à différentes époques de notre histoire, encore une fois il n'est pas juste de conclure du particulier au général. Des citations du *Génie du Christianisme* vont bientôt répondre à mes accusations philosophiques. (N. Éd.) — *c* Cet aveu du moins est honorable au clergé. (N. Éd.) — *d* Mais étais-je devenu fou ? Quand donc le clergé a-t-il renoncé aux sciences? Les plus beaux génies, les hommes les plus savants, ne sont-ils pas sortis de l'ordre du clergé? N'est-ce pas le clergé qui a sauvé les lettres du naufrage de la barbarie, etc., etc.? Le clergé fait vœu de renoncer aux sciences! Une telle assertion suffirait seule pour décréditer tout un livre. *Voyez*, au reste, le *Génie du Christianisme* sur les services rendus aux lettres par le clergé. (N. Éd.)

laisse-moi te consoler; prions ce Dieu qui nous créa faibles, afin que nous nous appuyions l'un sur l'autre; ce Dieu qui, pour toute pénitence, nous a donné le remords ᵃ. Ainsi raisonnaient les philosophes.

Finissons par quelques remarques générales.

L'esprit dominant du sacerdoce doit être l'égoïsme ᵇ. Le prêtre n'a que lui seul dans le monde; repoussé de la société, il se concentre; et voyant que tous les hommes s'occupent de leurs intérêts, il cherche le sien. Sans femme et sans enfants, il peut rarement être bon citoyen, parce qu'il prend peu d'intérêt à l'État. Pour aimer la patrie, il faut avoir fait le tour de la chambre sur ses mains, comme Henri IV ᶜ.

Autre trait général du caractère des prêtres : le fanatisme. En cela ils ressemblent au reste du monde : chacun fait valoir le chaland dont il vit. Nous sommes assis dans la société comme des marchands dans leurs boutiques : l'un vend des lois; l'autre, des abus; un troisième, du mensonge; un quatrième de l'esclavage : le plus honnête homme est celui qui ne falsifie point sa drogue et qui la débite toute pure, sans en déguiser l'amertume avec de la liberté, du patriotisme, de la religion ᵈ.

Enfin la haine doit dominer chez les prêtres, parce qu'ils forment un corps. Il n'est point de la nature du cœur humain de s'associer pour faire du bien; c'est le grand danger des clubs et des confréries : les hommes mettent en commun leurs haines et presque jamais leur amour ᵉ.

ᵃ « La confession suit le baptême; et l'Église, avec une prudence qu'elle seule possède, a fixé l'époque de la confession à l'âge où l'idée du crime peut être conçue : il est certain qu'à sept ans l'enfant a les notions du bien et du mal. Tous les hommes, les philosophes même, quelles qu'aient été d'ailleurs leurs opinions, ont regardé le sacrement de pénitence comme une des plus fortes barrières contre le vice, et comme le chef-d'œuvre de la sagesse. « Que de restitu-« tions, de réparations, dit Rousseau, la confession ne fait-elle point faire chez les catholiques ! » Selon Voltaire, « la confession est une chose très-excellente, un frein au crime, inventé dans « l'antiquité la plus reculée : on se confessait dans la célébration de tous les anciens mystères. « Nous avons imité et sanctifié cette sage coutume : elle est très-bonne pour engager les cœurs « ulcérés de haine à pardonner. » Sans cette institution salutaire, le coupable tomberait dans le désespoir. Dans quel sein déchargerait-il le poids de son cœur? Serait-ce dans celui d'un ami? Eh! qui peut compter sur l'amitié des hommes? Prendra-t-il les déserts pour confidents? Les déserts retentissent toujours pour le crime du bruit de ces trompettes que le parricide Néron croyait ouïr autour du tombeau de sa mère. Quand la nature et les hommes sont impitoyables, il est bien touchant de trouver un Dieu prêt à pardonner. Il n'appartient qu'à la religion chrétienne d'avoir fait deux sœurs de l'innocence et du repentir. » (*Génie du Christ.*, Iʳᵉ part., liv. Iᵉʳ, chap. VI. (N. ÉD.)
— ᵇ Cela serait vrai pour tout autre prêtre qu'un prêtre chrétien. Mais la charité évangélique est là pour lui donner toutes les saintes tendresses de l'âme; par elle, le prêtre devient un prêtre compatissant, un frère dévoué, un ami fidèle : comme son divin maître, *il va faisant le bien*. (N. ÉD.)
— ᶜ Nos révolutionnaires les plus atroces, ces tigres qui s'enivraient du sang français, adoraient les petits enfants; on n'a jamais vu de meilleurs pères : aussi *comme ils aimaient la patrie !* (N. ÉD.)
— ᵈ Je serais bien fâché de mépriser autant la race humaine aujourd'hui. (N. ÉD.) — ᵉ Si ces réflexions étaient vraies, il faudrait mettre le feu aux quatre coins des cités. (N. ÉD.)

CHAPITRE L.

DU CLERGÉ ACTUEL EN EUROPE.

Du clergé en France.

Nous allons maintenant examiner l'état du clergé en Europe. Commençons par la France.

Le clergé gallican peut se diviser en trois classes : les évêques, les abbés et les curés.

Les évêques conservaient peut-être encore trop de l'ancien esprit de leur ordre, mais ils étaient généralement instruits et charitables; ils connaissaient mieux l'état de l'opinion que les grands, parce qu'ils vivaient davantage avec le peuple; et si tous avaient imité quelques-uns d'entre eux, si éminents pour la pureté des mœurs, ils seraient encore à la tête de leur troupeau. Mais, malgré leur connaissance du génie national, ils ne furent pas assez au niveau de leur siècle; en cela pourtant moins ignorants que la cour, dont l'ineptie était révoltante sur cet article [a].

J'ai vu des hommes me dire, en 1789 : La révolution ! on en parlera, dans deux ou trois ans d'ici, comme du mesmérisme et de l'affaire du collier! Dès lors je prévis de grands malheurs.

Les abbés, qui forment la seconde classe, ont été la cause de ce déluge de haines qui a fondu sur la tête du clergé. N'oublions pas cependant que les Raynal, les Mably, les Condillac, les Barthélemy, et mille autres, se trouvaient dans l'ordre des abbés [b].

Quant aux curés, ils étaient pleins de préjugés et d'ignorance : mais la simplicité du cœur, la sainteté de la vie, la pauvreté évangélique, la charité céleste, en faisaient la partie la plus respectable de la nation. J'en ai connu quelques-uns qui semblaient moins des hommes que des esprits bienfaisants descendus sur la terre pour soulager les maux de l'humanité. Souvent ils se dépouillèrent de leurs vêtements pour en couvrir la nudité de leurs semblables; souvent ils se refusèrent la vie même pour nourrir le nécessiteux. Qui oserait reprocher à de tels hommes quelque sévérité d'opinion ? Qui de nous, superbes philanthropes, voudrait, durant la rigueur des hivers, dans l'épaisseur des ténèbres, se voir réveillé au milieu de la nuit, pour aller porter au loin dans la campagne un Dieu de vie à l'indigent expirant sur un peu de paille ? Qui

---

[a] Ce jugement n'est pas trop partial pour un petit philosophe en jaquette. (N. Éd.) — [b] C'est encore juste pour les abbés. (N. Éd.)

de nous voudrait avoir sans cesse le cœur brisé du spectacle d'une misère qu'on ne peut secourir? se voir environné d'une famille à moitié nue, dont les joues creuses, les yeux hâves, annoncent l'ardeur de la faim et de tous les besoins? consentirions-nous à suivre le curé de la ville dans le séjour du crime et de la douleur, pour consoler le vice et l'impureté sous ses formes les plus dégoûtantes, pour verser l'espérance dans un cœur désespéré? qui de nous enfin voudrait se séquestrer du monde des heureux, pour vivre éternellement parmi les souffrances; et ne recevoir en mourant, pour tant de bienfaits, que l'ingratitude des pauvres et la calomnie des riches *a*?

On peut conjecturer, de cet état du clergé en France, que le christianisme y subsistera encore longtemps *b*. Le prêtre vivant au milieu du petit peuple, étant presque aussi indigent que lui, est un compagnon d'infortune que le misérable se résoudra difficilement à perdre. Le protestantisme serait mal calculé pour mes compatriotes *c*; ils détesteraient un ministre distant, qu'ils n'apercevraient qu'un moment chaque dimanche : ils demandent un curé populaire qu'ils puissent adorer et couvrir d'injures. Le Français est la plus aimante des créatures; il lui faut des gestes, des expressions chaudes, de l'intimité. Au reste, cette communication du pasteur avec l'indigent est un des liens les plus respectables qui se soient jamais formés entre des hommes *d*. Le christianisme a repris une nouvelle vigueur en France par la persécution du bas clergé; et il est à présumer qu'il durera quelques années de plus qu'il n'aurait fait dans le calme *e*.

CHAPITRE LI.

Du clergé en Italie.

La multiplicité des sectes monastiques en Italie sert à y nourrir la superstition. Qui croirait qu'à la fin du dix-huitième siècle les nobles de Rome font encore des pèlerinages, pieds nus et la hart au cou, pour racheter le pardon d'un assassinat? Mais comme les contraires existent

---

a J'ai transporté cet éloge des curés dans le *Génie du Christianisme*. Il ne fallait pas dire dans le précédent chapitre que l'esprit dominant du sacerdoce est l'égoïsme, le fanatisme, la haine, pour dire dans celui-ci tout le contraire, à propos des évêques et des curés. (N. Éd.) — *b* Très juste ; mais pourquoi ai-je dit dans les chapitres précédents que la religion chrétienne avait reçu un coup mortel, qu'elle n'en reviendrait pas, que c'était une affaire finie? (N. Éd.) — *c* Bien observé : la France pourrait être impie ou indifférente en matière religieuse ; elle ne sera jamais protestante. (N. Éd.) — *d* Encore très-bien; mais pourquoi disais-je tout à l'heure le contraire? Pourquoi parlais-je de l'égoïsme des prêtres? (N. Éd.) — *e* *Quelques années de plus :* je me suis souvenu tout à coup (on le voit par cette phrase) de ce que j'avais écrit plus haut ; et, pour ne pas me mettre trop en contradiction avec moi-même, je me fais une petite concession de *quelques années*. (N. Éd.)

toujours l'un près de l'autre, il suit de cette crédulité que les liens de la religion sont aussi plus près de se rompre.

De tous les temps les Italiens furent divisés en deux sectes, l'une athée, l'autre superstitieuse : voisins des abus et des vices de la cour de Rome, c'est nécessairement le résultat de leur position locale [a]. La dégénération du caractère moral, plus avancée en Italie que dans le reste de l'Europe, y accélérera aussi la chute du christianisme [b].

CHAPITRE LII.

Du clergé en Allemagne.

C'est en Allemagne que la religion trouvera son dernier refuge. Elle s'y soutient par la force morale du peuple et par les vertus et les lumières du clergé. J'y ai souvent vu quelque vénérable pasteur, à la porte de son presbytère champêtre, faire un prône naïf à de bonnes gens qui semblaient tout attendris, et je me suis cru transporté à ces temps où le Dieu de Jacob se communiquait aux patriarches au bord des fontaines.

CHAPITRE LIII.

Du clergé en Angleterre.

Le christianisme expirera en Angleterre dans une profonde indifférence. La raison de cette tiédeur en matière religieuse, si remarquable dans la Grande-Bretagne, se tire de deux causes[1] : du culte et du clergé.

Du culte. La religion n'y a pas assez d'extérieur : défaut de toutes les religions réformées ; les exercices de piété n'y sont pas assez multipliés : dans les campagnes, les temples restent fermés pendant la semaine, et tout s'y borne à quelques courtes prières le dimanche. Johnson se plaint souvent de cet usage et en prédit la chute du christianisme.

Du clergé. Le ministre anglais, riche et homme du monde, ne se rapproche pas assez du peuple ; à peine ses paroissiens le connaissent-

---

[a] Il y a quelque vérité dans ces observations, mais je prononce trop en général. Il aurait fallu distinguer les divers États de l'Italie, ne pas prendre Rome pour toute la péninsule, ne pas parler de la cour de Rome sous Pie VI, Pie VII et Léon XII, comme de cette même cour sous les Borgia. Il y a confusion de temps, d'hommes et de choses. (N. Éd.) — [b] *Voyez*, pour la réfutation de tous ces chapitres, relatifs au clergé catholique, une note à la page 116 de ce volume, contenant quelques extraits du *Génie du Christianisme*; note que, par son étendue, je n'ai pu placer ici. Il m'a paru important de mettre ces extraits immédiatement sous les yeux du lecteur, sans le renvoyer au *Génie du Christianisme*. (N. Éd.)

[1] Je ne parle que des causes religieuses et non des politiques. On sent que, le commerce obligeant chacun de songer à ses affaires, on a peu le temps de passer ses jours à l'église.

ils. L'abus de non résidence est aussi au grand détriment de la religion : un ministre va desservir en hâte deux ou trois églises le dimanche dans la campagne, ensuite il se retire dans la ville voisine, où il disparaît pour huit jours. Vu sous le jour philosophique, on ne saurait blâmer le mode de vie qu'a choisi le clergé britannique : considéré sous le jour religieux, il accélère certainement la chute du christianisme. On ne peut se figurer l'étonnement des étrangers lorsqu'on leur apprend que les ministres anglais dansent au bal, donnent des fêtes, font des parties de vin et de femmes ; que rien, en un mot, ne distingue leurs mœurs de celles de leurs compatriotes[1]. Les lumières, l'érudition, la philosophie, la générosité, que j'ai rencontrées parmi quelques membres de l'Église anglicane, me font déplorer du fond du cœur la ruine où je vois que la force des choses et le train du siècle les précipitent. Il me semble impossible que leur manière de vivre s'accorde longtemps avec leurs grands revenus, parce que la première est d'eux et que les seconds sont du peuple. Si je parle sévèrement, qu'on m'excuse : j'ai fait profession de vérité ; c'est par reconnaissance même que j'ose m'expliquer avec cette franchise, afin que le clergé cherche dans sa sagesse les moyens les plus propres à éloigner la catastrophe que je lui prédis[a].

CHAPITRE LIV.

Du clergé en Espagne et en Portugal. — Voyage aux Açores. — Anecdote.

Je considère les prêtres espagnols et portugais comme ne formant qu'un seul corps, et je vais raconter un fait dont j'ai été témoin, qui servira plus à faire connaître leurs mœurs que tout ce que je pourrais en dire.

Manquant d'eau et de provisions fraîches, et nous trouvant au printemps de 1791 par la hauteur des Açores, il fut résolu que nous y relâcherions. Dans le vaisseau sur lequel je passais alors en Amérique, il y avait plusieurs prêtres français qui émigraient à Baltimore, sous la

---

[1] Ceci a encore un autre effet dangereux, en tendant à augmenter la secte presbytérienne, qui profite de cette facilité de mœurs pour calomnier les ministres anglais. Aussi les presbytériens augmentent-ils en une proportion effrayante, parce que la politique vient en outre à l'appui de la religion. Il est vrai que l'Église d'Angleterre subsistera aussi longtemps que la constitution de l'État ; mais il faut bien prendre garde que, par un relâchement de mœurs, on ne donne lieu à saper une partie de l'édifice qui amènerait bientôt la chute du tout. Craignons surtout les révolutions. S'il en arrivait une maintenant en Angleterre, celle de Cromwell ne serait qu'un jeu auprès : j'en sais bien la raison.

[a] Ce qu'il y a de trop positif dans ce texte est corrigé dans la note, où je dis que l'Église d'Angleterre subsistera aussi longtemps que la constitution de l'État. Dans ce cas elle subsistera longtemps. (N. Éd.)

conduite du supérieur de Saint...., M. N. Parmi ces prêtres se trouvaient quelques étrangers, en particulier M. T., jeune Anglais d'une excellente famille, qui s'était nouvellement converti à la religion romaine [1].

Le 6 mai, vers huit heures du matin, nous découvrîmes le pic de l'île du même nom, qui, dit-on, surpasse en hauteur celui de Ténériffe; bientôt nous aperçûmes une terre plus basse, et, entre onze heures et midi, nous jetâmes l'ancre dans une mauvaise rade, sur un fond de roches, par quarante-cinq brasses d'eau.

---

[1] L'histoire de ce jeune homme est trop singulière pour n'être pas racontée, surtout écrivant en Angleterre, où elle peut intéresser plusieurs personnes. J'invite le lecteur à la parcourir avant de continuer la lecture du chapitre. M. T. était né d'une mère écossaise et d'un père anglais, ministre, je crois, de W. (Quoique j'aie fait en vain des démarches pour trouver celui-ci, et que je puis d'ailleurs avoir oublié les vrais noms). Il servait dans l'artillerie, où son mérite l'eût sans doute bientôt fait distinguer. Peintre, musicien, mathématicien, parlant plusieurs langues, il réunissait, aux avantages d'une taille élevée et d'une figure charmante, les talents utiles et ceux qui nous font rechercher de la société. M. N., supérieur de Saint...., étant venu à Londres, je crois en 1790, pour ses affaires, fit la connaissance de T. A l'esprit rusé d'un vieux prêtre, M. N. joignait une chaleur d'âme qui fait aisément des prosélytes parmi des hommes d'une imagination aussi vive que celle de T. Il fut donc résolu que celui-ci passerait à Paris, renverrait de là sa commission au duc de Richemond, embrasserait la religion romaine, et, entrant dans les ordres, suivrait M. N. en Amérique. La chose fut exécutée; et T., en dépit des lettres de sa mère, qui lui tiraient des larmes, s'embarqua pour le Nouveau-Monde. Un de ces hasards qui décident de notre destinée m'amena sur le même vaisseau où se trouvait ce jeune homme. Je ne fus pas longtemps sans découvrir cette âme, si mal assortie avec celles qui l'environnaient; et j'avoue que je ne pouvais cesser de m'étonner de la chance singulière qui jetait un Anglais, riche et bien né, parmi une troupe de prêtres catholiques. T., de son côté, s'aperçut que je l'entendais : il me recherchait, mais il craignait M. N., qui marquait de moi une juste défiance, et redoutait une grande intimité entre moi et mon disciple. Cependant notre voyage se prolongeait et nous n'avions pu encore nous ouvrir l'un à l'autre. Une nuit enfin nous restâmes seuls sur le gaillard, et T. me conta son histoire. Je lui représentai que, s'il croyait la religion romaine meilleure que la protestante, je n'avais rien à dire à cet égard; mais que d'abandonner sa patrie, sa famille, sa fortune, pour aller courir à l'autre bout du monde avec un séminaire de prêtres, me paraissait une insigne folie dont il se repentirait amèrement. Je l'engageai à rompre avec M. N. : comme il lui avait confié son argent, et qu'il craignait de ne pouvoir le ravoir, je lui dis que nous partagerions ma bourse; que mon dessein était de voyager chez les Sauvages aussitôt que j'aurais remis mes lettres de recommandation au général Washington; que s'il voulait m'accompagner dans cette intéressante caravane, nous reviendrions ensemble en Europe; que je passerais par amitié pour lui en Angleterre, et que j'aurais le plaisir de le remettre moi-même au sein de sa famille. Je me chargeai en même temps d'écrire à sa mère, et de lui annoncer cette heureuse nouvelle. T. me promit tout, et nous nous liâmes d'une tendre amitié. T. était, comme moi, épris de la nature. Nous passions les nuits entières à causer sur le pont, lorsque tout dormait dans le vaisseau, qu'il ne restait plus que quelques matelots de quart; toutes les voiles étant pliées, nous roulions au gré d'une lame sourde et lente, tandis qu'une mer immense s'étendait autour de nous dans les ombres, et répétait l'illumination magnifique d'un ciel chargé d'étoiles. Nos conversations alors n'étaient peut-être pas tout à fait indignes du grand spectacle que nous avions sous les yeux, et il nous échappait de ces pensées qu'on aurait honte d'énoncer dans la société, mais qu'on serait trop heureux de pouvoir saisir et écrire. Ce fut dans une de ces belles nuits, qu'étant à environ cinquante lieues des côtes de la Virginie, et cinglant sous une légère brise de l'ouest, qui nous apportait l'odeur aromatique de la terre, il composa, pour une romance française, un air qui exhalait le sentiment entier de la scène qui l'inspira. J'ai conservé ce morceau précieux; et lorsqu'il m'arrive de le répéter dans les circonstances présentes, il fait naître en moi des émotions que peu de gens pourraien

L'île *Gracioza*, sur laquelle nous étions mouillés, se forme de petites collines un peu renflées au sommet, comme les belles courbes des vases corinthiens. Elles étaient alors couvertes de la verdure naissante des blés, d'où s'exhalait une odeur suave, particulière aux moissons des Açores. On voyait paraître, au milieu de ces tapis onduleux, les divisions symétriques des champs formées de pierres volcaniques mi-parties blanches et noires, et entassées les unes sur les autres, comme des murs à hauteur d'appui bâtis à froid. Des figuiers sauvages, avec leurs feuilles violettes et leurs petites figues pourprées, arrangées comme

---

comprendre. Avant cette époque, le vent nous ayant forcés de nous élever considérablement dans le nord, nous nous étions trouvés dans la nécessité de faire une seconde relâche à l'île de Saint-Pierre*. Durant les quinze jours que nous passâmes à terre, T. et moi nous allions courir dans les montagnes de cette île affreuse; nous nous perdions au milieu des brouillards dont elle est sans cesse couverte. L'imagination sensible de mon ami se plaisait à ces scènes sombres et romantiques : quelquefois, errant au milieu des nuages et des bouffées de vent, en entendant les mugissements d'une mer que nous ne pouvions découvrir; égarés sur une bruyère laineuse et morte, au bord d'un torrent rouge qui roulait entre les rochers, T. s'imaginait être le barde de Cona; et en sa qualité de demi-Écossais, il se mettait à déclamer les passages d'*Ossian* pour lesquels il improvisait des airs sauvages, qui m'ont plus d'une fois rappelé le « *'t was like the memory of joys that are past, pleasing and mournful to the soul.* » Je suis bien fâché de n'avoir pas noté quelques-uns de ces chants extraordinaires, qui auraient étonné les amateurs et les artistes. Je me souviens que nous passâmes toute une après-dînée à élever quatre grosses pierres en mémoire d'un malheureux célébré dans un petit épisode à la manière d'*Ossian***. Nous nous rappelions alors Rousseau s'amusant à lever des rochers dans son île, pour regarder ce qui était dessous : si nous n'avions pas le génie de l'auteur de l'*Émile*, nous avions du moins sa simplicité. D'autres fois nous herborisions. Mais je prévis dès lors que T. m'échapperait. Nos prêtres se mirent à faire des processions, et voilà mon ami qui se monte la tête, court se placer dans les rangs, et se met à chanter avec les autres. J'écrivis aussi de Saint-Pierre à la mère de T. Je ne sais si ma lettre lui aura été remise, comme le gouverneur me l'avait promis; je désire qu'elle se soit perdue, puisque j'y donnais des espérances qui n'ont pas été réalisées. Arrivé à Baltimore, sans me dire adieu, sans paraître sensible à notre ancienne liaison, à ce que j'avais fait pour lui (m'étant attiré la haine des prêtres), T. me quitta un matin, et je ne l'ai jamais revu depuis. J'essayai, mais en vain, de lui parler; le malheureux était circonvenu, et il se laissa aller. J'ai été moins touché de l'ingratitude de ce jeune homme que de son sort : depuis ma retraite en Angleterre, j'ai fait de vaines recherches pour découvrir sa famille. Je n'avais d'autre envie que d'apprendre qu'il était heureux, et de me retirer; car quand je le connus, je n'étais pas ce que je suis : je rendais alors des services, et ce n'est pas ma manière de rappeler des liaisons passées avec les riches, lorsque je suis tombé dans l'infortune. Je me suis présenté chez l'évêque de Londres, et, sur les registres qu'on m'a permis de feuilleter, je n'ai pu trouver le nom du ministre T. Il faut que je l'orthographie mal. Tout ce que je sais, c'est que T. avait un frère, et que deux de ses sœurs étaient placées à la cour. J'ai peu trouvé d'hommes dont le cœur fût mieux en harmonie avec le mien que celui de T.; cependant mon ami avait dans les yeux une arrière-pensée que je ne lui aurais pas voulue***.

* Sur la côte de Terre-Neuve. — ** Il était tiré de mes *Tableaux de la nature*, que quelques gens de lettres ont connus, et qui ont péri comme je le rapporte ci-après. — *** Il n'y a de passable dans cette note que mes descriptions comme voyageur. Il fallait bien, au reste, puisque j'étais philosophe, que j'eusse tous les caractères de ma secte : la fureur du propagandisme et le penchant à calomnier les prêtres. J'ai été plus heureux comme ambassadeur que je ne l'avais été comme émigré. J'ai retrouvé à Londres, en 1822, M. T. Il ne s'est point fait prêtre; il est resté dans le monde; il s'est marié; il est devenu vieux comme moi; il n'a plus d'*arrière-pensée dans les yeux*; son roman, ainsi que le mien, est fini. (N. Éd.)

des nœuds de chapelet sur les branches, étaient semés çà et là dans la campagne. Une abbaye se montrait au haut d'un mont; au pied de ce mont, dans une anse caillouteuse, apparaissaient les toits rouges de la petite ville de Santa-Cruz. Toute l'île, avec ces découpures de baies, de caps, de criques, de promontoires, répétait son paysage interverti dans les flots. De grands rochers nus, verticaux au plan des vagues, lui servaient de ceinture extérieure, et contrastaient, par leurs couleurs enfumées, avec les festons d'écume qui s'y appendaient au soleil comme une dentelle d'argent. Le pic de l'île du même nom, par delà Gracioza, s'élevait majestueusement dans le fond du tableau au-dessus d'une coupole de nuages. Une mer couleur d'émeraude et un ciel du bleu le plus pur formait la tenture de la scène, tandis que des goëlands, des mauves blanches, des corneilles marbrées des Açores, planaient pesamment en criant au-dessus du vaisseau à l'ancre, coupaient la surface des vagues avec leurs grandes ailes recourbées en manière de faux, et augmentaient autour de nous le bruit, le mouvement et la vie.

Il fut décidé que j'irais à terre comme interprète avec T., un autre jeune homme et le second capitaine : on mit la chaloupe en mer, et nos matelots ramèrent vers le rivage, dont nous étions à environ deux milles. Bientôt nous aperçûmes du mouvement sur la côte, et un large canot s'avança vers nous. Aussitôt qu'il parvint à la portée de la voix, nous distinguâmes une quantité de moines. Ils nous hélèrent en portugais, en italien, en anglais, et nous répondîmes, dans ces trois langues, que nous étions Français. L'alarme régnait dans l'île : notre vaisseau était le premier bâtiment d'un grand port qui y eût jamais abordé et qui eût osé mouiller dans la rade dangereuse où nous nous trouvions; d'une autre part, notre pavillon tricolore n'avait point encore flotté dans ces parages, et l'on ne savait si nous sortions d'Alger ou de Tunis. Quand on vit que nous portions figures humaines, et que nous entendions ce qu'on nous disait, la joie fut universelle : les moines nous firent passer dans leur bateau, et nous arrivâmes à Santa-Cruz, où nous débarquâmes avec difficulté, à cause d'un ressac assez violent qui se forme à terre.

Toute l'île accourut pour nous voir. Quatre ou cinq malheureux, qu'on avait armés de vieilles piques à la hâte, s'emparèrent de nous. L'uniforme de Sa Majesté m'attirant particulièrement les honneurs, je passai pour l'homme important de la députation. On nous conduisit chez le gouverneur, dans une misérable maison où son éminence[a], vêtue

---

[a] Cet habit vert aurait dû m'avertir que le gouverneur n'était pas cardinal, et que je ne devais pas l'appeler *éminence*. La faute est peut-être au proto anglais, qui aura pris une *excellence* pour une *éminence*. On ne sait pas trop distinguer ces choses-là en Angleterre. (N. Éd.)

d'un méchant habit vert autrefois galonné d'or, nous donna audience de réception. Il nous permit d'acheter les différents articles dont nous nous faisions besoin.

On nous relâcha après cette cérémonie, et nos fidèles religieux nous menèrent à un hôtel large, commode et éclairé, qui ressemblait bien plus à celui du gouverneur que le véritable.

T..... avait trouvé un compatriote. Le principal frère, qui se donnait tous les mouvements pour nous, était un matelot de Jersey, dont le vaisseau avait péri sur Gracioza plusieurs années auparavant. Lorsqu'il se fut sauvé seul à terre, ne manquant pas d'intelligence, il s'aperçut qu'il n'y avait qu'un métier dans l'île, celui de moine. Il se résolut de le devenir : il se montra extrêmement docile aux leçons des bons pères, apprit le portugais, et à lire quelques mots de latin; enfin, sa qualité d'Anglais parlant pour lui, on sacra cette brebis ramenée au bercail. Le matelot jerseyais, nourri, logé, chauffé à ne rien faire et à boire du *fayal*, trouvait cela beaucoup plus doux que d'aller ferler la misaine sur le bout de la vergue.

Il se ressouvenait encore de son ancien métier. Ayant été longtemps sans parler sa langue, il était enchanté de trouver enfin quelqu'un qui l'entendît; il riait, jurait, nous racontait en vrai marin l'histoire scandaleuse du père tel, qui se trouvait présent, et qui ne se doutait guère du genre de conversation dont le frère anglais nous régalait. Il nous promena ensuite dans l'île et à son couvent.

La moitié de Gracioza, sans beaucoup d'exagération, me sembla peuplée de moines, et le reste des habitants doit aussi leur appartenir par de tendres liens. De cela j'ai non-seulement l'aveu de plusieurs femmes, mais ce que j'ai vu de mes yeux ne peut me laisser là-dessus aucun doute. Je passe plusieurs anecdotes plaisantes [1], et je m'en tiens à ce qui regarde le clergé.

[1] Deux traits peuvent servir à donner aux lecteurs une idée de l'ignorance, de l'oisiveté, de l'espèce d'enfance dans laquelle ces bons moines sont restés à la fin du dix-huitième siècle. On nous avait menés mystérieusement à un petit buffet d'orgue de la paroisse, pensant que nous n'avions jamais vu un si rare instrument. L'organiste, d'un air triomphant, se mit à toucher une misérable kyrielle de plain-chant, cherchant à voir dans nos yeux notre admiration. Nous parûmes extrêmement surpris; T. s'approcha modestement, et fit semblant de peser sur les touches avec le plus grand respect; l'organiste lui faisait des signes, avec l'air de lui dire : « Prenez garde! » Tout à coup T. déploya l'harmonie d'un célèbre passage de Pleyel. Il serait difficile d'imaginer une scène plus plaisante : l'organiste en était à moitié tombé par terre; les moines, la figure pâle et allongée, ouvraient une bouche béante, tandis que les frères servants faisaient des gestes d'étonnement les plus ridicules autour de nous. La seconde anecdote n'est pas aussi gaie, mais elle montre le moine. On nous présenta un père dont l'air réservé et important annonçait le savantasse de son cloître. Il tira de sa manche un *Cœur de Jésus*, tout barbouillé de grimoires : mes voisins n'y entendaient rien; la curiosité me parvint à mon tour. Je ne sais pourquoi, un jour, en France, que je n'avais rien à faire, il m'était tombé dans la tête qu'il serait bon que j'apprisse l'hébreu; je

Le soir étant venu, on nous servit un excellent souper. Nous eûmes pour échansons de très-jolies filles; il fallut avaler du *fayal* à grands flots. On prévoit assez ce qui nous arriva : à une heure du matin pas un convive ne pouvait se tenir dans sa chaise. A six heures, notre moine de Jersey nous déclara en balbutiant, et avec un serment anglais très-connu, qu'il prétendait dire sur-le-champ la messe : nous l'accompagnâmes à l'église, où, dans moins de cinq minutes, il sut expédier le tout. Plusieurs Portugais assistèrent très-dévotement au saint-sacrifice; et, en nous en retournant, nous rencontrâmes beaucoup de peuple qui baisait religieusement la manche du père. L'impudence avec laquelle ce matelot, encore pris de vin et de débauche, présentait son bras à la foule, me divertissait, en même temps que je ne pouvais m'empêcher de déplorer au fond du cœur la stupidité humaine.

Ayant embarqué nos provisions vers les midi, nous retournâmes nous-mêmes à bord, accompagnés de nos inséparables religieux, qui nous présentèrent un compte énorme qu'il fallut payer; ils se chargèrent ensuite de nos lettres pour l'Europe, et nous quittèrent avec de grandes protestations d'amitié. Le vaisseau s'étant trouvé en danger la nuit précédente, par la levée d'une forte brise de l'est, on voulut virer l'ancre; mais, comme on s'y attendait, on la perdit. Telle fut la fin de notre expédition.

Je veux croire que ces mœurs du clergé espagnol et portugais ne soient pas générales; mais on sait qu'elles ne sont pas pures. On pourrait en prédire la chute de la religion, si en même temps le peuple n'était si avili, si superstitieux, qu'on conçoit à peine où il pourrait trouver assez d'énergie pour se soustraire aux abus qui le rongent. Le christianisme subsistera donc encore longtemps en Espagne, à moins que quelques raisons étrangères ne viennent en hâter la chute. Il est curieux qu'à Gracioza les moines parlassent aussi de réformes qui devaient avoir lieu dans leur couvent : ils avaient ouï dire quelque chose des affaires de France. Quant à la conduite du matelot de Jersey, elle ne manquait ni d'esprit ni d'une espèce de philosophie; il possédait du moins celle qui consiste à se ranger du côté des fripons plutôt que du parti des dupes. En cela, il était toujours sûr d'avoir pour lui la voix d'une majorité respectable de la société [a].

---

savais donc un peu le lire. Le bon père avait copié un verset de la Bible : mais n'en sachant pas davantage, il avait omis les points qui, dans certains cas, forment, par leurs positions relatives, les voyelles; de sorte que c'était un assemblage de consonnes parfaitement indéchiffrable. Je m'en aperçus, et je souris, mais je ne dis rien : pouvoir lire le *Cœur de Jésus* eût été trop fort, et je ne me souciais pas que l'inquisition se fût mêlée d'une sorcellerie si manifeste. Il en fut ensuite de même du Camoëns, et de quelques livres espagnols que nous expliquâmes.

[a] Qu'est-ce que prouve cette anecdote du matelot devenu moine aux Açores? Rien du tout.

CHAPITRE LV.

Quelle sera la religion qui remplacera le christianisme.

A la fin de cette histoire abrégée du polythéisme et du christianisme, une question se présente : Quelle sera la religion qui remplacera le christianisme[a]?

Tout intéressante que soit cette question, elle demeure presque insoluble d'après les données communes. Le christianisme tombe de jour en jour, et cependant nous ne voyons pas qu'aucune secte cachée circule sourdement en Europe, et envahisse l'ancienne religion : Jupiter ne saurait revivre ; la doctrine de Swédenborg ou des illuminés ne deviendra point un culte dominant ; un petit nombre peut prétendre aux inspirations, mais non la masse des individus ; un culte moral, où l'on personnifierait seulement les vertus, comme la sagesse, la valeur, est absurde à supposer.

La religion naturelle n'offre pas plus de probabilité ; le sage peut la

---

Qu'est-ce que prouve la licence d'un couvent de moines placé dans une petite île, loin des regards des supérieurs ecclésiastiques? Rien du tout. Ce récit de mauvais ton, et qui sent son sous-lieutenant d'infanterie, était un très-méchant argument dans mon système ; mais je voulais absolument raconter, je voulais parler de mes voyages : si je m'en étais tenu à la description de l'île de Gracioza, cela aurait suffi. Une seule phrase est sérieuse dans ce récit, c'est celle où je dis que le christianisme subsistera encore longtemps en Espagne, à moins que quelques causes étrangères ne viennent en hâter la chute. Je dis encore que l'on conçoit à peine où le peuple espagnol pourrait trouver assez d'énergie pour se soustraire aux abus qui le rongent. La guerre de l'indépendance d'Espagne a prouvé du moins que ce peuple avait assez d'énergie pour se soustraire au joug étranger. J'ai été meilleur prophète dans le *Génie du Christianisme*, lorsque j'ai dit : « L'Espagne, séparée des autres nations, présente encore à l'historien un caractère plus original : l'espèce de stagnation de mœurs dans laquelle elle repose lui sera peut-être utile un jour ; et, lorsque les peuples européens seront usés par la corruption, elle seule pourra reparaître avec éclat sur la scène du monde, parce que le fond des mœurs subsiste chez elle. » (*Génie du Christ.*, IIIe part., liv. III, chap. v.) Au surplus, je ne sais pas pourquoi je veux absolument confondre les Espagnols et les Portugais dans ce chapitre de l'*Essai* ; ces peuples sont fort différents l'un de l'autre : depuis l'époque de l'alliance de la maison de Lancastre avec la maison souveraine de Portugal sous Richard II, les Anglais ont eu avec les Portugais des rapports multipliés, qui ont beaucoup influé sur les mœurs de ce dernier peuple. (N. Éd.)

[a] Ce chapitre a quelque rapport avec le dernier et peut-être le meilleur chapitre du *Génie du Christianisme*, ayant pour titre : *Quel serait aujourd'hui l'état de la société si le christianisme n'eût pas paru sur la terre?* Mais dans l'*Essai* je suppose (très-mal à propos) que le christianisme va s'éteindre, et dans le *Génie du Christianisme* je suppose que le christianisme n'a point existé. Or, la position de la société ne serait pas la même dans les deux cas ; car si le christianisme pouvait être détruit, il resterait toujours des traces de son passage parmi les hommes, sa morale survivrait à ses dogmes. Il faut pourtant conclure de ce chapitre de l'*Essai* une chose grave, c'est que j'admets que la société ne peut exister sans la religion, et que je m'effraye de la perte de la religion sur la terre. Il y a dans cette idée un principe d'ordre qui fait compensation pour toutes les divagations de mon esprit. (N. Éd.)

suivre; mais elle est trop au-dessus de la foule : un Dieu, une âme immortelle, des peines et des récompenses, ramènent le peuple de nécessité à un culte composé; d'ailleurs cette métaphysique ne sera jamais à sa portée.

Peut-on supposer que quelque imposteur, quelque nouveau Mahomet, sorti d'Orient, s'avance la flamme et le fer à la main, et vienne forcer les chrétiens à fléchir le genou devant son idole? La poudre à canon nous a mis à l'abri de ce malheur [a].

S'élèvera-t-il parmi nous, lorsque le christianisme sera tombé en un discrédit absolu, un homme qui se mette à prêcher un culte nouveau? Mais alors les nations seront trop indifférentes en matières religieuses, et trop corrompues pour s'embarrasser des rêveries du nouvel envoyé, et sa doctrine mourrait dans le mépris, comme celle des illuminés de notre siècle. Cependant il faut une religion, ou la société périt. En vérité, plus on envisage la question, plus on s'effraye; il semble que l'Europe touche au moment d'une révolution, ou plutôt d'une dissolution, dont celle de la France n'est que l'avant-coureur.

Autre hypothèse. Ne serait-il pas possible que les peuples atteignissent à un degré de lumières et de connaissances morales suffisant pour n'avoir plus besoin de culte? La découverte de l'imprimerie ne change-t-elle pas à cet égard toutes les anciennes données? Ceci tombe dans le système de perfection que j'examinerai ailleurs; je n'ai qu'un mot à en dire ici.

Lorsqu'on réfléchit que la grande cause qui renouvela si souvent la face du monde ancien a entièrement cessé, que l'irruption des peuples sauvages n'est plus à craindre pour l'Europe, on voit s'ouvrir devant soi un abîme immense de conjectures.

Que deviendront les hommes?

Deux solutions :

Ou les nations, après un amas énorme de lumières, deviendront

---

[a] Non pas si les gouvernements chrétiens ont la folie de discipliner les sectateurs du Coran. Ce serait un crime de lèse-civilisation que notre postérité, enchaînée peut-être, reprocherait avec des larmes de sang à quelques misérables hommes d'État de notre siècle. Ces prétendus politiques auraient appelé au secours de leurs petits systèmes les soldats fanatiques de Mahomet, et leur auraient donné les moyens de vaincre en permettant qu'on leur enseignât l'art militaire. Or, la discipline n'est pas la civilisation; avec des renégats chrétiens pour officiers, les brutes du Coran peuvent apprendre à vaincre dans les règles les soldats chrétiens. Le monde mahométan *barbare* a été au moment de subjuguer le monde chrétien *barbare*; sans la vaillance de Charles Martel nous porterions aujourd'hui le turban : le monde mahométan *discipliné* pourrait mettre dans le même péril le monde chrétien *discipliné*. Il ne faut pas pour cela autant de temps que l'on se l'imagine : dix ans suffisent pour former une bonne armée; et puisque les Cosaques, sujets du czar, sont bien venus des murailles de la Chine se baigner dans la Seine, les nègres de l'Abyssinie, esclaves du Grand-Turc, pourraient très-bien venir aussi se réjouir dans la cour du Louvre. (N. Éd.)

toutes éclairées et s'uniront, sous un même gouvernement, dans un état de bonheur inaltérable.

Ou, déchirées intérieurement par des révolutions partielles, après de longues guerres civiles et une anarchie affreuse, elles retourneront tour à tour à la barbarie. Durant ces troubles, quelques-unes d'entre elles, moins avancées dans la corruption et les lumières, s'élèveront sur les débris des premières, pour devenir à leur tour la proie de leurs dissensions et de leurs mauvaises mœurs : alors les premières nations tombées dans la barbarie en émergeront de nouveau, et reprendront leurs places sur le globe ; ainsi de suite dans une révolution sans terme.

Si nous jugeons du futur par le passé, il faut avouer que cette solution convient mieux que l'autre à notre faiblesse [a] : si l'on demandait à présent quels sont les peuples qui se détruiront les premiers, je répondrais, ceux qui sont les plus corrompus. Cependant, il y a des chances et des événements incalculables qui peuvent précipiter une nation à sa ruine avant l'époque marquée par la nature. Mais ces visions politiques sont trop incertaines ; elles servent tout au plus à satisfaire ce penchant de notre âme qui la porte à s'arrêter à des perspectives infinies : puisqu'on ne saurait rien apprendre d'utile, cessons d'interroger des siècles à naître, trop loin pour que nous puissions les entendre, et dont la faible voix expire en remontant jusqu'à nous, à travers l'immensité de l'avenir.

Ici j'ai rempli la première partie de ma tâche. On a maintenant sous les yeux une histoire à peu près complète des révolutions de la Grèce, considérées dans leurs rapports avec la révolution française. Nous allons maintenant quitter, pour n'y plus revenir, la terre sacrée des talents. Si j'ai fait voyager le lecteur avec un peu d'intérêt, peut-être consentira-t-il à me suivre dans mes nouvelles courses en Italie et chez les peuples modernes ; mais, avant de les commencer, ces courses, il faut dire un dernier adieu à Sparte et à Athènes, et tâcher de résumer ce que nous avons appris.

[a] Non, le progrès des lumières est certain ; et comme ces lumières ne peuvent plus périr, grâce à la découverte de l'imprimerie, quelque révolution que vous supposiez, le dépôt des lumières ira toujours s'accroissant. Il est impossible de supposer que ces lumières, descendues plus ou moins dans tous les esprits, soient sans effet sur la société en général. Poserez-vous l'hypothèse d'une extermination presque complète du monde civilisé par la peste ou par la guerre ? Mais l'Amérique s'est civilisée à son tour loin de la vieille Europe ; il faudrait donc admettre la destruction des nations du nouveau continent en même temps que l'anéantissement de celles de l'ancien. L'espace que la civilisation occupe aujourd'hui sur le globe est encore un moyen de salut pour elle. Autrefois, renfermée dans la Grèce, elle pouvait succomber sous une invasion de Barbares ; mais ces Barbares iraient-ils la chercher maintenant dans les quatre parties du monde, et jusque dans les îles de l'océan Pacifique ? (N. Éd.)

CHAPITRE LVI.

Résumé.

Dans la première partie de ce livre, nous avons étudié la *révolution républicaine* de la Grèce, recherché son influence sur les nations contemporaines, et suivi ses ramifications aussi loin que nous avons pu les découvrir.

Dans la seconde partie de ce même livre, comprise sous le titre de *Révolution de Philippe et d'Alexandre*, nous venons de passer en revue les tyrans d'Athènes, Denys à Syracuse, Agis à Sparte, les philosophes grecs, leur influence politique et religieuse, l'histoire de la naissance, de l'accroissement et de la chute du polythéisme; et pour parallèle nous avons eu la Convention en France, les Bourbons fugitifs, Louis XVI à Paris, les philosophes modernes et leur influence sur leur siècle; enfin l'histoire du christianisme et du clergé. La première partie forme un tout compacte qui se lie; la seconde, un assemblage de pièces de rapport, non moins instructif. Ce qui nous reste à faire ici est de reconnaître le point où nous sommes parvenus, et jusqu'à quel degré nous nous trouvons avancés vers le but général de cet *Essai*.

Nous sommes toujours occupés à la recherche de ces questions (et nous le serons encore longtemps), savoir :

1° Quelles sont les révolutions arrivées autrefois dans les gouvernements des hommes? Quel était alors l'état de la société, et quelle a été l'influence de ces révolutions sur l'âge où elles éclatèrent et les siècles qui les suivirent?

2° Parmi ces révolutions en est-il quelques-unes qui, par l'esprit, les mœurs et les lumières des temps, puissent se comparer à la révolution française?

Il s'agit maintenant de savoir si nous avons fait quelques pas vers la solution de ces questions.

Certainement un pas considérable : quoique ce volume ne forme qu'une très-petite partie de l'immense sujet de cet ouvrage, on peut prononcer hardiment que déjà la majorité des choses qu'on voulait faire passer pour nouvelles dans la révolution française se trouve presque à la lettre dans l'histoire des Grecs d'autrefois. Déjà nous possédons cette importante vérité, que l'homme, faible dans ses moyens et dans son génie, ne fait que se répéter sans cesse; qu'il circule dans un cercle dont il tâche en vain de sortir[a]; que les faits même qui ne

---

[a] Le génie de l'homme ne circule point dans un cercle dont il ne peut sortir. Au contraire (et

dépendent pas de lui, qui semblent tenir au jeu de la fortune, sont incessamment reproduits : en sorte qu'il deviendrait impossible de dresser une table dans laquelle tous les événements imaginables de l'histoire d'un peuple donné se trouveraient réduits à une exactitude mathématique, et je doute que les caractères primitifs en fussent extrêmement nombreux, quoique de leur composition résulterait une immense variété de calculs [1].

Mais quel fruit tirer de cette observation pour la révolution française ? Un très-grand.

Premièrement, il s'ensuit qu'un homme bien persuadé qu'il n'y a rien de nouveau en histoire perd le goût des innovations, goût que je regarde comme un des plus grands fléaux qui affligent l'Europe dans ce moment. L'enthousiasme vient de l'ignorance ; guérissez celui-ci, l'autre s'éteindra : la connaissance des choses est un opium qui ne calme que trop l'exaltation.

Mais outre ce grand avantage, qui ne voit que ce tableau général des causes, des effets, des fins des révolutions, mène par degrés à la solution de la question dernière, proposée pour but de cet ouvrage, savoir : « Si la révolution française se consolidera ? » En effet, si nous trouvons des peuples qui, dans la même position que celle des Français, aient tenté les mêmes choses ; si nous voyons les raisons qui firent réussir ou renversèrent leurs projets, n'est-ce pas un motif d'en conjecturer l'établissement ou la chute de la république en France ? On a déjà pu entrevoir mon opinion[a] à ce sujet ; mais il n'est pas temps de la développer : elle doit résulter de l'ensemble des révolutions, et non d'une

---

pour continuer l'image), il trace des cercles concentriques qui vont en s'élargissant, et dont la circonférence s'accroîtra sans cesse dans un espace infini. M'obstinant dans l'*Essai* à juger le présent par le passé, je déduis bien des conséquences, mais je pars d'un mauvais principe ; je nie aujourd'hui la *majeure* de mes raisonnements, et tous ces raisonnements tombent à terre. (N. Éd.)

[1] Cette table serait aisée à faire, et ne serait pas un jeu frivole. On y poserait, par exemple, pour principes, deux sortes de gouvernement : le monarchique et le républicain, l'homme politique et l'homme civil se trouveraient rangés sur deux colonnes : sur une troisième seraient marqués les degrés de lumière et d'ignorance ; sur une quatrième, les chances et les hasards. On multiplierait alors tous ces nombres par les différentes passions, comme l'envie, l'ambition, la haine, l'amour, etc., qu'on verrait écrites sur une cinquième colonne * : tout cela tomberait en fractions composées, par les nuances des caractères, etc. Mais donnons-nous de garde de tracer une pareille table : les résultats en seraient si terribles que je ne voudrais même pas les faire soupçonner ici.

[a] Cette opinion était apparemment que la révolution française ne se consoliderait pas. Il y avait du vrai et du faux dans cette opinion ; du vrai, parce que la république devait se transformer en despotisme militaire ou en monarchie tempérée ; du faux, parce qu'il était impossible que la révolution ne laissât pas de traces après elle. Enfin, ce qu'il y avait surtout de faux dans cette opinion, c'était de vouloir conclure de la société ancienne à la société moderne ; de juger, les uns par les autres, des temps et des hommes qui n'avaient aucun rapport. (N. Éd.)

* Ingénieux, mais sans résultat. Du temps de La Calprenède et de mademoiselle de Scudéri, on faisait des cartes *du Tendre* qui ne ressemblent pas mal à ma carte *du Politique*. (N. Éd.)

partie. Quelle qu'elle puisse être, il demeure certain que j'ai pris la seule route qui mène à la découverte de cette vérité qui intéresse non-seulement l'Europe, mais le reste du monde.

Mais je dois faire observer que, pour juger sainement, le lecteur ne saurait trop se donner de garde de se méprendre : il faut considérer les objets sous leur vrai jour. Il est bien moins question de la ressemblance de position en politique et de la similitude d'événements que de la situation morale du peuple : les mœurs, voilà le point où il faut se tenir, la clef qui ouvre le livre secret du sort [a]. Que si je me prends à répéter souvent *les mœurs*, c'est qu'elles sont le centre autour duquel tournent les mondes politiques : en vain ceux-ci prétendent s'en éloigner; il leur faut, malgré eux, décrire autour de ce point leur courbe obligée, ou, détachés de ce foyer commun d'attraction, tomber dans un vide incommensurable.

Le second volume de cet *Essai* va s'ouvrir avec les révolutions romaines [b], sujet peut-être encore plus magnifique que celui que nous venons de quitter; on a pu s'apercevoir que je cherche, autant qu'il est en moi, à varier la marche de cet ouvrage : tout sujet a son vice ; le défaut de celui-ci, malgré sa grandeur, est de tomber dans les répétitions : je tâcherai donc d'écrire chaque révolution sur un plan différent des autres, comme je l'ai déjà fait à l'égard des deux parties de ce premier livre.

Après avoir montré ce qui résulte de la lecture de ce volume pour la vérité générale de l'ouvrage, voici quelques vérités particulières qu'on peut en tirer sur la nature de l'homme considéré dans ses rapports moraux et politiques; je vais les donner comme je les trouve dans mon manuscrit, en pensées détachées, indiquant seulement le sujet qui me les a fournies.

L'homme est composé de deux organes différents dans leur essence, sans relations dans leur pouvoir : la tête et le cœur.

Le cœur sent, la tête compare.

Le cœur juge du bon et du méchant, la tête des rapports et des effets.

La vertu découle donc du cœur, les sciences fluent de la tête.

---

[a] Tout cela était vrai pour les peuples anciens, nullement pour les peuples modernes. Je répète cette vérité pour la millième fois. (N. ÉD.) — [b] L'*Essai* ne formait dans l'édition de Londres qu'un gros volume de six cent quatre-vingt et une pages. Dans l'édition actuelle ce serait aussi le second volume, s'il pouvait jamais me tomber dans la tête de continuer un pareil ouvrage : il est pourtant vrai que j'en ai la suite, mais le feu m'en fera raison, à quelques pages près qui me serviront pour un autre travail. Je suis saisi d'une espèce d'épouvante à la vue de mon énorme fécondité. Il faut que dans ma jeunesse les jours aient eu pour moi plus de vingt-quatre heures : quelque démon allongeait sans doute le temps que j'employais à ma diabolique besogne. (N. ÉD.)

La vertu est la science écoutée et obéie; la science, la nature éclairée.

Le vice et la vertu, d'après l'histoire, paraissent une somme donnée qui n'augmente ni ne diminue; les sciences, au contraire, des inconnues qui se dégagent sans cesse. Que devient le système de perfection[a]? (*Pensées résultantes de la considération de l'âge philosophique d'Alexandre, plein de lumières et de corruption*[b].)

Il n'y a que deux principes de gouvernement : l'assemblée générale du peuple, la non-assemblée générale du peuple.

Dans le premier cas, l'État est une république; dans le second, une monarchie.

Si le peuple s'assemble partiellement, la constitution demeure monarchique ou un assemblage de petites républiques.

La réunion des suffrages n'est pas alors la voix du peuple, mais un nombre collectif de voix.

Chacune de ces assemblées, ayant en elle-même toutes les propriétés du corps politique, devient une petite république parfaite et vivante dans son tout; et cette petite république n'a pas plus le droit de soumettre son opinion à celle de la section voisine qu'elle n'est tenue elle-même à adopter celle de cette autre section. D'ici la France, avec ses assemblées primaires, n'est point une république.

Et comment ces assemblées primaires représenteraient-elles le peuple? N'est-ce pas la lie des villes qui se réunit, et qui, écartant les honnêtes gens, nomme tel ou tel député pour une quantité donnée d'assignats? N'est-ce pas de cela même que les représentants prennent le prétexte de se prolonger dans leurs fonctions? En livrant leur république à des hommes sans mœurs, les gouvernants de France semblent ne chercher qu'une raison légale de la détruire[c] : cela me rappelle ce tyran de Rome qui, pour sauver la lettre de la loi qui défendait de mettre une vierge à mort, la faisait violer auparavant par le bourreau. (*Réflexions tirées de l'examen des gouvernements de la Grèce où la représentation était inconnue.*)

N'êtes-vous pas étonné des prodiges de la révolution française, l'Europe vaincue, etc., etc.? Sans doute : j'assiste à ses tours de force, comme devaient le faire les Romains à la danse des éléphants sur la corde, bien moins surpris de la merveille qu'effrayés de voir un colosse

---

[a] Précisément ma distinction entre la partie morale et la partie intellectuelle de l'homme ne détruit pas ce système. (N. Éd.) — [b] Cette parenthèse en *italique*, ainsi que les parenthèses qui suivent, se trouvent imprimées de même dans l'édition de Londres : cela veut dire que les réflexions répandues dans ce chapitre sont suggérées par les différents passages de l'*Essai* auxquelles les parenthèses en *italique* renvoient le lecteur. (N. Éd.) — [c] Ces réflexions seraient raisonnables, en général, si je n'oubliais la forme représentative soit de la république, soit de la monarchie. (N. Éd.)

suspendu en l'air sur une base élastique de quelques pouces, et menaçant d'écraser les spectateurs dans sa chute [a]. (*Tiré du parallèle de la guerre Médique et de la guerre Républicaine.*)

De quoi s'agissait-il entre Harmodius et Hipparque? D'une affaire, comme nous dirions, d'étiquette. Hipparque avait forcé la sœur d'Harmodius de se retirer d'une procession publique : voilà la guerre Médique. La politique est au moral ce que le feu est au physique, un élément universel qui se tire de tous les chocs, naît de toutes le collisions. (*On voit d'où cela est tiré.*)

Comme ces enfants qu'on est forcé d'enlever à leur mère vicieuse, pour les confier à un lait plus pur, la liberté, fille de la vertu guerrière, ne saurait vivre qu'elle ne soit nourrie au sein des bonnes mœurs. (*De la considération de l'état d'Athènes après la guerre Médique.*)

Pourquoi Agis périt-il à Sparte? Pourquoi Denys fut-il chassé de Syracuse? pourquoi Thrasybule erra-t-il loin d'Athènes sa patrie? pourquoi, etc.? Parce qu'à Sparte, à Syracuse et à Athènes il y avait des hommes, et qu'avec le cœur de cet incompréhensible bipède on explique tout. (*Sparte, Athènes, Syracuse.*)

Liberté! le grand mot! et qu'est-ce que la liberté politique? je vais vous l'expliquer. Un homme libre à Sparte veut dire un homme dont les heures sont réglées comme celles de l'écolier sous la férule; qui se lève, dîne, se promène, lutte sous les yeux d'un maître en cheveux blancs qui lui raconte qu'*il a été jadis jeune, vaillant et hardi* : si les besoins de la nature, si les droits d'un chaste hymen parlent à son cœur, il faut qu'il les couvre du voile dont on se sert pour le crime; il doit sourire lorsqu'il apprend la mort de son ami; et si la douce pitié se fait entendre à son âme, on l'oblige d'aller égorger un ilote innocent, un ilote son esclave, dans le champ que cet infortuné labourait péniblement pour son maître.

Vous vous trompez, ce n'est pas là la liberté politique; les Athéniens ne l'entendaient pas ainsi. — Et comment? — Chez eux il fallait avoir un certain revenu pour être admis aux charges de l'État; et lorsqu'un citoyen avait fait des dettes, on le vendait comme un esclave. Un orateur à la tribune, pourvu qu'il sût enfiler une phrase, faisait aujourd'hui empoisonner Socrate, demain bannir Phocion; et le peuple libre avait toujours à sa tête, et seulement pour la forme, Pisistrate, Hippias, Thémistocle, Périclès, Alcibiade, Philippe, Antigonus ou quelque autre.

---

[a] Louange et critique motivées, puisque les succès de la France n'avaient pas pour base la liberté, et qu'ils n'étaient enfantés que par le despotisme républicain ou militaire; mais ils produisaient la gloire qui servait de contre-poids au crime, et qui devait ramener à son tour la liberté. (N. Éd.)

Je voudrais bien savoir enfin combien il y a de libertés politiques; car toutes les autres petites villes grecques possédaient aussi leurs libertés, et n'expliquaient pas le mot dans le même sens que les Athéniens et les Spartiates. C'est un singulier gouvernement qu'une république où il faut que tous les membres de la communauté soient des Caton et des Catilina : si parmi les premiers il se trouve un seul coquin, ou parmi les derniers un seul honnête homme, la république n'existe plus*a*. (*Liberté.*)

On s'écrie : Les citoyens sont esclaves, mais esclaves de la loi. Pure duperie de mots. Que m'importe que ce soit la loi ou le roi qui me traîne à la guillotine? On a beau se torturer, faire des phrases et du bel esprit, le plus grand malheur des hommes c'est d'avoir des lois et un gouvernement*b*.

L'état de société est si opposé à celui de nature, que dans le premier les êtres faibles tendent toujours au gouvernement : l'enfant bat les domestiques; l'écolier veut en montrer à son maître; le sot aspire aux emplois et les obtient presque toujours; l'hypocondriaque sacrifie son cercle à sa goutte; le vieillard réclame la première place, et la femme domine le tout.

Dans l'état de nature, l'enfant se tait et attend; la femme est soumise, le fort et le guerrier commandent, le vieillard s'assied au pied de l'arbre et meurt[1]. (*Pensées relatives provenantes du même sujet.*)

---

a Me louerai-je? j'en ai bien envie. La colère de ces pages m'a amusé; je les avais complétement oubliées. Parlons sérieusement : ce qu'il y a de faux dans mes raisonnements, c'est que je confonds les formes de la liberté avec la liberté elle-même. Je ne suis point républicain, je ne le serai jamais; j'ai toujours préféré par raison, et je préférerai toujours la liberté dans le mode de la monarchie représentative : je pense que cette liberté est tout aussi pleine, tout aussi entière dans ce mode que dans la forme républicaine; mais je crois que les monarchies ne sont pas à l'abri des républiques si elles repoussent la liberté. (N. Éd.) — *b* Miséricorde! j'ai déjà dit cela ailleurs dans l'*Essai*; c'est une si belle chose, que je ne pouvais trop le répéter. Il paraît que ces Sauvages que M. Violet faisait danser dans une grange auprès d'Albany m'avaient tourné la tête. (Voyez *Itinéraire.*) (N. Éd.)

[1] Philippe le Coq, d'une petite ville du Poitou, passa au Canada dans son enfance, y servit comme soldat, à l'âge de vingt ans, dans la guerre de 1754, et, après la prise de Québec, se retira chez les Cinq-Nations, où, ayant épousé une Indienne, il renonça aux coutumes de son pays pour prendre les mœurs des Sauvages. Lorsque je voyageais chez ces peuples, je ne fus pas peu surpris en entendant dire que j'avais un compatriote établi à quelque distance dans les bois. Je courus chez lui; je le trouvai occupé à faire la pointe à des jalons, à l'ouverture de sa hutte. Il me jeta un regard assez froid, et continua son ouvrage; mais aussitôt que je lui adressai la parole en français, il tressaillit au souvenir de la patrie, et une grosse larme roula dans ses yeux. Ces accents connus avaient reporté soudainement dans le cœur du vieillard toutes les sensations de son enfance : dans la jeunesse nous regrettons peu nos premiers ans; mais plus nous nous enfonçons dans la vie, plus leur souvenir devient aimable; c'est qu'alors chacune de nos journées est un triste terme de comparaison. Philippe me pria d'entrer; je le suivis. Il avait de la peine à s'exprimer : je le voyais travailler à rassembler les anciennes idées de l'homme civil, et j'étudiais avidement cette leçon. Par exemple, j'eus lieu de remarquer qu'il y avait deux espèces de choses relatives, absolument effacées de sa tête : celle de la propriété du superflu, et celle de la nuisance envers autrui sans nécessité. Je ne

Soyons hommes, c'est-à-dire libres; apprenons à mépriser les préjugés de la naissance et des richesses, à nous élever au-dessus des grands et des rois, à honorer l'indigence et la vertu ; donnons de l'énergie à notre âme, de l'élévation à notre pensée; portons partout la dignité de notre caractère, dans le bonheur et dans l'infortune ; sachons braver la pauvreté et sourire à la mort : mais, pour faire tout cela, il faut commencer par cesser de nous passionner pour les institutions humaines, de quelque genre qu'elles soient. Nous n'apercevons presque jamais la réalité des choses, mais leurs images réfléchies faussement par nos désirs ; et nous passons nos jours à peu près comme celui qui, sous notre zone nuageuse, ne verrait le ciel qu'à travers ces vitrages coloriés qui trompent l'œil en lui présentant la sérénité d'une plus douce latitude. Tandis que nous nous berçons ainsi de chimères, le temps vole et la tombe se ferme tout à coup sur nous. Les hommes sortent du néant et y retournent : la mort est un grand lac creusé au milieu de la nature ; les vies humaines, comme autant de fleuves, vont s'y engloutir ; et c'est de ce même lac que s'élèvent ensuite d'autres générations qui, répandues sur la terre, viennent également, après un cours plus ou moins long, se perdre à leur source. Profitons donc du peu d'instants que nous avons à passer sur ce globe, pour connaître au moins la vérité. Si c'est la vérité politique que nous cherchons, elle est facile à trouver. Ici un ministre despote me bâillonne, me plonge au fond des cachots, où je reste vingt ans [1] sans savoir pourquoi : échappé de la Bastille, plein d'indignation, je me précipite dans la démocratie ; un anthropophage m'y attend à la guillotine. Le républicain, sans cesse exposé à être pillé, volé, déchiré par une populace furieuse, s'applaudit de son bonheur [2] ; le sujet, tranquille esclave, vante les

---

voulus lui faire ma grande question qu'après que quelques heures de conversation lui eurent redonné une assez grande quantité de mots et de pensées. A la fin je lui dis : « Philippe, êtes-vous heureux ? » Il ne sut d'abord que répondre. « Heureux ? dit-il en réfléchissant ; heureux, oui...... oui, heureux, depuis que je suis Sauvage. — Et comment passez-vous votre vie ? » repris-je. Il se mit à rire. « J'entends, dis-je ; vous pensez que cela ne vaut pas une réponse. Mais est-ce que vous ne voudriez pas reprendre votre ancienne vie, retourner dans votre pays ? — Mon pays, la France ? Si je n'étais pas si vieux, j'aimerais à le revoir.... — Et vous ne voudriez pas y rester ? » ajoutai-je. Le mouvement de tête de Philippe m'en dit assez. « Et qu'est-ce qui vous a déterminé à vous faire, comme vous le dites, Sauvage ? — Je n'en sais rien ; l'instinct. » Ce mot du vieillard mit fin à mes doutes et à mes questions. Je restai deux jours chez Philippe pour l'observer, et je ne le vis jamais se démentir un seul instant : son âme, libre du combat des passions sociales, me sembla, pour m'exprimer dans le style des Sauvages, « calme comme le champ de bataille, après que les guerriers ont fumé ensemble le calumet de la paix. »

[1] Tel que ce malheureux que M. de Malesherbes délivra. — [2] On dit que les orages de la démocratie valent mieux que le calme du despotisme. Cette phrase est harmonieuse, et voilà tout. On ne me persuadera jamais que le repos n'est pas la partie essentielle du bonheur. Je remarque même que c'est le but vers lequel nous tendons sans cesse : on travaille pour se reposer ; on marche pour goûter un sommeil plus doux : on pense pour délasser ensuite sa pensée ; un ami repose son

bons repas et les caresses de son maître. O homme de la nature! c'est toi seul qui me fais me glorifier d'être homme! Ton cœur ne connaît point la dépendance; tu ne sais ce que c'est que de ramper dans une cour, ou de caresser un tigre populaire. Que t'importent nos arts, notre luxe, nos villes? As-tu besoin de spectacle, tu te rends au temple de la nature, à la religieuse forêt; les colonnes moussues des chênes en supportent le dôme antique; un jour sombre pénètre la sainte obscurité du sanctuaire, et de faibles bruits, de légers soupirs, de doux murmures, des chants plaintifs ou mélodieux circulent sous les voûtes sonores. On dit que le Sauvage ignore la douceur de la vie. Est-ce l'ignorer que de n'obéir à personne, que d'être à l'abri des révolutions, que de n'avoir ni à avilir ses mains par un travail mercenaire, ni son âme par un métier encore plus vil, celui de flatteur? N'est-ce rien que de pouvoir se montrer impunément toujours grand, toujours fier, toujours libre? de ne point connaître les odieuses distinctions de l'état civil? enfin de n'être point obligé, lorsqu'on se sent né avec l'orgueil et la noble franchise d'un homme, de passer une partie de sa vie à cacher ses sentiments, et l'autre à être témoin des vices et des absurdités sociales?

Je sens qu'on va dire : Vous êtes donc de ces sophistes qui vantent sans cesse le bonheur du Sauvage aux dépens de celui de l'homme policé? Sans doute, si c'est là ce que vous appelez être un sophiste, j'en suis un; j'ai du moins de mon côté quelques beaux génies. Quoi! il faudra que je tolère la perversité de la société, parce qu'on prétend ici se gouverner en république plutôt qu'en monarchie; là, en monarchie plutôt qu'en république? Il faudra que j'approuve l'orgueil et la stupidité des grands et des riches, la bassesse et l'envie du pauvre et des petits? Les corps politiques, quels qu'ils soient, ne sont que des amas de passions putréfiées et décomposées ensemble : les moins mauvais sont ceux dont les dehors gardent encore de la décence et blessent moins ouvertement la vue; comme ces masses impures destinées à fertiliser les champs, sur lesquelles on découvre quelquefois un peu de verdure [a].

Mais il n'y a donc point de gouvernement, point de liberté? De liberté? si : une délicieuse, une céleste, celle de la nature [b]. Et quelle est-elle,

---

cœur dans le cœur d'un ami; l'amour a placé de même le comble de ses voluptés dans le repos; enfin le malheureux qui a perdu la tranquillité sur la terre aspire encore à celle de la tombe, et la nature a élevé l'idée de la mort à l'extrémité des chagrins, comme Hercule ses colonnes au bout du monde.

[a] Il faut pardonner à un exilé, à un malheureux, à un jeune homme qui se croit prêt à mourir, cette boutade contre la société : elle est sans conséquence, et les sentiments exprimés ici par ce jeune homme ne sont cependant ni sans élévation ni sans générosité. (N. Éd.) — [b] M'y voilà! faisons-nous Sauvages! (N. Éd.)

cette liberté que vous vantez comme le suprême bonheur? Il me serait impossible de la peindre; tout ce que je puis faire est de montrer comment elle agit sur nous. Qu'on vienne passer une nuit avec moi chez les Sauvages du Canada, peut-être alors parviendrai-je à donner quelque idée de cette espèce de liberté. Cette nuit aussi pourra délasser le lecteur de la scène de misères à travers laquelle je l'ai conduit dans ce volume : elle en sera la conclusion. On fermera alors le livre dans une disposition d'âme plus calme et plus propre à distinguer les vérités des erreurs contenues dans cet ouvrage, mélange inévitable à la nature humaine, et dont la faiblesse de mes lumières me rend plus susceptible qu'un autre.

CHAPITRE LVII.

Nuit chez les Sauvages de l'Amérique.

C'est un sentiment naturel aux malheureux de chercher à rappeler les illusions du bonheur par le souvenir de leurs plaisirs passés. Lorsque j'éprouve l'ennui d'être, que je me sens le cœur flétri par le commerce des hommes, je détourne involontairement la tête, et je jette en arrière un œil de regret. Méditations enchantées! charmes secrets et ineffables d'une âme jouissant d'elle-même, c'est au sein des immenses déserts de l'Amérique que je vous ai goûtés à longs traits! On se vante d'aimer la liberté, et presque personne n'en a une juste idée. Lorsque, dans mes voyages parmi les nations indiennes du Canada, je quittai les habitations européennes, et me trouvai, pour la première fois, seul au milieu d'un océan de forêts, ayant pour ainsi dire la nature entière prosternée à mes pieds, une étrange révolution s'opéra dans mon intérieur. Dans l'espèce de délire qui me saisit, je ne suivais aucune route; j'allais d'arbre en arbre, à droite et à gauche indifféremment, me disant en moi-même : « Ici, plus de chemins à suivre, plus de villes, plus d'étroites maisons, plus de présidents, de républiques, de rois, surtout plus de lois, et plus d'hommes. Des hommes? si : quelques bons Sauvages[a] qui ne s'embarrassent de moi, ni moi d'eux; qui, comme moi encore, errent libres où la pensée les mène, mangent quand ils veulent, dorment où et quand il leur plaît. » Et pour essayer si j'étais enfin rétabli dans mes droits originels, je me livrais à mille actes de volonté, qui faisaient enrager le grand Hollandais qui me servait de guide, et qui, dans son âme, me croyait fou.

Délivré du joug tyrannique de la société, je compris alors les charmes

---

[a] De *bons* Sauvages qui mangent leurs voisins. (N. ÉD.)

de cette indépendance de la nature, qui surpassent de bien loin tous les plaisirs dont l'homme civil peut avoir l'idée. Je compris pourquoi pas un Sauvage ne s'est fait Européen, et pourquoi plusieurs Européens se sont faits Sauvages; pourquoi le sublime *Discours sur l'inégalité des conditions* est si peu entendu de la plupart de nos philosophes. Il est incroyable combien les nations et leurs institutions les plus vantées paraissaient petites et diminuées à mes regards; il me semblait que je voyais les royaumes de la terre avec une lunette invertie; ou plutôt, moi-même agrandi et exalté, je contemplais d'un œil de géant le reste de ma race dégénérée.

Vous, qui voulez écrire des hommes, transportez-vous dans les déserts; redevenez un instant enfant de la nature; alors, et seulement alors, prenez la plume.

Parmi les innombrables jouissances que j'éprouvai dans ces voyages, une surtout a fait une vive impression sur mon cœur[1].

J'allais alors voir la fameuse cataracte de Niagara, et j'avais pris ma route à travers les nations indiennes qui habitent les déserts à l'ouest des plantations américaines. Mes guides étaient le soleil, une boussole de poche et le Hollandais dont j'ai déjà parlé; celui-ci entendait parfaitement cinq dialectes de la langue huronne. Notre équipage consistait en deux chevaux auxquels nous attachions le soir une sonnette au cou, et que nous lâchions ensuite dans la forêt : je craignais d'abord un peu de les perdre; mais mon guide me rassura en me faisant remarquer que, par un instinct admirable, ces bons animaux ne s'écartaient jamais de la vue de notre feu.

Un soir que, par approximation, ne nous estimant plus qu'à environ huit ou neuf lieues de la cataracte, nous nous préparions à descendre de cheval avant le coucher du soleil, pour bâtir notre hutte et allumer notre bûcher de nuit à la manière indienne, nous aperçûmes dans le

---

[1] Tout ce qui suit, à quelques additions près, est tiré du manuscrit de ces voyages, qui a péri avec plusieurs autres ouvrages commencés, tels que les *Tableaux de la Nature*, l'histoire d'une nation sauvage du Canada, sorte de roman dont le cadre, totalement neuf, et les peintures naturelles, étrangères à notre climat, auraient pu mériter l'indulgence du lecteur *. On a bien voulu donner quelque louange à ma manière de peindre la nature; mais si l'on avait vu ces divers morceaux écrits sur mes genoux, parmi les Sauvages mêmes, dans les forêts et au bord des lacs de l'Amérique, j'ose présumer qu'on y eût peut-être trouvé des choses plus dignes du public. De tout cela il ne m'est resté que quelques feuilles détachées, entre autres *la Nuit*, qu'on donne ici. J'étais destiné à perdre dans la révolution fortune, parents, amis, et ce qu'on ne recouvre jamais lorsqu'on l'a perdu, le fruit des travaux de la pensée, seul bien peut-être qui soit réellement à nous.

* Il s'agit ici des *Natchez*. J'ai déjà dit que les premières ébauches des *Natchez* avaient péri, mais que j'avais retrouvé le manuscrit de cet ouvrage écrit à Londres sur le souvenir récent de ces ébauches. J'ai publié sous le nom de *Natchez* ce manuscrit, dont j'ai déjà tiré *Atala* et *René*.

(N. Éd.)

bois les feux de quelques Sauvages qui étaient campés un peu plus bas, au bord du même ruisseau où nous nous trouvions. Nous allâmes à eux. Le Hollandais leur ayant demandé par mon ordre la permission de passer la nuit avec eux, ce qui fut accordé sur-le-champ, nous nous mîmes alors à l'ouvrage avec nos hôtes. Après avoir coupé des branches, planté des jalons, arraché des écorces pour couvrir notre palais, et rempli quelques autres travaux publics, chacun de nous vaqua à ses affaires particulières. J'apportai ma selle, qui me servit de fidèle oreiller durant tout le voyage; le guide pansa mes chevaux; et, quant à son appareil de nuit, comme il n'était pas si délicat que moi, il se servait ordinairement de quelque tronçon d'arbre sec. L'ouvrage étant fini, nous nous assîmes tous en rond, les jambes croisées à la manière des tailleurs, autour d'un feu immense, afin de rôtir nos quenouilles de maïs et de préparer le souper. J'avais encore un flacon d'eau-de-vie, qui ne servit pas peu à égayer nos Sauvages; eux se trouvaient avoir des jambons d'oursins, et nous commençâmes un festin royal.

La famille était composée de deux femmes avec deux petits enfants à la mamelle, et de trois guerriers : deux d'entre eux pouvaient avoir de quarante à quarante-cinq ans, quoiqu'ils parussent beaucoup plus vieux; le troisième était un jeune homme.

La conversation devint bientôt générale; c'est-à-dire par quelques mots entrecoupés de ma part et par beaucoup de gestes : langage expressif que ces nations entendent à merveille, et que j'avais appris parmi elles. Le jeune homme seul gardait un silence obstiné; il tenait constamment les yeux attachés sur moi. Malgré les raies noires, rouges, bleues, les oreilles découpées, la perle pendante au nez dont il était défiguré, on distinguait aisément la noblesse et la sensibilité qui animaient son visage. Combien je lui savais gré de ne pas m'aimer! Il me semblait lire dans son cœur l'histoire de tous les maux dont les Européens ont accablé sa patrie.

Les deux petits enfants, tout nus, s'étaient endormis à nos pieds devant le feu; les femmes les prirent doucement dans leurs bras, et les couchèrent sur des peaux, avec ces soins de mère, si délicieux à voir chez ces prétendus Sauvages : la conversation mourut ensuite par degrés, et chacun s'endormit dans la place où il se trouvait.

Moi seul je ne pus fermer l'œil : entendant de toutes parts les aspirations profondes de mes hôtes, je levai la tête, et, m'appuyant sur le coude, contemplai à la lueur rougeâtre du feu mourant les Indiens étendus autour de moi et plongés dans le sommeil. J'avoue que j'eus peine à retenir mes larmes. Bon jeune homme, que ton repos me parut touchant! toi, qui semblais si sensible aux maux de ta patrie, tu étais trop grand, trop supérieur, pour te défier de l'étranger. Européens, quelle leçon pour nous! Ces mêmes Sauvages que nous avons poursuivis avec le fer et la flamme, à qui notre avarice ne laisserait pas même une pelletée de terre, pour couvrir leurs cadavres, dans tout cet univers, jadis leur vaste patrimoine; ces mêmes Sauvages, recevant leur ennemi sous leurs huttes hospitalières, partageant avec lui leur misérable repas, leur couche infréquentée du remords, et dormant auprès de lui du sommeil profond du juste! ces vertus-là sont autant au-dessus de nos vertus conventionnelles que l'âme de ces hommes de la nature est au-dessus de celle de l'homme de la société.

Il faisait clair de lune. Échauffé de mes idées, je me levai et fus m'asseoir, à quelque distance, sur une racine qui traçait au bord du ruisseau; c'était une de ces nuits américaines que le pinceau des hommes ne rendra jamais, et dont je me suis rappelé le souvenir avec délices.

« La lune était au plus haut point du ciel : on voyait çà et là, dans de grands intervalles épurés, scintiller mille étoiles. Tantôt la lune reposait sur un groupe de nuages, qui ressemblait à la cime de hautes montagnes couronnées de neiges; peu à peu ces nues s'allongeaient, se déroulaient en zones diaphanes et onduleuses de satin blanc, ou se transformaient en légers flocons d'écume, en innombrables troupeaux errants dans les plaines bleues du firmament. Une autre fois, la voûte aérienne paraissait changée en une grève où l'on distinguait les couches horizontales, les rides parallèles tracées comme par le flux et le reflux régulier de la mer : une bouffée de vent venait encore déchirer le voile, et partout se formaient dans les cieux de grands bancs d'une ouate éblouissante de blancheur, si doux à l'œil, qu'on croyait ressentir leur mollesse et leur élasticité. La scène sur la terre n'était pas moins ravissante : le jour céruséen et velouté de la lune flottait silencieusement sur la cime des forêts, et, descendant dans les intervalles des arbres, poussait des gerbes de lumière jusque dans l'épaisseur des plus profondes ténèbres. L'étroit ruisseau qui coulait à mes pieds, s'enfonçant tour à tour sous des fourrés de chênes-saules et d'arbres à sucre, et reparaissant un peu plus loin dans des clairières tout brillant des constellations de la nuit, ressemblait à un ruban de moire et d'azur, semé de crachats de diamants, et coupé transversalement de bandes noires. De l'autre côté de la rivière, dans une vaste prairie naturelle, la clarté de la lune dormait sans mouvement sur les gazons où elle était étendue

---

^a Ici commence la description d'une nuit que l'on retrouve dans le *Génie du Christianisme*, liv. v, chap. xii, intitulé : *Deux Perspectives de la nature*. On peut, en comparant les deux descriptions, voir ce que le goût m'a fait changer ou retrancher dans mon second travail. (N. Éd.)

comme des toiles. Des bouleaux dispersés çà et là dans la savane, tantôt, selon le caprice des brises, se confondaient avec le sol en s'enveloppant de gazes pâles, tantôt se détachaient du fond de craie en se couvrant d'obscurité, et formant comme des îles d'ombres flottantes sur une mer immobile de lumière. Auprès, tout était silence et repos, hors la chute de quelques feuilles, le passage brusque d'un vent subit, les gémissements rares et interrompus de la hulotte; mais au loin, par intervalles, on entendait les roulements solennels de la cataracte de Niagara qui, dans le calme de la nuit, se prolongeaient de désert en désert, et expiraient à travers les forêts solitaires.

La grandeur, l'étonnante mélancolie de ce tableau, ne sauraient s'exprimer dans les langues humaines; les plus belles nuits en Europe ne peuvent en donner une idée. Au milieu de nos champs cultivés, en vain l'imagination cherche à s'étendre; elle rencontre de toutes parts les habitations des hommes : mais dans ces pays déserts, l'âme se plaît à s'enfoncer, à se perdre dans un océan d'éternelles forêts; elle aime à errer, à la clarté des étoiles, aux bords des lacs immenses, à planer sur le gouffre mugissant des terribles cataractes, à tomber avec la masse des ondes, et pour ainsi dire à se mêler, à se fondre avec toute une nature sauvage et sublime.

Ces jouissances sont trop poignantes : telle est notre faiblesse, que les plaisirs exquis deviennent des douleurs, comme si la nature avait peur que nous oubliassions que nous sommes hommes. Absorbé dans mon existence, ou plutôt répandu tout entier hors de moi, n'ayant ni sentiment, ni pensée distincte, mais un ineffable je ne sais quoi qui ressemblait à ce bonheur mental dont on prétend que nous jouirons dans l'autre vie, je fus tout à coup rappelé à celle-ci. Je me sentis mal, et je vis qu'il fallait finir. Je retournai à notre ajoupa, où, me couchant auprès des Sauvages, je tombai bientôt dans un profond sommeil.

Le lendemain, à mon réveil, j'aperçus la troupe déjà prête pour le départ. Mon guide avait sellé les chevaux ; les guerriers étaient armés et les femmes s'occupaient à rassembler les bagages, consistant en peaux, en maïs, en ours fumés. Je me levai, et tirant de mon portemanteau un peu de poudre et de balles, du tabac et une boîte de gros rouge, je distribuai ces présents parmi nos hôtes, qui parurent bien contents de ma générosité. Nous nous séparâmes ensuite, non sans des marques d'attendrissement et de regret, touchant nos fronts et notre poitrine, à la manière de ces hommes de la nature, ce qui me paraissait bien valoir nos cérémonies. Jusqu'au jeune Indien, qui prit cordialement la main que je lui tendais, nous nous quittâmes tous le cœur plein les uns des autres. Nos amis prirent leur route au nord, en se dirigeant par les mousses; et nous à l'ouest par ma boussole. Les guerriers partirent devant, poussant le cri de marche; les femmes cheminaient derrière, chargées des bagages et des petits enfants qui, suspendus dans des fourrures aux épaules de leurs mères, se détournaient en souriant pour nous regarder. Je suivis longtemps des yeux cette marche touchante et maternelle, jusqu'à ce que la troupe entière eût disparu lentement entre les arbres de la forêt.

Bienfaisants Sauvages! vous qui m'avez donné l'hospitalité, vous que je ne reverrai sans doute jamais, qu'il me soit permis de vous payer ici un tribut de reconnaissance. Puissiez-vous jouir longtemps de votre précieuse indépendance, dans vos belles solitudes, où mes vœux pour votre bonheur ne cessent de vous suivre! Inséparables amis, dans quels coins de vos immenses déserts habitez-vous à présent? Êtes-vous toujours ensemble, toujours heureux? Parlez-vous quelquefois de l'étranger de la forêt? Vous dépeignez-vous les lieux qu'il habite? Faites-vous des souhaits pour son bonheur au bord de vos fleuves solitaires? Généreuse famille, son sort est bien changé depuis la nuit qu'il passa avec vous; mais du moins est-ce une consolation pour lui, si, tandis qu'il existe au delà des mers, persécuté des hommes de son pays, son nom, à l'autre bout de l'univers, au fond de quelque solitude ignorée, est encore prononcé avec attendrissement par de pauvres Indiens[a].

[a] C'est à peu près l'apostrophe aux Sauvages qui termine *Atala*. Et moi je termine ici ce pénible travail que m'ont imposé mon devoir et ma conscience. Me voilà tout entier devant les hommes, tel que j'ai été au début de ma carrière, tel que je suis au terme de cette carrière; qu'ils me jugent si je vaux la peine qu'ils s'occupent de moi : puis viendra sur nous tous l'arrêt suprême qui nous placera comme nous demeurerons. (N. Éd.)

NOTE

Page 92

RÉFUTATION DE TOUS LES CHAPITRES PRÉCÉDENTS

RELATIFS AU CLERGÉ CATHOLIQUE

(Extrait du *Génie du Christianisme*.)

« Aucune autre religion sur la terre n'a offert un pareil système de bienfaits, de prudence et de prévoyance, de force et de douceur, de lois morales et de lois religieuses. Rien n'est plus sagement ordonné que ces cercles qui, partant du dernier chantre de village, s'élèvent jusqu'au trône pontifical qu'ils supportent, et qui les couronne. L'Église ainsi, par ses différents degrés, touchait à nos divers besoins : arts, lettres, sciences, législation, politique, institutions littéraires, civiles et religieuses, fondations pour l'humanité; tous ces magnifiques bienfaits nous arrivaient par les rangs supérieurs de la hiérarchie, tandis que les détails de la charité et de la morale étaient répandus par les degrés inférieurs, chez les dernières classes du peuple. Si jadis l'Église fut pauvre, depuis le dernier échelon jusqu'au premier, c'est que la chrétienté était indigente comme elle. Mais on ne saurait exiger que le clergé fût demeuré pauvre, quand l'opulence croissait autour de lui. Il aurait alors perdu toute considération, et certaines classes de la société, avec lesquelles il n'aurait pu vivre, se fussent soustraites à son autorité morale. Le chef de l'Église était prince, pour pouvoir parler aux princes; les évêques, marchant de pair avec les grands, osaient les instruire de leurs devoirs; les prêtres séculiers et réguliers, au dessus des nécessités de la vie, se mêlaient aux riches, dont ils épuraient les mœurs, et le simple curé se rapprochait des pauvres, qu'il était destiné à soulager par ses bienfaits, et à consoler par son exemple.

« Ce n'est pas que le plus indigent des prêtres ne pût aussi instruire les grands du monde, et les rappeler à la vertu; mais il ne pouvait ni les suivre dans les habitudes de leur vie, comme le haut clergé, ni leur tenir un langage qu'ils eussent parfaitement entendu. La considération même dont il jouissait venait en partie des ordres supérieurs de l'Église. Il convient d'ailleurs à de grands peuples d'avoir un culte honorable, et des autels où l'infortuné puisse trouver des secours. . . . .

. . . .
« Que de choses admirables l'Occident ne nous montre-t-il pas à son tour dans les fondations des communautés, monuments de nos antiquités gauloises, lieux consacrés par d'intéressantes aventures, ou par des actes d'humanité ! . . . .

« Voyez ces retraites de la *charité*, des *pèlerins*, du *bien-mourir*, des *enterreurs de morts*, des *insensés*, des *orphelins*; tâchez, si vous le pouvez, de trouver, dans le long catalogue des misères humaines, une seule infirmité de l'âme ou du corps pour qui la religion n'a pas fondé son lieu de soulagement ou son hospice !

« Au reste, les persécutions des Romains contribuèrent d'abord à peupler les solitudes; ensuite, les Barbares s'étant précipités sur l'Empire, et ayant brisé tous les liens de la société,

il ne resta aux hommes que Dieu pour espérance. . . . .
. . . .

« On dira peut-être que les causes qui donnèrent naissance à la vie monastique n'existant plus parmi nous, les couvents étaient devenus des retraites inutiles. Et quand donc ces causes ont-elles cessé? N'y a-t-il plus d'orphelins, d'infirmes, de voyageurs, de pauvres, d'infortunés? Ah! lorsque les maux des siècles barbares se sont évanouis, la société, si habile à tourmenter les âmes, et si ingénieuse en douleur, a bien su faire naître mille autres raisons d'adversité qui nous jettent dans la solitude! Que de passions trompées, que de sentiments trahis, que de dégoûts amers nous entraînent chaque jour hors du monde! C'était une chose fort belle que ces maisons religieuses, où l'on trouvait une retraite assurée contre les coups de la fortune, et les orages de son propre cœur. . . . .
. . . .

« Dieu des chrétiens, quelles choses n'as-tu pas faites? Partout où l'on tourne les yeux, on ne voit que les monuments de tes bienfaits. Dans les quatre parties du monde la religion a distribué ses milices et placé ses vedettes pour l'humanité. Le moine maronite appelle, par le claquement de deux planches suspendues à la cime d'un arbre, l'étranger que la nuit a surpris dans les précipices du Liban : ce pauvre et ignorant artiste n'a pas de plus riche moyen de se faire entendre; le moine abyssin vous attend dans ce bois, au milieu des tigres; le missionnaire américain veille à votre conservation dans ses immenses forêts. Jeté par un naufrage sur des côtes inconnues, tout à coup vous apercevez une croix sur un rocher. Malheur à vous si ce signe de salut ne fait pas couler vos larmes! vous êtes en pays d'amis; ici sont des chrétiens. Vous êtes Français, il est vrai, et ils sont Espagnols, Allemands, Anglais peut-être! Eh! qu'importe? n'êtes-vous pas de la grande famille de Jésus-Christ? Ces étrangers vous reconnaîtront pour frère, c'est vous qu'ils invitent par cette croix; ils ne vous ont jamais vu, et cependant ils pleurent de joie en vous voyant sauvé du désert. . . . .
. . . .

« Immense et sublime idée qui fait du chrétien de la Chine un ami du chrétien de la France, du Sauvage néophyte un frère du moine égyptien! Nous ne sommes plus étrangers sur la terre, nous ne pouvons plus nous y égarer. Jésus-Christ nous a rendu l'héritage que le péché d'Adam nous avait ravi. Chrétien! il n'est plus d'océan ou de désert inconnu pour toi; tu trouveras partout la langue de tes aïeux et la cabane de ton père. . . . .
. . . .

« La religion, laissant à notre cœur le soin de nos joies, ne s'est occupée, comme une tendre mère, que du soulagement de nos douleurs; mais, dans cette œuvre immense et difficile, elle a appelé tous ses fils et toutes ses filles à son secours. Aux uns elle a confié le soin de nos maladies, comme à cette multitude de religieux et de religieuses dévoués au service des hôpitaux; aux autres elle a délégué les pauvres, comme aux sœurs de la Charité. Le père de la Rédemption s'embarque à Marseille; où va-t-il seul ainsi avec son bréviaire et son bâton? Ce conquérant marche à la délivrance de l'humanité, et les armées qui l'accompagnent sont invisibles. La bourse de la charité à la main, il court affronter la peste, le martyre et l'esclavage. Il aborde le dey d'Alger, il lui parle au nom de ce roi céleste dont il est l'ambassadeur. Le Barbare s'étonne à la vue de cet Européen qui ose, seul, à travers les mers et les orages, venir lui redemander des captifs; dompté par une force inconnue, il accepte l'or qu'on lui présente; et l'héroïque libérateur, satisfait d'avoir rendu des malheureux à leur patrie, obscur et ignoré, reprend humblement à pied le chemin de son monastère.

« Partout c'est le même spectacle : le missionnaire qui part pour la Chine rencontre au port le missionnaire qui revient glorieux et mutilé du Canada; la sœur grise court administrer l'indigent dans sa chaumière, le père capucin vole à l'incendie, le frère hospitalier lave les pieds du voyageur, le frère du *bien-mourir* console l'agonisant sur sa couche, le frère *enterreur* porte le corps du pauvre décédé, la sœur de la Charité monte au septième étage pour prodiguer l'or, le vêtement et l'espérance; ces filles, si justement appelées *Filles-Dieu*, portent et reportent çà et là les bouillons, la charpie, les remèdes; la fille du Bon Pasteur tend les bras à la fille prostituée et lui crie : *Je ne suis point venue pour appeler les justes, mais les pécheurs!*

L'orphelin trouve un père; l'insensé, un médecin; l'ignorant, un instructeur. Tous ces ouvriers en œuvres célestes se précipitent, s'animent les uns les autres. Cependant la religion attentive, et, tenant une couronne immortelle, leur crie : Courage, mes enfants! courage! Hâtez-vous, soyez plus prompts que les maux dans la carrière de la vie! Méritez cette couronne que je vous prépare; elle vous mettra vous-mêmes à l'abri de tous les maux et de tous les besoins...................

....

« Était-il quelque chose qui pût briser l'âme, quelque commission dont les hommes ennemis des larmes n'osassent se charger, de peur de compromettre leurs plaisirs, c'était aux enfants du cloître qu'elle était aussitôt dévolue, et surtout aux pères de l'ordre de Saint-François; on supposait que des hommes qui s'étaient voués à la misère devaient être naturellement les hérauts du malheur. L'un était obligé d'aller porter à une famille la nouvelle de la perte de sa fortune; l'autre de lui apprendre le trépas d'un fils unique; le grand Bourdaloue remplit lui-même ce triste devoir : il se présentait en silence à la porte du père, croisait les mains sur sa poitrine, s'inclinait profondément, et se retirait muet comme la mort dont il est l'interprète.

« Croit-on qu'il y eût beaucoup de plaisirs (nous entendons de ces plaisirs à la façon du monde), croit-on qu'il fût fort doux pour un cordelier, un carme, un franciscain, d'aller, au milieu des prisons, annoncer la sentence au criminel, l'écouter, le consoler, et d'avoir, pendant des journées entières, l'âme transpercée des scènes les plus déchirantes? On a vu, dans ces actes de dévouement, la sueur tomber à grosses gouttes du front de ces compatissants religieux, et mouiller ce froc qu'elle a pour toujours rendu sacré en dépit des sarcasmes de la philosophie; et pourtant quel honneur, quel profit revenait-il à ces moines, de tant de sacrifices, sinon la dérision du monde, et les injures même des prisonniers qu'ils consolaient? Mais du moins les hommes, tout ingrats qu'ils sont, avaient confessé leur nullité dans ces grandes rencontres de la vie, puisqu'ils les avaient abandonnées à la religion, seul véritable secours au dernier degré du malheur. O apôtre de Jésus-Christ, de quelles catastrophes n'étiez-vous point témoin, vous qui, près du bourreau, ne craigniez point de vous couvrir du sang des misérables, et qui étiez leur dernier appui! Voici un des plus hauts spectacles de la terre : aux deux coins de cet échafaud les deux justices sont en présence, la justice humaine et la justice divine : l'une, implacable et appuyée sur un glaive, est accompagnée du désespoir; l'autre, tenant un voile trempé de pleurs, se montre entre la pitié et l'espérance : l'une a pour ministre un homme de sang, l'autre, un homme de paix : l'une condamne, l'autre absout : innocente ou coupable, la première dit à la victime : « Meurs! » la seconde lui crie : « Fils de l'innocence ou du repentir, montez au ciel! » ....

....

« Voici encore une de ces grandes et nouvelles idées qui n'appartiennent qu'à la religion chrétienne. Les cultes idolâtres ont ignoré l'enthousiasme divin qui anime l'apôtre de l'Évangile. Les anciens philosophes eux-mêmes n'ont jamais quitté les avenues d'Académus et les délices d'Athènes pour aller, au gré d'une impulsion sublime, humaniser le Sauvage, instruire l'ignorant, guérir le malade, vêtir le pauvre, et semer la concorde et la paix parmi les nations ennemies : c'est ce que les religieux chrétiens ont fait et font encore tous les jours. Les mers, les orages, les glaces du pôle, les feux du tropique, rien ne les arrête : ils vivent avec l'Esquimau dans son outre de peau de vache marine; ils se nourrissent d'huile de baleine avec le Groënlandais; avec le Tartare ou l'Iroquois, ils parcourent la solitude; ils montent sur le dromadaire de l'Arabe, ou suivent le Cafre errant dans ses déserts embrasés; le Chinois, le Japonais, l'Indien, sont devenus leurs néophytes; il n'est point d'île ou d'écueil dans l'Océan qui ait pu échapper à leur zèle; et, comme autrefois les royaumes manquaient à l'ambition d'Alexandre, la terre manque à leur charité..........................

....

« Ce ne serait rien connaître que de connaître vaguement les bienfaits du christianisme; c'est le détail de ces bienfaits, c'est l'art avec lequel la religion a varié ses dons, répandu ses secours, distribué ses trésors, ses remèdes, ses lumières; c'est ce détail, c'est cet art qu'il faut pénétrer. Jusqu'aux délicatesses des sentiments, jusqu'aux amours-propres, jusqu'aux fai-

blesses, la religion a tout ménagé, en soulageant tout. Pour nous, qui depuis quelques années nous occupons de ces recherches, tant de traits de charité, tant de fondations admirables, tant d'inconcevables sacrifices, sont passés sous nos yeux, que nous croyons qu'il y a dans ce seul mérite du christianisme de quoi expier tous les crimes des hommes : culte céleste, qui nous force d'aimer cette triste humanité qui le calomnie. . . . .
. . . .

« Pour se faire d'abord une idée de l'immensité des bienfaits de la religion, il faut se représenter la chrétienté comme une vaste république, où tout ce que nous rapportons d'une partie se passe en même temps dans une autre. . . . .
. . . .

« Il faut voir deux cents millions d'hommes au moins, chez qui se pratiquent les mêmes vertus et se font les mêmes sacrifices ; il faut se ressouvenir qu'il y a dix-huit cents ans que ces vertus existent, et que les mêmes actes de charité se répètent : calculez maintenant, si votre esprit ne s'y perd, le nombre d'individus soulagés et éclairés par le christianisme chez tant de nations et pendant une aussi longue suite de siècles. . . . .
. . . .

« Avant de passer aux services que l'Église a rendus à l'agriculture, rappelons ce que les papes ont fait pour les sciences et pour les beaux-arts. Tandis que les ordres religieux travaillaient dans toute l'Europe à l'éducation de la jeunesse, à la découverte des manuscrits, à l'explication de l'antiquité, les pontifes romains, prodiguant aux savants les récompenses, et jusqu'aux honneurs du sacerdoce, étaient le principe de ce mouvement général vers les lumières. Certes, c'est une grande gloire pour l'Église qu'un pape ait donné son nom au siècle qui commence l'ère de l'Europe civilisée, et qui, s'élevant du milieu des ruines de la Grèce, emprunta ses clartés du siècle d'Alexandre pour les réfléchir sur le siècle de Louis.

« Ceux qui représentent le christianisme comme arrêtant le progrès des lumières contredisent manifestement les témoignages historiques. Partout la civilisation a marché sur les pas de l'Évangile, au contraire des religieux de Mahomet, de Brahma et de Confucius, qui ont borné les progrès de la société, et forcé l'homme à vieillir dans son enfance.

« Rome chrétienne était comme un grand port qui recueillait tous les débris des naufrages des arts. Constantinople tombe sous le joug des Turcs ; aussitôt l'Église ouvre mille retraites honorables aux illustres fugitifs de Byzance et d'Athènes. L'imprimerie, proscrite en France, trouve une retraite en Italie. Des cardinaux épuisent leur fortune à fouiller les ruines de la Grèce, et à acquérir des manuscrits. Le siècle de Léon X avait paru si beau au savant abbé Barthélemy, qu'il l'avait d'abord préféré à celui de Périclès, pour sujet de son grand ouvrage : c'était dans l'Italie chrétienne qu'il prétendait conduire un moderne Anacharsis. . . . . .
. . . .

« Les successeurs de Léon X ne laissèrent point s'éteindre cette noble ardeur pour les travaux du génie. Les évêques pacifiques de Rome rassemblaient dans leurs *villas* les précieux débris des âges. Dans les palais des Borghèse et des Farnèse le voyageur admirait les chefs-d'œuvre de Praxitèle et de Phidias ; c'étaient des papes qui achetaient au poids de l'or les statues d'Hercule et de l'Apollon ; c'étaient des papes qui, pour conserver les ruines trop insultées de l'antiquité, les couvraient du manteau de la religion. Qui n'admirera la pieuse industrie de ce pontife qui plaça des images chrétiennes sur les beaux débris des Thermes de Dioclétien ? Le Panthéon n'existerait plus s'il n'eût été consacré par le culte des apôtres, et la colonne Trajane ne serait pas debout si la statue de saint Pierre ne l'eût couronnée.

« Cet esprit conservateur se faisait remarquer dans tous les ordres de l'Église. Tandis que les dépouilles qui ornaient le Vatican surpassaient les richesses des anciens temples, de pauvres religieux protégeaient dans l'enceinte de leurs monastères les ruines des maisons de Tibur et de Tusculum, et promenaient l'étranger dans les jardins de Cicéron et d'Horace. Un chartreux vous montrait le laurier qui croît sur la tombe de Virgile, et un pape couronnait le Tasse au Capitole.

« Ainsi, depuis quinze cents ans, l'Église protégeait les sciences et les arts ; son zèle ne s'était ralenti à aucune époque. Si dans le huitième siècle le moine Alcuin enseigne la grammaire

à Charlemagne, dans le dix-huitième *un autre moine industrieux et patient* trouve un moyen de dérouler les manuscrits d'Herculanum : si en 740 Grégoire de Tours décrit les antiquités des Gaules, en 1754 le chanoine Mazzochi explique les tables législatives d'Héraclée. La plupart des découvertes qui ont changé le système du monde civilisé ont été faites par les membres de l'Église. L'invention de la poudre à canon, et peut-être celle du télescope, sont dues au moine Roger Bacon ; d'autres attribuent la découvrte de la poudre au moine allemand Berthold Schwartz ; les bombes ont été inventées par Galen, évêque de Munster ; le diacre Flavio de Gioia, Napolitain, a trouvé la boussole ; le moine Despina, les lunettes ; et Pacificus, archidiacre de Vérone, ou le pape Sylvestre II, l'horloge à roues. Que de savants, dont nous avons déjà nommé un grand nombre dans le cours de cet ouvrage ont illustré les cloîtres, ont ajouté de la considération aux chaires éminentes de l'Église ! Que d'écrivains célèbres! que d'hommes de lettres distingués ! Que d'illustres voyageurs, que de mathématiciens, de naturalistes, de chimistes, d'astronomes, d'antiquaires ! Que d'orateurs fameux ! Que d'hommes d'État renommés ! Parler de Suger, de Ximénès, d'Alberoni, de Richelieu, de Mazarin, de Fleury, n'est-ce pas rappeler à la fois les plus grands ministres et les plus grandes choses de l'Europe moderne? . . . .
. . . .

« Rome chrétienne a été pour le monde moderne ce que Rome païenne fut pour le monde antique, le lien universel : cette capitale des nations remplit toutes les conditions de sa destinée, et semble véritablement la ville éternelle. Il viendra peut-être un temps où l'on trouvera que c'était pourtant une grande idée, une magnifique institution, que celle du trône pontifical. Le père spirituel, placé au milieu des peuples, unissait ensemble les diverses parties de la chrétienté. Quel beau rôle que celui d'un pape vraiment animé de l'esprit apostolique ! Pasteur général du troupeau, il peut en contenir les fidèles dans le devoir, ou les défendre de l'oppression. Ses États, assez grands pour lui donner l'indépendance, trop petits pour qu'on ait rien à craindre de ses efforts, ne lui laissent que la puissance de l'opinion, puissance admirable quand elle n'embrasse dans son empire que des œuvres de paix, de bienfaisance et de charité !

« Le mal passager que quelques mauvais papes ont fait a disparu avec eux ; mais nous ressentons encore tous les jours l'influence des biens immenses et inestimables que le monde entier doit à la cour de Rome. Cette cour s'est presque toujours montrée supérieure à son siècle. Elle avait des idées de législation, de droit public ; elle connaissait les beaux-arts, les sciences, la politesse, lorsque tout était plongé dans les ténèbres des institutions gothiques ; elle ne se réservait pas exclusivement la lumière, elle la répandait sur tous, elle faisait tomber les barrières que les préjugés élèvent entre les nations ; elle cherchait à adoucir nos mœurs, à nous tirer de notre ignorance, à nous arracher à nos coutumes grossières ou féroces. Les papes, parmi nos ancêtres, furent des missionnaires des arts envoyés à des Barbares, des législateurs chez des Sauvages. « Le règne seul de Charlemagne, dit Voltaire, eut une lueur de politesse, « qui fut probablement le fruit du voyage de Rome. » (*Génie du Christianisme*, tom. vi, ive partie, liv. iii, chap. ii, iii, v et vi ; liv. iv, chap. i ; liv. vi, chap. i et vi.)

FIN DES RÉVOLUTIONS ANCIENNES.

ANALYSE RAISONNÉE
DE
L'HISTOIRE DE FRANCE

DEPUIS LE RÈGNE DE KHLOVIGH

JUSQU'A CELUI DE PHILIPPE VI, DIT DE VALOIS

PREMIÈRE RACE.

Qu'étaient devenues les trois vérités de l'ordre social quand l'empire d'Occident s'écroula?

La vérité religieuse avait fait un pas immense : le polythéisme était détruit, et avec le dogme d'un Dieu s'établissaient les vérités corollaires de ce dogme.

La vérité philosophique était rentrée dans la vérité religieuse comme au berceau de la civilisation.

La vérité politique avait suivi les progrès de la vérité religieuse. Les destructeurs du monde romain étaient libres; ils trouvèrent sur leur chemin une société organisée dans la servitude : la jeune liberté sauvage s'assit d'abord sur cette société, comme le vieux despotisme romain l'avait fait : des républiques militaires, frankes, burgondes, visigothes, saxonnes, gouvernèrent des esclaves à l'instar des anciennes républiques civiles, grecques et latines.

Voilà le point où avaient abouti les faits nés du choc des générations païennes, chrétiennes et barbares, à partir du règne d'Auguste pour arriver à celui d'Augustule.

Maintenant les trois vérités fondamentales, combinées d'une autre façon, vont produire aussi les faits du moyen âge; la vérité religieuse, dominant tout, ordonnera la guerre et commandera la paix, favorisera la vérité politique (la liberté) dans les rangs inférieurs de la société, ou soutiendra partiellement le pouvoir dans des intérêts privés; elle poursuivra avec le fer et le feu la vérité philosophique échappée de nouveau du sanctuaire sous l'habit de quelque moine savant ou hérétique. Ainsi continuera la lutte jusqu'au jour où les trois vérités, se pondérant, produiront la société perfectionnée des temps actuels.

J'ai dit que l'empire romain-latin était devenu l'empire romain-barbare un siècle et demi avant la chute d'Augustule. Cet empire mixte subsista plus de quatre siècles encore après la déposition de ce prince. Les Franks, les Bourguignons et les Visigoths en Gaule, les Ostrogoths et les Lombards en Italie, furent des possesseurs que les populations connaissaient, qu'elles avaient vus dans les légions, et qui, soumis à leurs lois nationales, laissaient au monde assujetti ses mœurs, ses habitudes, souvent même ses propriétés : une religion commune était le lien commun entre les vaincus et les vainqueurs. Ce n'est qu'après l'invasion des Normands, sous les derniers rois franks de la race karlovingienne, que la transformation sociale commence à frapper les yeux.

Il n'y eut jamais de complète barbarie, comme on se l'est persuadé. On ne peut pas dire qu'un peuple soit entièrement barbare, quand il a conservé la culture de l'intelligence et la connaissance de l'administration. Or l'étude des lettres, de la philosophie et de la théologie continua parmi le clergé; l'administration municipale, fiscale, publique et domestique demeura longtemps ce qu'elle avait été sous l'empire. La science militaire périt dans la discipline, mais l'art de la fortification ne se détériora point, et même les machines de guerre se perfectionnèrent. Il n'y a donc rien de nouveau à remarquer sous les deux premières races, si ce n'est les mœurs particulières des familles investies du pouvoir, l'achèvement de la monarchie de l'Église, et les hautes sources qui, comme des écluses, lâchèrent sur l'Europe le torrent des siècles féodaux.

Toutefois, deux observations doivent être faites. Le chef du gouvernement était électif sous la race mérovingienne et sous la race karlovingienne, de même qu'il l'avait été au temps des Césars; mais auprès du gouvernement des Franks se trouvait une institution qui le faisait différer de l'antiquité romaine : des conseils, composés d'évêques et de chefs militaires, décidaient les affaires avec le roi; des assemblées générales, ou plutôt les grandes revues des mois de mars et de mai, recevaient une communication assez légère de la besogne traitée dans ces assemblées particulières : celles-ci étaient nées de la tradition des états des Gaules rétablis un moment par Arcade et Honorius, mais elles s'étaient surtout modelées sur l'organisation des conciles. Si l'on veut avoir une idée juste de ces temps, sans y chercher des nouveautés qui n'y sont pas, il faut reconnaître que la société entière prit la forme ecclésiastique : tout se gouverna pour l'Église et par l'Église, depuis les nations jusqu'aux rois, dont le sacre était purement le sacre d'un évêque. Que les laïques fussent admis à siéger avec le clergé, ce n'était pas coutume insolite : dans plusieurs conventions religieuses, les empereurs romains présidaient, et les grands officiers de la couronne délibéraient. Nous avons vu des philosophes et des païens même assister au concile de Nicée.

La seconde observation sur cette époque historique est relative aux maires du palais. Le premier maire dont il soit fait mention est Goggon, qui fut envoyé à Athanagilde de la part de Sighebert, pour lui demander la main de Brunehilde.

Deux origines doivent être assignées à la *mairie*, l'une romaine, l'autre franke ou germanique. Le *maire* représentait le *magister officiorum*; celui-ci acquit dans le palais des empereurs la puissance que le *maire* obtint dans la maison du roi frank. Considérée dans son origine romaine, la charge de maire du palais fut temporaire sous Sighebert et ses devanciers, viagère sous Khlother, héréditaire sous Khlovigh II : elle était incompatible avec la qualité de prêtre et d'évêque. Elle porte dans les auteurs le nom de *magister palatii, præfectus aulæ, rector aulæ, gubernator palatii, major domus, rector palatii, moderator palatii, præpositus palatii, provisor aulæ regiæ, provisor palatii*.

Pris dans son origine franke ou germanique, le maire du palais était ce *duc* ou chef de guerre dont l'élection appartenait à la nation tout aussi bien que l'élection du roi : *Reges ex nobilitate, duces ex virtute sumunt*. J'ai déjà indiqué ce qu'il y avait d'extraordinaire dans cette institution, qui créait chez un même peuple deux pouvoirs suprêmes indépendants. Il devait arriver, et il arriva, que l'un de ces deux pouvoirs prévalût. Les maires, s'étant trouvés de plus grands hommes que les souverains, les supplantèrent. Après avoir commencé par abolir les assemblées générales, ils confisquèrent la royauté à leur profit, s'emparant à la fois du pouvoir et de la liberté. Les maires n'étaient point des rebelles; ils avaient le droit de conquérir, parce que leur autorité émanait du peuple ou de ce qui était censé le représenter, et non du monarque : leur élection nationale, comme chefs de l'armée, leur donnait une puissance légitime. Il faut donc réformer ces vieilles idées de sujets oppresseurs de leurs maîtres et détenteurs de leur couronne. Un roi, un général d'armée, également souverains par une élection séparée (*reges et duces sumunt*) s'attaquent; l'un triomphe de l'autre, voilà tout. Une des dignités périt, et la mairie se confondit avec la royauté par une seule et même élection. On n'aurait pas perdu tant de lecture et de recherches à blâmer ou à justifier l'usurpation des maires du palais; on se serait épargné de profondes considérations sur les dangers d'une charge trop prépondérante, si l'on eût fait attention à la double origine de cette charge, si l'on n'eût pas toujours voulu voir un *grand maître de la maison du roi,* là où il fallait aussi reconnaître un chef militaire librement choisi par ses compagnons : « *Omnes Austrasii, cum eligerent Chrodinum majorem domus.* »

J'ai déjà fait observer qu'il ne serait pas rigoureusement exact de comparer les nations germaniques et slaves aux hordes sauvages de l'Amérique. Dans le tableau général que j'ai tracé des mœurs des Barbares, celles des Franks occupent une place considérable ; j'ai donc peu de chose à ajouter ici. Cependant je dois remarquer que les Franks passaient encore pour le peuple le moins grossier de tous ces peuples ; le témoignage d'Agathias est formel : « Les Franks, dit-il, ne ressemblent point aux autres Barbares, qui ne veulent vivre qu'aux champs et ont horreur du séjour des villes. . . . . Ils sont très-soumis aux lois, très-polis ; ils ne diffèrent guère de nous que par le langage et le vêtement : *nihiloque a nobis differre quam solum modo barbarico vestitu et linguæ proprietate.* » Longtemps avant le sixième siècle, leurs relations avec les Romains avaient urbanisé leurs coutumes, sinon humanisé leur caractère. Salvien dit qu'ils étaient *hospitaliers,* ce qui signifie ici *sociables.* Dans le tombeau de Khildéric Ier, découvert en 1653 à Tournay, se trouve une pierre gravée : l'empreinte représentait un homme fort beau, portant les cheveux longs, séparés sur le front et rejetés en arrière, tenant un javelot de la main droite ; autour de la figure était écrit le nom de Khildéric en lettres romaines; un globe de cristal, signe de la puissance, un style avec des tablettes, des anneaux, des médailles de plusieurs empereurs, des lambeaux d'une étoffe de pourpre, étaient mêlés à des ossements : il n'y a rien dans tout cela de trop barbare. On lit aux histoires que les Germains adoucissaient leur rudesse au delà du Rhin par le voisinage des Franks. Selon Constantin Porphyrogénète, Constantin le Grand fut l'auteur d'une loi qui permettait aux empereurs de s'allier au sang des Franks, tant ce sang paraissait noble.

Mais, quel que fût le degré de sociabilité des Franks, il me semble qu'il n'en faut faire ni un peuple civilisé ni un peuple sauvage, et qu'il faut lui laisser surtout sa perfidie, sa légèreté, sa cruauté, sa fureur militaire, attestées par les auteurs contemporains. Vopiscus, et après lui Procope, accusent les Franks de se faire un jeu de violer leur foi, et Salvien leur reproche le peu d'importance qu'ils attachent au parjure. « Les Franks, dit Nazaire, surpassent toutes les nations barbares en

COMBAT DES NATCHEZ ET DES FRANÇAIS
(Les Natchez)

férocité. » Un panégyriste anonyme prétend qu'ils se nourrissaient de la chair des bêtes féroces, et Libanius assure que la paix était pour eux une horrible calamité.

L'opinion dominante fait des Franks une ligue de quelques tribus germaniques associées pour la défense de leur liberté : c'est encore une de ces opinions sans preuve, qu'aucun document historique n'appuie. Les Franks étaient tout simplement des Germains, comme le témoignent saint Jérôme, Procope et Agathias. Que nos ancêtres aient reçu leur nom de la liberté, ou qu'ils le lui aient communiqué, notre orgueil national n'a rien à souffrir de l'une ou de l'autre hypothèse. Libanius, altérant le nom de *Frank* pour lui trouver une étymologie grecque, le fait dériver de φράκτοι, *habiles à se fortifier;* d'autres veulent qu'il signifie *indomptable* dans une langue nommée *lingua attica* ou *hattica*, sans nous dire ce que c'est que cette langue. Le savant et judicieux greffier Du Tillet, frère du savant évêque de Meaux, avance que le nom de *Frank* vient de deux mots teutons *Freien ansen*, libres jeunes hommes, ou libres compagnies, prononcés par synérèse *Fransen;* il remarque qu'un privilége de marchands octroyé par Louis le Gros a retenu le mot *anse, société*. Une grande autorité (M. Thierry) suppose au mot tudesque *Frank* ou *Frak*, la puissance du mot latin *ferox* : nous en restons toujours à la chanson des soldats de Probus pour autorité première. *Francus* était-il un sobriquet militaire donné par les soldats de Probus à cette poignée de Germains qu'ils vainquirent dans les environs de Mayence ? Que voulait dire ce sobriquet? Un savant[1] l'explique du mot *Fram* ou *Framée*, comme si les soldats de Probus avaient entendu les Barbares crier : A la lance ! à la lance ! aux armes ! aux armes ! Mais alors les Germains se seraient tous appelés Franks, puisqu'ils portaient tous la framée : *Frameas gerunt angusto et brevi ferro*, dit Tacite.

Quoi qu'il en soit, les Franks habitaient de l'autre côté du Rhin, à peu près au lieu où les place la carte de Peutinger, dans ce pays qui comprend aujourd'hui la Franconie, la Thuringe, la Hesse et la Westphalie. Ils ravagèrent les Gaules sous Gallien, et pénétrèrent jusqu'en Espagne ; ils reparurent sous Probus, sous Constance et sous Constantin. Constance transplanta une de leurs colonies dans le pays d'Amiens, de Beauvais, de Langres, de Troyes, et conclut un traité avec le reste. Après cette époque, des Franks entrèrent au service des empereurs. On voit successivement Sylvanus, Mellobald, Mérobald, Balton, Rikhomer, Carietton, Arbogaste, revêtus des grandes charges militaires de l'empire. Mais d'autres Franks indépendants, Genobalde,

[1] Gilbert.

Markhomer et Sunnon, restèrent ennemis, et firent, du temps de Maxime, une irruption dans les Gaules ; ils paraissaient s'y être fixés pendant le règne d'Honorius, vers l'an 420, et on leur donne pour conducteur le roi Pharamond. Comprenons toujours bien que ce nom de roi ne signifie que *chef* militaire (*koning*) de différents degrés : sur-roi, sous-roi, demi-roi : *ober, under, halfkoning.* (Thierry.)

Il n'est pas du tout sûr qu'il ait existé un Pharamond, et que ce Pharamond fût le père de Khlodion ; mais il est certain que Khlodion, ou plutôt Khlogion le Chevelu, était roi des Franks occidentaux en 427, et qu'il s'empara de Tournay et de Cambrai en 445. Aétius le chassa de ses conquêtes en deçà du Rhin. Khlodion mourut en 447 ou 448.

Les uns lui donnent deux fils, les autres trois, parmi lesquels se trouverait Auberon, dont on ferait descendre Ansbert, tige de la famille de la seconde race.

On ignore quel fut le père de Mérovée ou Mérovigh, successeur de Khlodion : était-il son fils ? avait-il un frère aîné, lequel implora le secours d'Attila, tandis que Mérovigh se jeta sous la protection des Romains ? Il est prouvé que Mérovigh n'était pas ce jeune Frank qui portait une longue chevelure blonde, qu'Aétius adopta pour fils, et que Priscus avait vu à Rome. Les savants ont fort disserté sur tout cela, sans réfléchir que la royauté, ou plutôt la *cheftainerie* étant élective chez les Franks, il n'y avait rien de plus naturel que de trouver des chefs successifs qui n'étaient pas fils les uns des autres. Ricoron dit qu'après la mort de Khlodion, Mérovigh fut élu roi des Franks. Frédégher raconte que la femme de Khlodion, se baignant un jour dans la mer, fut surprise par un monstre dont elle eut Mérovigh : fable mêlée de mythologie grecque et scandinave.

« Selon un certain poëte, appelé *Virgile*, dit le même auteur, Priam fut le premier roi des Franks, et Friga fut le successeur de Priam. Troie étant prise, les Franks se séparèrent en deux bandes ; l'une, commandée par le roi Francio, s'avança en Europe, et s'établit sur les bords du Rhin. » L'auteur des *Gestes des rois franks*, Paul Diacre, Roricon, Aimoin, Sighebert de Ghemblours, font le même récit. Annius de Viterbe, enchérissant sur ces chroniques, compose une généalogie des rois gaulois et des rois franks ; il donne vingt-deux rois aux Gaulois avant la guerre de Troie. Sous Rémus, le dernier de ces rois, arriva la prise de Troie ; et Francus, fils d'Hector, vint épouser dans les Gaules la fille de Rémus. On veut que les Franks qui combattirent dans l'armée romaine, aux champs Catalauniques, fussent commandés par Mérovigh.

Mérovigh eut pour successeur, l'an 456, Khildérik Ier, son fils. Khildérik, enlevé encore enfant par un parti de l'armée des Huns, fut délivré par un Frank, nommé Viomade. Khildérik était un chef dissolu que les Franks chassèrent. Il se retira en Thuringe, auprès d'un roi nommé Bisingh. Les Franks se donnèrent pour chef Égidius, commandant les armées romaines. Au bout de huit ans, Khildérik fut rappelé; Viomade lui renvoya la moitié d'une pièce d'or qu'ils avaient rompue, et qui devait être le signe d'une réconciliation avec son pays. Le vrai de tout cela, c'est que Khildérik était allé à Constantinople, d'où l'empereur le dépêcha en Gaule pour contre-balancer l'autorité suspecte d'Égidius.

Bazine, femme du roi de Thuringe, accourut auprès de son hôte Khildérik, et lui dit : « Je viens habiter avec toi ; si je savais qu'il y eût outre-mer quelqu'un qui me fût plus utile que toi, je l'eusse été chercher pour dormir avec lui. » Khildérik se réjouit, et la prit à femme. La première nuit de leur mariage, Bazine dit à Khildérik : « Abstenons-nous ; lève-toi, et ce que tu verras dans la cour du logis, tu le viendras dire à ta servante. » Khildérik se leva, et vit passer des bêtes qui ressemblaient à des lions, à des licornes et à des léopards. Il revint vers sa femme, et lui dit ce qu'il avait vu ; et sa femme lui dit : « Maître, va derechef, et ce que tu verras, tu le raconteras à ta servante. » Khildérik sortit de nouveau, et vit passer des bêtes semblables à des ours et à des loups. Ayant raconté cela à sa femme, elle le fit sortir une troisième fois, et il vit des bêtes d'une race inférieure. Là-dessus, Bazine explique à Khildérik toute sa postérité, et elle engendra un fils nommé Khlovigh : celui-ci fut grand, guerrier illustre, et semblable à un lion parmi les rois. Voici déjà poindre l'imagination du moyen âge ; elle se retrouve dans l'histoire du mariage de Khlothilde, ou Khrotechilde, fille de Khilpérik et nièce de Gondebald, roi de Bourgogne.

Le Gaulois Aurélien, déguisé en mendiant, portant sur son dos une besace au bout d'un bâton, est chargé du message : il devait remettre à Khlothilde un anneau que lui envoyait Khlovigh, afin qu'elle eût foi dans les paroles du messager. Aurélien, arrivé à la porte de la ville (Genève), y trouva Khlothilde assise avec sa sœur Sœdehleuba : les deux sœurs exerçaient l'hospitalité envers les voyageurs, car elles étaient chrétiennes. Khlothilde s'empresse de laver les pieds d'Aurélien. Celui-ci se penche vers elle, et lui dit tout bas : « Maîtresse, j'ai une grande nouvelle à t'annoncer, si tu me veux conduire dans un lieu où je te puisse parler en secret. — Parle, » lui répond Khlothilde. Aurélien dit : « Khlovigh, roi des Franks, m'envoie vers toi ; si c'est la volonté de Dieu, il désire vivement t'épouser, et, pour que tu me croies, voilà son anneau. » Khlothilde l'accepte, et une grande joie reluit sur son visage; elle dit au voyageur : « Prends ces cent sous d'or pour récompense de ta peine avec mon anneau. Retourne vers ton maître ; dis-lui que s'il me veut épouser, il envoie promptement des ambassadeurs à mon oncle Gondebald. » C'est une scène de l'*Odyssée*.

Aurélien part ; il s'endort sur le chemin ; un mendiant lui vole sa besace, dans laquelle était l'anneau de Khlothilde ; le mendiant est pris, battu de verges, et l'anneau retrouvé. Khlovigh dépêche des ambassadeurs à Gondebald, qui n'ose refuser Khlothilde. Les ambassadeurs présentent un sou et un denier, selon l'usage, fiancent Khlothilde au nom de Khlovigh, et l'emmènent dans une basterne. Khlothilde trouve qu'on ne va pas assez vite ; elle craint d'être poursuivie par Aridius, son ennemi, qui peut faire changer Gondebald de résolution. Elle saute sur un cheval, et la troupe franchit les collines et les vallées.

Aridius, sur ces entrefaites, étant revenu de Marseille à Genève, remontre à Gondebald qu'il a égorgé son frère Khilpérik, père de Khlothilde ; qu'il a fait attacher une pierre au cou de la mère de sa nièce, et l'a précipitée dans un puits; qu'il a fait jeter dans le même puits les têtes des deux frères de Khlothilde ; que Khlothilde ne manquera pas d'accourir se venger, secondée de toute la puissance des Franks. Gondebald, effrayé, envoie à la poursuite de Khlothilde; mais celle-ci, prévoyant ce qui devait arriver, avait ordonné d'incendier et de ravager douze lieues de pays derrière elle. Khlothilde sauvée s'écrie : « Je te rends grâces, Dieu tout-puissant, de voir le commencement de la vengeance que je devais à mes parents et à mes frères [1] ! » Véritables mœurs barbares, qui n'excluent pas la mansuétude des mœurs chrétiennes mêlées dans Khlothilde aux passions de sa nature sauvage.

Avant son mariage, Khlovigh, âgé de vingt ans, avait attaqué la Gaule. Les monuments historiques prouvent que son invasion fut favorisée, surtout dans le midi de la France, par les évêques catholiques, en haine des Visigoths ariens. Khlovigh battit les Romains à Soissons, et les Allemands à Tolbiak. Il se fit ensuite chrétien : saint Remi lui conféra le baptême le jour de Noël, l'an 496.

Les Bourguignons et les Visigoths subirent tour à tour les armes de Khlovigh. Les Armoriques (la Bretagne), depuis longtemps soustraites à l'autorité des Romains, consentirent à reconnaître celle du fils de Mérovigh. Anastase, empereur d'Orient, envoya à Khlovigh le titre et les insignes de patrice, de consul et d'auguste.

Ce fut à peu près à cette époque que Khlovigh vint à Paris : Khildé-

---

[1] *Hist. Franc.*, epit.

rik, son père, avait occupé cette ville quand il pénétra dans les Gaules.

Khlovigh tua ou fit tuer tous ses parents, petits rois de Cologne, de Saint-Omer, de Cambrai et du Mans.

Le premier concile de l'Église gallicane se tint sous Khlovigh, à Orléans, l'an 511. On y trouve les principes du droit de régale, droit qui faisait rentrer au fisc les revenus d'un bénéfice laissé sans maître pendant la vacance du bénéfice. Khlovigh ne comprit sans doute ce droit que comme un impôt que les prêtres lui accordaient sur leurs biens : quelques legs testamentaires du chef des Franks me font présumer qu'il ne parlait pas latin. Il suffit de mentionner ce droit de régale pour entrevoir les abîmes qui nous séparent du passé : étrangers à notre propre histoire, ne nous semble-t-il pas qu'il s'agisse de quelque coutume de la Perse ou des Indes? On fixe à cette même année 511 la rédaction de la loi salique, la mort de sainte Genovefe (Geneviève) et celle de Khlovigh. La bergère gauloise et le roi frank furent inhumés dans l'église de Saint-Pierre et de Saint-Paul, qui prit dans la suite le nom de la patronne de Paris ; on célébrait encore au commencement de la révolution une messe pour le repos de l'âme du Sicambre, dans l'église même où il avait été enterré. La vérité religieuse a une vie que la vérité philosophique et la vérité politique n'ont pas : combien de fois les générations s'étaient-elles renouvelées ! combien de fois la société avait-elle changé de mœurs, d'opinions et de lois, dans l'espace de 1280 ans ! Qui s'était souvenu de Khlovigh à travers tant de ruines et de siècles ? un prêtre sur un tombeau.

Khlovigh laissa quatre fils : Thierry, fils d'une concubine ; Khlodomir, Khildebert, Khlother, fils de Khlothilde. Le royaume fut partagé selon la loi salique comme un bien de famille ; on en fit quatre lots qui furent tirés au sort : il n'y avait point de droit d'aînesse ; nous avons vu que les lois des Barbares favorisaient le cadet. La France s'étendait alors du Rhin aux Pyrénées et de l'Océan aux Alpes ; elle possédait de plus la terre natale des Franks, au delà du Rhin, jusqu'à la Westphalie : mais ces limites changeaient à tout moment. Une section géographique plus fixe avait lieu ; le royaume de ce côté-ci de la Loire se divisait en oriental et occidental, Oster-Rike et Neoster-Rike : l'Austrasie comprenait le pays entre le Rhin, la Meuse et la Moselle ; la Neustrie embrassait le territoire entre la Meuse, la Loire et l'Océan. Au delà de la Saône et de la Loire était la Gaule conquise sur les Burgondes ou Bourguignons et les Visigoths. Les chroniqueurs et les hagiographes disent souvent la *France* et la *Gaule*, distinguant l'une de l'autre.

Les quatre rois, pour succéder à la couronne, obtinrent le consentement des Franks. Les quatre royaumes étaient fédératifs sous une même loi politique; il y avait une assemblée commune qui délibérait sur les affaires communes aux quatre États.

Les fils de Khlovigh eurent à soutenir la guerre contre Théodoric, roi d'Italie; contre Amalaric, roi des Visigoths d'Espagne; contre Balric, roi de Thuringe; contre Sighismond et Gondemar, rois de Bourgogne. La Bourgogne fut subjuguée et réunie à la France : ce royaume des Burgondes avait subsisté cent vingt ans. Khlodomir, roi d'Orléans, fut tué à la bataille de Véseronce, près de Vienne.

Il laissa trois fils : Théodebert, Gonther et Khlodoald, élevés par Khlothilde, veuve de Khlovigh. Khildebert et Khlother, pour s'emparer de ces jeunes enfants, députent Arcade à Khlothilde : c'était un sénateur de la ville de Clermont, homme choisi parmi ces vaincus qui ne refusent aucune condition de l'esclave, et qu'on attache au crime comme à la glèbe. Il portait à Khlothilde des ciseaux et une épée nue, et il lui dit : « O glorieuse reine, tes fils, nos seigneurs, désirent connaître ta volonté concernant tes petits-enfants ; ordonnes-tu qu'on leur coupe les cheveux, ou qu'on les égorge? » A ce message, Khlothilde, saisie de terreur, regardant tour à tour l'épée nue et les ciseaux, répondit : « Si mes petits-enfants ne doivent pas régner, je les aime mieux voir morts que tondus. » Arcade, ne laissant pas à l'aïeule le temps de s'expliquer plus clairement, revint trouver les deux rois, et leur dit : « Accomplissez votre dessein, la reine étant favorable se veut bien rendre à votre conseil. » Paroles ambiguës qu'on pouvait expliquer dans un sens divers, selon l'événement. Khlother saisit le plus âgé des enfants, le jette contre terre, et lui enfonce son couteau sous l'aisselle. A ses cris son frère se prosterne aux pieds de Khildebert, embrasse ses genoux, et lui dit tout en larmes : « Secours-moi, mon très-cher père, afin qu'il ne soit pas fait à moi comme à mon frère. » Alors Khildebert se prit à pleurer, et dit : « Je t'en prie, mon très-doux frère, que ta générosité m'accorde la vie de celui-ci. Ce que tu me demanderas, je te l'accorderai, pourvu qu'il ne meure point. » Khlother, obstiné au meurtre, dit : « Rejette l'enfant loin de toi, ou meurs pour lui : tu as été l'instigateur de la chose, et maintenant tu me veux fausser la foi! » Khildebert entendant ceci repoussa l'enfant, et Khlother lui perça le côté avec son couteau, comme il avait fait à son frère; ensuite Khlother et Khildebert tuèrent les nourriciers et les enfants compagnons de leurs neveux : l'un était âgé de dix ans, l'autre de sept. Khlodoald, le troisième fils de Khlodomir, fut sauvé par le secours d'hommes puissants[1]. Khlodoald, devenu grand, abandonna le royaume de la terre, passa à

---

[1] Viros fortes. . . . . qui postea vulgo barones appellati sunt.

Dieu, coupa ses cheveux, et, persistant dans les bonnes œuvres, sortit prêtre de cette vie (7 septembre 560). Il bâtit un monastère au bourg de Noventium, qui changea son nom pour prendre celui du petit-fils de Khlovigh. Et Saint-Cloud vient de voir partir pour un dernier exil le dernier successeur du premier de nos rois !

Dans ces crimes de Khlother et de Khildebert, distinguez ce qui appartient à la civilisation de ce qui tient à la barbarie. Le massacre par les propres mains de Khlother est du Sauvage ; le désir d'envahir un trône et d'accroître un État est de l'homme civilisé. Tous les frères de Khlother étant morts, il hérite d'eux : il livre bataille à son fils Khramn, qui s'était déjà révolté ; il le défait, et le brûle avec toute sa famille dans une chaumière. Khlother meurt à Compiègne (562).

Ses quatre fils partagèrent de nouveau ses États, toujours avec l'assentiment des Franks ; mais les quatre royaumes n'eurent pas les mêmes limites.

Sighebert épousa Brunehilde, fille puînée d'Athanaghilde, roi des Visigoths : elle était arienne, et se fit catholique. Khilpérik Ier eut pour maîtresse Frédégonde, qu'il épousa lorsque Galswinte, sa femme, sœur aînée de Brunehilde, fut morte.

Les démêlés et les fureurs de ces deux belles femmes amènent des guerres civiles, des empoisonnements, des meurtres, et occupent les règnes confus de Karibert, de Gontran, de Sighebert Ier, de Khilpérik Ier, de Khildebert II, de Khlother II, de Thierry Ier, de Théodebert II. Khlother II se trouve enfin seul maître du royaume des Franks en 613.

Les Lombards s'étaient établis en Italie (563), seize ans après l'extinction du royaume des Ostrogoths. L'exarchat de Ravenne avait commencé sous le patrice Longin, envoyé de l'empereur Justin. Les maires du palais firent sentir leur autorité croissante dans l'Austrasie et la Bourgogne.

Les Gascons ou Wascons, vers l'an 593, descendirent des Pyrénées et s'établirent dans la Novempopulanie, à laquelle ils donnèrent leur nom ; ils s'étendirent peu à peu jusqu'à la Garonne. Il y eut guerre avec ces peuples : Théodebert II, après les avoir défaits, leur donna pour chef Genialis, qui fut le premier duc de Gascogne.

Il ne faut croire ni tout le bien que Fortunat, Grégoire de Tours et saint Grégoire, pape, ont dit de Brunehilde, ni tout le mal qu'en ont raconté Frédégher, Aimoin et Adon, qui d'ailleurs n'étaient pas contemporains de cette princesse : c'était à tout prendre une femme de génie, et dont les monuments sont restés. Si elle fut mise à la torture pendant trois jours, promenée sur un chameau au milieu d'un camp, attachée à la queue d'un cheval, déchirée et mise en pièces par la course de cet animal fougueux, ce ne fut pas pour la punir de ses adultères, puisqu'elle avait près de quatre-vingts ans. Si elle avait fait mourir dix rois (ce qui est prouvé faux), il eût été plus juste de lui faire un crime des princes qu'elle avait mis au monde, que de ceux dont elle avait délivré la France.

Khlother décéda l'an 628. Il eut deux fils : Dagobert et Karibert. Karibert mourut vite, et Dagobert donna du poison à Khildérik, fils aîné de Karibert. Un autre fils de ce prince, Bogghis, se contenta de l'Aquitaine à titre de duché héréditaire.

Le roi Dagobert menoit tousjours avec lui grande tourbe de concubines, c'est-à-dire des meschines qui pas n'estoient ses épouses, sans aultres qu'il avoit aultre part, qui avoient et nom et aornement de roynes. (Mer des Hist. et Chron.) Grégoire de Tours cite trois reines : Nanthilde, Vulfgunde et Berthilde ; il se dispense de nommer les concubines, parce qu'elles sont, dit-il, en trop grand nombre. Les trésors de Dagobert et de saint Éloi sont demeurés fameux. *En chasses le roi se desportoit acoustumément* (Mer des Hist.). Il y a une belle et poétique histoire d'un cerf qui se réfugia dans une petite chapelle bâtie à *Catulliac* par sainte Genovefe, sur les corps de saint Denis et de ses compagnons. Ce fut là que Dagobert jeta les fondements de ce Capitole des Français où se conservaient leurs chroniques avec les cendres royales, comme les pièces à l'appui des faits. Buonaparte fit reconstruire les souterrains dévastés, et leur promit sa poussière en indemnité des vieilles gloires spoliées : il a déçu sa tombe. Louis XVIII occupe à peine un coin obscur des caveaux vides, avec les restes plus ou moins retrouvés de Marie-Antoinette, de Louis XVI, et quelques ossements rapportés de l'exil. Puis s'est venu cacher auprès de son père le dernier des Condé, devant le cercueil duquel Bossuet fût demeuré muet. Enfin le duc de Berry attend inutilement son père, son frère et son fils dans ces sépulcres d'espérance. Que sert-il de préparer d'avance un asile au néant, quand l'homme est chose si vaine qu'il n'est pas même sûr de naître ?

Les deux fils de Dagobert, Sighebert II ou III, roi d'Austrasie ; Khlovigh II, roi de Bourgogne et de Neustrie, gouvernèrent l'empire des Franks. Peppin le Vieux avait été maire du palais sous Dagobert ; il continua de l'être sous Sighebert.

Suit l'histoire confuse de Dagobert II et III, de Khlother III, de Khildérik II, de Thierry III. La puissance royale avait passé aux maires du palais après les sanglants démêlés de Grimoald, d'Arkembald, de l'évêque Léger, et d'Ébroïn.

Ébroïn est assassiné ; plusieurs maires du palais sont élus: Berther est le dernier. Peppin de Héristal, duc d'Austrasie, petit-fils de Peppin le Vieux, père de Karle le Martel, aïeul de Peppin le Bref, et trisaïeul de Charlemagne, fait la guerre à Thierry, auquel il donnait toujours le nom de roi. Thierry est battu, et Peppin, au lieu de le détrôner, règne à côté de lui sous le nom de maire du palais. Peppin fait rentrer dans l'obéissance les peuples qui s'étaient soustraits à l'autorité des Franks.

A Thierry III commence la série des rois surnommés *fainéants*. L'âpre séve de la première race s'affadit promptement, et les fils de Khlovigh tombèrent vite du pavois dans un fourgon traîné par des bœufs.

Peppin continua de régner sous Khlovigh III, Khildebert III, fils de Thierry, et sous une partie du règne de Dagobert III, fils de Khildebert III (de 692 à 714). Peppin meurt et paraît, avant de mourir, ou méconnaître les grandes qualités de son fils Karle (Martel), ou n'oser le faire élire à sa place, parce que Karle n'était que le fils d'une concubine, Alpaïde : il lui substitua son petit-fils Theudoald. Un enfant devint maire du palais sous la tutelle de Plectrude, son aïeule, comme s'il eût été un roi héréditaire. Karle, qui ne portait pas encore son surnom, est emprisonné au désir de Plectrude. Les Franks se soulèvent : Theudoald fuit ; Karle se sauve de sa prison ; les Austrasiens le reconnaissent pour leur duc.

Les Sarrasins, appelés par le comte Julien, chassaient alors les Visigoths et envahissaient l'Espagne. Les peuples du Nord se ruaient sur la France.

Dagobert meurt et laisse un fils nommé Thierry ; mais les Franks choisirent Daniel, fils de Khildérik II, qui régna sous le nom de Khilpérik II.

Il combattit Karle, duc d'Austrasie, qui le vainquit. Celui-ci fit nommer roi Khlother IV. Ce Khlother mourut tôt, et Khilpérik II, retiré en Aquitaine, fut rappelé par Karle, qui se contenta d'être son maire du palais.

Thierry IV, dit de Chelles, fils de Dagobert III, succède à Khilpérik II (720). C'est sous ce règne que Karle le Martel déploya ces talents de victoire qui lui valurent son surnom. Les Sarrasins avaient déjà traversé l'Espagne, passé les Pyrénées, et inondé la France jusqu'à la Loire. Karle le Martel les écrasa entre Tours et Poitiers, et leur tua plus de trois cent mille hommes (732). C'est un des plus grands événements de l'histoire : les Sarrasins victorieux, le monde était mahométan. Karle abattit encore les Frisons, les fit catholique, bon gré mal gré, et réunit leur pays à la France.

Karle vainquit Eudes, duc d'Aquitaine, et força Hérald, fils d'Eudes, à lui faire hommage des domaines de son père.

Thierry étant décédé, Karle régna seul sur toute la France comme duc des Franks, depuis 737 jusqu'à 741. Il contint les Saxons soulevés de nouveau, chassa les Sarrasins de la Provence. Grégoire III lui proposa de se soustraire, lui pape, à la domination de l'empereur Léon, et de le proclamer, lui Karle, consul de Rome : commencement de l'autorité temporelle des papes.

Karle meurt (741). Karloman et Peppin, ses fils, se partagent l'autorité royale. Peppin, élu chef de la Neustrie, de la Bourgogne et de la Provence, proclame roi Khildérik III, fils de Khildérik II, dans cette partie du royaume ; Karloman reste gouverneur de l'Austrasie, puis se retire à Rome et embrasse la vie monastique.

Quand le voyageur français regarde le Soracte à l'horizon de la campagne romaine, se souvient-il qu'un Frank, fils de Karle le Martel, frère de Peppin le Bref, et oncle de Charlemagne, habitait une cellule au haut de cette montagne ?

Khildérik III est détrôné, tondu et enfermé dans le monastère de Sithin (Saint-Bertin). Il mourut en 754. Son fils Thierry passa sa vie à l'ombre des cloîtres dans le couvent de Fontenelles, en Normandie. Les Mérovingiens avaient régné deux cent soixante-dix ans.

Si les *Études* qui précèdent sont fondées sur des faits incontestables, le lecteur ne s'est point trouvé en un pays nouveau dans le royaume des Franks ; c'est toujours l'*empire barbare-romain*, tel qu'il existait plus d'un siècle avant l'invasion de Khlovigh. Seulement le peuple vainqueur, qui s'est substitué à la souveraineté des Césars, parle sa langue maternelle, et se distingue par quelques coutumes de ses forêts ; le fond de la société est demeuré le même. Au lieu de généraux romains, on voit des chefs germaniques qui se font gloire de jeter sur leur casaque étroite et bigarrée la pourpre consulaire qu'on leur envoie de Constantinople, mais à laquelle ils n'étaient pas étrangers. Tout était romain, religion, lois, administration : les Gaules, et surtout le Lyonnais, l'Auvergne, la Provence, le Languedoc, la Guienne, étaient couverts de temples, d'amphithéâtres, d'aqueducs, d'arcs de triomphe, et de villes ornées de capitoles ; les voies militaires existaient partout ; Brunehilde les fit réparer. Il est vrai que les rois de la première race et les maires du palais les plus fameux, entre autres Karle le Martel, saccagèrent des cités qu'avaient épargnées les précédents Barbares. Avignon fut détruit de fond en comble ; Agde et Béziers éprouvèrent le même sort. C'est encore Karle le Martel qui renversa Nîmes (738) ; il y ensevelit ces ruines que nous essayons d'exhumer.

La nature des propriétés ne changea pas davantage sous la domination des Franks ; l'esclavage était de droit commun chez les Barbares comme chez les Romains, bien qu'il fût plus doux chez les premiers. Ainsi la servitude que l'on remarque en Gaule devenue franke n'était point le résultat de la conquête ; c'était tout simplement ce qui existait parmi le peuple vainqueur et parmi le peuple vaincu, l'effet de ces lois grossières nées de la rude liberté germanique et de ces lois élaborées, écloses du despotisme raffiné de la civilisation romaine. Les Gaulois, que la conquête franke trouva libres, restèrent libres ; ceux qui ne l'étaient pas portèrent le joug auquel les condamnaient le Code romain, les lois salique, ripuaire, saxonne, gombette et visigothe. La propriété moyenne continuait à se perdre dans la grande propriété, par les raisons qu'en donne Salvien, *de Gub.* (Voyez l'*Étude cinquième, troisième partie*).

Quant à l'état des personnes, le tarif des *compositions* annonce bien la dégradation morale de ces personnes, mais ne prouve pas le changement de leur état. Les noms seuls suffisent pour indiquer la position des hommes : presque tous les noms des évêques et des chefs des emplois civils sont latins de ce côté-ci de la Loire, dans les premiers siècles de la monarchie, et presque tous les noms de l'armée sont franks ; mais en Provence, en Auvergne, et de l'autre côté de la Loire jusqu'aux Pyrénées, presque tous les noms sont d'origine latine ou gothique dans l'armée, l'Église et l'administration. Lorsque les chefs franks commencèrent à entrer eux-mêmes dans le clergé, et que le soldat devint moine, l'évêque et le moine se firent à leur tour soldats. On voit, dès la première race, l'évêque d'Auxerre, Haincmar, combattre avec Karle le Martel contre les Sarrasins, et contribuer puissamment à la victoire (*Hist. epis. Autis.*).

Les sciences et les lettres furent, à cette époque, dans les Gaules, ce qu'elles étaient dans le monde romain, selon le degré d'instruction et le plus ou moins de tranquillité des diverses provinces de l'Empire. Fortunat, Frédégher, Grégoire de Tours, Marculfe, saint Remi, une foule d'ecclésiastiques et quelques laïques lettrés écrivaient alors.

Sous le rapport politique, nous voyons le dernier des Mérovingiens tondu et renfermé dans une loître : ce n'est point encore là une nouveauté ; l'usage remontait plus haut ; on rasait les derniers empereurs d'Occident pour en faire des prêtres et des évêques.

Mais il ne me semble pas certain que Khilpérik devînt moine, bien qu'on lui coupât les cheveux et qu'on le confinât dans un monastère. Couper les cheveux à un Mérovingien, c'était tout simplement le déposer et le reléguer dans la classe populaire. On dépouillait un roi frank de sa chevelure comme un empereur de son diadème. Les Germains, dans leur simplicité, avaient attaché le signe de la puissance à la couronne naturelle de l'homme.

Il arriva que l'inégalité des rangs se glissa, par cette coutume, dans la nation. Pour que les chefs fussent distingués des soldats, il fallut bien que ceux-ci se coupassent les cheveux : le simple Frank portait les cheveux courts par derrière et longs par devant (Sidoine). Khlovigh et ses premiers compagnons, en revenant de la conquête du royaume des Visigoths, offrirent quelques cheveux de leur tête à des évêques. Ces Samsons leur laissaient ce gage comme un signe de force et de protection. Un pêcheur trouva le corps d'un jeune homme dans la Marne ; il le reconnut pour être le corps de Khlovigh II, à la longue chevelure dont la tête était ornée, et dont l'eau n'avait pas encore déroulé les tresses (Greg. Tur., lib. viii). Les Bourguignons, à la bataille de Véseronce, reconnurent au même signe qu'un chef frank, Khlodomir, avait été tué. « Ces chefs, dit Agathias, portent une chevelure longue ; ils la partagent sur le front et la laissent tomber sur leurs épaules ; ils la font friser ; ils l'entretiennent avec de l'huile ; elle n'est point sale, comme celle de quelques peuples, ni tressée en petites nattes, comme celle des Goths. Les simples Franks ont les cheveux coupés en rond, et il ne leur est pas permis de les laisser croître. »

On prêtait serment sur ses cheveux.

A douze ans on coupait pour la première fois la chevelure aux enfants de la classe commune : cela donnait lieu à une fête de famille appelée *capitolatoria*.

Les clercs étaient tondus comme serfs de Dieu : la tonsure a la même origine.

On condamnait les conspirateurs à s'inciser mutuellement les cheveux.

Les Visigoths paraissent avoir attaché aux cheveux la même puissance que les Franks : un canon du concile de Tolède, de l'an 628, déclare qu'on ne pourra prendre à roi celui qui se sera fait couper les cheveux.

Quand les cheveux repoussaient, le pouvoir revenait. Thierry III recouvra la dignité royale, qu'il avait perdue en perdant ses cheveux. (*Quam nuper tonsoratus amiserat, recepit dignitatem.*) Khlovigh avait fait couper les cheveux au roi Khararik et à son fils. Khararik pleurait de sa honte ; son fils lui dit : « Les feuilles tondues sur le bois vert ne se sont pas séchées ; elles renaissent promptement. » (*In viridi ligno hæ frondes succisæ sunt, nec omnino arescunt; sed velociter emergunt.*)

La couronne même de Charlemagne n'usurpa point sur la chevelure du Frank l'autorité souveraine. Lother se voulait saisir de Karle, son frère, pour le tondre et le rendre incapable de la royauté; la nature avait devancé l'inimitié fraternelle, et la tête de Karle le Chauve offrait l'image de son impuissance à porter le sceptre.

Mais, vers la fin du sixième siècle, il y avait déjà des Gaulois-Romains qui laissaient croître leur barbe et leurs cheveux : Les Franks toléraient cette imitation, pour cacher peut-être leur petit nombre. « Grégoire de Tours remarque que le bienheureux Léobard n'était pas de ceux qui cherchent à plaire aux Barbares en laissant flotter épars les anneaux de leurs cheveux.» (*Dimissis capillorum flagellis Barbarum plaudebat.* De Vit. Patrum.) Le précepteur de Dagobert, Saudreghesil, avait une longue barbe, puisque Dagobert la lui coupa. Enfin, dans le douzième siècle, les rois abrogèrent la loi qui défendait aux serfs de porter les cheveux longs. Cette abrogation fut obtenue à la sollicitation de Pierre Lombard, évêque de Paris, et de plusieurs autres prélats. Les ecclésiastiques, en envoyant leurs serfs à la guerre, et les donnant pour champions, exigèrent qu'ils eussent l'extérieur des ingénus contre lesquels ils combattaient. Voilà comment la longue chevelure a marqué parmi nous une grande époque historique, comment elle a servi à marquer le passage de l'esclavage à la liberté, et la transformation du Frank en Français. Il faut toutefois remarquer qu'il y avait des Gaulois appelés *Capillati*, *Crinosi*, une Gaule chevelue, *Gallia comata;* que les Bretons portaient les cheveux longs comme les Franks (Frédégher); que dans les vies de plusieurs saints gaulois, on voit ces saints arranger leur chevelure. Est-il probable que les Franks, en se fixant au milieu de leurs conquêtes, aient forcé tous les peuples qui reconnaissaient leur domination à quitter leurs usages? C'est donc particulièrement de la nation victorieuse qu'il faut entendre tout ce qui est dit concernant les cheveux dans notre histoire.

Je ne m'arrêterai point à l'examen de cette seconde invasion des Franks, qu'on place à l'avénement des maires de la race karlovingienne, laquelle invasion aurait donné la couronne à cette race : qu'il y eut des guerres civiles continuelles entre les Franks de l'Austrasie et les Franks de la Neustrie, rien n'est plus vrai; que ces guerres conférèrent la puissance à ceux qui avaient le génie, et qu'elles mirent les Karlovingiens à la place des Mérovingiens, rien n'est encore plus exact; mais, dans tout cela, il le faut dire, il n'y a pas trace d'invasion nouvelle. En attendant des preuves qui jusqu'ici ne se trouvent point, je ne puis penser comme des hommes habiles, dont je me plais, d'ailleurs, à reconnaître tout le mérite [1].

---

[2] *Voir* la Préface en tête du tome ix

Il y eut sous la première race, et jusque sous la seconde, dans les familles souveraines barbares, un désordre qui n'exista point dans les familles souveraines romaines. Les princes franks avaient plusieurs femmes et plusieurs concubines, et les partages avaient lieu entre les enfants de ces femmes sans distinction de droit d'aînesse, sans égard à la bâtardise et à la légitimité.

En résumé, la société, dans sa décomposition et sa recomposition, lente et graduelle, fut presque immobile sous les Mérovingiens : une transformation sensible ne se manifesta que vers la fin de la seconde race. Il n'y a donc rien d'important à examiner dans les cinq cents premières années de la monarchie, si ce n'est la marche ascendante de l'Église vers le plus haut point de sa domination. Les bas siècles furent tout entiers le règne et l'ouvrage de l'Église : je montrerai bientôt sa position, quand nous serons arrivés à l'entrée même de cette autre espèce de barbarie qu'on appelle le moyen âge; barbarie d'où sont sorties, par la fusion complète des peuples païen, chrétien et barbare, les nations modernes.

SECONDE RACE.

Traiter d'usurpation l'avénement de Peppin à la couronne, c'est un de ces vieux mensonges historiques qui deviennent des vérités à force d'être redits. Il n'y a point d'usurpation là où la monarchie est élective, on l'a déjà remarqué; c'est l'hérédité qui dans ce cas est une usurpation. «Peppin fut élu de l'avis et du consentement de tous les Franks;» ce sont les paroles du premier continuateur de Frédégher. (*Cap.* xii.) Le pape Zacharie, consulté par Peppin, eut raison de répondre : « Il me paraît bon et utile que celui-là soit roi qui, sans en avoir le nom, en a la puissance, de préférence à celui qui, portant le nom de roi, n'en garde pas l'autorité. »

Les papes, d'ailleurs, pères communs des fidèles, ne peuvent entrer dans ces questions de droit : ils ne doivent reconnaître que le fait : sinon la cour de Rome se trouverait enveloppée dans toutes les révolutions des cours chrétiennes; la chute du plus petit trône au bout de la terre ébranlerait le Vatican. «Le prince, dit Éginhard, se contentait d'avoir les cheveux flottants et la barbe longue; il était réduit à une pension alimentaire, réglée par le maire du palais; il ne possédait qu'une maison de campagne d'un revenu modique; et quand il voyageait, c'était sur un chariot traîné par des bœufs, et qu'un bouvier conduisait à la manière des paysans. »

Les intérêts, sans doute, vinrent à l'appui des réalités politiques. Il avait existé de grandes liaisons entre les papes Grégoire II, Grégoire III et le maire du palais Karle le Martel. Peppin désirait être roi des Franks, comme Zacharie désirait se soustraire au joug des empereurs de Constantinople, protecteurs des iconoclastes, et à l'oppression des Lombards. Saint Boniface, évêque de Mayence, ayant besoin de l'entremise des Franks pour étendre ses missions en Germanie, fut le négociateur qui mena toute cette affaire entre Zacharie et Peppin. Et pourtant Peppin crut devoir demander l'absolution de son infidélité envers Khildérik III, au pape Étienne, bien aise qu'était celui-ci qu'on lui reconnût le droit de condamner ou d'absoudre.

D'un autre côté, les ducs d'Aquitaine refusèrent assez longtemps de se soumettre à Peppin; nous les voyons, jusque sous la troisième race, renier Hugues Capet et dater les actes publics : *Rege terreno deficiente, Christo regnante*. Guillaume le Grand, duc d'Aquitaine à cette époque, ne reconnut d'une manière authentique que Robert, fils de Hugues : *Regnante Roberto, rege theosopho*. On eût ignoré les causes secrètes des rudes guerres que Peppin de Héristal, Karle le Martel, Peppin le Bref et Charlemagne firent aux Aquitains, si la charte d'Alaon, imprimée dans les conciles d'Espagne, commentée et éclaircie par dom Vaissette, ne prouvait que les ducs d'Aquitaine descendaient d'Haribert par Bogghis, famille illustre qui s'est perpétuée jusqu'à Louis d'Armagnac, duc de Nemours, tué à la bataille de Cérignoles, en 1503. Ainsi les ducs d'Aquitaine venaient en directe ligne de Khlovigh; la force seule les put réduire à n'être que les vassaux d'une couronne dont leurs pères avaient été les maîtres. Il est curieux de remarquer aujourd'hui l'ignorance ou la mauvaise foi d'Éginhard; après avoir dit que Karle et Karloman succédèrent à Peppin leur père, il ajoute : « L'Aquitaine ne put demeurer longtemps tranquille, par suite des guerres dont elle avait été le théâtre. *Un certain Hunold*, aspirant au pouvoir, excita les habitants, etc. » Or, ce certain Hunold était fils d'Eudes, duc d'Aquitaine et père de Waiffer, également duc d'Aquitaine et héritier de la maison des Mérovingiens. Je me suis arrêté à ces guerres d'Aquitaine, dont aucun historien, Gaillard et La Bruère exceptés, n'a touché la vraie cause : c'était tout simplement une lutte entre un ancien fait et un fait nouveau, entre la première et la seconde race.

Peppin, élu roi à Soissons (754), défait les Saxons; il passe en Italie à la prière du pape Étienne III, pour combatre Astolphe, roi des Lombards, qui menaçait Rome après s'être emparé de l'exarchat de Ravenne. Peppin reprend l'exarchat, le donne au pape, et jette les fondements de la royauté temporelle des pontifes.

Après Peppin vient son fils, qui ressuscite l'empire d'Occident. Charlemagne continue contre les Saxons cette guerre qui dura trente-trois années ; il détruit en Italie la monarchie des Lombards, et refoule les Sarrasins en Espagne. La défaite de son arrière-garde à Roncevaux engendre pour lui une gloire romanesque qui marche de pair avec sa gloire historique.

On compte cinquante-trois expéditions militaires de Charlemagne ; un historien moderne en a donné le tableau. M. Guizot remarque judicieusement que la plupart de ces expéditions eurent pour motifs d'arrêter et de terminer les deux grandes invasions des Barbares du Nord et du Midi.

Charlemagne est couronné empereur d'Occident à Rome par le pape Léon III (800). Après un intervalle de trois cent vingt-quatre années, fut rétabli cet empire dont l'ombre et le nom restent encore après la disparition du corps et de la puissance.

Une sensibilité naturelle pour l'honneur d'un grand homme a porté presque tous les écrivains à se taire sur la destinée des cousins de Charlemagne : Peppin le Bref avait laissé deux fils, Karloman et Karle ; Karloman eut à son tour deux fils, Peppin et Siaghre. Le premier a disparu dans l'histoire ; pendant près de neuf siècles on a ignoré le sort du second. Un manuscrit de l'abbaye de Saint-Pons de Nice, envoyé à l'évêque de Meaux, a fait retrouver Siaghre dans un moine de cette abbaye. Siaghre, devenu évêque de Nice, a été mis au rang des saints ; et il était réservé à Bossuet de laver d'un crime la mémoire de Charlemagne.

Ce prince, qui était allé chercher les Barbares jusque chez eux pour en épuiser la source, vit les premières voiles des Normands : ils s'éloignèrent en toute hâte de la côte que l'empereur protégeait de sa présence. Charlemagne se leva de table, se mit à une fenêtre qui regardait l'Orient, et y demeura longtemps immobile : des larmes coulaient le long de ses joues ; personne n'osait l'interroger. « Mes fidèles, » dit-il aux grands qui l'environnaient, « savez-vous pourquoi je pleure ? Je ne crains pas pour moi ces pirates, mais je m'afflige que, moi vivant, ils aient osé insulter ce rivage. Je prévois les maux qu'ils feront souffrir à mes descendants et à leurs peuples. » (*Moine de Saint-Gall.*)

Ce même prince, associant son fils, Hlovigh le Débonnaire, à l'empire, lui dit : « Fils cher à Dieu, à ton père, et à ce peuple ; toi que Dieu m'a laissé pour ma consolation ; tu le vois, mon âge se hâte, ma vieillesse même m'échappe : le temps de ma mort approche. . . . . Le pays des Franks m'a vu naître, Christ m'a accordé cet honneur ; Christ me permit de posséder les royaumes paternels : je les ai gardés non moins florissants que je ne les ai reçus. Le premier d'entre les Franks j'ai obtenu le nom de César, et transporté à la race des Franks l'empire de la race de Romulus. Reçois ma couronne, ô mon fils, Christ consentant, et avec elle les marques de la puissance. . . . . »

« Karle embrasse tendrement son fils, et lui dit le dernier adieu. » (*Ermold. Nigel.*)

Le vieux chrétien Charlemagne pleurant à la vue de la mer, par le pressentiment des maux qu'éprouverait sa patrie quand il ne serait plus ; puis associant à l'empire, avec un cœur tout paternel, ce fils qui devait être si malheureux père ; racontant à ce fils sa propre histoire, lui disant qu'il était né dans le pays des Franks, qu'il avait transporté à la race des Franks l'empire de la race de Romulus ; Charlemagne annonçant que son temps est fini, que la vieillesse même lui échappe : ce sont de belles scènes qui attendent le peintre futur de notre histoire. Les dernières paroles d'un père de famille au milieu de ses enfants ont quelque chose de triste et de solennel : le genre humain est la famille d'un grand homme, et c'est elle qui l'entoure à son lit de mort.

Le poëte de Hlovigh fait venir son nom *Hludovicus* du mot latin *Ludus*, ou, ce qui est beaucoup plus vrai, des deux mots teutons, *Hlut*, fameux, et *Wigh*, dieu à la guerre. Hlovigh le Débonnaire était malheureusement trop bon écolier ; il savait le grec et le latin : l'éducation littéraire donnée aux enfants de Charlemagne fut une des causes de la prompte dégénération de sa race. Hlovigh hérita du titre d'empereur et de roi des Franks ; Peppin, autre fils de Charlemagne, avait eu en partage le royaume d'Italie.

Hlovigh le Débonnaire associa son fils Lother à l'empire (817), créa son autre fils Peppin duc d'Aquitaine, et son autre fils Hlovigh roi de France. Son quatrième fils, Karle II, dit le Chauve, qu'il avait eu de Judith, sa seconde femme, n'eut d'abord aucun partage.

Les démêlés de Hlovigh le Débonnaire et de ses fils eurent pour résultat deux dépositions et deux restaurations de ce prince, qui expira en 840 d'inanition et de chagrin.

Karle le Chauve n'avait que dix-sept ans lorsque son père décéda : il était roi de France, de Bourgogne et d'Aquitaine. Il s'unit à Hlovigh, roi de Bavière, son frère de père, contre Lother, empereur et roi d'Italie et de Rome. La bataille de Fontenai, en Bourgogne, fut livrée le 25 juin 841. Karle le Chauve et Hlovigh de Bavière demeurèrent vainqueurs de Lother et du jeune Peppin, fils de Peppin, roi d'Aquitaine, dont la dépouille avait été donnée par Hlovigh le Débonnaire à Karle le Chauve.

On a porté jusqu'à cent mille le nombre des morts restés sur la place : exagération manifeste. (*Voir* la savante *Dissertation de l'abbé Lebœuf.*) Mais ces affaires entre les Franks étaient extrêmement cruelles, et l'ordre profond qu'ils affectaient dans leur infanterie amenait des résultats extraordinaires. Thierry remporta, en 612, une victoire sur son frère Théodebert à Tolbiac, lieu déjà célèbre. « Le meurtre fut tel des deux côtés, dit la Chronique de Frédégher, que les corps des tués, n'ayant pas assez de place pour tomber, restèrent debout serrés les uns contre les autres, comme s'ils eussent été vivants. » (*Stabant mortui inter cæterorum cadavera stricti, quasi viventes*, cap. XXXVIII.)

Un des premiers historiens des temps modernes, M. Thierry, a fixé avec une rare perspicacité à la bataille de Fontenai le commencement de la transformation du peuple frank en nation française. La plus grande perte étant tombée sur les tribus qui se servaient encore de la langue germanique, les vainqueurs firent graduellement prévaloir les mœurs et la langue romanes. Cette bataille prépara encore une révolution par un autre effet : la plupart des anciens chefs franks y périrent, comme les anciens nobles français restèrent au champ de Crécy ; ce qui amena au rang supérieur de la société les chefs d'un rang secondaire, de même encore que la seconde noblesse française surgit après les déroutes de Crécy et de Poitiers. Ces seconds Franks, fixés dans leurs fiefs, devinrent, sous la troisième race, la tige de la haute noblesse française.

L'empereur Lother, retiré à Aix-la-Chapelle, leva une nouvelle armée de Saxons et de Neustriens. Advint alors le traité et le serment entre Karle et Hlovigh, écrits et prononcés dans les deux langues de l'empire, la langue romane et la langue tudesque. Je ferai néanmoins observer qu'il y avait une troisième langue, le celtique pur, que l'on distinguait de la langue *gauloise* ou *romane*, comme le prouve ce passage de Sulpice Sévère : Parlez celtique ou gaulois, si vous aimez mieux : *In vero celtice, vel si mavis, gallice loquere*. Au milieu de ces troubles parurent les Normands, qui devaient achever de composer, avec les Gaulois-Romains, les Burgondes ou Bourguignons, les Visigoths, les Bretons, les Wascons ou Gascons, et les Franks, la nation française : Robert le Fort, bisaïeul de Hugues Capet, et qui possédait le duché de Paris, fut tué d'un coup de flèche, en combattant contre les Normands des environs du Mans.

L'empereur Lother meurt en habit de moine (855) : prince turbulent, persécuteur de son père et de ses frères.

Karle le Chauve est empoisonné par le Juif Sédécias, dans un village au pied du Mont-Cénis, en revenant en France (3 octobre 877).

Hlovigh le Bègue succède au royaume des Franks, et est couronné empereur par le pape Jean VIII. Karloman, fils de Hlovigh le Germanique, lui disputa l'empire, et fut peut-être empereur ; mais, après la mort de Karloman, Karle le Gros, son frère, obtint l'empire.

Karle le Gros, empereur, devint encore roi de France à l'exclusion de Karle, fils de Hlovigh le Bègue. Il posséda presque tous les États de Charlemagne. Siége de Paris par les Normands, qui dure deux ans et que Karle le Gros fait lever à l'aide d'un traité honteux. Il avait recueilli autant de mépris que de grandeurs ; on l'avait dépouillé de la dignité impériale avant sa mort, arrivée en 888.

Karle, fils de Hlovigh le Bègue, fut proposé pour empereur ; on n'en voulut pas plus qu'on n'en avait voulu pour roi de France. Arnoul, bâtard de l'empereur Karloman, succède à l'empire de Karle le Gros ; Eudes, comte de Paris et fils de Robert le Fort, est proclamé roi des Franks dans l'assemblée de Compiègne : Eudes avait défendu Paris contre les Normands. En 892, Karle III est enfin proclamé roi dans la ville de Laon. Il y eut partage entre Eudes et Karle : Eudes eut le pays entre la Seine et les Pyrénées, et Karle, les provinces depuis la Seine jusqu'à la Meuse.

Après la mort d'Eudes (898), Karle III, dit le Simple, recueillit la monarchie entière. Alors commençaient les guerres particulières entre les chefs devenus souverains des provinces dont ils avaient été les commandants. A Saint-Clair sur Epte fut conclu (912) le traité en vertu duquel Karle le Simple donne sa fille Ghisèle en mariage à Rollon, et cède à son gendre cette partie de la Neustrie que les conquérants appelaient déjà de leur nom. Rollon la posséda à titre de duché, sous la réserve d'en faire hommage à Karle et d'embrasser la religion chrétienne ; il demanda et obtint encore la seigneurie directe et immédiate de la Bretagne : grand homme de justice et d'épée, il fut le chef de ce peuple qui renfermait en lui quelque chose de vital et de créateur propre à former d'autres peuples.

L'empereur Hlovigh IV étant mort, Karle, resserré dans un étroit domaine par les seigneuries usurpées, ne put intervenir, et l'empire sortit de la France. Conrad, duc de Franconie, et ensuite Henric Ier, tige de la maison impériale de Saxe, furent élus empereurs. Le fils d'Henric, Othon, dit le Grand, couronné à Rome (962), réunit le royaume d'Italie au royaume de Germanie.

Robert, frère du roi Eudes, est proclamé roi et sacré à Reims (922). Karle le Simple lui livre bataille, le défait et le tue. Tout épouvanté de sa victoire, il s'enfuit auprès de Henric, roi de Germanie, et lui cède une partie de la Lothingarie. De là il s'enfuit chez Herbert, comte de

Vermandois, d'où il s'enfuit enfin dans sa tombe (929). Oghine, fille d'Édouard Ier, roi des Anglais, se retire à Londres auprès d'Adelstan, son frère ; elle emmène avec elle son fils Hlovigh, qui prit le surnom *d'Outre-mer.*

En 923 on veut décerner la couronne à Hugues, qui la fait donner à son beau-frère Raoul, duc et comte de Bourgogne : Raoul ne fut jamais reconnu roi dans les provinces méridionales de la France. Il meurt à Autun, en 936. Hugues, dit le Grand, dit l'Abbé, dit le Blanc, ne veut point encore de la couronne, et fait revenir Hlovigh d'Outre-mer, fils de Charles le Simple. Celui-ci, âgé de seize ans, monte au trône.

En 954, il meurt d'une chute de cheval, et laisse deux fils, Lother et Karle, duc de Lothingarie.

Lother est élu roi, sous le patronage de Hugues le Grand ; le royaume, devenu trop petit, ne se partagea point entre les deux frères. Hugues décède (956). Lother voit ses États presque réduits, par l'envahissement des grands vassaux, à la ville de Laon ; ainsi s'était rétréci le large héritage de Charlemagne. Charles VII fut aussi *roi de Bourges,* mais il sortit de cette ville pour reconquérir son royaume, et Lother ne reprit pas le sien. Il mourut à Reims, en 986, du poison que lui donna sa femme, fille de Lother, roi d'Italie. Son fils, Louis V, surnommé mal à propos le Fainéant, fut le dernier roi de la race karlovingienne. Il ne régna qu'un an, et partagea le destin de son père : sa femme, Blanche d'Aquitaine, l'empoisonna ; il ne laissa point de postérité. Karle, son oncle, avait des prétentions à la couronne ; mais l'élection se fit en faveur de Hugues Capet, duc des Français. Hugues commença la race de ces rois dont le dernier vient de descendre du trône : force est de reconnaître cette grandeur du passé par le vide et le mouvement qu'elle creuse et qu'elle cause dans le monde en se retirant.

Les soixante premières années de la seconde race n'offrent aucun changement remarquable dans les mœurs et dans le gouvernement ; c'est toujours la société romaine dominée par quelques conquérants. Le rétablissement de l'empire d'Occident donne même à cette époque un plus grand air de ressemblance avec les temps antérieurs. Sous le rapport militaire, Charlemagne ne fait que ce que beaucoup d'empereurs avaient fait avant lui ; il se transporte en diverses provinces de l'Europe pour repousser les Barbares, comme Probus, Aurélien, Dioclétien, Constantin, Julien, avaient couru d'un bout du monde à l'autre dans la même nécessité. Sous le rapport de la législation et des études, Charlemagne avait encore eu des modèles ; les empereurs, même les plus ignorants et les plus faibles, s'étaient distingués par la promulgation des lois et l'établissement des écoles ; mais il faut convenir que ces

nobles entreprises de Charlemagne amenèrent d'autres résultats; elles étaient aussi plus méritoires dans le soldat teuton qui fit recueillir les chansons des anciens Germains; « Qui mist noms aux douze mois se-
« lon la langue toyse, et noms propres aux douze vents; car avant ce
« n'estoient nomé que li quatre vent cardinal; *dans un soldat* qui se
« vestoit à la maniere de France, vestoit en yver un garnement forré
« de piaus de loutre ou de martre; *dans un soldat* qui levoit un che-
« valier armé sur sa paume, et de Joyeuse, son espée, coupoit un che-
« valier tout armé. » (Chron. Saint-Denis.)

On retrouve à la cour des rois des deux premières races les charges et les dignités de la cour des Césars, ducs, comtes, chanceliers, référendaires, camériers, domestiques, connétables, grands maîtres du palais : Charlemagne seul garda la première simplicité des Franks; ses devanciers et ses successeurs affectèrent la magnificence romaine. On voit auprès de Hlovigh le Débonnaire, Hérold le Danois portant une chlamyde de pourpre, ornée de pierres précieuses et d'une broderie d'or; sa femme, par les soins de la reine Judith, revêt une tunique également brodée d'or et de pierreries; un diadème couvre son front, et un long collier descend sur son sein. La reine danoise, il est vrai, a aussi des cuissards de mailles d'or et de perles; un capuchon d'or retombe sur ses épaules : ce sont des Sauvages se parant à leur fantaisie dans le vestiaire d'un palais. Dans une chasse brillante l'enfant Karle (Karle le Chauve) « frappe de ses petites armes une biche que lui ont ramenée ses jeunes compagnons » : Virgile ne disait pas mieux d'Ascagne.

Les Capitulaires de Charlemagne, relatifs à la législation civile et religieuse, reproduisent à peu près ce que l'on trouve dans les lois romaines et dans les canons des conciles; mais ceux qui concernent la législation domestique sont curieux par le détail des mœurs.

Le capitulaire *de Villis fisci* se compose de soixante-dix articles, vraisemblablement recueillis de plusieurs autres capitulaires.

Les intendants du domaine sont tenus d'amener au palais où Charlemagne se trouvera le jour de la Saint-Martin d'hiver tous les poulains, de quelque âge qu'ils soient, afin que l'empereur, après avoir entendu la messe, les passe en revue.

On doit au moins élever dans les basses-cours des principales métairies cent poules et trente oies.

Il y aura toujours dans ces métairies des moutons et des cochons gras, et au moins deux bœufs gras, pour être conduits, si besoin est, au palais.

Les intendants feront saler le lard; ils veilleront à la confection des cervelas, des andouilles, du vin, du vinaigre, du sirop de mûres, de la moutarde, du fromage, du beurre, de la bière, de l'hydromel, du miel et de la cire.

Il faut, pour la dignité des maisons royales, que les intendants y élèvent des laies, des paons, des faisans, des sarcelles, des pigeons, des perdrix et des tourterelles.

Les colons des métairies fourniront aux manufactures de l'empereur du lin et de la laine, du pastel et de la garance, du vermillon, des instruments à carder, de l'huile et du savon.

Les intendants défendront de fouler la vendange avec les pieds : Charlemagne et la reine, qui commandent également dans tous ces détails, veulent que la vendange soit très-propre.

Il est ordonné, par les articles 39 et 65, de vendre au marché, au profit de l'empereur, les œufs surabondants des métairies et les poissons des viviers.

Les chariots destinés à l'armée doivent être tenus en bon état; les litières doivent être couvertes de bon cuir et si bien cousues, qu'on puisse s'en servir au besoin comme de bateaux pour passer une rivière.

On cultivera dans les jardins de l'empereur et de l'impératrice toutes sortes de plantes, de légumes et de fleurs : des roses, du baume, de la sauge, des concombres, des haricots, de la laitue, du cresson alénois, de la menthe romaine, ordinaire et sauvage, de l'herbe aux chats, des choux, des oignons, de l'ail et du cerfeuil.

C'était le restaurateur de l'empire d'Occident, le fondateur des nouvelles études, l'homme qui, du milieu de la France, en étendant ses deux bras, arrêtait au nord et au midi les dernières armées d'une invasion de six siècles; c'était Charlemagne enfin qui faisait vendre au marché les œufs de ses métairies, et réglait ainsi avec sa femme ses affaires de ménage.

Quand je parlerai de la chevalerie, je montrerai qu'on en doit rattacher l'origine à la seconde race, et que les romanciers du onzième siècle, en transformant Charlemagne en chevalier, ont été plus fidèles qu'on ne l'a cru à la vérité historique.

Les capitulaires des rois franks jouirent de la plus grande autorité : les papes les observaient comme des lois; les Germains s'y soumirent jusqu'au règne des Othons, époque à laquelle les peuples au delà du Rhin rejetèrent le nom de Franks qu'ils s'étaient glorifiés de porter. Karle le Chauve, dans l'édit de Pitres (chap. vi), nous apprend comment se dressait le capitulaire. « La loi, dit ce prince, devient irréfragable par le consentement de la nation et la constitution du roi. » La publication des capitulaires, rédigés du consentement des assemblées nationales, était faite dans les provinces par les évêques et par les envoyés royaux, *missi dominici*.

Les capitulaires furent obligatoires jusqu'au temps de Philippe le Bel : alors les ordonnances les remplacèrent. Rhenanus les tira de l'oubli en 1531 : ils avaient été recueillis incomplétement en deux livres par Ansegise, abbé de Fontenelles (et non pas de Lobes), vers l'an 827. Benoît, de l'Église de Mayence, augmenta cette collection en 845. La première édition imprimée des Capitulaires est de Vitus; elle parut en 1545.

Les assemblées générales où se traitaient les affaires de la nation avaient lieu deux fois l'an, partout où le roi ou l'empereur les convoquait. Le roi proposait l'objet du capitulaire : lorsque le temps était beau, la délibération avait lieu en plein air; sinon, on se retirait dans des salles préparées exprès. Les évêques, les abbés et les clercs d'un rang élevé se réunissaient à part; les comtes et les principaux chefs militaires de même. Quand les évêques et les comtes le jugeaient à propos, ils siégeaient ensemble, et le roi se rendait au milieu d'eux; le peuple était forclos; mais, après la loi faite, on l'appelait à la sanction. (HINCMAR. *Hunold*.) La liberté individuelle du Frank se changeait peu à peu en liberté politique, de ce genre représentatif inconnu des anciens. Les assemblées du huitième et du neuvième siècle étaient de véritables états tels qu'ils reparurent sous saint Louis et Philippe le Bel; mais les états des Karlovingiens avaient une base plus large, parce qu'on était plus près de l'indépendance primitive des Barbares : le *peuple* existait encore sous les deux premières races; il avait disparu sous la troisième, pour renaître par les *serfs* et les *bourgeois*.

Cette liberté politique karlovingienne perdit bientôt ce qui lui restait de populaire : elle devint purement aristocratique, quand la division croissante du royaume priva de toute force la royauté.

La justice, dans la monarchie franke, était administrée de la manière établie par les Romains; mais les rois chevelus, afin d'arrêter la corruption de cette justice, instituèrent les *missi dominici*, sorte de commissaires ambulants qui tenaient des assises, rendaient des arrêts au nom du souverain, et sévissaient contre les magistrats prévaricateurs. Quand il s'agira de la féodalité et des parlements, je montrerai comment la source de la justice, chez les peuples modernes, fut autre que la source de la justice chez les Grecs et les Latins.

Sous les successeurs de Charlemagne se déclare la grande révolution sociale qui changea le monde antique dans le monde féodal : second pas de la liberté générale des hommes, ou passage de *l'esclavage au servage*. J'expliquerai en son lieu cette mémorable transformation.

Charlemagne, comme tous les grands hommes, par l'attraction naturelle du génie, concentra l'administration et le gouvernement social en sa personne ; à sa mort l'unité disparut : ses contemporains, qui avaient vu se former son empire, en déplorèrent la division.

Alexandre, n'ayant point de famille, livra à ses capitaines, comme à ses enfants, les débris de sa conquête : en quittant la Macédoine il ne s'était réservé que l'espérance ; en quittant la vie il ne garda que la gloire. Charlemagne n'était point dans la même position : il commençait un monde ; Alexandre en finissait un. Charlemagne partagea son empire entre ses trois fils ; ses fils le morcelèrent entre les leurs. En 888, à la mort de Karle le Gros, il y avait déjà sept royaumes dans la monarchie du fils de Karle le Martel : le royaume de France, le royaume de Navarre, le royaume de Bourgogne cisjurane, le royaume de Bourgogne transjurane, le royaume de Lorraine, le royaume d'Allemagne, le royaume d'Italie. Karle le Chauve établit l'hérédité des bénéfices. « Si, après notre mort, dit-il, quelqu'un de nos fidèles a un fils ou tel autre parent... qu'il soit libre de lui transmettre ses bénéfices et honneurs comme il lui plaira. » Ce n'était que changer le fait en droit ; car les ducs, comtes et vicomtes, retenaient déjà les châteaux, villes et provinces dont ils avaient reçu le commandement. A la fin du neuvième siècle, vingt-neuf fiefs ou souverainetés aristocratiques se trouvaient établis. Un siècle après, à la chute de la race karlovingienne, le nombre s'en était accru jusqu'à cinquante-cinq. A mesure que ces petits États féodaux se multipliaient, les grands États monarchiques diminuaient : les sept royaumes existants du temps de Karle le Gros étaient réduits à quatre lorsque Hugues Capet reçut la couronne.

Les fiefs usurpés donnèrent naissance aux maisons aristocratiques que l'on voit s'élever à cette époque : alors les Barbares substituèrent à leurs noms germaniques, et ajoutèrent à leurs prénoms chrétiens les noms des domaines dans lesquels ils s'étaient impatronisés. Les noms propres de lieux ont précédé les noms propres d'individus. Le Sauvage donne à sa terre une dénomination tirée de ses accidents, de ses qualités, de ses produits, avant de prendre lui-même une appellation particulière dans la famille commune des hommes. Un globe pourrait avoir une géographie et n'avoir pas un seul habitant.

Le gentilhomme proprement dit, dans le sens où nous entendons ce mot aujourd'hui, commença de paraître vers la fin de la seconde race. La noblesse titrée, que Constantin mit à la place du patriciat, s'infiltra chez les Franks par leur mélange avec les générations romaines, par les emplois qu'ils occupèrent dans l'Empire, par l'influence que les vaincus civilisés exercèrent dans l'intimité du foyer sur leurs vainqueurs agrestes.

Dans les autres parties de l'Europe, la même cause agit, les mêmes faits s'accomplissent : le monarque n'est plus que le chef de nom d'une aristocratie religieuse et politique dont les cercles concentriques se vont resserrant autour de la couronne. Dans chacun de ces cercles s'inscrivent d'autres cercles qui ont des centres propres à leur mouvement : la royauté est l'axe autour duquel tourne cette sphère compliquée, république de tyrannies diverses.

L'Église eut la principale part à la création de ce système ; elle avait atteint le complément de ses institutions dans la période que les deux premières races mirent à s'écouler ; elle avait saisi l'homme dans toutes ses facultés : aujourd'hui même on ne peut jeter les regards autour de soi sans s'apercevoir que le monde extraordinaire d'où nous sommes sortis était presque entièrement l'ouvrage de la religion et de ses ministres.

Les précédentes *Études* nous ont montré le christianisme avançant à travers les siècles, changeant non de principe, mais de moyen d'âge en en âge, se modifiant pour s'adapter aux modifications successives de la société, s'accroissant par les persécutions, et s'élevant quand tout s'abaissait. L'Église (qu'il faut toujours bien distinguer de la communauté chrétienne, mais qui était la forme visible de la foi et la constitution politique du christianisme), l'Église s'organisait de plus en plus : ses milices s'étaient portées d'Orient en Occident : Benoît avait fondé au Mont-Cassin son ordre célèbre.

Le long usage des conciles avait rendu ceux-ci plus réguliers ; on les savait mieux tenir, on connaissait mieux leur puissance. Sur les conciles se modelèrent les corps délibérants des deux premières races ; et les prélats, qui, dans la société religieuse, représentaient les grands, furent admis au même rang dans la société politique. Les évêques se trouvèrent tout naturellement le premier ordre de l'État, par la raison qu'ils étaient à la tête de la civilisation par l'intelligence. Les preuves de la considération et de l'autorité des évêques sous les races mérovingienne et karlovingienne sont partout.

La composition pour le meurtre d'un évêque dans la loi salique est de neuf cents sous d'or, tandis que celle du meurtre d'un Frank n'est que de deux cents sous ; on peut tuer un Romain convive du roi pour trois cents sous, et un antrustion pour six cents.

Un des premiers actes de Khlovigh est adressé aux *évêques et abbés*, aux hommes illustres les magnifiques ducs, etc., *omnibus episcopis, abbatibus*, etc., Khlother fait la même chose en 546.

Guntran et Khilpérik s'en remettent de leurs différends au jugement des *évêques* et des anciens du peuple : *ut quidquid sacerdotes vel seniores populi judicarent*. Guntran et Khildebert se soumettent à la médiation des *prêtres : mediantibus sacerdotibus* (588). Khlother II assemble les *évêques* de Bourgogne pour délibérer sur les affaires de l'État et le salut de la patrie : *Cum pontifices et universi proceres regni sui... pro utilitate regia et salute patriæ conjunxissent* (627).

Les évêques sont toujours nommés les premiers dans les diplômes ; aucune assemblée où l'on ne les voit paraître : ils jugent avec les rois dans les plaids, et leur nom est placé au bas de l'arrêt immédiatement après celui du roi ; ils sont souverains de leurs villes épiscopales ; ils ont la justice ; ils battent monnaie ; ils lèvent des impôts et des soldats : Savarik, évêque d'Auxerre, s'empara de l'Orléanais, du Nivernais, des territoires de Tonnerre, d'Avalon et de Troyes, et les unit à ses domaines. Le prêtre, dans le camp, s'appelait l'*Abbé des armées*.

L'unité de l'Église, qui s'était établie par la doctrine, prit une nouvelle force par la création du temporel de la cour de Rome. Une fois la papauté portant couronne, son influence politique augmenta ; elle traita d'égal à égal avec les maîtres des peuples. Aussi voit-on les pontifes signer au testament des rois, approuver ou désapprouver le partage des royaumes, parvenir enfin à cet excès d'autorité, qu'ils disposaient des sceptres et forçaient les empereurs à leur venir baiser les pieds. Et cependant cette puissance sans exemple sur la terre n'était qu'une puissance d'opinion, puisque les papes qui imposaient leur tiare au monde étaient à peine obéis dans la ville de Rome.

Les successeurs de saint Pierre étant montés au rang des souverains, il en fut de même des évêques ; la plupart des prélats en Allemagne étaient des princes : par une rencontre naturelle mais singulière, lorsque l'empire devint électif, les dignités devinrent héréditaires ; l'élu fut amovible, l'électeur, inamovible.

Le grand nom de Rome, de Rome tombée aux mains des papes, ajouta l'autorité à leur suprématie en l'environnant de l'illusion des souvenirs : Rome, reconnue des Barbares eux-mêmes pour l'ancienne source de la domination, parut recommencer son existence, ou continuer la ville éternelle.

La cour théocratique donnait le mouvement à la société universelle : de même que les fidèles étaient partout, l'Église était en tous lieux. Sa hiérarchie, qui commençait à l'évêque, et remontait au souverain pontife, descendait au dernier clerc de paroisse, à travers le prêtre, le diacre, le sous-diacre, le curé et le vicaire. En dehors du clergé séculier était le clergé régulier ; milice immense qui, par ses constitutions, embrassait tous les accidents et tous les besoins de la société laïque : il y avait des ecclésiastiques et des moines pour toutes les espèces d'enseignements ou de souffrances. Le prêtre célibataire de l'unité catholique ne se refusa point, comme le ministre marié séparé de cette communion, aux calamités populaires ; il devait mourir dans un temps de peste en secourant les pestiférés ; il devait mourir dans un temps de guerre en défendant les villes et en montant à cheval, malgré l'interdiction canonique ; il devait mourir en se portant aux incendies ; il devait mourir pour le rachat des captifs : à lui étaient confiés le berceau et la tombe ; l'enfant qu'il élevait ne pouvait, lorsqu'il était devenu homme, prendre une épouse que de sa main. Des communautés de femmes remplissaient envers les femmes les mêmes devoirs ; puis venait la solitude des cloîtres pour les grandes études et les grandes passions. On conçoit qu'un système religieux ainsi lié à l'humanité devait être l'ordre social même.

Les richesses du clergé, déjà si considérables sous les empereurs romains qu'on avait été obligé d'y mettre des bornes, continuèrent de s'accroître jusqu'au douzième siècle, bien qu'elles fussent souvent attaquées, saisies et vendues dans les besoins urgents de l'État. Le monastère de Saint-Martin d'Autun possédait, sous les Mérovingiens, cent mille manses. La manse était un fonds de terre dont un colon se pouvait nourrir avec sa famille, et payer le cens au propriétaire. L'abbaye de Saint-Riquier, plus riche encore, nous montre ce que c'était qu'une ville de France au neuvième siècle.

Hérik, en 834, présenta à Hlovigh le Débonnaire l'état des biens de la susdite abbaye. Dans la ville de Saint-Riquier, propriété des moines, il y avait deux mille cinq cents manses de séculiers ; chaque manse payait douze deniers, trois setiers de froment, d'avoine et de fèves, quatre poulets et trente œufs. Quatre moulins devaient six cents muids de grain mêlé, huit porcs et douze vaches. Le marché, chaque semaine, fournissait quarante sous d'or, et le péage, vingt sous d'or. Treize fours produisaient chacun, par an, dix sous d'or, trois cents pains et trente gâteaux dans le temps des Litanies. La cure de Saint-Michel donnait un revenu de cinq cents sous d'or, distribués en aumônes par les frères de l'abbaye. Le casuel des enterrements des pauvres et des étrangers était évalué, année courante, à cent sous d'or, également distribués en aumônes. L'abbé partageait chaque jour aux mendiants cinq sous d'or ; il nourrissait trois cents pauvres, cent cinquante veuves et soixante clercs. Les mariages rapportaient annuellement vingt livres d'argent pesant, et le jugement des procès, soixante-huit livres.

La rue des Marchands (dans la ville de Saint-Riquier) devait à l'abbaye, chaque année, une pièce de tapisserie de la valeur de cent sous d'or, et la rue des Ouvriers en fer, tout le ferrement nécessaire à l'abbaye. La rue des Fabricants de boucliers était chargée de fournir les couvertures de livres ; elle reliait ces livres et les cousait, ce qu'on estimait trente sous d'or. La rue des Selliers procurait des selles à l'abbé et aux frères ; la rue des Boulangers délivrait cent pains hebdomadaires ; la rue des Écuyers était exempte de toute charge (*vicus Servientium per omnia liber est*); la rue des Cordonniers munissait de souliers les valets et les cuisiniers de l'abbaye ; la rue des Bouchers était taxée, chaque année, à quinze setiers de graisse ; la rue des Foulons confectionnait les sommiers de laine pour les moines, et la rue des Pelletiers, les peaux qui leur étaient nécessaires ; la rue des Vignerons donnait par semaine seize setiers de vin et un d'huile ; la rue des Cabaretiers, trente setiers de cervoise (bière) par jour ; la rue des Cent dix *Milites* (Chevaliers) devait entretenir pour chacun d'eux un cheval, un bouclier, une épée, une lance et les autres armes.

La chapelle des nobles octroyait chaque année douze livres d'encens et de parfums ; les quatre chapelles du commun peuple (*populi vulgaris*) payaient cent livres de cire et trois d'encens. Les oblations présentées au sépulcre de Saint-Riquier valaient par semaine deux cents marcs ou trois cents livres d'argent.

Suit le bordereau des vases d'or et d'argent des trois églises de Saint-Riquier, et le catalogue des livres de la bibliothèque. Vient la liste des villages de Saint-Riquier, au nombre de vingt : Buniac, Vallès, Drusiac, Neuville, Gaspanne, Guibrantium, Bagarde, Cruticelle, Croix, Civinocurtis, Haidulficurtis, Maris, Nialla, Langradus, Alteica, Rochonismons, Sidrunis, Concilio, Buxudis, Ingoaldicurtis. Dans ces villages se trouvaient quelques vassaux de Saint-Riquier, qui possédaient des terres à titre de bénéfices militaires. On voit de plus treize autres villages sans mélange de fief ; et ces villages, dit la notice, sont moins des villages que des villes et des cités.

Le dénombrement des églises, des villes, villages et terres dépendants de Saint-Riquier, présente les noms de cent chevaliers attachés au monastère, lesquels chevaliers composent à l'abbé, aux fêtes de Noël, de Pâques et de la Pentecôte, une cour presque royale. En résumé, le monastère possédait la ville de Saint-Riquier, treize autres villes, trente villages, un nombre infini de métairies, ce qui produisait un revenu immense. Les offrandes en argent, faites au tombeau de Saint-Riquier, s'élevaient seules par an à quinze mille six cents livres de poids, près de deux millions numériques de la monnaie d'aujourd'hui.

Khlovigh gratifia l'église de Reims de terres dans la Belgique, la Thuringe, l'Austrasie, la Septimanie et l'Aquitaine ; il donna de plus à l'évêque qui l'avait baptisé tout l'espace de terre qu'il pourrait parcourir pendant que lui, Khlovigh, dormirait après son dîner. L'église de Besançon était une souveraineté : l'archevêque de cette église avait pour hommes-liges le vicomte de Besançon, les seigneurs de Salins, de Montfaucon, de Montferrand, de Durnes, de Montbéliard, de Saint-Seine ; le comte de Bourgogne relevait même, pour la seigneurie de Gray, de Vesoul et de Choye, de l'archevêché de Besançon.

Charlemagne ordonna, en 805, le renouvellement du testament d'Abbon en faveur du monastère de la Novalaise ; cette charte contient la nomenclature des lieux donnés. M. Lancelot en a recherché la situation ; on peut voir ce document curieux.

Il serait impossible de calculer la quantité d'or et d'argent, soit monnayés, soit employés en objets d'art, qui existait dans les bas siècles ; elle devait être considérable, à en juger par l'opulence des églises, par l'abondance incroyable des aumônes et des offrandes, et par la multitude infinie des impôts. Les Barbares avaient dépouillé le monde, et leurs rapines étaient restées dans les lieux où ils s'étaient établis ; on sait aujourd'hui qu'une armée féconde les champs qu'elle ravage.

La seule chose à remarquer maintenant sur les richesses du clergé, c'est comment elles servirent à la société, et de quelle autre propriété elles se composèrent.

Sous les races mérovingienne et karlovingienne le droit de conquête dominait ; les terres ne furent point enlevées au propriétaire par loi positive, mais le fait se dut mettre et se mit souvent en contradiction avec le droit. Quand un Frank se voulait emparer du champ d'un Gaulois-Romain, qui l'en pouvait empêcher ? Lorsque Khlovigh donne à saint Remi l'espace que le saint pourra parcourir tandis que le roi dormira [1], il est clair que le saint dut passer sur des terres déjà possédées, qui n'appartenaient plus à leur ancien propriétaire lorsque le roi se réveilla. Mais ces terres qui changèrent de possesseurs ne changèrent point de régime, et c'est sur ce point que toutes les notions historiques ont été faussées.

L'imagination s'est représenté les possessions d'un monastère comme une chose sans aucun rapport avec ce qui existait auparavant : erreur capitale.

Une abbaye n'était autre chose que la demeure d'un riche patricien

[1] Karle le Martel fit une concession de la même nature : il dédommageait le clergé, aux dépens des voisins, des biens qu'il lui avait pris.

romain, avec les diverses classes d'esclaves et d'ouvriers attachés au service de la propriété et du propriétaire, avec les villes et les villages de leur dépendance. Le père abbé était le maître; les moines, comme les affranchis de ce maître, cultivaient les sciences, les lettres et les arts. Les yeux même n'étaient frappés d'aucune différence dans l'extérieur de l'abbaye et de ses habitants; un monastère était une maison romaine pour l'architecture : le portique ou le cloître au milieu, avec les petites chambres au pourtour du cloître. Et, comme sous les derniers Césars il avait été permis, et même ordonné aux particuliers de fortifier leurs demeures, un couvent enceint de murailles crénelées ressemblait à toutes les habitations un peu considérables. L'habillement des moines était celui de tout le monde : les Romains, depuis longtemps, avaient quitté le manteau et la toge; on avait été obligé de porter une loi pour leur défendre de se vêtir à la *gothique;* les braies des Gaulois et la robe longue des Perses étaient devenues d'un usage commun. Les religieux ne nous paraissent aujourd'hui si extraordinaires dans leur accoutrement, que parce qu'il date de l'époque de leur institution.

L'abbaye, pour le répéter, n'était donc qu'une maison romaine; mais cette maison devint bien de mainmorte par la loi ecclésiastique, et acquit par la loi féodale une sorte de souveraineté : elle eut sa justice, ses chevaliers et ses soldats, petit État complet dans toutes ses parties, et en même temps ferme expérimentale, manufacture (on y faisait de la toile et des draps) et école.

On ne peut rien imaginer de plus favorable aux travaux de l'esprit et à l'indépendance individuelle, que la vie cénobitique. Une communauté religieuse représentait une famille artificielle toujours dans sa virilité, et qui n'avait pas, comme la famille naturelle, à traverser l'imbécillité de l'enfance et de la vieillesse : elle ignorait les temps de tutelle et de minorité, et tous les inconvénients attachés à l'infirmité de la femme. Cette famille, qui ne mourait point, accroissait ses biens sans les pouvoir perdre, et, dégagée des soins du monde, exerçait sur lui un prodigieux empire. Aujourd'hui que la société n'a plus à souffrir de l'accaparement d'une propriété immobile, du célibat, nuisible à la population, et de l'abus de la puissance monacale, elle juge avec impartialité des institutions qui furent, sous plusieurs rapports, utiles à l'espèce humaine à l'époque de sa formation.

Les couvents devinrent des espèces de forteresses où la civilisation se mit à l'abri sous la bannière de quelque saint : la culture de la haute intelligence s'y conserva avec la vérité philosophique qui renaquit de la vérité religieuse. La vérité politique, ou la liberté, trouva un interprète et un complice dans l'indépendance du moine qui recherchait tout, disait tout et ne craignait rien. Ces grandes découvertes dont l'Europe se vante n'auraient pu avoir lieu dans la société barbare; sans l'inviolabilité et le loisir du cloître, les livres et les langues de l'antiquité ne nous auraient point été transmis, et la chaîne qui lie le passé au présent eût été brisée. L'astronomie, l'arithmétique, la géométrie, le droit civil, la physique et la médecine, l'étude des auteurs profanes, la grammaire et les humanités, tous les arts eurent une suite de maîtres non interrompue, depuis les premiers temps de Khlovigh jusqu'au siècle où les universités, elles-mêmes religieuses, firent sortir la science des monastères. Il suffira, pour constater ce fait, de nommer Alcuin, Anghilbert, Éghinard, Téghan, Loup de Ferrières, Éric d'Auxerre, Hincmar, Odon de Cluny, Gerbert, Abbon, Fulbert; ce qui nous conduit au règne de Robert, second roi de la troisième race. Alors naissent de nouveaux ordres religieux, et celui de Cluny n'eut plus le beau privilége d'être à peu près l'unique dépôt de l'instruction.

On sait tout ce qui avait lieu relativement aux livres : tantôt les moines en multipliaient les exemplaires par zèle ou par ordre, tantôt ils en faisaient des copies par pénitence : on transcrivait Tite-Live pendant le carême par esprit de mortification. Il est malheureusement vrai qu'on gratta des manuscrits pour substituer à un texte précieux l'acte d'une donation ou quelque élucubration scolastique. On voit dans le Catalogue de la bibliothèque de l'abbaye de Saint-Riquier, an 834, des exemplaires de Cicéron, d'Homère et de Virgile. On trouve au dixième siècle, dans la bibliothèque de Reims, les œuvres de Jules César, de Tite-Live, de Virgile et de Lucain. Saint-Bénigne de Dijon possédait un Horace. A Saint-Benoît-sur-Loire, chaque écolier (ils étaient cinq mille) donnait à ses maîtres deux volumes pour honoraires; à Montierender, on montrait, en 990, la *Rhétorique* de Cicéron et deux Térence. Loup de Ferrières fit corriger un Pline mal transcrit; il envoya à Rome des Suétone et des Quinte-Curce. Dans l'abbaye de Fleury, on avait le traité de Cicéron *de la République*, qui n'a été retrouvé que de nos jours, encore non en entier. Je ne me souviens pas d'avoir vu mentionné dans les catalogues de ces anciennes bibliothèques de France un seul Tacite.

La musique, la peinture, la gravure, et surtout l'architecture, ont des obligations infinies aux gens d'Église. Charlemagne montrait pour la musique le goût naturel que conserve encore aujourd'hui la race germanique : il avait fait venir des chantres de Rome; il indiquait lui-même dans sa chapelle, avec le doigt ou avec une baguette, le tour du clerc qui devait chanter; il marquait la fin du motet par un son guttural qui devenait le diapason de la phrase recommençante. Le moine de Saint-Gall raconte qu'un clerc, ignorant les règles établies, et obligé de figurer dans un chœur, agitait la tête circulairement, et ouvrait une énorme bouche pour imiter les chantres qui l'environnaient. Charlemagne garda son sang-froid, et fit donner à ce clerc de bonne volonté une livre d'argent pour sa peine.

Il y avait des écoles de musique : les moines connaissaient l'orgue et les instruments à cordes et à vent. Les séquences de la messe étaient fameuses au dixième siècle ; on y poussait le son à toute l'étendue de la voix ; elles produisaient des effets si extraordinaires qu'une femme en mourut de ravissement et de surprise. Les séquences, d'origine barbare, portaient le nom de *Frigdora*.

L'art de graver sur pierres précieuses n'était pas perdu au huitième et au neuvième siècle : deux chanoines de Sens, Bernelin et Bernuin, construisirent une table d'or ornée de pierreries et d'inscriptions ; Heldric, abbé de Saint-Germain d'Auxerre, peignait ; Tutilon, moine de Saint-Gall, exerçait à Metz l'art de graveur et de sculpteur. L'architecture dite *lombarde* se rattache à l'époque religieuse de Charlemagne : le moine de Gozze était un habile architecte du dixième siècle. Plus tard, l'architecture que nous appelons mal à propos *gothique* dut en majeure partie sa gloire, dans le douzième et le treizième siècle, à des clercs, des abbés, des moines et des hommes affiliés aux établissements ecclésiastiques. Hugues Libergier et Robert de Coucy, *maître de Notre-Dame et de Saint-Nicaise de Reims*, avaient fourni les plans et dirigé la construction de l'église métropole de cette ville, ainsi que de l'église de Saint-Nicaise, admirable édifice détruit par les Barbares du dix-huitième siècle. Haroun-al-Raschid, ami et contemporain de Charlemagne, aimait et protégeait, comme lui, les sciences et les arts ; mais les lettres ont péri dans le moyen âge du mahométisme, et elles se sont rajeunies et renouvelées dans le moyen âge du christianisme.

Le corps du clergé était constitué de manière à favoriser le mouvement progresseur : la loi romaine, qu'il opposait aux coutumes absurdes et arbitraires, les affranchissements qu'il ne cessait de commander, les immunités dont ses vassaux jouissaient, les excommunications locales dont il frappait certains usages et certains tyrans, étaient en harmonie avec les besoins de la foule. Il est vrai qu'en ce faisant, les prêtres avaient pour objet principal l'augmentation de leur puissance ; mais cette puissance était elle-même plébéienne : ces libertés, réclamées au nom des peuples, ne leur étaient pas incessamment données, mais elles répandaient dans la société des idées qui s'y devaient développer, et tourner au profit de l'espèce humaine.

Le clergé régulier était encore plus démocratique que le clergé séculier. Les ordres mendiants avaient des relations de sympathie et de famille avec les classes inférieures ; vous les trouvez partout à la tête des insurrections populaires : la croix à la main, ils menaient des bandes de *pastoureaux* dans les champs, comme les *processions* de la Ligue dans les murs de Paris. En chaire ils exaltaient les petits devant les grands, et rabaissaient les grands devant les petits ; plus les siècles étaient superstitieux, plus il y avait de cérémonies, plus le moine avait d'occasions d'expliquer ces vérités de la nature déposées dans l'Évangile : il était impossible qu'à la longue elles ne descendissent pas de l'ordre religieux dans l'ordre politique. La milice de saint François se multiplia, parce que le peuple s'y enrôla en foule ; il troqua sa chaîne contre une corde, et reçut de celle-ci l'indépendance que celle-là lui ôtait ; il put braver les puissants de la terre, aller avec un bâton, une barbe sale, des pieds crottés et nus, faire à ces terribles châtelains d'outrageantes leçons. Le maître, intérieurement indigné, était obligé de subir la réprimande de son *homme de pœste* tranfsormé en *ingénu* par cela seul qu'il avait changé de robe. Le capuchon affranchissait plus vite encore que le heaume, et la liberté rentrait dans la société par des voies inattendues. A cette époque le peuple se fit prêtre, et c'est sous ce déguisement qu'il le faut chercher.

Enfin, on s'est élevé avec raison contre les richesses de l'Église qui possédait la moitié des propriétés de la France ; mais, pour rester dans la vérité historique, il eût été juste de remarquer que les deux tiers au moins de ces immenses richesses étaient entre les mains de la partie *plébéienne* du clergé. J'insiste sur ce mot *plébéien*, parce qu'en développant tout ce qu'il renferme, on arrive à une nouvelle vue, et une vue très-exacte, d'un sujet jusqu'ici mal compris et mal représenté.

L'esprit d'égalité et de liberté de la *république* chrétienne avait passé dans la *monarchie* de l'Église. Cette monarchie était élective et représentative ; tous les chrétiens, même laïques, quel que fût leur rang, pouvaient arriver, en vertu de l'élection, à la première dignité. La papauté n'était qu'une souveraineté viagère ; en certains cas même les conciles généraux pouvaient déposer le souverain et en choisir un autre ; il en était ainsi des évêques élus primitivement par la communauté diocésaine.

Il arriva donc que le suprême pontife était très-souvent un homme sorti de la dernière classe sociale ; tribun dictateur que le peuple envoyait pour mettre le pied sur le cou de ces rois et de ces nobles, oppresseurs de la liberté. Grégoire VII, qui réduisit en pratique la théorie de cette souveraineté, et qui exerça dans toute sa rigueur son mandat populaire, était un moine de néant; Boniface VIII, qui déclarait les papes compétents à ravir et à donner les couronnes, était un obscur légiste ; Sixte V, qui approuvait le régicide, avait gardé les pourceaux. Aujourd'hui même, après tant de siècles, cet esprit d'égalité n'est point altéré : il est rare que le souverain pontife soit tiré des grandes familles italiennes : un prêtre parvient au cardinalat ; son frère, petit marchand, illumine sa boutique, à Rome, en réjouissance de l'élévation de son frère. Le pape futur, né dans le sein de l'égalité, entrait dans le cloître, où il retrouvait une autre sorte d'égalité mêlée à la théorie et à la pratique de l'obéissance passive : il sortait de cette école avec l'amour du nivellement et la soif de la domination.

Pour expliquer la puissance temporelle du saint-siége, on est allé chercher des raisons d'ignorance et de religion, qui, sans doute, contribuèrent à l'augmenter, mais qui n'en étaient pas l'unique source. Les papes la tenaient, cette puissance, de la liberté républicaine ; ils représentaient, en Europe, la vérité politique détruite presque partout : ils furent, dans le monde gothique, les défenseurs des franchises populaires. La querelle du sacerdoce et de l'empire est la lutte des deux principes sociaux au moyen âge, le pouvoir et la liberté : les Guelfes étaient les démocrates du temps ; les Gibelins les aristocrates. Ces trônes, déclarés vacants et livrés au premier occupant ; ces empereurs qui venaient, à genoux, implorer le pardon d'un pontife ; ces royaumes mis en interdit ; ces églises fermées, et une nation entière privée de culte par un mot magique ; ces souverains frappés d'anathème, abandonnés non-seulement de leurs sujets, mais encore de leurs serviteurs et de leurs proches ; ces princes, évités comme des lépreux, séparés de la race mortelle en attendant leur retranchement de l'éternelle race ; les aliments dont ils avaient goûté, les objets qu'ils avaient touchés, passés à travers les flammes, ainsi que choses souillées ; tout cela n'était que les effets énergiques de la souveraineté populaire déléguée à la religion, et par elle exercée.

La papauté marchait alors à la tête de la civilisation, et s'avançait vers le but de la société générale. Et comment ces monarques sans sujets, sans armées, fugitifs même, et persécutés lorsqu'ils lançaient leurs foudres ; comment ces souverains, trop souvent sans mœurs, quelques-uns couverts de crimes, quelques autres ne croyant pas au Dieu qu'ils servaient ; comment auraient-ils pu détrôner les rois avec un mot, une parole, une idée, s'ils n'eussent été les chefs de l'opinion ? Comment, dans toutes les régions du globe, les hommes chrétiens auraient-ils obéi à un prêtre dont le nom leur était à peine connu, si ce prêtre n'eût été la personnification de quelque vérité fondamentale ?

Aussi les papes ont-ils été maîtres de tout, tant qu'ils sont restés Guelfes ou démocrates ; leur puissance s'est affaiblie lorsqu'ils sont devenus Gibelins ou aristocrates. L'ambition des Médicis fut la cause de cette révolution : pour obtenir la tiare, ils favorisèrent, en Italie, les armes impériales, et trahirent le parti populaire ; dès ce moment l'autorité papale déclina, parce qu'elle avait menti à sa propre nature, abandonné son principe de vie. Le génie des arts masqua d'abord aux yeux de la foule cette défaillance intérieure ; mais les chefs-d'œuvre de Raphaël et de Michel-Ange, qui s'effacent sur les murs du Vatican, n'ont point remplacé le pouvoir dont les papes se dépouillèrent en déchirant leur contrat primitif. C'est la même tendance à un faux pouvoir qui perdit la royauté sous Louis XIV : cette royauté, qui, jusqu'au règne de Louis XIII, s'était mélangée des libertés publiques, crut augmenter sa puissance en les étouffant, et elle se frappa au cœur. Les arts vinrent aussi embellir l'envahissement de nos franchises nationales : le Louvre du grand roi est encore debout comme le Vatican ; mais par quels soldats a-t-il été pris et est-il gardé ?

TROISIÈME RACE.

Avec la troisième race finit l'histoire des Franks et commence l'histoire des Français.

La monarchie de Hugues Capet subit quatre transformations principales :

Elle fut purement féodale jusqu'au règne de Philippe le Bel.

A Philippe le Bel s'élève la monarchie des trois états [1] et du parlement, qui dure jusqu'à Louis XIII.

Louis XIV impose la monarchie absolue, que détruit la monarchie constitutionnelle ou représentative de Louis XVI.

Les faits de la monarchie purement féodale sont : la formation même et le caractère de ce gouvernement, le mouvement insurrectionnel et l'affranchissement des communes, la conquête de l'Angleterre par les Normands, les croisades extérieures et intérieures, et la querelle du sacerdoce et de l'empire.

La monarchie des trois états et du parlement voit naître les lois générales, civiles et politiques, l'administration et la petite propriété ; elle voit les démêlés de Philippe le Bel avec le pape, la destruction de

---

[1] Appelés depuis états généraux.

l'ordre des templiers, l'avénement au trône de la double lignée des Valois, la longue rivalité de la France et de l'Angleterre avec tous ses événements et tous ses malheurs, la destruction de la première haute noblesse, le soulèvement des paysans et des bourgeois, les troubles des trois états, l'établissement de l'impôt régulier et des troupes soldées, la séparation du parlement des conseils du roi par la création du conseil d'État, l'extinction des deux maisons de Bourgogne, la réunion successive des grands fiefs à la couronne, les guerres d'Italie, les changements dans les lois, les mœurs, la langue, les usages et les armes. Les lettres renaissent; les grandes découvertes s'accomplissent; Luther paraît; les guerres de religion éclatent; les Bourbons arrivent à la couronne : la monarchie des états et la constitution aristocratique expirent sous Louis XIII. Le parlement en garde les traditions à travers la monarchie absolue.

La courte monarchie absolue de Louis XIV se compose de la gloire de ce prince, de la honte de Louis XV, et de l'intrusion des idées dans l'ordre social comme faits.

La monarchie constitutionnelle ou représentative a pour accidents le jugement de Louis XVI, le passage de la république à l'empire, de l'empire à la restauration, et de la restauration à la monarchie républicaine, si ces deux mots se peuvent allier.

Je ne prétends pas établir ici des divisions tranchées, commençant tout juste à telle date, finissant tout juste à telle autre; les choses sont plus mêlées dans la société : les siècles s'élèvent lentement à l'abri des siècles; les mœurs nouvelles, au milieu des anciennes mœurs, sont comme les jeunes générations qui grandissent sous la protection des vieilles générations dont elles sont sorties. Ainsi, Louis le Gros n'a point affranchi les communes dans le sens absolu du mot; il y avait des communes libres et des communes insurgées avant qu'il leur octroyât des chartes; mais c'est à partir de son règne que les affranchissements se multiplient tant par la couronne que par les seigneurs : ainsi Philippe le Bel n'a pas appelé le premier le tiers-état aux délibérations publiques; avant lui plusieurs rois avaient convoqué des assemblées de notables, et particulièrement le roi saint Louis; mais depuis Philippe le Bel, en 1303, jusqu'à Louis XIII, en 1614, on trouve une série de convocations d'états, qui n'est guère interrompue que vers la fin du quatorzième siècle.

J'en dis autant des autres divisions que je n'adopte que comme une formule historique, propre à servir de *layette* ou de case aux faits et d'aide à la mémoire. Je sais tout aussi bien que personne que la monarchie féodale ne tombe pas quand la monarchie des états et du parlement s'élève; loin de là, elle est à son apogée; elle descend ensuite pendant tout le quatorzième siècle, et se vient abîmer sous Charles VII.

HUGUES CAPET.

De 987 à 996.

Il faut dire de la royauté de Hugues Capet ce que j'ai dit de celle de Peppin : il n'y eut point usurpation parce qu'il y avait élection ; la légitimité était un dogme inconnu. Charles, duc de la Basse-Lorraine, fils de Louis d'Outre-mer et oncle de Louis V, le dernier des Karlovingiens, fut un prétendant que repoussa la majorité des suffrages : voilà tout. Il prit les armes, s'empara de la ville de Laon; mais l'évêque de cette ville le livra à Hugues Capet (2 avril 991). Charles, mort en prison, laissa deux fils qui ne régnèrent point, et auxquels on ne pensa plus.

Mais dans la personne de Hugues Capet s'opère une révolution importante ; la monarchie élective devient héréditaire; en voici la cause immédiate qu'aucun historien, du moins que je sache, n'a encore remarquée : le sacre usurpa le droit d'élection.

Les six premiers rois de la troisième race firent sacrer leurs fils aînés de leur vivant. Cette élection religieuse remplaça l'élection politique, affermit le droit de primogéniture, et fixa la couronne dans la maison de Hugues Capet. Philippe-Auguste se crut assez puissant pour n'avoir pas besoin durant sa vie de présenter au sacre son fils Louis VIII; mais Louis VIII, près de mourir, s'alarma, parce qu'il laissait en bas âge son fils Louis IX qui n'était pas sacré : il lui fit prêter serment par les seigneurs et les évêques; non content de cela, il écrivit une lettre à ses sujets, les invitant à reconnaître pour roi son fils aîné. Tant de précautions font voir que deux cent trente-neuf ans n'avaient pas suffi à la confirmation de l'hérédité absolue, et de l'ordre de primogéniture dans la monarchie capétienne. Le souvenir même du droit d'élection se perpétuait dans une formule du sacre : on demandait au peuple présent s'il consentait à recevoir le nouveau souverain.

Lorsque la couronne échut en ligne collatérale aux descendants de Hugues Capet, rien ne parut moins certain que l'existence de la loi salique, laquelle loi, contestée, mettait pareillement en doute l'hérédité. Ces questions s'agitèrent vivement sous Philippe le Long, Charles le Bel et Philippe de Valois. Sous Charles VI une fille hérita de la couronne. En 1576 une ordonnance décida que les princes du sang précéderaient tous les pairs, et qu'ils se placeraient selon leur proximité au trône. A ce propos, Christophe de Thou dit à Henri III que, depuis le règne de Philippe de Valois, il ne s'était fait chose aussi utile à la conservation de la loi salique : certes il fallait que le doute fût bien enraciné dans les esprits, pour qu'un magistrat, à la fin du seizième siècle, vît une loi politique dans un règlement de préséance. Catherine de Médicis songea à faire passer le sceptre à sa fille. Les états de la Ligue parlèrent de mettre l'infante d'Espagne sur le trône de France. Enfin, sous la régence du duc d'Orléans, pendant la minorité de Louis XV, il fut déclaré que, la famille royale venant à s'éteindre, les Français seraient libres de se choisir un chef : n'était-ce pas reconnaître leur droit primitif?

L'hérédité mâle, constituée dans la famille royale, devint à la fois le germe destructeur de la féodalité et le principe régénérateur de la monarchie absolue. L'aristocratie subsista dans l'empire d'Allemagne et se détruisit dans le royaume de France, parce que la dignité impériale demeura élective, et que la couronne française devint héréditaire.

Les assemblées nationales cessèrent sous les premiers rois de la troisième race, de même qu'elles avaient été interrompues sous les derniers rois de la seconde. Hugues Capet était un très-petit seigneur. « Le royaume, dit Montesquieu, se trouva sans domaine, comme est aujourd'hui l'empire : on donna la couronne à un des plus puissants vassaux. » Hugues, quand il en aurait eu l'envie, n'aurait pu réunir les états ; les autres grands vassaux ne s'y seraient pas rendus : souverains comme le duc de France, ils ne lui auraient pas obéi. La liberté politique qui se montrait dans ces assemblées ne se trouva plus ; elle se plaça ailleurs sous une autre forme.

La France alors était une république aristocratique fédérative, reconnaissant un chef impuissant. Cette aristocratie était sans peuple : tout était esclave ou serf. Le servage n'avait point encore englouti la servitude; le bourgeois n'était point encore né; l'ouvrier et le marchand appartenaient encore à des maîtres dans les ateliers des abbayes et des seigneuries ; la moyenne propriété n'avait point encore reparu ; de sorte que cette monarchie (aristocratie de droit et de nom) était de fait une véritable démocratie ; car tous les membres de cette société étaient égaux, ou le croyaient être. On ne rencontrait point au-dessous de l'aristocratie cette classe distincte et plébéienne qui, par l'infériorité relative du sang, fixe la nature du pouvoir qui la domine. Voilà pourquoi les chroniques de ces temps ne parlent jamais du *peuple* : on s'enquiert de ce peuple ; on est tenté de croire que les historiens l'ont caché, qu'en fouillant des chartes on le déterrera, qu'on découvrira une nation française inconnue, laquelle agissait, administrait, gagnait les batailles, et dont on a enseveli jusqu'à la mémoire.

Après bien des recherches on ne trouve rien, parce qu'il n'y a rien, et que cette aristocratie sans peuple est, à cette époque, la véritable nation française.

Marquons le commencement de l'institution de la pairie : les pairs avaient existé avant la pairie; dans l'origine, les pairs étaient des jurés qui prononçaient sur les différends advenus entre leurs égaux. La pairie prit un caractère politique quand les fiefs se convertirent en biens patrimoniaux et héréditaires. Les pairs du roi furent des seigneurs plus puissants que les pairs d'un comte ou d'un duc. Tous les systèmes qui placent l'origine de la pairie plus haut ou plus bas que le règne de Hugues Capet ne se peuvent soutenir.

L'introduction de la dignité de la pairie favorisa l'élection des Capétiens. Il y avait sept pairs laïques; Hugues en était un : les six autres pairs, dont les seigneuries relevaient immédiatement de la couronne, s'entendirent, comme aujourd'hui des électeurs s'entendent dans un collége électoral, pour porter leurs voix sur leur compagnon. La pairie se trouva ainsi réunie à la royauté, et il ne resta que six pairs de France. L'égalité était si complète entre les pairs, que Hugues Capet ayant demandé à Adalbert *qui l'avait fait comte,* Adalbert lui répondit : *Ceux qui t'ont fait roi.*

Outre les pairs laïques, il y avait des pairs ecclésiastiques du ressort du trône, à la différence des autres seigneuries qui n'avaient point de pairs ecclésiastiques. On peut dire de la pairie, avant ses différentes dégénérations, qu'elle était une espèce de sénat de rois, ou, plus exactement, un conseil aristocratique supérieur à la royauté même.

Élisez douze pairs qui soyent compagnons,
Qui menent vos batailles par grand' dévotion.

Quand les pairs furent au nombre de douze, on les appela *les douze compagnons,* et Froissart les nomme *frères du royaume de France.* Les grands effets politiques de la pairie se virent dans le jugement de Jean sans Terre et du prince de Galles.

Hugues Capet mourut en 996. Je dirai, pour ne plus parler des successions royales, que, sous la troisième race, l'apanage remplaça le partage des biens patrimoniaux entre les enfants.

ROBERT.

De 996 à 1031.

Robert, héritier du trône de Hugues, était un prince pieux et savant pour son siècle; il était poëte : l'Église chante encore des répons et des séquences composés par ce fils aîné de l'Église : *O constantia martyrum! Veni, Sancte Spiritus!* Il craignait beaucoup sa femme, et se laissait voler par les pauvres. Son règne fut long ; c'est ce qu'il fallait alors pour un monde au berceau.

HENRI Ier.

De 1031 à 1060.

Le règne de Henri, qui vint après celui de Robert, fut encore un règne nourricier et tout rempli de petites guerres féodales.

Robert Guiscard paraissait en Italie lorsque Guillaume le Bâtard occupait la seigneurie de son père, Robert le Diable. Ces deux Normands devaient jouer un rôle important à l'occident et à l'orient de l'Europe; et lorsque Henri mourut, Grégoire VII n'était plus qu'à quelques années de distance.

Le petit-fils de Hugues Capet fut un homme d'une valeur héroïque : il porta le premier un nom peu répété sur le trône de France, et funeste à tous les rois marqués de ce nom.

PHILIPPE Ier.

De 1060 à 1108.

Les quatre-vingt et une années qui s'écoulèrent de Hugues Capet à Philippe Ier furent des années de conception, de travail, d'éducation première; mais au règne de Philippe Ier, la nuit qui couvrait une enfance sociale laborieuse se dissipe : le moyen âge paraît dans l'énergie de sa jeunesse, l'âme toute religieuse, le corps tout barbare, et l'esprit aussi vigoureux que le bras.

Guillaume le Bâtard convoque les aventuriers de l'Europe pour aller subjuguer l'Angleterre; il triomphe à la bataille d'Hastings, et le roi de France se trouve avoir un vassal-roi plus puissant que lui.

Cet événement, qui fut bientôt suivi des croisades, donne un nouveau mouvement aux populations. On avait vu des invasions fortuites, des peuples marchant en avant et au hasard, sans savoir où ils s'arrêteraient, allant plutôt à des découvertes qu'à des conquêtes, comme ces navigateurs qui cherchent des terres inconnues; il en est tout autrement de Guillaume et de ses bandes. Pour la première fois un peuple est méthodiquement subjugué; le sol envahi reçoit de nouvelles formes; les anciennes propriétés sont cadastrées afin d'être imposées ou prises ; la langue et les lois des vaincus sont changées par système ; des espèces de moines armés bâtissent de toutes parts des châteaux moitié forteresses, moitié églises, et chaque soir le peuple conquis se couche au son d'une cloche, comme dans un couvent : grand tableau qui n'est plus à faire depuis qu'il a été peint de la main de M. Thierry. Gildas avait dit que les Angles (Anglais) n'étaient ni puissants dans la guerre, ni fidèles dans la paix : *Angli nec in bello fortes, nec in pace fideles;* les historiens des Siciliens et des Normands font observer que la Grande-Bretagne et la Sicile changèrent de face et devinrent des pays renommés aussitôt qu'ils eurent reçu la race normande : *Jam inde Anglia non minus belli gloria quam humanitatis cultu inter florentissimas orbis christiani gentes in primis floruit.* (Malmesb.) *Siculi quod in patrio solo sunt, quod liberi sunt, quod omnes hodie christiani sunt ingenio Normannis acceptum ferunt.* (Prosp. Fasel., *de Reb. sic.*)

En Italie, un mauvais petit garçon de chétive mine devient d'abord moine de Cluny, ensuite cardinal, et enfin pape, sous le nom de Grégoire VII. Hildebrand dépose Boleslas, roi de Pologne, enlève le titre de royaume à la Pologne même, ordonne à l'empereur victorieux de Constantinople d'abdiquer, rend les aventuriers normands de la Pouille feudataires du saint-siége, écrit à l'archevêque de Reims que le roi de France est un tyran indigne du sceptre, mande aux princes chrétiens de l'Espagne que saint Pierre est seigneur suzerain de leurs petits États, et que la Hongrie est un domaine de l'Église de Rome. Dans une lettre au roi Démétrius, Grégoire VII lui dit : « Votre fils nous a déclaré qu'il voulait recevoir la couronne de nos mains ; cette demande nous a paru juste, et nous lui avons donné votre royaume de la part de saint Pierre. »

On sait comment l'empereur Henri IV fut déposé par Hildebrand, comment il fut obligé, pour obtenir son pardon, de se présenter au bas des murailles de la forteresse de Canosse, sans gardes, dépouillé des habits impériaux, nu-pieds et couvert d'un cilice. Après trois jours de jeûne et de larmes, il fut admis à baiser humblement la mule du pontife : un retour de fortune rendit l'empire à Henri IV. Après diverses entreprises guerrières où l'on voit paraître Godefroi de Bouillon et un saccagement de Rome, Hildebrand va mourir fugitif, non vaincu, à Salerne, laissant après lui un grand nom mêlé à ceux de la comtesse Mathilde et de l'aventurier Guiscard. Une plume habile[1] nous prépare l'histoire de ce fameux pontificat. La querelle des Investitures ne finit pas avec Henri IV et Grégoire VII ; l'esprit de domination populaire et religieuse se perpétua dans les successeurs d'Hildebrand. Mathilde légua ses États au saint-siége.

---

[1] M. Villemain.

Philippe Ier, peu de chose par lui-même, était un de ces hommes qui vivent seulement afin que tout s'arrange autour d'eux : il aimait les femmes, et répudia la reine Berthe sous prétexte de parenté. Il enleva Bertrade de Montfort, femme de Foulque le Rechein, comte d'Anjou. De là des excommunications et des guerres dont Philippe triompha par sa fermeté dans le mal. Destiné aux grands spectacles sans y prendre part, Philippe vit la première croisade délibérée et résolue dans son royaume, au concile de Clermont, que présida Urbain II (1098). En ce même concile le nom de pape fut attribué exclusivement au souverain pontife.

Les flots des Barbares s'étaient calmés dans le bassin de la France où Dieu les avait versés, et où la main de Karle le Martel et celle de son fils les avaient contenus ; mais, après deux siècles de stagnation, gonflés par des générations nouvelles, ils se débordèrent. Les croisades furent comme un souvenir ou comme une prolongation de cette invasion générale qui avait ravagé le monde ; elles furent en outre des guerres de représailles. Les Sarrasins avaient menacé l'Europe de leur joug trois siècles avant que l'Europe eût pris les armes contre eux : leur migration, sortant de l'Arabie, conquit la Syrie et l'Égypte, s'avança le long de l'Afrique d'orient en occident jusqu'au détroit de Gadès, passa ce détroit, inonda l'Espagne, surmonta les Pyrénées, et ne s'arrêta qu'au milieu des Gaules contre l'épée de Karle le Martel.

Trop occupées alors, les populations chrétiennes remirent à un autre temps la vengeance; mais, quand ce temps fut venu, elles s'ébranlèrent à leur tour, se portèrent d'Occident en Orient par l'Europe, traversèrent le Bosphore, allèrent attaquer les enfants du prophète aux lieux mêmes d'où ils étaient partis. Je ne sache pas de plus grand spectacle que ces invasions des peuples de l'Asie et des peuples de l'Europe marchant en sens opposé, les uns sous l'étendard de Mahomet, les autres sous l'étendard du Christ, autour de cette mer qu'avait bordée la civilisation grecque et romaine. Les Portugais et les Espagnols ont seuls reproduit ces merveilles, lorsque les premiers à travers les mers de l'Orient, les seconds à travers les mers de l'Occident retrouvaient un monde perdu et découvraient un monde nouveau.

Des mœurs pleines de splendeur et de naïveté, des crimes et des vertus, des croyances ardentes, des faits héroïques, des souvenirs merveilleux, d'immenses résultats matériels et moraux, scientifiques et politiques, voilà ce que présentent les croisades. Les rudes et simples expressions des chroniqueurs relèvent l'éclat des actions; les ermites sont les historiens des chevaliers ; des moines racontent, avec l'humilité de la religion et la simplicité du langage, l'orgueil de la conquête et la grandeur des exploits guerriers, ces pèlerinages, commencés avec le bourdon et continués avec l'épée. On doit aux croisades la recomposition des armées nationales, décomposées par les petits cantonnements militaires de la féodalité : tant de cheftains éparpillés sur le sol, et étrangers les uns aux autres, apprirent à se connaître à la tête de leurs vassaux ; les serfs recommencèrent le peuple français dans les camps, comme les bourgeois dans les villes. La chrétienté parut aussi pour la première fois sous la forme d'une immense nation, agissant par l'impulsion d'un seul chef. Et qu'allait-elle conquérir ? un tombeau.

Les derniers croisés, embarqués dans le dessein de reprendre Jérusalem sur un soudan ismaélite, prirent Constantinople sur un empereur chrétien ; fin extraordinaire d'une aventure de quatre siècles, d'une chevalerie romanesque ranimée à Rhodes devant Mahomet, évanouie à Malte devant l'homme historique qui devait lui-même aller toucher la cité sainte, pour y puiser une autre sorte de merveilleux.

LOUIS VI.

De 1108 à 1137.

Louis VI, dit le Gros, successeur de son père Philippe, avait pour tout royaume le duché de France et une trentaine de seigneuries. Il se battait contre ses vassaux à Corbeil, à Mantes, à Montlhéry, à Montfort, au Puisaye dont le château lui coûta trois années de siége : c'était plus qu'il n'en avait fallu aux Français pour ravager l'Asie et prendre Jérusalem.

C'est ici l'occasion de remarquer que les noms les plus répétés dans notre histoire n'ont pas pour cela une origine plus ancienne que les autres noms. Les nobles dont les terres se trouvaient dans le duché de Paris, étaient par cette raison même mentionnés aux chroniques du petit domaine royal; ces chroniques racontèrent les guerres que ces vassaux avaient eues avec la couronne, ou les honneurs qu'ils avaient obtenus du monarque. Les autres nobles, cantonnés au loin dans leurs châteaux, restèrent ignorés ; on ne parla d'eux qu'à l'occasion de quelques batailles où ils avaient été appelés en vertu des services du fief. Il est arrivé de là qu'une centaine de noms ont rempli les fastes nationaux dans la monarchie féodale; au lieu des annales de France, vous ne lisez réellement que celles du duché de France, et pour ainsi dire des voisins du roi.

Sous la monarchie absolue, Versailles et la cour envahirent à leur tour notre histoire, comme le duché de France l'avait jadis usurpée :

c'est toujours une centaine d'hommes de la banlieue de Paris qui, tantôt chevaliers, tantôt valets décorés, deviennent les personnages de la nation ; héros domestiques dont la gloire avait le vol du chapon autour des antichambres de leur seigneur. Si l'on veut connaître enfin notre ancienne patrie, il en faut recomposer le tableau général avec les tableaux particuliers des provinces : seul moyen de rétablir le caractère aristocratique que notre histoire doit avoir, au lieu du caractère monarchique qu'on lui a mensongèrement donné.

Au temps de Louis le Gros, les quatre frères Guerlande et l'abbé Suger firent faire un pas à la puissance royale, en diminuant l'autorité des justices particulières, en affranchissant les serfs, en établissant les communes : cet établissement, dont on a fait tant de bruit, doit être entendu avec restriction.

La France, au commencement du onzième siècle, loin d'être homogène, était composée de trois ou quatre peuples différents de mœurs, de lois, de langage ; il ne faut pas prendre ce qui se passait dans le duché de Paris, en Picardie, en Champagne, le long du cours de la Marne et de l'Oise, de la Seine et de l'Yonne, pour ce qui se passait au delà de la Loire et du Rhône, au delà de l'Orne, de la Sarthe et de la Vilaine. Nos rois n'ont pas pu affranchir ce qui n'était pas de leur dépendance.

Mais l'histoire, qui n'admet que les faits prouvés, en refusant à Louis le Gros l'honneur d'avoir fait naître la classe intermédiaire et libre de la bourgeoisie, ne peut pas non plus recevoir comme une vérité incontestable cet esprit général de liberté dont on pense que les villes furent simultanément saisies au douzième siècle : cette coïncidence n'existe pas. Presque toutes les communes du midi de la France étaient libres et demeurées libres depuis l'administration romaine et visigothe ; quelques priviléges, ajoutés à leur liberté primitive, ne constituent pas des chartes communales de la date du douzième siècle.

D'une autre part, on ne peut dire que Louis le Gros, en donnant des chartes à sept ou huit communes, n'ait fait que suivre l'impulsion d'un mouvement qu'il n'aurait pu arrêter. Nous voyons les rois étouffer avec la plus grande facilité les libertés municipales renaissantes, tirer tour à tour de l'argent de la commune qui avait secoué le joug de son seigneur, et du seigneur qui, à l'aide de la force royale, avait remis sa commune sous le joug.

Je ne puis me refuser au plaisir de citer un passage de la dix-neuvième lettre sur l'*Histoire de France*. L'auteur (M. A. Thierry), après avoir cité les noms de treize bourgeois bannis de la commune de Laon, termine son récit par ces paroles d'une gravité pathétique : « Je ne sais si vous partagerez l'impression que j'éprouve en transcrivant ici les noms obscurs de ces proscrits du douzième siècle. Je ne puis m'empêcher de les relire et de les prononcer plusieurs fois comme s'ils devaient me révéler le secret de ce qu'ont senti et voulu les hommes qui les portaient il y a sept cents ans. Une passion ardente pour la justice, et la conviction qu'ils valaient mieux que leur fortune, avaient arraché ces hommes à leurs métiers, à leur commerce, à la vie paisible, mais sans dignité, que des serfs dociles pouvaient mener sous la protection de leurs seigneurs. Jetés, sans lumières et sans expérience, au milieu des troubles politiques, ils y portèrent cet instinct d'énergie qui est le même dans tous les temps, généreux dans son principe, mais irritable à l'excès, et sujet à pousser les hommes hors des voies de l'humanité. Peut-être ces treize bannis, exclus à jamais de leur ville natale, au moment où elle devenait libre, s'étaient-ils signalés, entre tous les bourgeois de Laon, par leur opposition contre le pouvoir seigneurial ; peut-être avaient-ils souillé par des violences cette opposition patriotique; peut-être enfin furent-ils pris au hasard pour être seuls chargés du crime de leurs concitoyens. Quoi qu'il en soit, je ne puis regarder avec indifférence ce peu de noms et cette courte histoire, seul monument d'une révolution qui est loin de nous, il est vrai, mais qui fit battre de nobles cœurs et excita ces grandes émotions que nous avons tous, depuis quarante ans, ressenties ou partagées. »

Le bourgeois du moyen âge, qui reconstruisit la moyenne propriété dans les cités, n'était pas du tout le bourgeois de la monarchie absolue : c'était un personnage important, souvent appelé à délibérer sur les plus graves affaires de la patrie. Il y avait de grands, de petits et de francs bourgeois : le bourgeois pouvait posséder certains fiefs. Le nom de bourgeois signifiait quelquefois *homme de guerre;* il ne dérogeait point à la noblesse. *Noble homme, damoiseau* et *bourgeois,* sont des qualités données à une même personne dans les titres du quinzième siècle. Les nobles qui étaient *bourgeois* de certaines villes se trouvaient dispensés de l'arrière-ban. Les bourgeois de Paris s'appelaient les *bourgeois du roi.* « Au regard des non-nobles, ils sont en deux manières : dont les aucuns sont franches personnes, bourgeois du roi ou des seigneuries sur lesquelles ils demeurent, et les autres sont serfs et de serve condition. » (*Coutum. gén.*)

Cette classe intermédiaire entre le noble et le serf a donné naissance à une portion du *peuple*. Charles V accorda des lettres de noblesse à tous les bourgeois de Paris; Charles VI, Louis XI, François Ier et Henri II confirmèrent ces lettres de noblesse. Paris ne fut jamais une commune, parce qu'il était franc par la seule présence du roi.

LOUIS VII.

De 1137 à 1180.

Le règne de Louis VII, dit le Jeune, vit beaucoup de choses : le Code de Justinien retrouvé, la doctrine d'Abeilard condamnée au concile de Soissons; la faction des Guelfes et des Gibelins répandue en Italie; la seconde croisade prêchée par saint Bernard. Suger et Bernard étaient deux hommes supérieurs, de nature antipathique l'un à l'autre; mais Bernard, sans être ministre, gouvernait le monde en sa double qualité de saint et de moine réformateur.

Louis le Jeune, revenu de la croisade, répudie Éléonore d'Aquitaine pour cause présumée d'adultère avec un jeune Sarrasin : il lui restitua la Guyenne et le Poitou. Éléonore se remarie à Henri, comte d'Anjou et de Normandie, qui, devenu roi d'Angleterre sous le nom de Henri II, se trouva roi d'Angleterre, duc de Normandie et d'Aquitaine, comte d'Anjou et de Poitou, de Touraine et du Maine. Cette restitution probe, mais impolitique, à laquelle Suger s'était opposé, parce qu'il en prévoyait les résultats, démembra la monarchie, introduisit l'ennemi dans le cœur du pays, et favorisa les grandes guerres que l'Angleterre fit à la France avec des Français.

Le douzième siècle est mémorable par de rapides progrès vers d'autres idées. Alexandre III, dans le troisième concile de Latran, déclara que tous les chrétiens devaient être exempts de la servitude : la croix portait son fruit.

Les écoles se multiplièrent dans les cathédrales et dans les monastères; les collèges s'établirent en dehors de ces monastères; l'Université prenait de nouvelles forces; les étudiants étrangers égalaient dans Paris le nombre des habitants.

En Angleterre survint le différend fameux entre Henri II et Thomas Becket, relativement aux immunités ecclésiastiques.

PHILIPPE II.

De 1180 à 1223.

Philippe-Auguste, parvenu au trône, réunit à la couronne, par la confiscation féodale appuyée des armes, la Normandie, le Maine, l'Anjou, la Touraine et le Poitou; il fit l'acquisition des comtés d'Auvergne et d'Artois; il recouvra la Picardie, grand nombre de places dans le Berri, et divers autres comtés, châtellenies et seigneuries. Il rétablit la subordination parmi les grands vassaux et fit sentir la monarchie; il cita Jean sans Terre devant la cour des pairs pour y être jugé sur le meurtre d'Arthur commis dans le ressort du royaume : c'est le premier important arrêt politique de cette haute cour.

Philippe fit couronner son fils roi d'Angleterre à Londres. Les Anglais conquirent à cette époque la grande Charte : entre plusieurs articles favorables aux communes et à l'indépendance des tribunaux, le trente-troisième porte que nul homme ne sera arrêté, emprisonné, dépouillé, banni, mis à mort arbitrairement ; que le roi n'agira ou ne fera agir contre qui que ce soit autrement que d'après le jugement légal des pairs de l'accusé, ou d'après la loi du pays. C'est le fondement de toutes les libertés chez tous les peuples.

La bataille de Bouvines est la première où l'on reconnaisse un esprit de nationalité ; la transformation est accomplie ; les Franks sont devenus Français. Philippe n'offrit point avant le combat sa couronne au plus digne ; mais en remportant la victoire sur l'empereur Othon il courut risque de la vie. Jeté à bas de son cheval, « s'il n'eût été protégé, dit Guillaume le Breton, de la main de Dieu et d'une excellente armure, il eût été tué. »

Au règne de Philippe-Auguste se rattachent deux incidents remarquables : la croisade contre Saladin et la croisade contre les Albigeois ; on avait appris en marchant contre les infidèles à marcher contre les chrétiens.

Saladin avait repris Jérusalem l'an 1187 de Jésus-Christ. Il laissa sortir tous les chrétiens au prix d'une rançon modique. Un historien arabe leur applique ce passage de l'Alcoran : « Oh ! combien ils quittèrent alors de jardins et de fontaines, de champs ensemencés et de nobles demeures qui faisaient leurs délices, et que nous donnâmes en héritage à un autre peuple ! » (*Bibl. des Crois.*, par M. MICHAUD ; *chron. Arab.*)

Les princes d'Occident se croisèrent pour aller une seconde fois délivrer la ville sainte. Philippe passa en Orient ; mais il y fut éclipsé par ce Richard Cœur de Lion dont l'ombre faisait tressaillir les chevaux sarrasins, et qui revenait du combat *la cuirasse hérissée de flèches comme une pelote couverte d'aiguilles* (VINISANF) ; de ce Richard que Blondel ne délivra pas de sa prison par une chanson, mais qui chantait lui-même dans la tour en langue romane :

> Ja nus hom pris non dira sa raison :
> Adreitament se com hom dolent non :
> Ma per connort pot il faire chanson ;
> Pro a d'amis, mas pouve son li don :
> Onta i auron se por ma reezon,
> Sois fait dos yver prison.

La troisième croisade, commencée en 1187, fut suivie de la quatrième, en 1204, et se termina à la prise de Constantinople par les croisés. Baudouin, comte de Flandre, fut élu empereur, et établit cet empire des Latins, qui ne dura que cinquante-huit ans.

L'an 1206 ouvrit la croisade contre les Albigeois : Innocent III, saint Dominique, Raymond, comte de Toulouse; Simon, comte de Montfort, sont les personnages de cet abominable épisode de notre histoire.

Le progrès de l'esprit philosophique renaissant par l'hérésie est remarquable dans les opinions diverses des Albigeois. Les principaux chefs ligués contre Raymond VI, leur protecteur, furent Eudes, duc de Bourgogne; Henri, comte de Nevers, et Simon, comte de Montfort. Simon était un homme dissimulé et ambitieux, vaillant du reste, réglé dans ses mœurs, ayant, comme tous les hommes à part, commandement sur la fortune.

Cette guerre vit naître l'inquisition, et se distingua par ses autoda-fé. On jetait les femmes dans les puits ; on égorgeait sans merci ; et, pendant les massacres, les prêtres du comté de Montfort chantaient le *Veni, Creator*. Béziers fut emporté d'assaut : « Là se fist le plus grand massacre qui se fust jamais fait dans le monde entier ; car on n'espargna ni vieux, ni jeunes, pas mesme les enfants qui tetoient ; on les tuoit et faisoit mourir. Voyant cela, ceulx de la ville se retirerent, ceulx qui le purent, tant hommes que femmes, dans la grande eglise de Saint-Nazaire. Les prestres de cette eglise devoient faire tinter les cloches quand tout le monde seroit mort ; mais il n'y eut son de cloche ; car ni prestre, vestu de ses habits, ni clerc ne resta en vie. »

Toulouse, dont toutes les maisons étaient fortifiés, et dont les bourgeois se défendirent de rue en rue, est prise et reprise, inondée de sang, à moitié brûlée.

Longtemps après, les ossements du vieux Raymond, qui ne furent jamais enterrés, se montraient dans un coffre, tout *profanés et à moitié mangés des rats,* chez des frères hospitaliers de Saint-Jean de Toulouse. Une simple commune de France, la petite république de Toulouse, brava, pendant vingt ans, les anathèmes des papes, les fureurs de l'inquisition, les assauts de trois rois de France, parmi lesquels on compta Philippe-Auguste et saint Louis. Simon de Montfort introduisit, avec ses *François,* la langue picarde, ou le *françois wallon,* dans les villes de Languedoc. La belle langue romane se perdit, et ne subsista plus qu'altérée dans le patois des campagnes.

L'inquisition, née des troubles vaudois, ne se put établir en France, parce qu'elle rencontra une rivale puissante dans la justice parlementaire. « L'inquisition a été quelque temps en France en quelques endroits ; mais elle n'y a proprement fait que des apparitions. Il n'y en reste plus qu'un vestige dans un village nommé Quingey, entre Besançon et Dôle, où un dominicain, qui y vit d'un petit hospice, porte le nom de *Pape de Quingey.* Tout son pouvoir est, Dieu merci, restreint à donner permission de lire les livres prohibés. Avant la conquête de la Franche-Comté, ce petit pape de Quingey fit briller plus d'une fois par feu clair et vermeil le pouvoir de l'inquisiteur. » (*Note sur Boulainvilliers.*)

Philippe-Auguste fit enclore et paver Paris. « Le bon roi. . . . se mit à une des fenestres de laquelle il s'appuyoit aucunes fois pour regarder la Seine couler. . . . si advint que charrette vint à mouvoir si bien la boue et l'ordure. . . . que le roi sentit cette pueur si corrompue, et s'entourna de cette fenestre en grande abomination de cœur. Lors fit mander li provost et borgeois de Paris, et li commanda que toutes les rues fussent pavées, bien et soigneusement, de grès gros et forts. »

Les deux cent trente-six rues de Paris étaient pleines de gens qui criaient :

> Seigneurs, voulez-vous baigner,
> Entrez donc sans délaïer ;
> Les bains sont chauds, c'est sans mentir.
> . . . .
> Le bon vin fort, à trente-deux,
> A seize, à douze, à dix, à huit.

LOUIS VIII.

De 1223 à 1226.

« Louis VIII, dit du Haillant, fut bon et vertueux prince, et si peu de temps roi, qu'il n'a autre surnom, sinon de père du roi saint Louis. » Du Haillant se trompe : fils d'un grand roi, et père d'un roi plus grand encore, Louis fut surnommé Cœur de Lion ou Lion Pacifique, tout à la fois à cause de son courage et de sa douceur. Il *choisit* son fils aîné pour lui succéder, laissant à ses autres enfants des apanages ; l'accession du premier-né à la couronne n'était pas encore un droit indépendant de la *volonté* paternelle.

Sous le règne de Louis VIII, on remarque l'établissement du premier ordre des moines mendiants. On signale aussi une multitude de lépreux. Il fut *défendu aux femmes amoureuses, filles de joie et paillardes,* de porter robes à *collets renversés, queue, ni ceinture dorée.*

LOUIS IX.

De 1226 à 1270.

Chaque époque historique a un homme qui la représente : saint Louis est l'homme modèle du moyen âge ; c'est un législateur, un héros et un saint. Le temps où il a vécu rehausse encore sa gloire par le contraste de la naïveté et de la simplicité de ce temps. Soit que Louis combatte sur le pont de Taillebourg ou à La Massoure ; soit que, dans une bibliothèque, il rende compte de la matière d'un livre à ceux qui le viennent demander ; soit qu'il donne des audiences publiques ou juge des différends aux *Plaids* de la Porte, ou sous le chêne de Vincennes, *sans huissiers ou gardes ;* soit qu'il résiste aux entreprises des papes ; soit que des princes étrangers le choisissent pour arbitre ; soit qu'il meure sur les ruines de Carthage, on ne sait lequel le plus admirer du chevalier, du clerc, du patriarche, du roi et de l'homme. Marc-Aurèle a montré la puissance unie à la philosophie ; Louis IX, la puissance unie à la sainteté : l'avantage reste au chrétien.

Les amours et les chansons de Thibaut, comte de Champagne, ont répandu quelque chose de romanesque sur le temps orageux de la tutelle de saint Louis.

Saint Louis résista aux usurpations de la cour de Rome, et réclama en faveur des libertés de l'Église gallicane : toutes les libertés sont sœurs.

Les *Établissements de saint Louis* sont une espèce de code où les diverses coutumes de la monarchie, les ordonnances des rois, les canons des conciles, les décisions des Décrétales, se trouvent mêlés au droit romain.

Louis avait devancé son siècle : ses *Établissements* ne furent point admis ; s'il les eût publiés au commencement de son règne, peut-être leur aurait-il pu donner quelque chose de l'autorité de sa vie ; mais les *Établissements* furent le dernier présent et comme les derniers adieux qu'un saint faisait à la terre. L'ignorance, les intérêts, les passions, qui ne purent rien contre la mémoire de ce grand homme, furent tout-puissants contre ses lois.

Il s'embarqua le 1er juillet 1270 à Aigues-Morte, ville à laquelle il donna une charte que nous avons encore. Le temps, qui change tout, a reculé la mer qui baignait la ville d'où saint Louis quitta pour jamais la France. Les remparts qu'il avait élevés, et qui devraient être sacrés, sont au moment d'être détruits par des générations nouvelles qui se retireront à leur tour comme les flots.

J'ai vu le lieu de la mort de saint Louis : les historiens futurs trouveront peut-être dans le récit que j'ai fait de cette mort [1], quelques détails que mes devanciers ont ignorés, et dont je n'ai dû la connaissance qu'aux vicissitudes de ma vie : *Vita est in fuga.*

Des pièces de monnaie qui nous restent de saint Louis sont percées ; on croyait qu'elles guérissaient de tous maux, et on les portait suspendues au cou comme des reliques : ce roi passait pour avoir conservé la puissance de soulager ses peuples, même après sa mort.

PHILIPPE III.

De 1270 à 1285.

Philippe le Hardi se trouve placé entre saint Louis son père et Philippe le Bel son fils, de même que Louis VIII l'avait été entre Philippe-Auguste et saint Louis : comme le laboureur laisse une terre en friche entre deux moissons, la Providence laissait reposer la France entre deux grands règnes. Philippe quitta Tunis, débarqua en Sicile, passa dans les Calabres, entra dans Rome, ville des tombeaux, portant avec lui les os du roi son père, du comte de Nevers son frère, et d'Isabelle d'Aragon sa femme. Arrivé en France, il déposa les restes de sa famille à Saint-Denis, et seize années après il mourut à Perpignan, non loin du port où son père s'était embarqué pour l'Afrique.

Philippe le Hardi donna les premières lettres d'anoblissement ; attaque à la constitution aristocratique.

Au dehors de la France, la nature des événements faisait entrer dans le royaume des idées nouvelles. Le grand corps de la féodalité française était flanqué en Allemagne par un empire dont le chef était électif, ce qui produisait des troubles et élevait des doutes sur le droit divin des rois ; en Angleterre, une monarchie représentative avait des parlements votant des subsides, et allant jusqu'à juger le souverain ; en Espagne, les cortès et les lois de l'État n'octroyaient les trônes qu'avec des réserves ; en Italie, où les guerres des Guelfes et des Gibelins continuaient, la plupart des villes s'étaient affranchies. Charles d'Anjou, qui ne mourut que sous le règne de son neveu Philippe le Hardi, roi de France, portait la couronne de Sicile, en vertu de la donation d'un pape qui n'avait pas eu le droit de la donner : le premier en Europe, il fit décapiter un prince souverain injustement condamné. Prêt à poser la tête sur le billot, Conradin jeta son gant dans la foule : qui l'a relevé ? Louis XVI, descendant de saint Louis, dont Charles d'Anjou était frère.

---

[1] *Itinéraire de Paris à Jérusalem.*

PHILIPPE IV.

De 1285 à 1314.

Au règne de Philippe le Bel commence la monarchie des trois états et la monarchie du parlement.

Sous les rois des deux premières races, le peuple entier (c'est-à-dire les soldats ou les conquérants) paraissait aux assemblées de mars et de mai, donnait son suffrage pour la formation des lois et sa voix pour l'élection des souverains. Il ne faut pas confondre le *tiers état* appelé par Philippe, et avant lui par saint Louis, avec ces masses militaires. Le tiers état se composait des *bourgeois* nés dans les villes du moyen âge, des gens de métiers affranchis, et des anciens magistrats municipaux romains. Ce furent ces bourgeois qui se soulevèrent dans le douzième siècle, qui devinrent *propriétaires collectifs,* et par conséquent *seigneurs,* obtinrent de Louis le Gros quelques chartes, et prirent le nom de *communes,* nom *nouveau* et *exécrable,* dit un auteur contemporain; ce furent ces bourgeois qui, arrivés aux *états,* commencèrent le *peuple français* dans les villes, après la disparition de la *peuplade franke* et la métamorphose de la *servitude* en *servage.*

Ce n'est pas, je l'ai déjà dit, qu'avant le règne de Philippe le Bel on ne trouve des *assemblées de notables,* des bourgeois des bonnes villes semondrés par nos rois; mais ce n'est qu'à l'occasion des démêlés de Philippe IV avec le pape Boniface, et surtout à l'occasion d'une taxe générale de six deniers sur les denrées vendues, « qu'Enguerrand de Marigny, surintendant de ses finances, ministre plus célebre encore par ses malheurs que par son grand talent dans les affaires, pour obvier à ces emeutes, pourpensa d'obtenir cela du peuple avec plus de douceur. Dans cette vue il engagea le monarque à convoquer à Paris les estats généraux du royaume. On fit dresser un echafaud; là, en presence du roi, le surintendant, après avoir loué hautement la capitale, l'appelant la Chambre royale, où les souverains anciennement prenoient leurs premières nourritures, exposa avec beaucoup de force les motifs qu'avoit ce prince d'aller punir la desobeissance des Flamands, exhortant vivement les trois estats à le secourir dans cette necessité publique, où il s'agissait du fait de tous. » (Pasquier.)

Au moment où les trois états prennent siége, le parlement de Paris, qui devait hériter de la puissance politique de ces états, devient sédentaire; le même roi qui constitue ces deux pouvoirs établit en même temps une nouvelle sorte de pairie : trois coups mortels portés à la monarchie féodale.

Les trois états, nommés depuis *états généraux*, qui offrirent souvent de grands talents et un haut instinct politique, n'entrèrent cependant jamais bien avant dans les mœurs du pays. D'abord ils n'agissaient pas sur une monarchie homogène : il y avait des états de la langue d'Oc et de la langue d'Oyle, et des états particuliers de provinces. Les grands vassaux et les petites seigneuries indépendantes ne se soumettaient que selon leur bon plaisir aux décisions des états.

Quant aux trois ordres, la noblesse, minée graduellement par la couronne, ne sentit ni n'aima jamais cet autre pouvoir collectif qu'on lui donnait dans ces assemblées mêlées du tiers état et du clergé, en dédommagement de sa puissance aristocratique ; elle s'y montra très-indépendante quant aux opinions, mais elle ne songea point à reprendre sur la couronne, en entrant dans les intérêts communs de la patrie, l'autorité qu'elle avait perdue : cette idée abstraitement politique ne pouvait venir d'ailleurs aux gentilshommes du moyen âge.

Le clergé, qui avait ses synodes particuliers et généraux, se souciait peu de ces réunions mixtes où sa voix ne comptait que pour un tiers des suffrages. Ses intérêts, défendus dans les conciles, ne l'incitaient point à jouer un rôle important dans les états : il y porta de l'humeur, une opposition factieuse et des talents administratifs que lui seul possédait alors.

Le tiers état faisait entendre quelques doléances, mais il n'était guère occupé qu'à se tenir attaché au trône, son abri naturel contre les deux autres ordres; il y était encore enclin par le penchant naturel qu'a la démocratie à s'unir au pouvoir absolu.

Les guerres civiles et étrangères, les invasions, le soulèvement des peuples, la défiance des rois, les résistances des seigneurs, la confusion qui régnait dans les attributions politiques, mirent des obstacles à la tenue régulière des états : il y a des temps où ces états, enchevêtrés aux assemblées de notables, aux chambres du parlement de Paris et au conseil du monarque, se peuvent à peine distinguer des pouvoirs auxquels ils étaient réunis.

Un mot à présent sur le parlement.

Lorsque le roi cessa de juger, son conseil jugea pour lui. Ce conseil, sous le nom de parlement, *parlamentum* (vers l'an 1000) succéda aux *placita* de Grégoire de Tours et de Frédégher, et au *mallum* [1] *imperatoris* des Capitulaires. Le parlement, d'abord ambulant avec le monarque, fut ensuite rendu sédentaire; il eut des sessions fixes, et devint enfin perpétuel : des conseillers *jugeurs* tirés de la classe de la noblesse

---

[1] C'est du mot *mallum* qu'est venu notre mot *mail*, lieu planté d'arbres.

et de l'Église, des conseillers *rapporteurs* choisis parmi la classe des clercs et des bourgeois, le composaient. La noblesse d'épée se retira peu à peu du parlement ; la noblesse de robe y demeura seule : d'où il arriva que les juges inamovibles (les nobles) laissèrent le dépôt de la justice aux juges amovibles (les bourgeois). Charles VII, en créant le conseil d'État, acheva de séparer le parlement de la couronne, et chercha à le livrer aux pures fonctions judiciaires. Louis XI donna en 1467 un édit pour la perpétuité des offices de judicature ; à la vérité il ne tint compte de son édit, parce qu'il n'était fidèle qu'à son despotisme de bas aloi. La vénalité des charges, si fâcheuse dans son principe, ramena l'inamovibilité et enfin l'hérédité de la magistrature.

Lorsque le roi, grand justicier de son royaume, venait à mourir, toute justice cessait [1], parce que toute justice émanait du roi. Le parlement paraissait aux obsèques du prince et entourait le cercueil ; quand le cri de la perpétuité de l'empire s'était fait entendre : *Le roi est mort : vive le roi !* les tribunaux se rouvraient, et la justice renaissait avec la monarchie.

D'autres parlements furent successivement érigés à l'instar du parlement de Paris dans les différentes provinces. Celui-ci usurpa des droits politiques que n'exerçaient point les trois états dans les longs et irréguliers intervalles de leurs sessions ; les peuples s'accoutumèrent à le regarder comme le défenseur de leurs droits : « Par l'usage d'enregistrer l'impôt, il acquit, selon l'expression énergique de Pasquier, le droit de vérifier les volontés de nos princes. » La monarchie parlementaire survécut à celle des états, joua un rôle indépendant au temps de la Fronde, disparut dans la monarchie absolue de Louis XIV, fut brisée sous Louis XV, rétablie sous Louis XVI, et servit au rappel des états généraux de 1789.

Pour la justice civile, le parlement de Paris jugeait d'après les coutumes des pays qui ressortissaient à son tribunal ; pour la justice criminelle, il employait le droit royal (les ordonnances) mêlé au droit romain, et au droit canon lorsque la religion était incidente au délit ou au crime. Ce furent des personnages comparables à ce qu'il y a de plus grave et de plus illustre dans l'histoire que les Flotte, les l'Hospital, les de Thou, les Harlay, les Nicolaï, les Lamoignon, les d'Aguesseau, les Brisson, les Molé, les Séguier ; avec les gens d'Église, les clercs, les lettrés, les savants, les artistes et une centaine d'hommes de guerre, de terre et de mer, ils forment les grands hommes de la partie plébéienne de l'ancienne monarchie. Néanmoins plusieurs ma-

---

[1] Nous verrons ci-après l'origine de la justice chez les Franks.

gistrats étaient de familles nobles; quelques parlements étaient nobles, et la haute magistrature s'appela la noblesse de robe.

Une multitude de rois s'en étaient allés à la fois, quand Philippe monta sur le trône; il commença son règne au milieu des générations renouvelées. Ses querelles avec Boniface VIII sont célèbres : il s'agissait d'abord de quelques levées de deniers faites ou à faire sur le clergé. Boniface s'emporta; Philippe repartit qu'il ne se soumettrait jamais au pape pour les choses temporelles.

L'évêque de Pamiers, légat de Boniface, insulte le roi en pleine audience; le roi le chasse de son conseil et le fait accuser de crime de haute trahison : une bulle de Boniface ordonne de livrer l'évêque au tribunal ecclésiastique. Autre bulle qui déclare le roi de France soumis au pape, tant au temporel qu'au spirituel. Le garde des sceaux, Pierre Flotte, adresse au pape de la part du roi une lettre commençant ainsi : « Philippe, par la grâce de Dieu, roi des Français, à Boniface prétendu pape, peu ou point de salut. Que votre très-grande fatuité sache que nous ne sommes soumis à personne pour le temporel, etc. »

Survint alors une bulle où sont retracés les principaux torts de Philippe : « Il accable ses sujets d'impôts; il altère les monnaies; il perçoit les revenus des bénéfices vacants. En vain il rejetterait tous ses torts sur de mauvais ministres, il doit changer ces ministres à l'admonition du saint-siége. » Si ces reproches étaient déplacés, ils étaient justes, et ces violences mêmes étaient utiles. La papauté avait seule alors le droit de parler, et remplaçait l'opinion publique pour les nations; les répliques que les rois étaient obligés de faire dévoilaient les abus de la cour de Rome : par les doubles passions de la couronne et de la tiare, les peuples obtenaient une partie des lumières qui sont aujourd'hui le résultat de la liberté de la presse.

Les trois ordres écrivirent à Rome, le clergé en latin, la noblesse, et vraisemblablement le tiers état, en français. La lettre du clergé était respectueuse, mais ferme; celle de la noblesse, violente; et celle du tiers état, qu'on n'a plus, vraisemblablement aussi vigoureuse que celle de la noblesse, à en juger par la réponse des cardinaux. Le pape traita l'Église gallicane de fille folle, et se plaignit de ce que la noblesse et les communes n'avaient pas même daigné lui accorder le titre de souverain pontife.

Après la tenue d'un consistoire, l'assemblée d'un concile à Rome, et la promulgation de nouvelles bulles, Guillaume de Nogaret, chevalier du roi, dans une assemblée des prélats et des barons (1303), déclara que Boniface n'était point un pape; qu'il était, aux termes de l'Évangile, un voleur et un brigand; qu'il était temps d'arrêter ce misérable, de le mettre au cachot, d'assembler un concile pour le juger ; ce qu'étant fait, les cardinaux éliraient un vrai pape. Boniface lança une bulle d'excommunication contre Philippe et mit le royaume en interdit : il se trompait d'époque ; le siècle de Grégoire VII était déjà loin.

Les deux nonces chargés de porter au roi la sentence papale furent jetés en prison ; les bulles, saisies ; le temporel des ecclésiastiques français qui s'étaient rendus à Rome, confisqué ; les ordres du royaume convoqués au Louvre, afin d'aviser au moyen de se venger du pontife. Dans cette assemblée, un procès public fut intenté à Boniface par Guillaume de Plasian ; les principaux articles portaient que le pape niait l'immortalité de l'âme, qu'il doutait de la réalité du corps de Jésus-Christ dans l'Eucharistie, qu'il était souillé du péché infâme, et qu'il appelait les Français *Patarins*. Le roi, sur les conclusions de Nogaret et de Plasian, en appelle des bulles de Boniface aux conciles futurs et aux papes futurs. Les trois états adhèrent à cette déclaration.

Nogaret se trouvait alors en Italie ; il fut chargé de signifier au pape la résolution de l'assemblée générale de France. Le violent pontife, retiré à Anagni, sa ville natale, préparait de nouveaux foudres. Nogaret avait reçu l'ordre de l'enlever, de le conduire à Lyon où il serait privé des clefs dans un concile général : c'était à leur tour les rois qui déposaient les papes.

Nogaret s'entendit avec Colonne, de cette puissante famille romaine que Boniface avait persécutée. L'entreprise fut conduite avec secret et succès : Nogaret et Colonne, à l'aide de quelques seigneurs gagnés et d'aventuriers enrôlés, s'introduisent dans Anagni, le 7 septembre 1303, au lever du jour. Le peuple se joint aux assaillants, et force le palais du pape. Les portes de son appartement sont brisées ; on entre : le pontife était assis sur un trône, portant sur les épaules le manteau de saint Pierre ; sur sa tête, une tiare ornée de deux couronnes, symbole des deux puissances, et tenant à la main la croix et les clefs.

Nogaret, étonné, s'approche avec respect de Boniface, accomplit sa mission, et l'invite à convoquer à Lyon le concile général. « Je me consolerai, répondit Boniface, d'être condamné par des Patarins. » Le grand-père de Nogaret était Patarin, c'est-à-dire Albigeois, et avait été brûlé vif comme hérétique. « Veux-tu déposer la tiare ? » s'écria Colonne. « — Voilà ma tête, répliqua Boniface ; je mourrai dans la chaire où Dieu m'a assis. » Pie VI, prisonnier, à moitié expirant, dépouillé des marques de sa puissance, était arrivé à Valence ; le peuple, entourant la maison où il était déposé, l'appelait à grands cris ; le vicaire de Jésus-Christ se traîne à une fenêtre, et, se montrant à la foule, dit :

Ecce homo! C'était là toute une autre grandeur et toute une autre manière de mourir.

Boniface, après sa haute réponse à Colonne, se répandit en outrages contre Philippe. Colonne donna un soufflet au pape, et lui aurait plongé son épée dans la poitrine, si Nogaret ne l'eût retenu. « Chétif pape, s'écrie Colonne, regarde de monseigneur le roi de France la bonté, qui te garde par moi et te défend de tes ennemis. » Boniface, craignant le poison, refusa tout aliment; une pauvre femme le nourrit pendant trois jours avec un peu de pain et quatre œufs. Le peuple, par une de ses inconstances accoutumées, délivra le souverain pontife, qui partit pour Rome; il mourut d'une fièvre frénétique (11 octobre 1303). Quelques auteurs ont écrit qu'il se brisa la tête contre les murs, après s'être dévoré les doigts.

Les troubles de la Flandre, à peine conquise par Philippe le Bel, recommencèrent. Il y eut de grands massacres, principalement à Bruges. Pour reconnaître les Français qu'on voulait égorger, on les forçait de répéter ces mots en bas allemand : *Scilt endè wriendt, bouclier et ami;* le mot *ciceri* avait ainsi servi d'arrêt de mort aux Vêpres siciliennes. Il y a des mots auxquels les Gaulois et les Français ont encore mieux dénoncé leur double race : pour s'épargner l'ennui d'apprendre les langues étrangères, ils ont enseigné la leur, les armes à la main, à toute la terre; il est probable que ce ne fut pas en latin que Brennus prononça au Capitole le *Væ victis!*

Le massacre de Bruges fut suivi de la bataille de Courtray; des paysans et des bourgeois, commandés par le tisserand Pierre Le Roy, qui se fit armer chevalier à la tête du camp, remportèrent une victoire signalée sur les plus grands capitaines et la plus haute noblesse de France. Il demeura prouvé que la valeur n'était pas exclusivement du côté de la chevalerie; lumière de plus montrée aux peuples. Quatre mille paires d'éperons dorés furent enlevées à quatre mille *chevaliers* par les *bons hommes* de Flandre (1303).

Cette victoire donna lieu à une singulière aventure : quelques Flamands déguisés en mendiants se firent passer pour des seigneurs français échappés à la journée de Courtray; ayant juré de demeurer pendant sept ans sous l'habit de pauvres, sans révéler leur naissance; les veuves les prétendirent reconnaître, et les admirent à jouir de leurs droits.

Philippe prit sa revanche à la bataille de Mons-en-Puelle : la consécration de la statue grossière que l'on voyait encore avant la Révolution dans la cathédrale de Paris attestait cette victoire.

La découverte de la boussole est du règne de Philippe le Bel, et coïncide avec celle de la poudre ; inventions qui ont changé, l'une le globe, l'autre la société matérielle, en attendant la découverte de l'imprimerie, qui devait transformer le monde de l'intelligence. Il n'est pas clair néanmoins que Jean Gira, ou Goya, ou Flavio Givia d'Amalfi, soit l'inventeur de la boussole ; Marc Paul pouvait l'avoir apportée de la Chine vers l'an 1260 ; et un vieux poëte, François Guyot, de Provins, décrit exactement la boussole, sous le nom de *marinetta* ou *pierre marinière*, vers la fin du douzième siècle, cinquante ans et plus avant le voyage du Vénitien en Chine. La fleur de lis, qui chez tous les peuples signale le nord sur la rose des vents, semble assurer à la France l'invention ou le perfectionnement de la boussole ; cette fleur a de même indiqué bien d'autres gloires, avant l'époque où elle n'a plus marqué que des malheurs.

Le mouvement général des esprits, qui fait du quatorzième siècle un siècle à jamais mémorable, amena, en 1308, l'insurrection des trois cantons de Schwitz, d'Uri et d'Underwalden ; la liberté se réveilla au milieu des lacs et des rochers des Alpes : tandis que les communes de Flandre préparaient dans leurs plaines les républiques industrielles des Artavelle, la république agricole et guerrière de Guillaume Tell se formait dans les montagnes de la Suisse.

Lyon, en 1310, fut réuni à la couronne. Cette même année vit la conquête de l'île de Rhodes par les chevaliers de Saint-Jean de Jérusalem.

Le concile de Vienne (1311) termina le démêlé de la couronne de France et de la tiare ; car Philippe avait poursuivi la mémoire même de Boniface. Ce concile traita aussi de l'abolition de l'ordre des templiers : elle remplit la fin du règne de Philippe.

Neuf gentilshommes français établirent, en 1118, l'ordre des templiers à Jérusalem. Cet ordre acquit d'immenses richesses, et devint suspect aux peuples et aux rois. Les templiers étaient accusés de se vouer entre eux à d'infâmes voluptés, de renier le Christ, de cracher sur le crucifix, d'adorer une idole à longue barbe, aux moustaches pendantes, aux yeux d'escarboucle, et recouverte d'une peau humaine ; de tuer les enfants qui naissaient d'un templier, de les faire rôtir, de frotter de leur graisse la barbe et les moustaches de l'idole ; de brûler les corps des templiers décédés, et de boire leurs cendres détrempées dans un philtre. On peut toujours deviner les siècles au genre des calomnies historiques : brutales et absurdes dans les temps de grossièreté et de foi, raffinées et presque vraisemblables dans les temps de civilisation et de doute.

L'abolition de l'ordre des templiers ne fut pas cependant une pure affaire de finances : il paraît assez prouvé que les chevaliers appartenaient à la secte des manichéens, et que Philippe se montra plus jaloux de leur autorité qu'avide de leurs trésors. Quoi qu'il en soit, l'humanité et la justice furent également violées dans ce procès : la nature des accusations fut si bien calculée pour frapper l'esprit de la foule, que l'opinion vulgaire a transformé en monstres ces moines-chevaliers qui n'étaient vraisemblablement coupables que de passions et d'erreurs. Ce n'est qu'au commencement du dix-neuvième siècle qu'un savant et un poëte a vengé leur mémoire (M. Raynouard). Il faut descendre jusqu'à nos jours pour trouver dans l'abolition de l'ordre des jésuites (la différence des époques admise) quelque chose de l'appareil et du fracas qu'excita dans le monde catholique l'abolition de l'ordre des templiers.

Le ministre de Philippe le Bel, Enguerrand de Marigny, fut, dans le règne suivant, victime de cette même iniquité des hommes qu'il avait soulevée contre les templiers ; il expia par une injuste mort le supplice injuste de Jacques de Molay : Dieu patient et vengeur suspend quelquefois son bras, mais ne détourne jamais les yeux.

Si l'on en croit une vieille chronique, les chevaliers du Temple, sur le bûcher, citèrent Philippe le Bel et Clément V à comparaître dans l'an et jour au tribunal suprême, et le prince et le pontife se présentèrent dans le délai légal à la barre de l'éternité. Ferdinand IV, roi de Castille, mandé de même à l'audience de Dieu par deux gentilshommes qu'il avait fait mourir, expira juste au terme de l'assignation, d'où lui resta le terrible surnom de *Ferdinand l'Ajourné*. Ces récits ne sont point sans dignité morale ; l'histoire se plaît aux choses graves et tragiques : on ne doit point épargner les faits qui peignent les croyances, les mœurs, la disposition des esprits, et qui donnent de salutaires leçons. Dans tous les cas, il sera toujours vrai que le ciel entend la voix de l'innocence et du malheur, et que l'oppresseur et l'opprimé paraîtront tôt ou tard aux pieds du même juge.

Philippe le Bel ouvrit un des siècles les plus féconds en transformations sociales, et ce prince lui-même fut une nouveauté : il connut la raison d'État et commença la conversion du vassal en sujet. Mais si d'un côté la liberté religieuse, politique et civile, fit un pas considérable sous son règne par le choc de la puissance temporelle et de la puissance spirituelle, par la convocation des trois états, par l'établissement du parlement sédentaire ; d'un autre côté, Philippe donna naissance à l'esprit de la monarchie absolue, et montra dans l'avenir des rois tels que la France ne les devait pas longtemps supporter.

LOUIS X.

De 1314 à 1316.

Philippe le Bel laissa trois fils : Louis X, surnommé le Hutin ; Philippe V, dit le Long ; et Charles IV, dit le Bel. Tous trois moururent vite, tous trois furent déshonorés par leurs femmes. Cette succession de trois frères se présente deux autres fois dans notre histoire, et toujours à la maleheure : François II, Charles IX, Henri III ; Louis XVI, Louis XVIII et Charles X. Marguerite, reine de Navarre, femme de Louis le Hutin ; Blanche, fille cadette d'Othon IV, comte palatin de Bourgogne, femme de Charles le Bel, furent enfermées au château Gaillard, bâti par Richard Cœur de Lion, et où l'on racontait qu'il avait plu du sang ; on les tondit et rasa, punition de l'adultère : Marguerite fut étranglée avec le linceul de sa bière ; Blanche, répudiée, prit le voile dans l'abbaye de Maubuisson. Jeanne, comtesse de Bourgogne, sœur aînée de Blanche et femme de Philippe le Long, emprisonnée d'abord au château de Dourdan, acquittée ensuite par arrêt du parlement, rentra dans le lit de Philippe. Les séducteurs de Marguerite et de Blanche étaient deux frères bossus, Philippe et Gauthier d'Aulnay : ils furent écorchés vifs, traînés dans la prairie de Maubuisson nouvellement fauchée, mutilés et pendus à un gibet par-dessous les bras :

> Que il furent vif escorchiez,
> Puis fu lor nature copée
> Aux chiens et aux bestes jetée.

Ils ne croyaient pas avoir acheté trop cher leur supplice.

Enguerrand de Marigny fut alors poursuivi pour anciennes concussions sous le règne de Philippe le Bel. L'avocat qui plaida contre lui *allegua les exemples des serpents qui desgastoient la terre de Poitou au temps de monseigneur saint Hilaire, et appliqua et comparagea les serpents à Enguerrand et à ses parents et affins.* On ne permit pas même à l'accusé de parler : *Si ne lui fut en aucune maniere audience donnée de soi defendre.* Le comte de Valois persécutait Marigny à cause de quelques paroles hautaines proférées au jour de la fortune. On ne put cependant faire condamner cet homme illustre qu'en produisant l'accusation de sorcellerie, dernière ressource de l'injustice et de la délation dans ces temps, comme on employait l'accusation de trahison dans la république romaine, et de lèse-majesté dans l'empire romain : toutes les consciences se fermaient et se taisaient au seul mot de sorcellerie, et l'innocent devenait coupable. Le roi déclara qu'il *ostoit sa main* de Marigny : Charles Ier ôta sa main de Strafford. Le parlement ne jugea point Marigny, qui fut pendu (30 avril 1315) au gibet de Montfaucon, avant le lever du jour, par arrêt d'une commission de barons et de chevaliers convoquée au bois de Vincennes ; c'est la première commission assemblée dans ce bois ; on sait quelle a été la dernière. « Montfaucon a apporté tel malheur, dit Pasquier (dans le chapitre intitulé : *Plus malheureux que le bois dont on fait le gibet*, liv. VIII, chap. XL, page 742), à ceux qui s'en sont meslez, que le premier qui le fit bastir (qui fut Enguerrand de Marigny) y fut pendu ; et depuis, ayant esté refaict par le commandement d'un nommé Pierre Remy (général des finances sous Charles le Bel), luy-mesme y fut semblablement pendu (sous Philippe de Valois) ; et, de nostre temps, maistre Jean Moulnier, lieutenant civil de Paris, y ayant fait mettre la main pour le refaire, la fortune courut sur luy, sinon de la penderie, comme aux deux autres, pour le moins d'amende honorable, à laquelle il fut depuis condamné. »

Ici la civilisation rétrograde ; la justice recule et est moins avancée que dans les *Établissements de saint Louis*, et dans les *Règlements de Philippe le Bel* ; mais l'exécution de nuit et la corde pour le gentilhomme ne sont point, comme on l'a pu croire, des infractions à la loi des temps. Les *Établissements de saint Louis* stipulent qu'un gentilhomme coupable du déshonneur d'une fille de famille sera pendu. Il y avait, ce cas échéant, égalité de supplice pour le noble et le roturier ; on supposait que le crime faisait déroger. Depuis, les gentilshommes ont prétendu qu'il y avait des crimes de race, comme il y avait une noblesse d'extraction, et ils ont réclamé le privilége de l'échafaud.

Les regrets du roi et du peuple vengèrent Marigny. En ce temps-là l'imagination des hommes, plus sensible parce qu'il y avait plus de foi en toute chose, expiait les fautes des passions : une calamité générale qui survenait (comme il arriva alors), après une injustice individuelle, était prise pour un châtiment du ciel : Dieu, juge en dernier ressort, établissait, pensait-on, la peine auprès de la prévarication ; grave système qui liait par la morale les destinées de tout un peuple à l'iniquité accomplie sur un seul homme ; système sans danger qui n'affaiblissait point le pouvoir en lui commandant le repentir, parce que l'ordre émanait de la puissance éternelle.

Mais si la civilisation recula dans l'ordre civil, à propos du supplice d'Enguerrand, la voici qui avance dans l'ordre politique. Louis le Hutin publia, le 3 juillet 1315, des lettres qui méritent d'être rapportées pour l'honneur des rois *francs* et du peuple *franc*.

« Louis, par la grâce de Dieu, roi de France et de Navarre, etc. : Comme selon le droit de nature chacun doit naistre *franc;* et par aucuns usages ou coustumes, qui de grant ancienneté ont esté introduites et gardées jusques cy en nostre royaume, et par adventure *pour le meffet de leurs predecesseurs,* moult de personnes de nostre commun peuple, soient encheües *en lien de servitudes et de diverses conditions,* qui moult nous desplaist. Nous considerants que nostre royaume est dit et nommé *le royaume des Francs,* et voulants que la chose en verité soit accordante au nom, et que la condition des gens *amende de nous en la venue de nostre nouvel gouvernement.* Par deliberation de nostre grand conseil, *avons ordené et ordenons,* que generaument, par tout nostre royaume, de tant comme il peut appartenir à nous et à nos successeurs, *telles servitudes soient ramenées à franchises;* et à touts ceux qui de ourine, ou *ancienneté,* ou de nouvel *par mariage,* ou par *residence de lieus de serve condition,* sont encheües ou pourroient escheoir en liens de servitudes, *franchise soit donnée o bonnes et convenables conditions.* »

L'esprit philosophique de cette loi, ses considérations générales *sur la liberté qui est un droit de nature,* contrastent avec l'enfance du dialecte : les idées sont plus vieilles que la langue.

Des historiens ont pensé que ces lettres ne furent qu'un moyen de finances imaginé dans le but d'obtenir, par le rachat du servage, un argent dont on avait grand besoin. La remarque de ces historiens fût-elle vraie, je dirais encore : Peu importe comment la liberté arrive aux hommes, pourvu qu'elle leur arrive ; toutes les interprétations possibles ne détruisent pas un fait indicateur d'une importante révolution commencée dans l'état social. Mais la remarque tombe à faux : le roi, en affranchissant ses serfs, gens de corps, gens de poueste, gens de morte-main, diminuait ses revenus, car les serfs étaient soumis à certaines taxes ; il était donc équitable que la couronne, en accordant la liberté, ne le fît pas aux dépens de sa force ; c'est ce que l'ordonnance exprime très-bien : « Vous *commettons* (collecteurs, sergents, etc.) *et mandons* pour traitez et accordez avec eus (serfs) de certaines compositions, par lesquelles soffisant *recompensation* nous soit faicte des emolumens qui *desdites servitudes* povent venir à nous et à nos successeurs. »

Si les idées étaient plus vieilles que le langage, il se trouve encore que le roi devançait le peuple : très-peu de serfs consentirent à se racheter ; on voit d'autres lettres par lesquelles Louis X déclare que *plusieurs n'ont pas connu la grandeur du bienfait qui leur était accordé,* et ordonne qu'on les contraigne à payer de grosses sommes, c'est-à-dire qu'on les oblige à devenir libres. Toute révolution qui n'est pas accomplie dans les mœurs et dans les idées échoue : la dégradation qu'amène la dépendance est pour l'être accoutumé à obéir une sorte de tempérament, une nature qui accomplit ses lois dans le dernier ordre de l'intelligence ; or il y a dans les lois accomplies un certain bien-aise. Délivré des soucis de la pensée et des soins de l'avenir, l'esclave s'habitue à son ignominie ; sans liens sociaux sur la terre, la servitude devient son indépendance ; si vous l'émancipez tout à coup, épouvanté de sa liberté il redemande ses chaînes. Le génie de l'homme est comme l'aigle ; lorsqu'il est nourri dans la domesticité, et qu'on le veut rendre aux champs de l'air, il refuse de s'envoler, et ne sait user ni de ses serres, ni de ses ailes.

Louis rappela les Juifs chassés par Philippe le Bel (28 juillet 1315). Il leur fut défendu de prêter « sus vessel ou aournement d'église, ne sus gages sanglants [1], ne sus gages mouillés fraîchement ; » il leur était ordonné de porter « le signel, là où ils l'avaient accoustumé, et sera large d'un blanc tournois d'argent au plus, et sera d'autre couleur que la robe, pour estre mieus et plus cleirement apparent [2]. » Les Juifs étaient gens de poueste à perpétuité ; si leurs enfants avaient une nourrice chrétienne, les clercs la pouvaient excommunier : *Sed benevolunt quod nutrices Judæorum excommunicentur,* dit un *Établissement* de Philippe-Auguste. Un commentateur croit qu'on peut lire *meretrices* pour *nutrices* [3] (prostituées au lieu de nourrices). Que veulent dire tant de dédains pour ce peuple vivant à part dans tous les temps ; isolé au milieu de tous les autres peuples ; ne changeant jamais ; n'ayant passé, comme les races renouvelées, ni par la barbarie, ni par la civilisation ; toujours au même degré de sociabilité ; jamais conquis, parce qu'il l'a été une fois et pour toujours ; jamais libre, parce que toutes les nations le regardent comme un esclave qui leur est dévolu de droit, comme s'il y avait pour lui une origine mystérieuse, fatale, incontestée de servitude ! Est-ce Dieu qui avait mis sur la poitrine des Juifs, dans le moyen âge, le *signel* de sa main? Il leur était défendu de prêter sur *gages sanglants* ou sur *vêtements mouillés* : on les soupçonnait donc de profiter de la dépouille de l'assassiné et du noyé? Ne semblaient-ils pas poursuivis par le souvenir de cette robe tirée au sort, et vendue au prix de trente deniers? Enfin, leurs enfants ne paraissaient pas dignes d'être abreuvés d'un lait légitime ; la nourrice chrétienne qui pre-

---

[1] Cet article se trouve dans une charte latine de Philippe-Auguste (février 1218). — [2] Ce signe était une rouelle jaune ou moitié blanche ou rouge, que le Juif devait porter en vertu du chapitre 68 du concile de Latran, de l'an 1215, *ut omni tempore in medio pectoris rotam portent*, ajoute un statut de l'Église de Rhodez. — [3] Brussel, *Tract. de Usu feud.*, tom. 1, p. 583.

naît à son sein l'enfant d'un Juif tombait dans la réprobation éternelle dont était frappée l'innocente créature que la pitié avait mise dans ses bras.

Après dix-neuf mois de règne, Louis X mourut âgé de vingt-quatre ou vingt-six ans. Il avait continué la guerre malheureuse de Flandre. Ce jeune prince eut des qualités : il confirma d'utiles ordonnances pour la protection des laboureurs ; « personne, sous peine de quadruple et d'infamie, ne pouvant s'emparer de leurs biens. » Il voulait ôter aux seigneurs le droit de battre monnaie ; il ne le put : la royauté n'avait point encore détrôné l'aristocratie. Louis X aima les sciences, les lettres et les arts, et se laissa bien conseiller par la *clergie laïque*.

PHILIPPE V.

De 1316 à 1322.

Louis X avait eu, de sa première femme adultère, une fille nommée Jeanne, laquelle, héritant du royaume de Navarre, le porta dans la maison d'Évreux dont elle épousa le chef. La seconde femme de Louis, Clémence de Hongrie, était enceinte lorsqu'il mourut ; il y eut une sorte d'interrègne pendant lequel Philippe, second frère de Louis, eut la régence. Les douze pairs décidèrent que, si l'enfant à naître était femelle, la couronne passerait à Philippe : c'est la première fois qu'il est parlé dans notre histoire de la loi salique, et de l'application de cette loi. Clémence accoucha d'un fils, Jean Ier ; il ne vécut que cinq jours [1] (an 1316) : plusieurs historiens l'ont omis dans le catalogue des rois, tant il passa vite ; on ne retrouve que dans des chartes oubliées les dates rapprochées de sa naissance et de sa mort : heureux si un autre orphelin royal eût de même caché sa courte vie dans le trésor poudreux de nos chartes, s'il n'eût jamais senti le poids de la couronne, qu'il n'a cependant pas portée !

Philippe V, dit le Long, fut proclamé roi ; il y eut contestation ; plusieurs princes, et entre autres le frère du roi, qui fut depuis Charles le Bel, voulaient qu'on examinât les droits que Jeanne, fille de Louis X, pouvait avoir aux couronnes de France et de Navarre. Le sacre se fit à huis clos. Une assemblée d'évêques, de seigneurs et de bourgeois de Paris, déclara qu'au royaume de France la femme ne succède pas[2], et cela contre la maxime du droit féodal, par qui presque tous les grands fiefs tombaient de *lance en quenouille*. Un traité conclu, en 1316, entre

---

[1] *Spicil.*, tom. III, p. 72 ; *Trésor des Chartes*. — [2] *Contin. Chron. Guill. de Nangis* ; *Spicil.*, tom. III, p. 72.

WALTER SCOTT

Philippe V, alors régent, et le duc de Bourgogne, avait stipulé que, si la veuve de Louis X accouchait d'une fille, cette princesse, et Jeanne sa sœur, du premier lit, ou l'une des deux, en cas que l'autre mourût, auraient le royaume de Navarre avec les comtés de Champagne et de Brie, et « qu'elles donneroient quittance du reste du royaume de France[1]. » Ne croirait-on pas voir d'obscurs héritiers se partageant une ferme en famille? Ces anciennes monarchies chrétiennes étaient singulières, tant pour le droit que pour les mœurs ; elles avaient à la fois quelque chose de rustique et de violent, d'équitable et d'injuste, comme la vieille république romaine : deux femmes *donnaient quittance* de cette mâle patrie, qui, portant sa gloire en tous lieux, donnait souvent elle-même, en se retirant, quittance de ses conquêtes.

Jeanne épousa Philippe, fils aîné du comte d'Évreux, auquel elle porta en dot le royaume de Navarre. Elle fut mère de Charles le Mauvais. Philippe le Bel avait marié sa fille Isabelle à Édouard II, roi d'Angleterre; elle fut mère d'Édouard III, autre fléau de la France. Le royaume de Navarre, entré, par le mariage de Philippe le Bel, dans la maison de France, en sortit sous le règne de ses fils, pour y rentrer quatre siècles après par une autre princesse du nom de Jeanne, mère de Henri IV ; époque à laquelle nos monarques reprirent ce titre et ne le quittèrent plus qu'en perdant les deux couronnes. Disons donc aussi tout d'un coup que Charles le Bel, érigeant la baronnie de Bourbon en duché-pairie en faveur de Louis Ier, fils aîné de Robert, sixième fils de saint Louis, obligea celui-ci à renoncer au nom de Clermont, et à reprendre celui de la mère de sa femme, Agnès de Bourbon : de là vint ce nom de Bourbon, auquel il n'a manqué, pendant tant de siècles, que cette gloire de l'adversité, qu'il a enfin magnifiquement obtenue. Ainsi se montrent, à peu près à la même époque, dans notre histoire, ces Bourbons et ces Navarrais, lesquels, accablés sous la même couronne, devaient voir leur premier roi tomber sous le poignard du fanatique, et le dernier sous la hache de l'athée.

Philippe V, de même que ses prédécesseurs, était toujours en querelle avec les princes flamands ; il finit néanmoins par mettre un terme à une guerre qui avait duré vingt-cinq années, en donnant sa fille Marguerite en mariage au comte de Nevers, à condition qu'il succéderait au comté de Flandre. L'Allemagne était divisée entre les deux prétendants à l'empire, Frédéric d'Autriche et Louis de Bavière. L'Italie prenait part à cette division dans les deux partis guelfe et gibelin : les

---

[1] *Trés. des Char. Nav.*, layette III, pièce VII; DUPUIS, *Traité de la maison des rois;* LEIBNITZ *in eod. diplom.*, p. 70; *Mém. de l'Ac. des Bel.-Let.*, tom. XVII, p. 295.

Visconti s'élevèrent dans ces troubles. Le pape publia contre eux une croisade, comme autrefois contre les comtes de Toulouse.

Reparurent sous Philippe le Long ces bandes de paysans armés, qui, sous le nom de *Pastoureaux*, avaient déjà désolé la France pendant la captivité de saint Louis, et qui, sous prétexte d'aller délivrer la Terre-Sainte, ravagèrent leur propre pays et massacrèrent les Juifs. Le mouvement qui, pendant plusieurs siècles, avait poussé les Germains vers le Midi, et les Arabes vers le Nord, conserva son principe dans les races qui l'avaient opéré. L'humeur vagabonde et inquiète des Barbares continua de s'agiter, tant que la société demeura privée de ses droits : c'était l'indépendance naturelle de l'individu qui se montrait à défaut de la liberté politique de l'espèce.

Quelques ordonnances sur la justice font honneur à Philippe V. Il est défendu aux juges de débiter *nouvelles ou esbattements* pendant les audiences, de recevoir paroles privées [1]. Il est défendu de *passer* ou *conseiller* au roi aucune lettre contraire aux anciens règlements [2]. « Messire Dieu, qui tient sous sa main tous les rois, ne les a establis en terre qu'afin qu'ils gouvernent ensuite dûment [3]. « On fixe au règne de Philippe V l'époque du droit qui rend le domaine de la couronne inaliénable [4] (1321). Les lois générales prenaient la place des lois privées. Le roi ne pouvait plus acquérir ni vendre, comme les autres possesseurs de grands fiefs ; il sortait du pérage : mis à part de l'aristocratie et de la démocratie, il commençait ce pouvoir inviolable que la liberté lui reconnaît aujourd'hui pour sa propre garantie et pour le maintien de l'ordre. Mais la nation renaissante, en même temps qu'elle élevait la royauté à une hauteur inaccessible, régularisait le mouvement de cette royauté, et il y avait une loi supérieure à la volonté de la couronne, l'inaliénabilité.

Philippe le Long s'occupa de l'administration ; il régla la dépense de sa maison. Il faut prendre garde de confondre les idées par la ressemblance des mots. Les anciens rois n'avaient point de liste civile ; ils vivaient des revenus de leurs domaines ; quand ils administraient leur maison, ils administraient de fait les revenus de la couronne ; l'impôt, qui avait toujours une destination spéciale, était applicable aux lieux où il était levé, et ne tombait dans les coffres du roi que par abus. Toutes ces grandes charges, aujourd'hui antiquailles de la royauté, qui n'ont plus de place dans la constitution de l'État, qui coûtent beaucoup et ne sont bonnes à rien, étaient, dans l'origine, des places ad-

---

[1] *Ordonn, des R.*, tom. I, p. 673, 702, 729. — [2] *Ibid.*, p. 672, 673. — [3] *Ibid.*, p. 669. — [4] *Ibid.*, p. 665.

ministratives. Le maître de l'écurie du roi devint, sous Philippe V, premier écuyer du corps ; il se changea en grand écuyer sous Louis XI. Philippe établit des capitaines-généraux dans les grandes villes ; le système d'élection prévalait toujours, et ces capitaines étaient élus par le conseil des prud'hommes. Enfin, Philippe avait songé à établir l'égalité des poids et mesures, et une seule monnaie pour la France. Les siècles marchaient.

Philippe aimait les lettres ; il s'entoura de poëtes et de savants, ce qui n'est remarquable que par ses ordonnances, dans lesquelles l'on sent un esprit quelque peu philosophique, étranger à cet âge. Toulouse devint métropole ; seize évêchés nouveaux furent établis.

A peu près à cette époque, le Dante mourut en Italie, et le sire de Joinville en France ; celui-ci était plus que centenaire : représentant des temps de saint Louis parmi des hommes qui déjà ne lui ressemblaient plus, il devait nous transmettre cette chronique pleine de charme dont la langue n'est plus la nôtre ; nous lui devons le premier monument de notre littérature, comme le Dante a glorifié sa patrie de cet ouvrage, à la fois portrait vivant et statue colossale du moyen âge.

CHARLES IV.

De 1322 à 1328.

Philippe V mourut à Longchamp, le 3 janvier, âgé de vingt-huit ans, après en avoir régné six. Il laissa quatre filles : un fils qu'il avait eu de Jeanne, héritière du comté de Bourgogne, mourut en bas âge. Charles IV, dit le Bel, succéda à Philippe. L'archevêque de Reims, Robert de Courtenay, sacra les trois frères, Louis le Hutin, Philippe le Long et Charles le Bel [1] : honneurs répétés dont il offre en sa personne le seul exemple, et qui prouvaient en même temps la vanité et la rapidité des honneurs de la terre.

Charles IV s'occupa vivement, dans les premiers moments de son règne, d'une croisade pour secourir les chrétiens de Chypre et d'Arménie [2]. Ce ne fut qu'un projet coûteux. On fit la recherche des financiers, presque tous Lombards. Gérard Laguette, receveur général des revenus de la couronne [3], mourut dans les tortures de la question.

Des commissions royales allèrent dans les provinces châtier les juges prévaricateurs et les nobles qui s'emparaient du bien d'autrui.

---

[1] BALUZE, tom. II, p. 440. — [2] RUIN., an 1322, n° 36 et suiv. — [3] *Abr. Chron.*, tom. II pag. 839.

Jourdain de Lille, seigneur de Casaubon, était accusé de rapt, de vol et d'assassinat : cité à la cour du roi, il assomma l'huissier qui vint lui signifier l'ordre, et osa comparaître devant ses juges, accompagné de la principale noblesse de sa province. Il n'en fut pas moins condamné à mort, traîné à la queue d'un cheval, et pendu [1]. Ce fait prouve l'usurpation de la couronne et la décadence du pouvoir féodal. Jourdain de Lille était un brigand, mais il était souverain dans son château ; s'il eût manqué de foi au roi, comme son homme-lige, il eût été punissable ; il n'avait commis que des *crimes privés;* et dans la loi du temps, ne tenant sa puissance que de Dieu, il n'était punissable que de Dieu. Mais la monarchie n'était plus la monarchie de Hugues Capet, et les masses roturières avaient gagné, par l'intervention du trône, ce que leurs oppresseurs aristocratiques avaient perdu.

Des contestations, en Flandre, pour la succession du comté, entre Louis II, petit-fils du vieux comte de Nevers, et Robert de Cassel, fils de ce même comte (1323 à 1325) ; une défaite des Navarrais par les Basques; une guerre, en Guyenne, occasionnée pour la construction d'un château, entre le roi de France et le roi d'Angleterre, comme duc d'Aquitaine, remplissent les années 1323, 1324 et 1325. A Toulouse, s'établirent des débats plus pacifiques : l'académie de la *gaie société des sept trobadors* donna naissance à celle des Jeux floraux. Ce règne de six ans, de Charles le Bel, n'est remarquable que par la révolution qu'il amena en finissant, et par les idées qui se développèrent en Angleterre.

Édouard II avait épousé Isabelle de France, sœur de Charles le Bel, et dont il eut Édouard III; je l'ai dit. Édouard II était livré aux favoris. Gaveston, gentilhomme de Gascogne, lui avait déjà été arraché par les seigneurs; il prit un autre favori, Hugues Spencer, lequel, avec son père, aussi nommé Hugues, devint le maître de l'État.

Les barons s'assemblèrent; les Spencer en firent décapiter vingt-deux, parmi lesquels se trouvait Thomas de Lancastre, oncle du roi. Après beaucoup d'événements et d'aventures, Édouard II, accusé au parlement d'avoir violé les lois du pays, et de s'être livré à d'indignes ministres, fut, par arrêt de ce même parlement, déposé, condamné à garder une prison perpétuelle, la couronne passant immédiatement à Édouard III [2]. L'arrêt lui fut lu en prison, en ces termes : « Moi Guillaume Trussel, procureur du parlement et de toute la nation anglaise, je vous déclare en leur nom et de leur autorité, que je révoque et ré-

---

[1] *Spicil.*, tom. III, p. 80, 84 ; *Hist. des Lang.*, tom. IV, p. 191. — [2] Thoyr., *Hist. d'Angl.*, tom. III, p. 132; Hum.

tracte l'hommage que je vous ai fait; et dès ce moment je vous prive de la puissance royale, et proteste que je ne vous obéirai plus comme à mon roi. »

Voilà, dès l'an 1327 (14 janvier), un roi jugé et déposé par ses sujets.

L'Angleterre devait multiplier ces exemples. Le roi Jean avait déjà concédé la grande charte; les communes étaient entrées au parlement comme dans nos états; en 1265, le parlement appelé Leicester avait offert le premier modèle de la division du parlement en deux chambres; événement qu'on ne remarqua point, mais dont les conséquences devaient être senties si loin et si fort. On fit dire au jeune Édouard III, dans sa proclamation, que son père *s'en est ousté des gouvernement du roïalme de* SA BONE VOLUNTÉ [1]; mais ces principes de souveraineté absolue, de succession, de non-élection, étaient encore si peu reconnus, quoi qu'on en ait dit, que nous allons voir Édouard III disputer la couronne de France à Philippe de Valois, nonobstant la loi salique. Édouard II, renfermé au château de Barclay, fut assassiné au moyen d'un fer rouge qu'on lui enfonça dans le fondement à travers un tuyau de corne.

Un vieux poëte anglais représente Édouard regardant des bergers dans la campagne à travers les fenêtres grillées de sa tour, et disant à peu près comme Lucrèce : « Heureux, ô vous qui regardez du rivage et qui n'êtes point engagés dans le naufrage que vous voyez! »

<blockquote>
Oh! happy you who look as from the shore,
And had no venture in the wreck you see!
</blockquote>

L'évêque de Herford, consulté pour savoir s'il était loisible de tuer un roi détrôné, avait répondu par une phrase qui, selon la ponctuation, pouvait signifier que cela était permis, ou que cela n'était pas permis : le crime était chargé de la vraie lecture [2].

La mère d'Édouard fut reléguée au château de Rising [3]; Mortimer, son favori, subit le supplice que Spencer avait lui-même subi; et ce fut en raison des droits de cette reine captive, infidèle, déshonorée, qui avait privé son mari de la couronne et de la vie, qu'Édouard III réclama la couronne de France.

Charles IV, qui passa dans son temps pour un philosophe, décéda au bois de Vincennes, le 1ᵉʳ de février 1328. Il avait eu à soutenir la cruelle et ridicule guerre des *bâtards*, vagabonds sortis de la Gascogne, qui se disaient fils naturels des gentilshommes gascons : c'é-

---

[1] Rym., tom. II, p. 171. — [2] *Idem*, tom. x, p. 63, dans la note. — [3] Froissard.

taient les *Pastoureaux* sous une autre forme. Charles avait épousé trois femmes : Blanche de Bourgogne, Marie de Luxembourg, et Jeanne d'Évreux. Les enfants des deux premières moururent à la mamelle; Jeanne lui donna deux filles. Il la laissa grosse de sept mois en mourant ; il dit aux seigneurs assemblés autour de son lit, que si la reine accouchait d'une fille, *ce seroit aux grands barons de France à adjuger la couronne à qui de droit appartiendroit*. Il nomma Philippe de Valois régent du royaume pour l'interrègne [1] : cela confirme tout ce que j'ai dit sur le peu de fixité du principe héréditaire.

Avec le règne de Philippe VI, dit de Valois, commence une ère nouvelle pour la France : nous avons atteint le point culminant des temps féodaux, qui vont maintenant décliner. Si les révolutions n'allaient pas si vite dans ma patrie, si les heures qui suffisent aujourd'hui à la besogne des siècles ne m'emportaient avec elles, j'aurais placé ici les quatre grands tableaux de la monarchie féodale : la féodalité, la chevalerie, l'éducation, les mœurs générales des douzième, treizième et quatorzième siècles. Mais à peine puis-je consacrer quelques pages à ce qui demanderait des volumes. Je vais présenter une ébauche qu'achèveront des mains plus habiles et plus heureuses.

FÉODALITÉ, CHEVALERIE, ÉDUCATION, MOEURS GÉNÉRALES DES DOUZIÈME TREIZIÈME ET QUATORZIÈME SIÈCLES.

Lorsque les Franks s'établirent en Gaule, ce pays pouvait contenir de dix-sept à dix-huit millions d'hommes, sur lesquels cinq cent mille chefs de famille tout au plus étaient de condition à payer la capitation ; cela veut dire que plus des deux tiers des habitants étaient de condition servile. L'esclavage portait sa peine en soi : les invasions étaient faciles chez des peuples dont les deux tiers, désarmés et opprimés, n'avaient aucun intérêt à défendre la patrie. Le même terrain qui fournirait maintenant plus de quinze mille hommes en état de résister, n'avait pas deux mille citoyens à opposer à la conquête.

Les esclaves, chez les Romains et chez les Grecs, étaient de deux sortes principales, les uns attachés à la maison et à la personne du maître, les autres plantés sur le sol qu'ils cultivaient. Les Germains ne connaissaient que ce dernier genre d'esclaves ; ils les traitaient avec douceur, et en faisaient des colons plutôt que des serfs.

Les Franks multiplièrent ces esclaves de la terre dans les Gaules ; peu à peu l'*esclavage* se changea en *servage*, lequel servage se con-

---

[1] FROISSARD.

vertit en *salaire,* lequel salaire se modifiera à son tour : nouveau perfectionnement qui signalera la troisième ère et le troisième grand combat du christianisme.

Si la moyenne propriété industrielle recommença par la bourgeoisie, la petite propriété agricole recommença par les serfs affranchis devenus fermiers-propriétaires moyennant une redevance, quand la servitude germanique eut prévalu sur la servitude romaine. Celle-ci paraît même avoir été complétement abolie sous les rois de la seconde race. On ne voit plus, en effet, sous cette race, de *serfs de corps* ou d'*esclaves domestiques* dans les maisons [1]. Il en résulta ce bel axiome de jurisprudence nationale : Tout esclave qui met le pied sur terre de France est libre.

C'est donc un fait étrange, mais certain, que la féodalité a puissamment contribué à l'abolition de l'esclavage par l'établissement du servage. Elle y contribua encore d'une autre manière, en mettant les armes à la main du vassal : elle fit du serf attaché à la glèbe un soldat sous la bannière de sa paroisse ; si on le vendait encore quand et quand la terre, on ne le vendait plus comme individu avec les autres bestiaux. Le serf sur les murs de Jérusalem escaladée, ou vainqueur des Anglais avec Duguesclin, ne portait plus le fer qui enchaîne, mais le fer qui délivre. Le paysan serf, demi-soldat, demi-laboureur, demi-berger du moyen âge, était peut-être moins opprimé, moins ignorant, moins grossier que le paysan libre des derniers temps de la monarchie absolue.

On doit néanmoins faire une remarque qui expliquera la lenteur de l'affranchissement complet dans le régime féodal. L'affranchissement, chez les Romains, ne causait presque aucun préjudice au maître de l'affranchi ; il n'était privé que d'un *individu.* Le serf constituait une partie du *fief ;* en l'affranchissant on *abrégeait* le fief, c'est-à-dire qu'on le diminuait, qu'on amoindrissait à la fois la *qualité,* le *droit* et la *fortune* du possesseur. Or, il était difficile à un homme d'avoir le courage de se dépouiller, de s'abaisser, de se réduire soi-même à une espèce de servitude, pour donner la liberté à un autre homme.

Voyons maintenant quelle était la classe d'hommes qui dominait les

---

[1] L'esclavage de corps ne cessa pas partout à la fois ; il se prolongea surtout en Angleterre par trois causes : le dur esprit des habitants, l'invasion normande qui ranima le droit de conquête, l'usage du pays qui n'admet l'abolition formelle d'aucune loi. En 1283, les Annales du prieuré de Dunstale fournissent cette note : « Au mois de juillet de la présente année, nous avons vendu Guillaume Pyke, notre esclave, et reçu un marc du marchand. » C'était moins que le prix d'un cheval. Jusqu'au milieu du dix-septième siècle, dans ces guerres que les Anglais faisaient à Charles Ier pour la *liberté des hommes,* on voit ces fameux niveleurs vendre comme esclaves des royalistes faits prisonniers sur le champ de bataille.

serfs ; les gens de *poueste*, les vilains, *taillables à merci de la tête jusqu'aux pieds*.

L'égalité régnait dans l'origine parmi les Franks. Leurs dignités militaires étaient électives. Le chef ou le roi se donnait des *fidèles* ou compagnons, des *leudes*, des *antrustions*. Ce titre de leude était personnel ; l'hérédité en tout était inconnue. Le leude se trouvait de droit membre du grand conseil national et de l'espèce de cour d'appel de justice que le roi présidait : je me sers des locutions modernes pour me faire comprendre.

J'ai dit que cette première noblesse des Franks, si c'était une noblesse, périt en grande partie à la bataille de Fontenai. D'autres chefs franks prirent la place de ces premiers chefs, usurpèrent ou reçurent en don les provinces et les châteaux confiés à leur garde : de cette seconde noblesse franke personnelle sortit la première noblesse française héréditaire.

Celle-ci, selon la qualité et l'importance des fiefs, se divisa en quatre branches : 1° les grands vassaux de la couronne, et les autres seigneurs qui, sans être au nombre des grands vassaux, possédaient des fiefs à grande mouvance ; 2° les possesseurs de fiefs de bannières ; 3° les possesseurs de fiefs de haubert ; 4° les possesseurs de fiefs de simple écuyer.

De là quatre degrés de noblesse : noblesse du sang royal, haute noblesse, noblesse ordinaire, noblesse par anoblissement.

Le service militaire introduisit chez la noblesse la distinction du chevalier, *miles*, et de l'écuyer, *servitium scuti*. Les nobles abandonnèrent dans la suite une de leurs plus belles prérogatives, celle de juger. On comptait en France quatre mille familles d'ancienne noblesse, et quatre-vingt-dix mille familles nobles pouvant fournir cent mille combattants. C'était, à proprement parler, la population militaire libre.

Les noms des nobles, dans les premiers temps, n'étaient point héréditaires, quoique le sang, le privilége et la propriété le fussent déjà. On voit dans la loi salique que les parents s'assemblaient la neuvième nuit pour donner un nom à l'enfant nouveau-né. Bernard le Danois fut père de Torfe, père de Turchtil, père d'Anchtil, père de Robert d'*Harcourt*. Le nom héréditaire ne paraît ici qu'à la cinquième génération.

Les armes conféraient la noblesse ; la noblesse se perdait par la lâcheté ; elle dormait seulement quand le noble exerçait une profession roturière non dégradante ; quelques charges la communiquaient ; mais la haute charge même de chancelier resta longtemps en roture. Dans certaines provinces. *le ventre anoblissait*, c'est-à-dire que la noblesse était transmise par la mère.

Les échevins de plusieurs villes recevaient la noblesse; on l'appelait *noblesse de la cloche*, parce que les échevins s'assemblaient au son d'une cloche. L'étranger noble, naturalisé en France, demeurait noble.

Les nobles prirent des titres selon la qualité de leurs fiefs (ces titres, à l'exception de ceux de baron et de marquis, étaient d'origine romaine); ils furent ducs, barons, marquis, comtes, vicomtes, vidames, chevaliers, quand ils possédèrent des duchés, des marquisats, des comtés, des vicomtés, des baronnies. Quelques titres appartenaient à des noms sans être inhérents à des fiefs; cas extrêmement rare.

Le gentilhomme ne payait point la taille personnelle, tant qu'il ne faisait valoir de ses propres mains qu'une seule métairie; il ne logeait point les gens de guerre : les coutumes particulières lui accordaient une foule d'autres privilèges.

Les nobles se distinguaient par leurs armoiries, qui commencèrent à se multiplier au temps des croisades. Ils portaient ordinairement un oiseau sur le poing, même en voyage et au combat : lorsque les Normands assaillirent Paris sous le roi Eudes, les Franks qui défendaient le Petit-Pont, ne l'espérant pas pouvoir garder, donnèrent la liberté à leurs faucons. Les tournois dans les villes, les chasses dans les châteaux, étaient les principaux amusements de la noblesse.

On ne se peut faire une idée de la fierté qu'imprima au caractère le régime féodal; le plus mince aleutier s'estimait à l'égal d'un roi. L'empereur Frédéric Ier traversait la ville de Thongue; le baron de Krenkingen, seigneur du lieu, ne se leva pas devant lui, et remua seulement son chaperon, en signe de courtoisie. Le corps aristocratique était à la fois oppresseur de la liberté commune et ennemi du pouvoir royal; fidèle à la personne du monarque alors même que ce monarque était criminel, et rebelle à sa puissance alors même que cette puissance était juste. De cette fidélité naquit l'honneur des temps modernes : vertu qui consiste souvent à sacrifier les autres vertus; vertu qui peut trahir la prospérité, jamais le malheur; vertu implacable quand elle se croit offensée; vertu égoïste et la plus noble des personnalités; vertu enfin qui se prête à elle-même serment, et qui est sa propre fatalité, son propre destin. Un chevalier du Nord tombe sous son ennemi; le vainqueur, manquant d'arme pour achever sa victoire, convient avec le vaincu qu'il ira chercher son épée; le vaincu demeure religieusement dans la même attitude jusqu'à ce que le vainqueur revienne l'égorger : voilà l'honneur, premier-né de la société barbare. (MALLET, *Introduct. à l'Hist. du Danem.*)

De l'état des hommes passons à l'état des propriétés.

Le fief qui naquit à l'époque où le servage germanique débouta la servitude romaine, constitua la féodalité. Dans les temps de révolutions et d'invasions successives, les petits possesseurs n'étant plus protégés par la loi, donnèrent leur champ à ceux qui le pouvaient défendre : c'est ce que nous avons appris de Salvien. De cet état de choses à la création du fief, il n'y avait qu'un pas, et ce pas fut fait par les Barbares : ils avaient déjà l'exemple du bénéfice militaire, c'est-à-dire de la concession d'un terrain à charge d'un service, bien que les *feods* ne soient pas exactement les *prædia militaria*. Il arriva que le roi et les autres chefs ne voulurent plus accepter des immeubles, en installant le propriétaire donateur comme fermier de son ancienne propriété; mais ils la lui rendirent à condition de prendre les armes pour ses protecteurs : ils s'engageaient de leur côté à secourir cette espèce de sujet volontaire. Voilà le vasselage et la seigneurie.

Toutes les propriétés, dans la féodalité, se divisent en deux grandes classes : l'aleu ou le franc-aleu, le fief et l'arrière-fief. « Tenir en aleu, dit la *Somme rurale*, si est tenir terre de Dieu tant seulement et ne doivent cens, rente, ne relief, ne autre redevance à vie ne à mort. »

Cujas fait venir le mot *aleu* (*alodium*) d'un possesseur des terres *sine lode*. Il est plus naturel de le tirer de la terre du *leude*, fidèle, ou de *drude*, ami : *drudi et vassalli* sont souvent réunis dans les actes. Le leude est le *compagnon* de Tacite, *l'homme de la foi* du roi dans la loi salique, et l'*antrustion du roi* des formules de Marculfe.

L'aleu fut dans l'origine inaliénable sans le consentement de l'héritier. Il y eut deux sortes de franc-aleu : le noble et le roturier. Le noble était celui qui entraînait justice, censive ou mouvance; le roturier, celui auquel toutes ces conditions manquaient : ce dernier, le plus ancien des deux, représentait le faible reste de la propriété romaine.

Les parlements différaient de principes sur le maintien du franc-aleu. Les pays coutumiers et de droit écrit, dans le ressort des parlements de Paris et de Normandie, ne reconnaissaient le franc-aleu que par *titres*, titres qu'il était presque toujours impossible de produire. La coutume de Bretagne, sous le parlement de la même province, rejetait absolument le franc-aleu. Les quatre parlements de droit écrit, Bordeaux, Toulouse, Aix et Grenoble, variaient dans leurs *us*, et rendaient des arrêts en sens divers : le parlement de Provence ne recevait que le franc-aleu, et le parlement de Dauphiné l'admettait dans quelques dépendances sur titres. Le Languedoc prétendait jouir du franc-aleu avant les *Établissements* de Simon de Montfort, qui transporta dans le comté de Toulouse la coutume de Paris. « Après ce grand progrès d'armes,

Simon, comte de Montfort, se voyant seigneur de tant de terres, de mesnagement ennuyeux et pénible, il les departit entre les gentilshommes, tant français qu'autres : . . . .
Pour contenir l'esprit de ses vassaux et assurer ses droits, il establit des loix generales en ses terres, par advis de huict archevesques ou evesques et autres grands personnages. » *Tam inter barones, ac milites, quam inter burgenses et rurales, seu succedant hæredes, in hæreditatibus suis, secundum morem et usum Franciæ, circa Parisiis.*

Les coutumes de Troyes, de Vitry et de Chaumont, réputaient toute terre franche ou alodiale. Le fief et l'aleu étaient la lutte et la coexistence de la propriété selon l'ancienne société, et de la propriété selon la société nouvelle.

Quelquefois le fief se changea en aleu, mais l'aleu finit presque généralement par se perdre dans le fief. *Nulle terre sans seigneur* devint l'adage des légistes. L'esprit du fief s'empara à un tel point de la communauté, qu'une pension accordée, une charge conférée, un titre reçu, la concession d'une chasse ou d'une pêche, le don d'une ruche d'abeilles, l'air même qu'on respirait, s'inféoda ; d'où cette locution : *fief en l'air, fief volant, sans terre, sans domaine.*

Fief, *feudum, feodum, foedum, fochundum, fedum, fedium, fenum* vient d'*a fide*, latin, ou plutôt de *fehod*, saxon, prix. La formule de la vassalité remonte au temps de Charlemagne : *Juro ad hæc sancta Dei Evangelia,* . . . . *ut vassalum domino.*

Le fief était la confusion de la propriété et de la souveraineté : on retournait de la sorte au berceau de la société, au temps patriarcal, à cette époque où le père de famille était roi dans l'espace que paissaient ses troupeaux, mais avec une notable différence : la propriété féodale avait conservé le caractère de son possesseur ; elle était conquérante ; elle asservissait les propriétés voisines. Les champs autour desquels le seigneur avait pu tracer un cercle avec son épée, relevaient de son propre champ. C'est le premier âge de la féodalité.

Le mot *vassal,* qui a prévalu pour signifier homme de fief, ne paraît cependant dans les actes que depuis le treizième siècle. *Vassus* ou *vassallus,* vient de l'ancien mot franc *gessell,* compagnon ; conversion de lettres fréquente dans les auteurs latins : *Wacta,* guet ; *wadium,* gage ; *wanti,* gants, etc.

Il y avait des fiefs de trois espèces générales : fief de bannière, fief de haubert, fief de simple écuyer.

Le fief banneret fournissait dix ou vingt-cinq vassaux sous bannière.

Le fief de haubert devait un cavalier armé de toutes pièces, bien monté et accompagné de deux ou trois valets.

Le fief de simple écuyer ne devait qu'un vassal armé à la légère.

Tous les fiefs et arrière-fiefs ressortissaient au manoir des seigneurs, comme à la tente du capitaine : la grosse tour du Louvre était le *fief dominant* ou le pavillon du général. Le terrain sur lequel Philippe-Auguste l'avait bâtie, il l'avait acheté du prieuré de Saint-Denis de la Chartre, pour une rente de trente sous parisis : ainsi, ce donjon majeur, d'où relevaient tous les fiefs, grands et petits, de la couronne, relevait lui-même du prieuré de Saint-Denis.

Quand le roi possédait des terres dans la mouvance d'une seigneurie, il devenait vassal du possesseur de cette seigneurie ; mais alors il se faisait *représenter* pour prêter, comme vassal, foi et hommage à son propre vassal ; on voulait bien user de cette indulgence envers lui, sans qu'il se pût néanmoins soustraire à la loi générale de la féodalité. Philippe III rend, en 1284, hommage à l'abbaye de Moissac. En 1350 le grand chambellan rend hommage, au nom du roi Jean, à l'évêque de Paris, pour les châtellenies de Tournan et de Torcy : *Joannes, Dei gratia, Francorum rex. . . . . . Robertus de Loriaco, de præcepto nostro, homagium fecit.* On citera encore un exemple, parce qu'il est rare dans son espèce, et qu'il affectera les lecteurs français comme l'historien qui le rappelle. Henri VI, *roi d'Angleterre,* rend hommage à des *bourgeois de Paris.*

« Henry, par la grâce de Dieu, roi *de France et d'Angleterre,* à tous ceux qui ces presentes lettres verront, salut. Savoir faisons, que, comme autresfois a fait nostre très cher seigneur et ayeul, feu le roi Charles (Charles VI), dernier trespassé, à qui Dieu *pardoint,* par ses lettres sur ce faictes, données le 21ᵉ jour de mai, dernier passé, nous avons deputé et deputons Mᵉ Jean Le Roy, nostre procureur au Chastelet de Paris, pour, et en lieu de nous, à homme et vassal, de ceux de qui sont mouvants et tenus en fiefs les terres, possessions et seigneuries, à nous advenues, en la ville et vicomté de Paris, depuis quatre ans en ça ; et en faire les debvoirs, tels qu'il appartient. . . . . Donné à Paris, le 15ᵉ jour de mai 1423, et de notre règne le premier. Ainsi signé par le roi, à la relation du conseil tenu par l'ordonnance de monseigneur le regent de France, duc de Betfort. »

Paris était un composé de fiefs ; neuf d'entre eux relevaient de l'évêché : le Roule, la Grange-Batelière, l'outre Petit-Pont, etc. Les autres fiefs de la ville de Paris appartenaient aux abbayes de Sainte-Geneviève, de Saint-Germain des Prés, de Saint-Victor, du grand prieuré de France, et du prieuré de Saint-Martin des Champs. On comptait en France soixante-dix mille fiefs ou arrière-fiefs, dont trois mille étaient titrés. Le vassal prêtait hommage tête nue, sans épée, sans éperons, à genoux, les mains dans celles du seigneur, qui était assis et la tête couverte; on disait : « Je deviens vostre homme de ce jour en avant, de vie, de membre, de terrestre honneur, et à vous serai feal et loyal, et foi à vous porterai des tenements que je recognois tenir de vous, sauf la foi que je dois à nostre seigneur le roi. » Quand cette formule était prononcée par un tiers, le vassal répondait *voire* : oui, je le jure. Alors le vassal était reçu par le seigneur *audit hommage à la foi et à la bouche*, c'est-à-dire au baiser, pourvu que ce vassal ne fût pas un vilain. « Quelquefois un gentilhomme de bon lieu est contrainct de se mettre à genoux devant un moindre que lui : de mettre ses mains fortes et genereuses dans celles d'un lasche et effeminé. » (*Traité des fiefs*.)

Quand l'hommage était rendu par une femme, elle ne pouvait pas dire : « Jeo deveigne vostre feme, pur ceo que n'est convenient que feme dira que el deviendra feme à aucun home, fors que à sa baron, quand ele est espouse; » mais elle disait, etc.

Main, fils de Gualon, du consentement de son fils Eudon, et de Viete sa bru, donne à Dieu et à Saint-Albin en Anjou la terre de Brilchiot; en foi de quoi le père et le fils baisèrent le moine Gaultier; mais comme c'était chose inusitée qu'une femme baisât un moine, Lambert, avoué de Saint-Albin, est délégué pour recevoir le baiser de la donatrice, avec la permission du moine Gaultier : *Jubente Walterio monacho*.

Robert d'Artois, comte de Beaumont, ayant à recevoir deux hommages de son *amée cousine madame Marie de Brebant, dame d'Arschot et de Vierzon*, ordonna : « Que nous et la dame de Vierzon devons estre à cheval, et nostre cheval les deux pieds devant en l'eau du gué de Noies, et les deux pieds derriere à terre seche, par devant nostre terre de Meun; et le cheval à ladite dame de Vierzon les deux pieds derrière en l'eau dudit gué, et les deux devant à terre seche par devers nostre terre de Meun. »

L'hommage était *lige* ou *simple*; l'hommage *ordinaire* ne se doit pas compter. L'homme-lige (il y avait six espèces d'hommes dans l'antiquité franke) s'engageait à servir en *personne* son seigneur *envers et contre toute créature qui peut vivre et mourir*. Le vassal simple pouvait fournir un remplaçant. On fait venir *lige* ou du latin *ligare, liga, ligamen*, etc., ou du frank *leude* : Vous êtes de *Tournay, laquelle est toute lige au roi de France*.

Tantôt le vassal était obligé à *plège* ou *plejure*, tantôt à service *de son propre corps*, à devenir caution ou champion pour son seigneur : c'était la continuation de la clientèle franke et de l'inscription au rôle *Vassaticum*.

Quand les rois *semonoient* pour le service du fief militaire leurs vassaux *directs*, les ducs, comtes, barons, chevaliers, châtelains, cela s'appelait le *ban* ; quand ils *semonoient* leurs vassaux directs et leurs vassaux *indirects*, c'est-à-dire les seigneurs et les vassaux des seigneurs, les possesseurs d'arrière-fiefs, cela s'appelait l'*arrière-ban*. Ce mot est composé de deux mots de la vieille langue : *har*, camp, et *ban*, appel, d'où le mot de basse latinité *heribannum*. Il n'est pas vrai que l'arrière-ban soit le réitératif du ban.

« Les vassaux, hommes et cavaliers, estoient comme des digues, des remparts, des murs d'airain, opposez aux ennemis ; victimes devouez à la fortune de l'Estat, possedants une vie flottante, incertaine, le plus souvent ensevelie dans les ruines communes. » (*Du Franc-aleu*.)

Les vassaux devaient aide en monnaie à leur seigneur en trois cas : lorsqu'il partait pour la Terre-Sainte, lorsqu'il mariait sa sœur ou son fils aîné, lorsque ce fils recevait les éperons de la chevalerie.

Il y avait des fiefs *rendables* et *receptables* : le fief était rendable quand le vassal, en certain cas, remettait les châteaux du fief au seigneur, en sortait avec toute sa famille, et n'y rentrait que quarante jours après la guerre finie ; le fief était *receptable* quand le feudataire, sans sortir des châteaux qu'il tenait, était obligé d'y donner asile à son seigneur. L'un et l'autre de ces fiefs étaient *jurables* à cause du serment réciproque.

L'investiture, qui remonte à l'origine de la monarchie, se faisait pour le royaume, sous la première race, par la franciske, le hang ou angon ; sous la seconde race, par la couronne et le manteau ; sous la troisième, par le glaive, le sceptre et la main de justice.

L'investiture ou saisine du fief avait lieu au moyen de quelque marque extérieure et symbolique, suivant la nature du fief ecclésiastique ou militaire, titré ou simple : on jurait sur une crosse, sur un calice, sur un anneau, sur un missel, sur des clefs, sur quelques grains d'encens, sur une lance, sur un heaume, sur un étendard, sur une épée, sur une cape, sur un marteau, sur un arc, sur une flèche, sur un gant, sur une étrille, sur une courroie, sur des éperons, sur des cheveux, sur une branche de laurier, sur un bâton, sur une bourse, sur un denier, sur un couteau, sur une broche, sur une coupe, sur une cruche remplie d'eau de mer, sur une paille, sur un fétu noué, sur un peu d'herbe, sur un morceau de bois, sur une poignée de terre. On trouve encore de vieux actes dans les plis desquels ces fragiles symboles sont conservés ; le gage n'était rien, parce que la foi était tout. « Le seigneur est tenu à son homme comme l'homme à son seigneur, fors que seulement en reverence. » Une société à la fois libre et opprimée, innocente et corrompue, raisonnable et absurde, naïve, capricieuse, attachée au passé comme la vieillesse ; forte, féconde, avide d'avenir comme la jeunesse ; une société entière reposa sur de simples engagements, et n'eut d'autre loi d'existence qu'une parole.

La création des terres nobles dans le régime féodal était une idée politique la plus extraordinaire et en même temps la plus profonde : la terre ne meurt point comme l'homme ; elle n'a point de passions ; elle n'est point sujette aux changements, aux révolutions ; en lui attribuant des droits, c'était communiquer aux institutions la fixité du sol ; aussi la féodalité a-t-elle duré huit cents ans, et dure encore dans une partie de l'Europe. Supposez que certaines terres eussent conféré la liberté au lieu de donner la noblesse, vous auriez eu une république de huit siècles. Encore faut-il remarquer que la noblesse féodale était, pour celui qui la possédait, une véritable liberté.

Le roturier ne put d'abord acquérir un fief, parce qu'il ne pouvait porter la *lance* et l'*éperon*, marques du service militaire ; ensuite on se relâcha de cette coutume : le roi dont les trésors s'épuisaient, le seigneur accablé de dettes, furent aises de laisser vendre et de vendre des terres nobles à de riches bourgeois ; la terre transmit le privilége, et le roturier, investi du fief, fut à la troisième génération *demené* comme gentilhomme.

Tout feudataire pouvait prendre les armes contre son seigneur pour déni de justice, et pour vengeance de famille ; traditions de l'indépendance et des mœurs des Franks. La querelle se pouvait terminer par le duel, par l'*assurement* (caution), ou par une sentence enregistrée à la justice seigneuriale du suzerain. « C'est la paix de Raolin d'Argées, de ses enfants et de leur lignage, d'une part ; et de l'ermite de Stenay, de ses enfants, de leur lignage et de tous leurs consorts, d'autre part. L'ermite a juré sur les saints, lui huitième de ses amis, que bien ne lui fut de la mort de Raolin, mais beaucoup d'angoisse ; a donné cent livres pour fonder une chapelle où l'on chantera pour le repos de l'âme du defunct ; s'est engagé d'envoyer incessamment un de ses fils en Palestine. »

On peut remarquer, dans ce traité de la fin du treizième siècle, les co-jurants des lois ripuaire et saxonne.

Si une veuve noble mariait sa fille orpheline sans le consentement du seigneur suzerain, ses meubles étaient confisqués : on lui laissait deux robes, une pour les jours ouvrables, l'autre pour le dimanche, un lit, un palefroi, une charrette et deux roussins.

Une héritière de haut lignage était obligée de se marier pour desservir le fief, comme on voit aujourd'hui les marchandes, qui perdent leur mari, épouser leur premier commis pour faire aller l'établissement. Si cette héritière avait plus de soixante ans, elle était dispensée du mariage.

Les droits seigneuriaux ont été puisés dans les entrailles mêmes du fief. Dans l'origine ils étaient appelés *honneurs, faveurs*, comme reconnaissances faites au seigneur, par le vassal, des aliénations et transmissions des fiefs d'une personne à l'autre. C'est ce que veut dire *lods et ventes* : *laudimia, laudæ, laudationes, lausus*, de louer, complaire, agréer. Ces droits étaient ou militaires, ou fiscaux, ou honorifiques.

Non-seulement le roi, grand chef féodal qui se sustentait du revenu de ses domaines, levait encore des taxes ; mais tous les seigneurs suzerains et non suzerains, ecclésiastiques ou laïques, en levaient aussi de leur côté. Les droits de quint et requint, de lods et ventes, de my-lods, de ventrolles, de reventes, de reventons, de sixièmes, huitièmes, treizièmes, de resixièmes, de rachats et reliefs, de plait, de morte-main, de rettiers, de pellage, de coutelage, d'affouage, de cambage, de cottage, de péage, de vilainage, de chevage, d'aubain, d'ostize, de champart, de mouture, de fours banaux, s'étaient venus joindre aux droits de justice, au casuel ecclésiastique, aux cotisations des jurandes, maîtrises et confréries, et aux anciennes taxes romaines : en inventions financières nous sommes fort inférieurs à nos pères. Il est probable que la masse entière du numéraire passait chaque année dans les mains du fisc royal et particulier ; car les marchands et les ouvriers, serfs encore, appartenaient à des corporations de villes ou à des maîtres ; ils ne formaient pas une classe généralement indépendante ; ils touchaient à peine un bas salaire ; le prix de leurs denrées et le travail de leurs journées souvent n'étaient pas à eux.

Quant aux droits *honorifiques*, ils servaient de marques à une souveraineté locale : tels fiefs, par exemple, allouaient la faculté de prendre le cheval du roi, lorsque le roi passait sur les terres du possesseur de ces fiefs. D'autres droits n'étaient que des divertissements rustiques que la philosophie a pris assez ridiculement pour des abus de la force : lorsqu'on apportait un œuf garrotté dans une charrette traînée par quatre bœufs ; lorsque les poissonniers, en l'honneur de la dame du lieu, sautaient dans un vivier à la Saint-Jean ; lorsqu'on courait la *quintaine* avec une lance de bois ; lorsque, pour l'investiture d'un fief, il fallait venir baiser la serrure, le cliquet ou le verrou d'un manoir, marcher comme un ivrogne, faire trois cabrioles accompagnées d'un bruit ignoble et impur, c'étaient là des plaisirs grossiers, des fêtes dignes du seigneur et du vassal, des jeux inventés dans l'ennui des châteaux et des camps de paroisse, mais qui n'avaient aucune origine oppressive.

Nous voyons tous les jours sur nos petits théâtres, dans ce siècle poli, des joies qui ne sont pas plus élégantes.

Si, ailleurs, les serfs étaient obligés de battre l'eau des étangs quand la châtelaine était en couches; si le châtelain se réservait le droit de markette (*cullagium marcheta*); si des curés même réclamaient ce droit, et si des évêques le convertissaient en argent, c'est à la *servitude grecque et romaine* qu'il faut restituer ces abus : les rescrits des empereurs défendent aux maîtres de forcer leurs esclaves à des *choses infâmes*; soit ignorance, soit défaut de réflexion, on n'a pas vu, ou on n'a pas voulu voir ce que l'*esclavage* avait laissé dans le *servage*. Quant à la multitude et à la diversité des coutumes, elles s'expliquent naturellement par les règlements des différents chefs de cette armée, cantonnée sur le sol de la France.

Au milieu de la propriété mobile du fief s'élevait une propriété immobile, comme un rocher au milieu des vagues, et qui grossissait par de quotidiennes adhérences : l'amortissement était la faculté d'acquérir accordée à des gens de main-morte. Une fois l'acquêt consommé au moyen d'un dédommagement ou d'un rachat pour la seigneurie dont l'acquêt relevait, la propriété *mouroit*, c'est-à-dire qu'elle était retirée de la circulation, et que tous les droits de mutation se perdaient. Une terre ainsi tombée à des églises, à des abbayes, à des hôpitaux, à des ordres de chevalerie, représentait, pour le fisc et pour le maître du fief, un capital enfoui et sans intérêts. De sorte qu'avec la mainmortable, le domaine inaliénable de la couronne, les substitutions, le retrait lignager féodal (c'est-à-dire le droit de retirer un bien de famille ou une terre mouvante d'un fief), il serait résulté à la longue un fait incroyable dans la nature déjà si extraordinaire de la possession territoriale du moyen âge : toutes les propriétés se seraient fixées sous la main de propriétaires héréditaires; et, comme ces propriétés étaient privilégiées, l'impôt direct et foncier eût péri; l'État se serait trouvé réduit aux dons gratuits, la plus casuelle des taxes.

Le droit de justice tenait une haute place dans la féodalité.

Chez les Grecs et les Romains la justice émanait du peuple : ce peuple étant tombé sous le joug, la justice resta faible dans les tribunaux, où, souveraine détrônée, elle put à peine cacher la liberté qui se réfugia auprès d'elle. Il ne s'éleva point au sein de ces tribunaux un grand corps de magistrature indépendante, appelé à prendre part aux affaires du gouvernement.

La justice, au contraire, parmi les nations de race germanique, découla de trois sources : la royauté, la propriété et la religion. Les rois, chez les Franks, comme chez les Germains leurs pères, étaient les premiers magistrats : *Principes qui jura per pagos reddunt.* Quand donc saint Louis et Louis XII rendaient la justice au pied d'un chêne, ils ne faisaient que siéger au tribunal de leurs aïeux. La justice prit dans son air quelque chose d'auguste, comme les générations royales qui la portaient dans leur sein et la faisaient régner.

Par la raison que les Franks lièrent la souveraineté et la noblesse au sol, ils y attachèrent la justice : fille de la terre, elle devint immuable comme elle. Tout seigneur qui possédait des *propres* avait droit de justice. L'axiome de l'ancien droit français était : « La justice est patrimoniale. » Pourquoi cela ? parce que le patrimoine était la souveraineté.

La religion ajouta une nouvelle grandeur à notre magistrature : la loi ecclésiastique mit la justice sur l'autel. Au défaut du public, un crucifix assistait dans la salle d'audience à la défense de l'accusé et à l'arrêt du juge : ce témoin était à la fois le dieu, le souverain arbitre et l'innocent condamné.

Née du sol, appuyée sur le sceptre, l'épée et la croix, la justice régla tout. Chez les nations antiques le droit civil dériva du droit politique ; chez les Français le droit politique découla du droit civil : la justice était pour nous la liberté.

La justice seigneuriale se divisait en deux degrés, haute et basse justice ; toutes deux étaient du ressort du seigneur de trois châtellenies et d'une ville close, ayant droit de marchés, de péage, de ligeestage, c'est-à-dire du seigneur qui pouvait obliger ses vassaux à faire la garde de son chastel.

Sénéchal et *bailli*, noms attribués aux juges : on appelait *sénéchal au duc* un grand officier des ducs de Normandie, chargé de l'expédition des affaires litigieuses dans l'intervalle des sessions de l'échiquier.

Le baron ne pouvait être jugé que par ses pairs : il y avait des pairs bourgeois pour les bourgeois. Saint Louis voulut que les hommes du baron ne fussent responsables ni des dettes qu'il avait contractées, ni des crimes qu'il avait commis. Même alors il y avait des suicides, car les meubles revenaient par confiscation au seigneur sur les terres duquel l'homme s'était donné la mort. Un trésor trouvé appartient au seigneur de la terre, s'il est en argent ; en or, il va au roi : « *Nul n'a la fortune d'or s'il n'est roi.* »

La veuve noble avait le *bail* et la garde de ses enfants : le bail était la jouissance des biens du mineur jusqu'à sa majorité : « *En vilenage il n'y a point de bail de droit.* »

Le douaire se réglait à la porte du *moustier* où se contractait le mariage : c'était le mariage *solennel*, un de ces actes que les Romains appelaient *légitimes*.

L'abominable législation sur les épaves, et les deux espèces d'aubains, *les mescrus et les méconnus*, consistaient à s'emparer des choses égarées, de la dépouille et de la succession des étrangers.

Par le droit de *bâtardise*, quand les bâtards mouraient sans héritiers, les biens échéaient au seigneur, sous la condition d'acquitter les legs et de payer le douaire à la femme.

Mais ceci doit être entendu des bâtards roturiers, serfs ou mainmortables de corps, incapables de succéder, ne pouvant ni se marier, ni acquérir, ni aliéner sans le congé du seigneur. Quant aux bâtards des nobles, il n'y avait aucune différence entre eux et les enfants légitimes, lorsque le père les avait reconnus : ils en étaient quittes pour croiser les armes paternelles d'une barre diagonale qui perpétuait le souvenir du malheur ou de la honte de leur mère. Les bâtards étaient presque toujours des hommes remarquables, parce qu'ils avaient eu à lutter contre l'obstacle de leur berceau.

Dans quelques lieux le nouveau marié ne pouvait avoir de commerce avec sa femme pendant les trois premières nuits de ses noces, à moins qu'il n'en eût obtenu la permission de son évêque. On tirait la raison de cette coutume de l'histoire du jeune Tobie : on en aurait pu retrouver quelque chose dans les institutions de Lycurgue, si ce nom-là eût été connu des barons.

Les *déconfès* ou *intestats*, ceux qui mouraient sans confession ou sans faire de testament, avaient leurs biens envahis par le seigneur. La mort subite amenait la même confiscation : l'homme mort soudainement ne s'était point confessé, donc Dieu l'avait jugé à lui seul, l'avait atteint tout vivant de sa réprobation éternelle. Les *Établissements* de saint Louis remédiaient à cette absurde iniquité : ils ordonnaient que les biens d'un *déconfès*, frappé assez vite pour n'avoir pu appeler un prêtre, passeraient à ses enfants. On sait à quel point le clergé poussa les abus et la captation à l'égard des testaments : il fallait en mourant laisser quelque chose à l'Église, même un dixième de sa fortune, sous peine de damnation et de non-inhumation : une pauvre femme offrit un petit chat pour racheter son âme.

La procédure civile et criminelle se réglait sur l'état des personnes. L'assignation avait un terme de quinze jours. Les preuves étaient au nombre de huit, parmi lesquelles figurait le combat judiciaire.

La déposition des témoins devait être secrète ; mais saint Louis avait voulu que cette déposition fût à l'instant communiquée aux parties.

L'appel aux justices royales était permis, non de droit, mais de *doléance*. Cet appel allait directement au roi, qui était supplié de *dépiécer* le jugement. La pénalité était placée auprès du faux jugement, ou de la non-exécution de la loi.

La multiplication des cas de mort montre qu'on était déjà loin de l'esprit des temps barbares.

La cause de ce changement fut l'introduction de l'ordre moral dans l'ordre légal : la morale va au-devant de l'action ; la loi l'attend : dans l'ordre moral la mort saisit le crime ; dans l'ordre légal, c'est le crime qui saisit la mort.

La sentence se prononçait par la bouche de certains jurés nommés *jugeurs*. Ces jugeurs ne pouvaient être tirés de la classe des *vilains* et *coutumiers*. Toutefois on voit des bourgeois-jugeurs dans quelques procès de gentilshommes ; l'accusé puisait dans cet incident un moyen d'appel, pour incapacité de juges.

L'accusation de meurtre, de trahison ou de rapt, amenait un cas extraordinaire : il était loisible à l'accusé de récriminer contre l'accusateur ; tous les deux allaient en prison, deux procès commençaient pour un même fait, les deux parties étant à la fois plaignantes et demanderesses.

La caution était admise, excepté pour crime méritant peine capitale.

Le vol équipollait l'assassinat ; la maison du coupable était rasée, ses blés étaient ravagés, ses foins incendiés, ses vignes arrachées : on ne coupait pas ses arbres ; on les dépouillait de leur écorce. Tuer un homme, ravir une femme, trahir son seigneur et son pays, ne constituait pas un plus grand crime aux yeux de la loi que d'embler (voler) un cheval ou une jument. On arrachait les yeux aux voleurs d'église et aux faux-monnayeurs. Le vice qui fit la honte de l'antiquité requérait la mutilation en première offense, la perte d'un membre en récidive, le feu au troisième délit. La femme convaincue du même vice en même progression perdait successivement les deux lèvres, et arrivait au bûcher. En *menues choses* le vol postulait le retranchement d'une oreille ou d'un pied ; le caractère des lois salique et ripuaire se retrouve dans ces dispositions. Le premier infanticide d'une mère impétrait au renvoi de cette malheureuse devant le tribunal de pénitence ; si elle le commettait une seconde fois, on la brûlait morte. La volonté n'était point punie, lorsqu'il n'y avait point eu commencement d'exécution : c'est aujourd'hui le principe universel.

Le prisonnier, même innocent, était pendu quand il forçait la porte de sa prison, parce que la société entière reposait sur la parole baillée ou reçue. Le clerc, le croisé et le moine, compétaient des cours ecclésiastiques, qui ne condamnaient jamais à mort ; on sent combien ce titre de *croisé* favorisait alors la classe du servage et de la bourgeoisie. L'hérétique, le sorcier, le *maléficier*, étaient jetés aux fagots ; la saisie des meubles punissait l'usurier. Si une bête rétive ou méchante tuait une femme ou un homme, et que le propriétaire de cette bête avouât l'avoir connue vicieuse, on le pendait : la bête était quelquefois attachée auprès de son maître. Un cochon, atteint et convaincu d'avoir mangé un enfant, eut son procès fait, après quoi il fut exécuté par la main du bourreau : la loi s'efforçait de montrer son horreur pour le meurtre, dans ces temps de meurtre. L'enfant coupable subissait la peine capitale comme l'homme en âge de raison : on lui accordait dispense d'âge pour mourir.

A la porte de chaque chef-lieu des seigneuries s'élevait un gibet composé de quatre piliers de pierre d'où pendaient des squelettes cliquetants.

Tout ce qui concerne la famille, dot, tutelle, partage, donation, douaire, s'enchevêtrait, dans l'ancienne jurisprudence du moyen âge, de l'état des hommes et des choses. A cette complication, que l'on retrouve en partie dans les lois romaines en raison de la clientèle et de l'esclavage, se joignait la confusion introduite par la féodalité, à savoir, le franc-aleu, le fief et l'arrière-fief, les terres nobles et non nobles, les biens de main-morte, les diverses mouvances, les droits seigneuriaux et ecclésiastiques, les coutumes non-seulement des provinces, mais encore des cantons. Les mariages dans les familles royales et princières produisaient des compositions et des décompositions de fiefs ; le sol, changeant sans cesse de limites, avait la mobilité de la vie et de la fortune des hommes.

Indépendamment des raisons d'ambition, de jalousie, d'intérêts commerciaux et politiques, il suffisait du service d'un fief pour mettre à deux nations le fer à la main. Un homme-lige du roi refusait de rendre hommage ; cet homme-lige était ou Allemand, ou Flamand, ou Savoyard, ou Catalan, ou Navarrais, ou Anglais : on saisissait ses biens, et l'Europe était en feu. Un procès civil ou criminel engendrait un procès politique qui se plaidait et se jugeait entre deux armées sur un champ de bataille. Jean, roi d'Angleterre, voit ses États confisqués par un arrêt de la cour des pairs de France ; le Prince Noir est sommé de comparaître devant Charles V, afin de répondre aux accusations des barons de Gascogne : un huissier à verge est chargé d'appréhender au corps le vainqueur de Poitiers, et de signifier un exploit à la gloire.

Il me resterait beaucoup à dire sur la féodalité, mais peut-être en ai-je déjà parlé trop longtemps ; je viens à la chevalerie.

CHEVALERIE.

La chevalerie, dont on place ordinairement l'institution à l'époque de la première croisade, remonte à une date fort antérieure. Elle est née du mélange des nations arabes et des peuples septentrionaux, lorsque les deux grandes invasions du Nord et du Midi se heurtèrent sur les rivages de la Sicile, de l'Italie, de l'Espagne, de la Provence, et dans le centre de la Gaule : cela nous donne une époque à peu près certaine, comprise entre l'année 700 et l'année 753.

Le caractère de la chevalerie se forma parmi nous de la nature sentimentale et fidèle du Teuton, et de la nature galante et merveilleuse du Maure, l'une et l'autre nature pénétrées de l'esprit et enveloppées de la forme du christianisme. L'opinion exaltée qui a tant contribué à l'émancipation du sexe féminin chez les nations modernes, nous vient des Barbares du Nord ; les Germains reconnaissaient dans les femmes quelque chose de divin (*inesse quin etiam sanctum aliquid et providum putant*). La mythologie de l'*Edda* et les poésies des Scaldes décèlent le même enthousiasme chez les Scandinaves ; jusqu'au soleil, dans ces poésies, est une femme, la brillante *Sunna*. Les lois gardent ces impressions délicates ; quiconque a coupé la chevelure d'une jeune fille, est condamné à payer soixante-deux sous et demi d'or ; l'ingénu qui a pressé la main ou le doigt d'une femme de condition libre est frappé d'une amende de quinze sous d'or, de trente s'il lui a pressé l'avant-bras, de trente-cinq s'il lui a pressé le bras au-dessus du coude, de quarante-cinq s'il lui a pressé le sein (*si mamillam strinxerit*).

De leur côté, les premiers Arabes professaient un grand respect pour les femmes, à en juger par le roman ou le poëme d'*Antar*, écrit ou recueilli par Asmaï le grammairien, sous le règne du calife Haroun-al-Raschid. Antar, comme les chevaliers, est soumis à des épreuves ; il aime constamment et timidement la belle Ibla ; il court mainte aventure et fait des prouesses dignes de Roland ; il a un cheval nommé Abjir, une épée appelée Dhamy, mais les mœurs arabes sont conservées : les femmes boivent du lait de chamelle, et Antar, qui souffre qu'on le *frappe*, paît souvent les troupeaux [1]. Saladin était un chevalier tout

---

[1] *Voyez*, dans la *Revue française* de juillet 1830, un article très-ingénieux de M. de l'Écluse, sur *Antar*. Il paraît que le savant orientaliste, M. Hammer de Vienne, a fait une traduction fran-

aussi brave et moins cruel que Richard. On connaît les tournois, les combats et les amours des Maures de Cordoue et de Grenade.

Mais si Asmaï écrivait l'histoire d'Antar pour le calife Haroun-al-Raschid, contemporain de Charlemagne, Charlemagne n'a point attendu, comme on l'a cru, le faux Turpin pour être transformé en chevalier lui et ses pairs.

Le roman publié sous le nom de Turpin, archevêque de Reims, fut composé par un certain moine Robert, sur la fin du onzième siècle, au moment de la première croisade. Ce moine se proposait d'animer les chrétiens à la guerre contre les infidèles, par l'exemple de Charlemagne et de ses douze pairs. C'est sur cette chronique que les Anglais ont calqué l'histoire de leur roi Artus et des chevaliers de la Table-Ronde.

Le prétendu Turpin n'était lui-même qu'un imitateur, fait qui me semble avoir échappé jusqu'ici à tous les historiens. Soixante-dix ans après la mort de Charlemagne, le moine de Saint-Gall écrivit la vie de Karle le Grand, véritable roman du genre de celui d'*Antar*. N'est-ce pas une chose curieuse de trouver la chevalerie tout juste à la même époque chez les Franks et les Arabes? Le moine de Saint-Gall tenait ses autorités, pour la législation ecclésiastique, de Wernbert, célèbre abbé de Saint-Gall; et pour les actions militaires, du père de ce même Wernbert. Le père de l'abbé Wernbert se nommait Adalbert, et avait suivi son seigneur Gherold à la guerre contre les Huns (Avares), les Saxons et les Esclavons. Le romancier dit naïvement : « Adalbert était déjà vieux; il m'éleva quand j'étais encore très-petit; et souvent, malgré mes efforts pour lui échapper, il me ramenait et me contraignait d'écouter ses récits. »

Le vieux soldat raconte donc au futur jeune moine que les Huns habitaient un pays entouré de neuf cercles. Le premier renfermait un espace aussi grand que la distance de Constance à Tours : ce cercle était construit en troncs de chênes, de hêtres, de sapins et de pierres très-dures; il avait vingt pieds de largeur et autant de hauteur : il en était ainsi des autres cercles. Le terrible Charlemagne renverse tout cela; ensuite il marche contre des Barbares qui ravageaient la France orientale; il les extermine et fait couper la tête à tous les enfants qui dépassaient la hauteur de son épée. Charlemagne est trahi par un de ses bâtards, petit nain bossu, confiné au monastère de Saint-Gall. Karle avait dans ses armées des héros à la manière de Roland : Cisher valait à lui seul une armée; on l'eût pu croire de la race Énachim, tant

çaise de ce roman-poëme, dont l'impression à Paris serait confiée aux soins de M. Trébutien, à qui nous devons les *Contes inédits des Mille et une Nuits.*

il était grand ; il montait un énorme cheval, et quand le cheval refusait de passer la Loire enflée par le torrent des Alpes, il le traînait après lui dans les flots en lui disant : « Par monseigneur Gall, de gré ou de force, tu me suivras. » Cisher fauchait les Bohémiens comme l'herbe d'une prairie. « Que m'importent, s'écriait-il, les Venèdes, ces grenouillettes ! j'en porte sept, huit et même neuf enfilés au bout de ma lance, en murmurant je ne sais quoi. »

Karle attaque Didier en Italie. Didier demande à Oger si Karle est dans l'armée qu'il aperçoit. « Non, dit Oger ; quand vous verrez les moissons s'agiter d'horreur dans les champs, le sombre Pô et le Tésin inonder les murs de la ville de leurs flots noircis par le fer, vous pourrez croire à l'arrivée de Karle. » Alors s'élève au couchant un nuage qui change le jour en ténèbres ; Karle, cet homme de fer, avait la tête couverte d'un casque de fer, et les mains garnies de gantelets de fer ; sa poitrine de fer et ses épaules étaient couvertes d'une armure de fer ; sa main gauche élevait en l'air une lance de fer, sa main droite était posée sur son invincible épée ; ses cuissards étaient de fer, ses bottines de fer, son bouclier de fer ; son cheval avait la couleur et la force du fer ; le fer couvrait les champs et les chemins ; et ce fer, si dur, était porté par un peuple dont le cœur était plus dur que le fer. Et tout le peuple de la cité de Didier de s'écrier : « O fer ! Ah ! que de fer ! » *O ferrum ! Heu ferrum !*

Une autre fois, Karle, accoutré d'une casaque de peau de brebis, va à la chasse avec les grands de Pavie, vêtus de robes faites de peaux d'oiseaux de Phénicie, de plumes de coucous, de queues de paons mêlées à la pourpre de Tyr et ornées de franges d'écorce de cèdre. On voit Charlemagne, dans l'histoire, armer son second fils Louis chevalier en lui ceignant l'épée.

Le moine de Saint-Gall, qui se dit bégayant et édenté, mentionne aussi le lion tué par Peppin le Bref. Le vétéran Adalbert, redisant les exploits de Charlemagne à un enfant qui devait les écrire lorsqu'à son tour il serait devenu vieux, ne ressemble pas mal à quelque grenadier de Napoléon, racontant la campagne d'Égypte à un conscrit : tant la Fable et l'Histoire sont mêlées dans la vie des hommes extraordinaires !

Ernold Nigel ou le Noir, dans son poëme sur Hlovigh le Débonnaire, décrit le siége de Barcelone ; et c'est encore un ouvrage de chevalerie. Hlovigh ceint l'épée que Karle le Grand portait à son côté. Les Maures, rangés sur les remparts, défendent la ville ; Zadun, leur chef, se dévoue pour les sauver : il se glisse le long des murailles pour aller hâter les secours des Sarrasins de Cordoue ; il est pris. Mené à Louis, il crie aux siens : « Ouvrez vos portes! » et leur fait en même temps un signe convenu pour les engager à se défendre. La ville est forcée : dans le butin envoyé à Karle se trouvent des cuirasses, de riches habits, des casques ornés de crinières, un cheval parthe avec son harnais et son frein d'or. L'armure de fer des chevaliers n'est point (comme on l'a cru encore mal à propos) du onzième siècle ; elle ne vient ni des Franks, ni des Arabes; elle vient des Perses, de qui les Romains l'empruntèrent : on a vu la description qu'en fait Ammien Marcellin en parlant du triomphe de Constance à Rome ; on retrouve pareillement cette armure dans l'escadron de grosse cavalerie que Constantin culbuta lorsqu'il descendit des Alpes pour aller attaquer Maxence.

Les combats singuliers et les fêtes chevaleresques, la construction de ces monuments appelés *gothiques*, qui virent prier les chevaliers des croisades, coïncident aussi avec l'avénement des rois de la seconde race. Hlovigh le Débonnaire envoie l'évêque Ebbon prêcher la foi chez les Danois. Ebbon amène à Hlovigh Hérold, roi de ces peuples. Hlovigh se rend à Ingelheim aux bords du Rhin. « Là s'élève sur cent colonnes un palais superbe. . . . . Non loin du palais est une île que le Rhin environne de ses eaux profondes, retraite tapissée d'une herbe toujours verte, et que couvre une sombre forêt; » chasse superbe où Judith, femme de Hlovigh, magnifiquement parée, monte un noble palefroi.

Béro et Samilon, deux guerriers de nation gothique, combattent en champ clos devant Hlovigh, auprès du château d'Aix, dans un lieu entouré de murailles de nacre, orné de terrasses gazonnées et plantées d'arbres. « Les champions, d'une haute taille, sont montés sur des coursiers rapides ; tous deux attendent le signal qui doit être donné par le roi. Dans l'arène paraît Gundold, qui se fait accompagner d'un cercueil, selon son usage dans ces occasions. » Béro est vaincu ; les jeunes Franks l'arrachent à la mort, et Gundold renvoie son cercueil sous l'appentis d'où il l'avait tiré.

> Miratur Gundoldus enim, feretrumque remittit
> Absque onere tectis, venerat unde suum [1].

L'architecture dite lombarde, de l'époque des Karlovingiens, en Italie, n'était que l'invasion de l'architecture orientale ou néogrecque dans l'architecture romaine. Hakem, au huitième siècle, bâtit la mosquée de Cordoue, type primitif de l'architecture sarrasine occidentale.

---

[1] Les savants bénédictins ne peuvent s'empêcher de s'écrier, dans une note, avec toute la joie naïve de l'érudition : « Gratiæ sint Nigello qui veterum ritus nobis ediscerit! »

Au commencement du neuvième siècle, le palais d'Ingelheim avait des centaines de colonnes, des toitures de formes variées, des milliers de réduits, d'ouvertures et de portes : *centum perfixa columnis... tectaque multimoda : mille aditus, reditus, millenaque claustra domorum.* L'église présentait de grandes portes d'airain, et de plus petites enrichies d'or : *Templa Dei. . . . ærati postes, aurea ostiola.* Hérold, sa femme, ses enfants et ses compagnons, contemplaient avec étonnement le dôme immense de l'église : *miratur Herold, conjunx miratur, et omnes proles et socii culmina tanta Dei.* Voilà donc clairement aux huitième et neuvième siècles les mœurs, les aventures, les chants, les récits, les champions, les nains, les fêtes, les armes, l'architecture de l'époque vulgaire de la chevalerie ; les voilà en même temps et à la fois d'une manière spontanée chez les Maures et chez les chrétiens : voilà Charlemagne et le calife Haroun, Cisher et Antar, et leurs historiens contemporains, Asmaï et le moine de Saint-Gall.

Les romanciers du douzième siècle qui ont pris Charlemagne, Roland et Oger pour leurs héros, ne se sont donc point trompés historiquement ; mais on a eu tort de vouloir faire des chevaliers un *corps* de chevalerie. Les cérémonies de la réception du chevalier, l'éperon, l'épée, l'accolade, la veille des armes, les grades de page, de damoiseau, de poursuivant, d'écuyer, sont des usages et des institutions militaires qui remplaçaient d'autres usages et d'autres institutions tombés en désuétude ; mais ils ne constituaient pas un corps de troupes homogène, discipliné, agissant sous un même chef dans une même subordination.

Les ordres religieux chevaleresques ont été la cause de cette confusion d'idées ; ils ont fait supposer une chevalerie historique *collective*, lorsqu'il n'existait qu'une chevalerie historique *individuelle*. Au surplus, cette chevalerie individuelle fut délicate, vaillante, généreuse, et garda l'empreinte des deux climats qui la virent éclore ; elle eut le vague et la rêverie du ciel noyé des Scandinaves, l'éclat et l'ardeur du ciel pur de l'Arabie. La chevalerie historique produisit en outre une chevalerie romanesque qui se mêla aux réalités, retentit par un extrême écho jusque dans le règne de François Ier, où elle donna naissance à Bayard, comme elle avait enfanté Duguesclin auprès du trône de Charles V. Le héros de Cervantes fut le dernier des chevaliers : tel est l'attrait de ces mœurs du moyen âge et le prestige du talent, que la satire de la chevalerie en est devenue le panégyrique immortel.

Pour être reçu chevalier, dans l'origine, il fallait être noble de père et de mère, et âgé de vingt et un ans. Si un gentilhomme qui n'était pas de *parage* se faisait armer chevalier, *on lui tranchait les éperons dorés sur le fumier*. Les fils des rois de France étaient chevaliers sur les fonts de baptême : saint Louis arma ses frères chevaliers ; Duguesclin, second parrain du second fils de Charles V, le duc d'Orléans, tira son épée et la mit nue dans la main de l'enfant nu : *Nudo tradidit ensem nudum*. Bayard, *sans paour et sans reprouche*, conféra la chevalerie à François Iᵉʳ. Le roi lui dit : « Bayard, mon ami, je veux qu'aujourd'hui sois fait chevalier par vos mains. . . . . Avez vertueusement, en plusieurs royaumes et provinces, combattu contre plusieurs nations. . . . . Je délaisse la France, en laquelle on vous connoît assez. . . . Dépêchez-vous. » — Alors prit son épée Bayard et dit : « Sire, autant vaille que si estois Roland, ou Olivier, Gaudefroy ou Baudouyn son frère. » — Et puis après si cria haultement, l'espée en la main dextre : « Tu es bien heureuse d'avoir aujourd'huy à un si beau et puissant roy donné l'ordre de la chevalerie. Certes, ma bonne espée, vous serez moult bien comme relique gardée, et sur toutes aultres honorée ; et ne vous porteray jamais, si ce n'est contre Turcs, Sarrasins ou Mores. » — Et puis feit deux saults, et après remit au fourreau son espée. »

Les chevaliers prenaient les titres de *don*, de *sire*, de *messire* et de *monseigneur*. Ils pouvaient manger à la table du roi ; eux seuls avaient le droit de porter la lance, le haubert, la double cotte de mailles, la cotte d'armes, l'or, le vair, l'hermine, le petit-gris, le velours, l'écarlate : ils mettaient une girouette sur leur donjon ; cette girouette était en pointe comme les pennons pour les simples chevaliers, carrée comme les bannières pour les chevaliers bannerets. On reconnaissait de loin le chevalier à son armure : les barrières des lices, les ponts des châteaux s'abaissaient devant lui ; les hôtes qui le recevaient poussaient quelquefois le dévouement et le respect jusqu'à lui abandonner leurs femmes.

La dégradation du chevalier félon était affreuse : on le faisait monter sur un échafaud ; on y brisait à ses yeux les pièces de son armure ; son écu, le blason effacé, était attaché et traîné à la queue d'une cavale, monture dérogeante : le héraut d'armes accablait d'injures l'ignoble chevalier. Après avoir récité les vigiles funèbres, le clergé prononçait les malédictions du psaume 108. Trois fois on demandait le nom du dégradé, trois fois le héraut d'armes répondait qu'il ignorait ce nom, et n'avait devant lui qu'une foi-mentie. On répandait alors sur la tête du patient un bassin d'eau chaude ; on le tirait en bas de l'échafaud par une corde ; il était mis sur une civière, transporté à l'église, couvert d'un drap mortuaire, et les prêtres psalmodiaient sur lui les prières des morts.

La chevalerie se conférait sur la brèche, dans la mine et la tranchée d'une ville assiégée, sur un champ de bataille au moment d'en venir aux mains. Le besoin de soldats s'accroissant à mesure que les nobles périssaient, le serf fut admis à la chevalerie; des lettres de Philippe de Valois déclarent gentilhomme le fils d'un serf qui avait été armé chevalier : les Français ont toujours attribué la noblesse à la charrue et à l'épée, et placé au même rang le laboureur et le soldat. Dans la suite, au milieu des grandes guerres contre les Anglais, on créa tant de chevaliers que ce titre s'avilit. François Ier ajouta aux deux classes de chevaliers *bannerets* et *bacheliers*, une troisième classe composée de magistrats et de gens de lettres; ils furent appelés *chevaliers ès lois*. Enfin, il ne resta de la chevalerie qu'un nom honorifique écrit dans les actes, ou porté par les cadets de familles.

L'éducation militaire m'amène maintenant à parler de l'éducation civile dans les siècles dont nous nous occupons.

ÉDUCATION.

L'éducation chez les Perses, les Grecs et les Romains, était persane, grecque et romaine; je veux dire qu'on enseignait aux enfants ce qui regarde la patrie; on ne les instruisait que des lois, des mœurs, de l'histoire et de la langue de leurs aïeux. Lorsqu'à l'époque d'une civilisation avancée les Romains se prirent d'admiration pour la Grèce et vinrent aux écoles d'Athènes, ce n'était que la louable curiosité de quelques patriciens oisifs.

Le monde moderne a présenté un phénomène dont il n'y a aucun exemple dans le monde ancien : les enfants des Barbares se séparèrent de leur race par l'éducation : confinés dans des colléges, ils apprirent des langues que leurs pères ne parlaient point, et qui cessaient d'être parlées sur terre; ils étudièrent des lois qui n'étaient pas celles de leur nation; ils ne s'occupèrent que d'une société morte, sans rapport avec la société vivante de leur temps. Les vaincus, sortis d'un autre sang et perpétuant le souvenir de ce qu'ils avaient été, renfermèrent avec eux les fils de leurs vainqueurs comme des otages.

Il se forma au milieu des générations brutes un peuple d'intelligence hors de la sphère où se mouvait la communauté matérielle, guerrière et politique. Plus l'esprit autour des écoles était simple, grossier, naturel, illettré, plus dans l'intérieur de ces écoles il était raffiné, subtil, métaphysique et savant. Les Barbares avaient commencé par égorger les prêtres et les moines; devenus chrétiens, ils tombèrent à leurs pieds. Ils s'empressèrent de contribuer à la fondation des colléges et des universités : admirant ce qu'ils ne comprenaient pas, ils crurent ne pouvoir accorder aux étudiants trop de priviléges. Une véritable république, ayant ses tribunaux, ses coutumes et ses libertés, s'établit pour les enfants au centre même de la monarchie des pères.

L'université de Paris, fille aînée de nos rois, bien qu'elle ne descendît pas de Charlemagne, n'était pas la seule en France; vingt autres existaient sur son modèle : celle de Montpellier devint célèbre; on y professa le droit romain aussitôt que les exemplaires des *Pandectes* furent devenus moins rares par la découverte et les copies du manuscrit d'Amalfi. L'Angleterre, l'Écosse, l'Irlande, l'Allemagne, l'Italie, l'Espagne, le Portugal, possédaient les mêmes corps enseignants. On voit dans les hagiographes et les chroniqueurs que le même écolier, afin d'embrasser les diverses branches des sciences, étudiait successivement à Paris, à Oxford, à Mayence, à Padoue, à Salamanque, à Coïmbre. L'université de Paris avait une poste à son usage, longtemps avant que Louis XI eût fait un pareil établissement.

On sent quelle activité les institutions universitaires, dégagées des lois nationales, devaient donner aux esprits; combien elles devaient accroître le trésor commun des idées : or, tout arrive par les idées; elles produisent les faits, qui ne leur servent que d'enveloppe.

Une multitude de colléges s'élevèrent auprès des universités. Sous Philippe le Bel, qui fonda l'université d'Orléans, on vit s'établir le collége de la reine de Navarre, celui du cardinal Le Moyne, et celui de Montaigu, archevêque de Narbonne. Depuis le règne de Philippe de Valois jusqu'à la fin du règne de Charles V, on compte l'érection du collége des Lombards pour les écoliers italiens, des colléges de Tours, de Lisieux, d'Autun, de l'*Ave Maria*, de Mignon ou Grandmont, de Saint-Michel, de Cambrai, d'Aubusson, de Bonnecour, de Tournai, de Bayeux, des Allemands, de Boissy, de Dainville, de Maître-Gervais, de Beauvais. (*Hist. de l'Univ.*, tom. III, liv. III; *Antiq. de Paris; Trés. des Ch.*) A François Ier est dû l'établissement du Collége royal, avec les trois chaires de langues hébraïque, grecque et latine : on avait commencé à enseigner le grec dans l'université de Paris sous Charles VIII; on y expliquait alors les dialogues de Platon. Henri II, Charles IX, Henri III, augmentèrent les chaires savantes d'une chaire de philosophie grecque et latine, d'une chaire de langue arabe et d'une chaire de chirurgie. Louis XIII, Louis XIV et Louis XV ajoutèrent au Collége royal des chaires pour l'étude du droit canon, pour celle des langues syriaque, turque et persane, pour l'enseignement de la littérature française, de l'astronomie, de la mécanique, de la chimie, de l'anatomie, de l'histoire naturelle, du droit de la nature et des gens. Le collége des Quatre-Nations rappelle le nom de Mazarin. Tout se formait par grandes masses ou par grands corps dans l'ancienne monarchie : clergé, noblesse, tiers état, magistrature, éducation.

Ces universités et ces colléges furent autant de foyers où s'allumèrent comme des flambeaux les génies dont la lumière pénétra les ténèbres du moyen âge : nuit féconde, puissant chaos dont les flancs portaient un nouvel univers. Lorsque la barbarie envahit la civilisation, elle la fertilise par sa vigueur et sa jeunesse; quand, au contraire, la civilisation envahit la barbarie, elle la laisse stérile; c'est un vieillard auprès d'une jeune épouse : les peuples civilisés de l'ancienne Europe se sont renouvelés dans le lit des sauvages de la Germanie; les peuples sauvages de l'Amérique se sont éteints dans les bras des peuples civilisés de l'Europe.

Saint Bernard, Abeilard, Scott, Thomas d'Aquin, Bonaventure, Albert, Roger Bacon, Henry de Gand, Hugues de Saint-Cher, Alexandre de Hallays, Alain de l'Ille, Yves de Triguer, Jacques de Voragine, Guillaume de Nangis, Jean de Meung, Guillaume Duranty, Jean Adam, Guillaume Pelletier, Barthélemi Glaunwil et Pierre Bercheur, Albert de Saxe, Froissard, Nicolas Oresme, Jacques de Dondis, Nicolas Flamel, Accurse, Barthole, Gratien, Pierre d'Ailly, Nicolas Clémengis, Gerson, Thomas Connecte, Benoît Gentian, Jean de Courtecuisse, Vincent Ferrier, Juvénal des Ursins, Pic de La Mirandole, Chartier, Martial d'Auvergne, François Villon et Robert Gaguin, forment la chaîne de ces hommes qui nous amènent des premiers jours du moyen âge au temps de la renaissance des lettres. Leur célébrité fut grande, et les surnoms par lesquels on les distingua prouvent l'admiration naïve de leurs siècles. Albert fut surnommé le Grand; Thomas d'Aquin, l'Ange de l'école; Roger Bacon, le Docteur admirable; Henry de Gand, le Docteur solennel; Henry de Suze, la Splendeur du droit; Alexandre de Hallays, le Docteur irréfragable; Alain de l'Ille, le Docteur universel; Bonaventure, le Docteur séraphique; Scott, le Docteur subtil; Gilles de Rome, le Docteur très-fondé.

Ces hommes, avec des talents divers, formaient des écoles, avaient des disciples comme les anciens philosophes de la Grèce. Albert inventa une machine parlante; Roger Bacon découvrit peut-être la poudre [1], le télescope et le microscope; Jacques de Dondis composa une horloge céleste ou une sphère mouvante. Saint Thomas d'Aquin est un génie tout à fait comparable aux plus rares génies philosophiques des temps anciens et modernes; il tient de Platon et de Male-

---

[1] Connue d'ailleurs à la Chine, ainsi que la boussole, l'imprimerie, le gaz, etc.; ces découvertes matérielles devaient naturellement avoir lieu chez une société à longue vie, comme celle des Chinois.

branche pour la spiritualité, d'Aristote et de Descartes pour la clarté et la logique. Les scottistes et les thomistes, les réalistes et les nominaux ressuscitèrent les deux sectes de la forme et de l'idée. Vers l'an 1050, les écrits d'Aristote avaient été apportés par les Arabes en Espagne, et de l'Espagne ils passèrent en France. Bérenger, Abeilard, Gilbert de La Porée, firent revivre la doctrine du Stagyrite; mais les Pères grecs et latins ayant depuis longtemps frappé d'anathème cette doctrine, un concile, tenu à Paris en 1209, condamna au feu les écrits dans lesquels elle était renfermée. L'interdiction dura plus de quatre-vingts ans : on se relâcha ensuite, et en 1447 le triomphe d'Aristote fut tel, qu'on n'enseigna plus d'autre philosophie que la sienne. Un siècle après, Ramus, qui osa s'élever contre sa logique, fut la victime du fanatisme scolastique. Il fallut attendre Gassendi et Descartes pour triompher du précepteur d'Alexandre.

Duranti, Barthole, Alciat, et plus tard Cujas, furent les lumières du droit. On se fera une idée de l'influence que ces hommes exerçaient sur leur temps, en rappelant les effets de leurs leçons : la classe où Albert le Grand enseignait ne suffisant plus à la multitude des auditeurs, il se vit obligé de professer en plein air, sur la place qui prit le nom de Maître-Albert. Foulques écrit à Abeilard : « Rome t'envoyait ses enfants à instruire; et celle qu'on avait entendue enseigner toutes les sciences montrait, en te passant ses disciples, que ton savoir était encore supérieur au sien. Ni la distance, ni la hauteur des montagnes, ni la profondeur des vallées, ni la difficulté des chemins parsemés de dangers et de brigands, ne pouvaient retenir ceux qui s'empressaient vers toi. La jeunesse anglaise ne se laissait effrayer ni par la mer placée entre elle et toi, ni par la terreur des tempêtes, et à ton nom seul, méprisant les périls, elle se précipitait en foule. La Bretagne reculée t'envoyait ses habitants pour les instruire; ceux de l'Anjou venaient te soumettre leur férocité adoucie. Le Poitou, la Gascogne, l'Ibérie, la Normandie, la Flandre, les Teutons, les Suédois, ardents à te célébrer, vantaient et proclamaient sans relâche ton génie. Et je ne dis rien des habitants de la ville de Paris et des parties de la France les plus éloignées comme les plus rapprochées, tous avides de recevoir tes leçons, comme si, près de toi seul, ils eussent pu trouver l'enseignement [1]. »

La foule des maîtres et des écoliers de l'université était telle, quand ils allaient en procession à Saint-Denis, que les premiers rangs du cortège entraient dans la basilique de l'abbaye, lorsque les derniers sor-

---

[1] Cette élégante traduction est d'une femme. *OEuvres de madame* GUIZOT.

taient de l'église des Mathurins de Paris. Appelée à donner son vote sur la question de l'extinction du schisme, l'Université fournit dix mille suffrages ; elle proposa d'envoyer à un enterrement vingt-cinq mille écoliers pour en augmenter la pompe. On voit ce grand corps figurer dans toutes les crises politiques de la monarchie, et particulièrement sous les règnes de Charles V, de Charles VI et de Charles VII. Factieux ou fidèle, il lâchait ou retenait les flots populaires, tandis que des esprits novateurs, élevés à ses leçons, agitaient les questions religieuses, poussaient, par la hardiesse de leurs doctrines, par leurs déclamations contre les vices du clergé et des grands, à ces réformes dont Arnaud de Brescia avait donné l'exemple en Italie, et Wiclef en Angleterre.

Cette vie des universités et des colléges occupe une place considérable dans le tableau des mœurs générales, qui me reste à peindre.

MOEURS GÉNÉRALES DES XIIe XIIIe ET XIVe SIÈCLES.

L'histoire moderne doit prendre soin de détruire un mensonge, non des chroniqueurs, qui sont unanimes sur la corruption des bas siècles, mais de l'ignorance et de l'esprit de parti des temps où nous vivons : on s'est figuré que si le moyen âge était barbare, du moins la morale et la religion faisaient le contre-poids de sa barbarie ; on se représente les anciennes familles, grossières sans doute, mais assises dans une sainte union à l'âtre domestique avec toute la simplicité de l'âge d'or. Rien de plus contraire à la vérité.

Les Barbares s'établirent au milieu de la société romaine dépravée par le luxe, dégradée par l'esclavage, pervertie par l'idolâtrie. Les Franks, très-peu nombreux, relativement à la population gallo-romaine, ne purent assainir les mœurs ; ils étaient eux-mêmes fort corrompus quand ils entrèrent en Gaule.

C'est une grande erreur que d'attribuer l'innocence à l'état sauvage ; tous les appétits de la nature se développent sans contrôle dans cet état : la civilisation seule enseigne les qualités morales. La profession des armes, qui inspire certaines vertus, ne produit point la tempérance : Sainte-Palaye est obligé de convenir que les chevaliers ne se recommandaient guère par la rigidité des mœurs.

De la société romaine et de la société barbare résulta une double corruption ; on reconnaît très-bien les vices de l'une et de l'autre société, comme on distingue à leur confluent les eaux de deux fleuves qui s'unissent : la rapine, la cruauté, la brutalité, la luxure animale, étaient frankes ; la bassesse, la lâcheté, la ruse, la turpitude de l'esprit, la débauche raffinée, étaient romaines.

Et ces remarques ne se doivent pas entendre de quelques années, de quelques règnes : elles s'appliquent aux siècles qui précèdent le moyen âge, depuis le règne de Khlovigh jusqu'à celui de Hugues Capet ; et aux siècles du moyen âge, depuis le règne de Hugues Capet jusqu'à celui de François Ier.

Le christianisme chercha, autant qu'il le put, à guérir la gangrène des temps barbares ; mais l'esprit de la religion était moins suivi que la lettre ; on croyait plus à la croix qu'à la parole du Christ ; on adorait au Calvaire ; on n'assistait point au sermon de la Montagne. Le clergé se déprava comme la foule. Si l'on veut pénétrer à fond l'état intérieur de cette époque, il faut lire les conciles et les chartes d'abolition (lettres de grâce accordées par les rois) ; là se montrent à nu les plaies de la société. Les conciles reproduisent sans cesse les plaintes contre la licence des mœurs, et la recherche des remèdes à y apporter ; les chartes d'abolition gardent les détails des jugements et des crimes qui motivaient les lettres-royales. Les capitulaires de Charlemagne et de ses successeurs sont remplis de dispositions pour la réformation du clergé.

On connaît l'épouvantable histoire du prêtre Anastase enfermé vivant avec un cadavre, par la vengeance de l'évêque Caulin. (Grégoire de Tours.) Dans les canons ajoutés au premier concile de Tours, sous l'épiscopat de saint Prosper, on lit : « Il nous a été rapporté que des prêtres, ce qui est horrible (*quod nefas*), établissaient des auberges dans les églises, et que le lieu où l'on ne doit entendre que des prières et des louanges de Dieu retentit du bruit des festins, de paroles obscènes, de débats et de querelles. »

Baronius, si favorable à la cour de Rome, nomme le dixième siècle le siècle de fer, tant il voit de désordres dans l'Église. L'illustre et savant Gerbert, avant d'être pape sous le nom de Sylvestre II, et n'étant encore qu'archevêque de Reims, disait : « Déplorable Rome ! tu donnas à nos ancêtres les lumières les plus éclatantes, et maintenant tu n'as plus que d'horribles ténèbres..... Nous avons vu Jean Octavien conspirer, au milieu de mille prostituées, contre le même Othon qu'il avait proclamé empereur. Il est renversé, et Léon le Néophyte lui succède. Othon s'éloigne de Rome, et Octavien y rentre ; il chasse Léon, coupe les doigts, les mains et le nez au diacre Jean ; et après avoir ôté la vie à beaucoup de personnages distingués, il périt bientôt lui-même... Sera-t-il possible de soutenir encore qu'une si grande quantité de prêtres de Dieu, dignes par leur vie et leur mérite d'éclairer l'univers, se doivent soumettre à de tels monstres, dénués de toute connaissance des sciences divines et humaines ? »

Il nous reste une satire d'Adalbéron, évêque de Laon ; c'est un dialogue entre le poëte et le roi Robert. Adalbéron représente les juges obligés de porter le capuchon ; les évêques dépouillés, réduits à suivre la charrue ; et les siéges épiscopaux, quand ils viennent à vaquer, occupés par des mariniers et des pâtres. Un moine est transformé en soldat ; il porte un bonnet de peau d'ours ; sa robe, naguère longue, est écourtée, fendue par devant et par derrière ; à sa ceinture étroite est suspendu un arc, un carquois, des tenailles, une épée. Il n'y avait autrefois, parmi les ministres du Seigneur, ni bourreaux, ni aubergistes, ni gardeurs de cochons et de boucs ; ils n'allaient point au marché public ; ils ne faisaient point blanchir les étoffes. »

Adalbéron, étendant son sujet, remarque que le noble et le serf ne sont pas soumis à la même loi, que le noble est entièrement libre. Le roi prend la défense de la condition servile : « Cette classe, dit-il, ne possède rien sans l'acheter par un dur travail. Qui pourrait compter les peines, les courses et les fatigues qu'ont à supporter les serfs? Il n'y a aucune fin à leurs larmes. » Adalbéron répond, « que la famille du Seigneur est divisée en trois classes : l'une prie, l'autre combat, la troisième travaille. »

Adalbéron avait vu finir la seconde race et commencer la troisième ; il avait joué un rôle dans les trahisons qui se pratiquent à la chute et au renouvellement des empires. Peut-être avait-il été lié intimement avec Emma, femme de Lother, quoiqu'il fût évêque ; il était d'une grande famille de Lorraine ; il avait étudié sous Gerbert ; il n'aimait pas les moines, et il entrait dans la querelle des évêques nobles contre les religieux plébéiens. On retrouve en lui cette partie de la société intelligente qui ne fut jamais barbare.

Saint Bernard ne montre pas plus d'indulgence aux vices de son siècle ; saint Louis fut obligé de fermer les yeux sur les prostitutions et les désordres qui régnaient dans son armée. Pendant le règne de Philippe le Bel, un concile est convoqué exprès pour remédier au débordement des mœurs. L'an 1351, les prélats et les ordres mendiants exposent leurs mutuels griefs à Avignon, devant Clément VII. Ce pape, favorable aux moines, apostrophe les prélats : « Parlerez-vous d'humilité, vous si vains et si pompeux dans vos montures et vos équipages? Parlerez-vous de pauvreté, vous si avides que tous les bénéfices du monde ne vous suffiraient pas? Que dirai-je de votre chasteté?... Vous haïssez les mendiants ; vous leur fermez vos portes, et vos maisons sont ouvertes à des sycophantes et à des infâmes (*lenonibus et truffatoribus*). »

La simonie était générale : les prêtres violaient presque partout la règle du célibat; ils vivaient avec des femmes perdues, des concubines et des chambrières; un abbé de Noreïs avait dix-huit enfants. En Biscaye on ne voulait que des prêtres qui eussent des *commères*, c'est-à-dire des femmes supposées légitimes.

Pétrarque écrit à l'un de ses amis : « Avignon est devenu un enfer, la sentine de toutes les abominations. Les maisons, les palais, les églises, les chaires du pontife et des cardinaux, l'air et la terre, tout est imprégné de mensonge; on traite le monde futur, le jugement dernier, les peines de l'enfer, les joies du paradis, de fables absurdes et puériles. » Pétrarque cite à l'appui de ses assertions des anecdotes scandaleuses sur les débauches des cardinaux. Et lui-même, abbé chaste et fidèle amant de Laure, était entouré de bâtards : *Ebbe allora un figliuolo naturale, e, dopo alcuni anni, una figliuola; ma protestò, che non ostante queste licenze, egli non amò mai altra che Laura.* (SAGGI.)

Dans un sermon prononcé devant le pape, en 1364, le docteur Nicolas Oresme prouva que l'Antechrist ne tarderait pas à paraître, par six raisons, tirées de la perte de la doctrine, de l'orgueil des prélats, de la tyrannie des chefs de l'Église, et de leur aversion pour la vérité.

Les sirventes, qui n'épargnaient ni les papes, ni les rois, ni les nobles, ne ménageaient pas plus le clergé que les sermons. « Dis donc, seigneur évêque, tu ne seras jamais sage qu'on ne t'ait rendu eunuque. — Ah! faux clergé, traître, menteur, parjure, débauché! Saint Pierre n'eut jamais rentes, ni châteaux, ni domaines; jamais il ne prononça excommunication. Il y a des gens d'Église qui ne brillent que par leur magnificence, et qui marient à leurs neveux les filles qu'ils ont eues de leur mie. » (RAYNOUARD, *Troubadours.*)

« Une vile multitude, qui ne combattit jamais, enlève aux nobles leur tour et leur chastel : le bouc attaque le loup. » — « Notre évêque vend une bière mille sous à ses amis décédés. » — « C'est le pape qui règne; il rampe aux pieds du monarque puissant, il accable le roi malheureux. »

Toute la terre féodale se ressemblait; mêmes censures en Angleterre:

> An other abai is ther bi
> For soth a gret nunnerie, etc.

« Auprès d'une abbaye se trouve un couvent de nonnes, au bord d'une rivière douce comme du lait. Aux jours d'été les jeunes nonnes remontent cette rivière en bateau, et quand elles sont loin de l'abbaye, le diable se met tout nu, se couche sur le rivage et se prépare à nager. Agile, il enlève les jeunes moines et revient chercher les nonnes,

Il enseigne à celles-ci une oraison : le moine, bien disposé, aura douze femmes à l'année, et il deviendra bientôt le père abbé. » Je supprime de grossières obscénités en vieux anglais.

Le *Credo* de Pierre Laboureur (Piter Plowman), est une satire amère contre les moines mendiants :

I fond in a freture a frere on a benche, etc.

« J'ai rencontré, assis sur un banc, un frère affreux; il était gros comme un tonneau; son visage était si plein qu'il avait l'air d'une vessie remplie de vent, ou d'un sac suspendu à ses deux joues et à son menton. C'était une véritable oie grasse qui faisait remuer sa chair comme une boue tremblante. »

Les châtelains et les châtelaines chantaient, aimaient, se gaudissaient, et par moments ne croyaient pas trop en Dieu. Le vicomte de Beaucaire menace son fils Aucassin de l'enfer, s'il ne se sépare de Nicolette, sa mie. Le damoiseau répond qu'il se soucie fort peu du paradis, rempli de moines fainéants demi-nus, de vieux prêtres crasseux et d'ermites en haillons. Il veut aller en enfer, où les grands rois, les paladins, les barons, tiennent leur cour plénière; il y trouvera de belles femmes qui ont aimé des ménestriers et des jongleurs, amis du vin et de la joie. (Le Grand d'Aussi, Raynouard, *Hist. de Phil.-Aug.;* Capefigue, etc.) Un troubadour demande un *Pater,* pour que Dieu accorde à tous ceux qui aimèrent, comme le fils du châtelain d'Aupais, le plaisir qu'il eut une nuit avec Ogine. La dame, comtesse de Die, écrit au troubadour Rambaud, comte d'Orange : « Mon bel ami, viens ce soir occuper dans ma couche la place de mon mari. » La comtesse de Die était présidente de la cour d'amour. Guillaume, comte de Poitiers, fonda à Niort une maison de débauche, sur le modèle d'une abbaye : chaque *religieuse* avait une cellule et formait des vœux de plaisirs; une prieure et une abbesse gouvernaient la communauté, et les vassaux de Guillaume furent invités à doter richement le monastère. Il y avait des *maréchaux* de prostituées.

On voit un comte d'Armagnac, Jean V, épouser publiquement sa sœur, et vivre avec elle dans son château, en tout honneur de baronnage. Les fureurs lubriques du maréchal de Rais ne sont ignorées de personne.

Ces nobles de la gaie science n'étaient pas toujours si courtois et si damoiseaux qu'ils ne se transformassent en brigands sur les grands chemins et dans les forêts. Les bourgeois de Laon appelèrent à leur secours Thomas de Coucy, seigneur du château de Marle. Thomas, tout jeune encore, pillait les pauvres et les pèlerins qui se rendaient à Jérusalem, et qui revenaient de la Terre-Sainte. Afin d'obtenir de l'argent de ces captifs, il les accrochait de sa propre main, *testiculis appendebat propria aliquotiens manu* (Guiberti, *de vita sua*); une rupture s'opérant par le poids du corps, les intestins sortaient à travers l'ouverture. Thomas pendait encore d'autres malheureux par les pouces, et leur mettait de grosses pierres sur les épaules pour ajouter à leur pesanteur naturelle; il se promenait en dessous de ces gibets vivants, et achevait à coups de bâton les victimes qui ne possédaient rien ou qui refusaient de payer. Ayant un jour jeté un lépreux au fond d'un cachot, le nouveau Cacus fut assiégé dans son antre par tous les lépreux de la contrée.

Un seigneur de Tournemine, assigné dans son manoir d'Auvergne par un huissier appelé *Loup*, lui fit couper le poing, disant que jamais loup ne s'était présenté à son château sans qu'il n'eût laissé sa patte clouée à la porte.

Régnault de Pressigny, seigneur de Marans, près de La Rochelle, rançonneur de bourgeois, voleur de grands chemins, détrousseur de passants, se plaisait à crever un œil et à arracher la barbe à tout moine traversant les terres de sa seigneurie. Quand il envoyait au supplice les malheureux qui refusaient de se racheter, et que ceux-ci en appelaient à la justice du roi, Pressigny, qui apparemment savait le latin, leur répondait, en équivoquant sur les mots, qu'ils se plaignaient à tort de ne pas mourir dans les règles, qu'ils mouraient *jure aut injuria*.

Le moyen âge offre un tableau bizarre qui semble être le produit d'une imagination puissante, mais déréglée. Dans l'antiquité, chaque nation sort pour ainsi dire de sa propre source; un esprit primitif, qui pénètre tout et se fait sentir partout, rend homogènes les institutions et les mœurs. La société du moyen âge était composée des débris de mille autres sociétés : la civilisation romaine, le paganisme même, y avaient laissé des traces; la religion chrétienne y apportait ses croyances et ses solennités; les Barbares franks, goths, bourguignons, anglo-saxons, danois, normands, retenaient les usages et le caractère propres à leurs races. Tous les genres de propriété se mêlaient, toutes les espèces de lois se confondaient : l'aleu, le fief, la mainmortable, le Code, le Digeste, les lois salique, gombette, wisigothe, le droit coutumier. Toutes les formes de liberté et de servitude se rencontraient : la liberté monarchique du roi, la liberté aristocratique du noble, la liberté individuelle du prêtre, la liberté collective des communes; la liberté privilégiée des villes, de la magistrature, des corps de métiers et des marchands; la liberté représentative de la nation; l'esclavage romain, le servage barbare, la servitude de l'aubain. De là ces spectacles incohérents, ces usages qui se paraissent contredire, qui ne se tiennent que par le lien de la religion. On dirait des peuples divers n'ayant aucun rapport les uns avec les autres, étant seulement convenus de vivre sous un commun maître, autour d'un même autel.

Jusque dans son apparence extérieure, la France offrait alors un tableau plus pittoresque et plus national qu'elle ne le présente aujourd'hui. Aux monuments nés de notre religion et de nos mœurs, nous avons substitué, par une déplorable affectation de l'architecture bâtarde romaine, des monuments qui ne sont ni en harmonie avec notre ciel, ni appropriés à nos besoins; froide et servile copie, laquelle a porté le mensonge dans nos arts, comme le calque de la littérature latine a détruit dans notre littérature l'originalité du génie frank. Ce n'était pas ainsi qu'imitait le moyen âge; les esprits de ce temps-là admiraient aussi les Grecs et les Romains; ils recherchaient et étudiaient leurs ouvrages; mais, au lieu de s'en laisser dominer, ils les maîtrisaient, les façonnaient à leur guise, les rendaient français, et ajoutaient à leur beauté par cette métamorphose pleine de création et d'indépendance.

Les premières églises chrétiennes dans l'Occident ne furent que des temples retournés : le culte païen était extérieur, la décoration du temple fut extérieure; le culte chrétien était intérieur, la décoration de l'église fut intérieure. Les colonnes passèrent du dehors au dedans de l'édifice, comme dans les basiliques où se tinrent les assemblées des fidèles quand ils sortirent des cryptes et des catacombes. Les proportions de l'église surpassèrent en étendue celles du temple, parce que la foule chrétienne s'entassait sous la voûte de l'église, et que la foule païenne était répandue sous le péristyle du temple. Mais lorsque les chrétiens devinrent les maîtres, ils changèrent cette économie, et ornèrent aussi du côté du paysage et du ciel leurs édifices.

L'architecture néogrecque, par une même émancipation de l'esprit humain, se montra en Orient avec le néoplatonisme; il était naturel que les arts suivissent les idées, et surtout les idées religieuses auxquelles ils sont appliqués de préférence chez les peuples. Les premiers essais, ou plutôt les premiers jeux de cette architecture, se firent remarquer dans les temples de Daphné, de Balbek et de Palmyre : elle se développa en Syrie dans les monuments de sainte Hélène; elle devenait chrétienne à Jérusalem, à l'époque où le néoplatonisme devenait chrétien au concile de Nicée. Justinien la fit régner en bâtissant, sur les fondements de la Sainte-Sophie romaine de Constance, la Sainte-Sophie néogrecque d'Isidore de Milet. De là elle passa en Italie, et déploya son art dans l'église octogone de Saint-Vital à Ravenne : Charlemagne, au huitième siècle, reproduisit ce mouvement agrandi à Aix-la-Chapelle. « Il edifia églises et abbayes en divers lieux, en l'honneur de Dieu et au proufit de son ame. Aucunes en commença et aucunes en parfit. Entre les autres fonda l'eglise de Aix-la-Chapelle, d'œuvre merveilleuse, en l'honneur de Nostre-Dame Sainte-Marie. . . . Divers palais commença en divers lieux, d'œuvre cousteuse : un en fit auprès de la cité de Mayence, de lez une ville qui a nom Ingelheim ; un autre en la cité, sur le fleuve de Vahala. Si commanda dans tout son royaume, à tous les evesques et à tous ceux à qui les cures appartenoient, que toutes les eglises et toutes les abbayes qui estoient dechues par vieillesse fussent refaictes et restaurées : et pour ce que cette chose ne fust mise en nonchaloir, il leur mandoit expressement par ses messages qu'ils accomplissent ses commandements. »

Trois siècles plus tard, l'architectonique nouvelle aborda une seconde fois aux rivages latins, et annonça son retour par l'édification de la cathédrale de Pise. Il y a des erreurs que la voix populaire consacre, et auxquelles la science est obligée de se soumettre : le néogrec, en Italie, fut appelé l'*architecture lombarde,* et en France, l'*architecture gothique ;* et, ni les Lombards, ni les Goths, n'y avaient mis la main ; Théodoric même se contenta d'imiter ou de réparer les masses du Forum et du Champ de Mars.

Tandis que l'architecture néogrecque, infidèle au Parthénon abandonné, s'emparait des édifices chrétiens, elle envahissait aussi les édifices mahométans. Les Arabes l'*orientalisèrent* pour le calife Haroun et les *Mille et une Nuits ;* ils l'emmenèrent avec eux dans leurs conquêtes ; elle arriva de la mosquée du Caire en Égypte à celle de Cordoue en Espagne, à peu près au moment où les exarques de Ravenne l'introduisaient en Italie. Ainsi la puînée de l'Ionie parut dans l'Europe occidentale, portant d'une main l'étendard du prophète, et de l'autre celui du Christ : l'Alhambra à Grenade, et Saint-Marc à Venise, témoignent de son inconstance et des merveilles de ses caprices. Plus d'ordres distincts, plus d'architraves ou architraves brisées : au lieu de portique, un portail ; au lieu de fronton, une façade ; au lieu de frise, de corniche et d'entablement, une balustrade.

Enfin, avec le treizième siècle rayonna cette architecture à ogives, qui se plut surtout dans les pays de la domination franke, saxonne et germanique ; au delà des Pyrénées et des Alpes, elle rencontra les préjugés et les chefs-d'œuvre de l'architecture mozarabique, du style bâtard romain, et du primitif dorique de la Grande-Grèce. L'architecture à ogives fut une conquête des croisades de Philippe-Auguste et de saint Louis.

A la colonnette écourtée, aux grosses colonnes à chapiteaux historiés, succédèrent les minces et longues colonnes en faisceaux, ramifiées à leurs sommets, s'épanouissant en fusées, projetant dans les airs leurs délicates nervures qui devenaient comme la fragile charpente des combles. Au plein cintre des arches, aux voussures en anse de panier, se substituèrent les ogives, arceaux en forme d'arête dont l'origine est peut-être persane, et le patron la feuille du mûrier indien, si toutefois l'ogive n'est pas le simple tracé d'un crayon facile. L'ogive ne se sépare pas tellement du néogrec qu'on ne l'y retrouve comme cent autres traits.

Le cercle, figure géométrique rigoureuse, ne laisse rien à l'arbitraire; l'ellipse, courbe, flexible, se renfle ou se redresse au gré de celui qui l'emploie : l'ogive, dont le foyer n'est que la rencontre des deux ellipses d'un triangle curviligne, se pouvait donc élargir et rétrécir depuis le plus court diamètre jusqu'au diamètre le plus long; propriété qui laissait un jeu immense au goût de l'artiste, et qui explique la variété du gothique. Pas un seul monument dans cet ordre ne ressemble à l'autre, et dans chaque monument aucun détail n'est invinciblement symétrique; l'ornement même est quelquefois calculé pour ne pas produire son effet naturel : de petites figures logées dans des niches, ou dans les moulures concentriques des portes, y sont arrangées de manière qu'on les prendrait pour des arabesques, des volutes, des enroulements, des astragales, et non pour des dispositions de la statuaire.

En imitant les constructions sarrasines, les architectes chrétiens les exhaussèrent et les dilatèrent; ils plantèrent mosquées sur mosquées, colonnes sur colonnes, galeries sur galeries; ils attachèrent des ailes aux deux côtés du chœur, et des chapelles aux ailes. Partout la ligne spirale remplaça la ligne droite; au lieu du toit plat ou bombé, se creusa une voûte étroite fermée en cercueil ou en carène de vaisseau; les tours ouvragées dépassèrent en hauteur les minarets.

La chrétienté élevait à frais communs, au moyen des quêtes et des aumônes, ces cathédrales dont chaque État en particulier n'était pas assez riche pour payer la main-d'œuvre, et dont aucune n'est achevée. Dans ces vastes et mystérieux édifices se gravaient en relief ou en creux, comme avec un emporte-pièce, les parures de l'autel, les monogrammes sacrés, les vêtements et les choses à l'usage des ministres : les bannières, les croix de divers agencements, les calices, les ostensoirs, les dais, les chapes, les capuchons, les crosses, les mitres, dont les formes se retrouvent dans le gothique, conservaient les symboles du culte en produisant des effets d'art inattendus; assez souvent les gouttières étaient taillées en figures de démons obscènes ou de moines vomissants. Cette architecture du moyen âge offrait un mélange du tragique et du bouffon, du gigantesque et du gracieux, comme les poëmes et les romans de la même époque.

Les plantes de notre sol, les arbres de nos bois, le trèfle et le chêne, décoraient aussi les églises, de même que l'acanthe et le palmier avaient embelli les temples du pays et du siècle de Périclès. Au dedans, une cathédrale était une forêt, un labyrinthe dont les mille arcades, à chaque mouvement du spectateur, s'intersectaient, se séparaient, s'enlaçaient de nouveau en chiffres, en cerceaux, en méandres; cette forêt était éclairée par des rosaces à jour incrustées de vitraux peints, qui ressemblaient à des soleils brillants de mille couleurs sous la feuillée : en dehors, cette même cathédrale avait l'air d'un monument auquel on aurait laissé sa cage, ses arcs-boutants et ses échafauds; et, afin que les appuis de la nef aérienne n'en déparassent pas la structure, le ciseau les avait tailladés; on n'y voyait plus que des arches de ponts, des pyramides, des aiguilles et des statues.

Les ornements qui n'adhéraient pas à l'édifice se mariaient à son style : les tombeaux étaient de forme gothique, et la basilique, qui s'élevait comme un grand catafalque au-dessus d'eux, semblait s'être moulée sur leur forme. On admire encore à Auch un de ces chœurs en bois de chêne si communs dans les abbayes, et qui répétaient les ornements de l'architecture. Tous les arts du dessin participaient de ce goût fleuri et composite : sur les murs et sur les vitraux étaient peints des paysages, des scènes de la religion et de l'histoire nationale.

Dans les châteaux, les armoiries coloriées, encadrées dans des losanges d'or, formaient des plafonds semblables à ceux des beaux palais du *Cinque cento* de l'Italie. L'écriture même était dessinée, l'hiéroglyphe germanique, substitué au jambage rectiligne romain, s'harmoniait avec les écussons et les pierres sépulcrales. Les tours isolées qui servaient de vedettes sur les hauteurs; les donjons enserrés dans les bois, ou suspendus sur la cime des rochers comme l'aire des vautours; les ponts pointus et étroits jetés hardiment sur les torrents; les villes fortifiées que l'on rencontrait à chaque pas, et dont les créneaux étaient à la fois des remparts et des ornements; les chapelles, les oratoires, les ermitages placés dans les lieux les plus pittoresques au bord des chemins et des eaux; les beffrois, les flèches des paroisses de campagne, les abbayes, les monastères, les cathédrales; tous ces édifices que nous ne voyons plus qu'en petit nombre et dont le temps a noirci, obstrué, brisé les dentelles; tous ces édifices avaient alors l'éclat de la jeunesse; ils sortaient des mains de l'ouvrier; l'œil, dans la blancheur de leurs pierres, ne perdait rien de la légèreté de leurs détails, de l'élégance de leurs réseaux, de la variété de leurs guillochis, de leurs gravures, de leurs ciselures, de leurs découpures, et de toutes les fantaisies d'une imagination libre et inépuisable.

Veut-on savoir à quel point la France était couverte de ces monuments? les treize volumes de la *Gallia christiana*, qui n'est pas achevée, donnent quinze cents abbayes ou fondations monastiques. Le pouillé général fournit un total de trente mille quatre cent dix-neuf cures, dix-huit mille cinq cent trente-sept chapelles, quatre cent vingt chapitres ayant églises, deux mille huit cent soixante-douze prieurés, neuf cent trente et une maladreries; et le pouillé est fort incomplet. Jacques Cœur comptait dix-sept cent mille clochers en France, et la *Satire Ménippée* reproduit le même calcul.

Ce n'est pas trop de donner un château, chastel, ou chastillon, par douze clochers. Tout seigneur qui possédait trois châtellenies et une *ville close* avait droit de justice : or on comptait en France soixante-dix mille fiefs ou arrière-fiefs, dont trois mille étaient titrés. (*Voyez* plus haut, pag. 201.) Une moyenne proportionnelle fournit, sur ces soixante-dix mille fiefs, sept mille justices hautes ou basses, et suppose par conséquent sept mille *villes closes* ou fortifiées; somme totale approximative des monuments (tant églises que chapelles, villes, châteaux, etc.), un million huit cent soixante-douze mille neuf cent vingt-six, sans parler des basiliques, des monastères renfermés dans les cités, des palais royaux et épiscopaux, des hôtels de ville, des halles publiques, des ponts, des fontaines, des amphithéâtres, aqueducs et temples romains encore existants dans le midi de la France. Voilà, certes, un sol bien autrement orné qu'il ne l'est aujourd'hui. L'architecture religieuse, civile et militaire gothique, pyramidait et attirait de loin les yeux; la moderne architecture civile, et la nouvelle architecture militaire appropriée aux nouvelles armes, ont tout rasé : nos monuments se sont abaissés et nivelés comme nos rangs.

Notre temps laissera-t-il des témoins aussi multipliés de son passage que le temps de nos pères? Qui bâtirait maintenant des églises et des palais dans tous les coins de la France? nous n'avons plus la royauté de race, l'aristocratie héréditaire, les grands corps civils et marchands, la grande propriété territoriale, et la foi qui a remué tant de pierres. Une liberté d'industrie et de raison ne peut élever que des bourses, des magasins, des manufactures, des bazars, des cafés, des guinguettes; dans les villes, des maisons économiques; dans les campagnes, des chaumières; et partout, de petits tombeaux. Dans cinq ou six siècles, lorsque la religion et la philosophie solderont leurs comptes, lorsqu'elles supputeront les jours qui leur auront appartenu, que l'une et l'autre dresseront le pouillé de leurs ruines, de quel côté sera la plus large part de vie écoulée, la plus grosse somme de souvenirs?

La population en mouvement autour des édifices du moyen âge est décrite dans les chroniques et peinte dans les vignettes; elle égalait presque la population d'aujourd'hui. J'estime, d'après des calculs dont je ne puis insérer les preuves dans une analyse, que la surface du sol français, tel qu'il existe maintenant, était couverte par vingt-cinq millions d'hommes : ce chiffre se déduit des rôles de l'impôt, de la levée des hommes d'armes, du recensement des habitants des villes, et du dénombrement des masses communales quand elles étaient appelées sous leurs bannières.

Le pays était riche et bien cultivé; c'est ce que démontrent l'immensité et la variété des taxes royales et seigneuriales que j'ai sommairement indiquées.

Lorsque Édouard III, après avoir rendu hommage à Philippe de Valois, retourna en Angleterre, « la reine Philippe de Hainaut le reçut, disent les chroniques, moult joyeusement, et lui demanda des nouvelles du roi Philippe son oncle et de son grand lignage de France : le roi son mari lui en recorda assez et du grand état qu'il avoit trouvé, et des honneurs qui estoient en France, auxquelles de faire, ni de l'entreprendre à faire, nul autre pays ne s'accomparaige. » Il est certain que la guerre, quand elle n'extermine pas totalement les peuples, les multiplie : elle influe sur les institutions plus que sur les hommes : la féodalité, qui dut sa naissance et son pouvoir à la guerre, fut renversée par elle sous le règne de Philippe de Valois, du roi Jean, de Charles V, de Charles VI et de Charles VII.

Les diverses classes de la société et les différentes provinces, dans le moyen âge, se distinguaient les unes par la forme des habits, les autres par des modes locales : les populations n'avaient pas cet aspect uniforme qu'une même manière de se vêtir donne à cette heure aux habitants de nos villes et de nos campagnes. La noblesse, les chevaliers, les magistrats, les évêques, le clergé séculier, les religieux de tous les ordres, les pèlerins, les pénitents gris, noirs et blancs, les ermites, les confréries, les corps de métiers, les bourgeois, les paysans, offraient une variété infinie des costumes; nous voyons encore quelque chose de cela en Italie. Sur ce point il s'en faut rapporter aux arts : que peut faire le peintre de notre vêtement étriqué, de notre petit chapeau rond et de notre chapeau à trois cornes?

Du douzième au quatorzième siècle, le paysan et l'homme du peuple portèrent la jaquette ou la casaque grise liée aux flancs par un ceinturon. Le sayon de peau ou le *péliçon*, dont est venu le surplis, était commun à tous les états. La pelisse fourrée et la robe longue orientale enveloppaient le chevalier quand il quittait son armure; les manches de cette robe couvraient les mains; elle ressemblait au cafetan turc d'aujourd'hui : la toque ornée de plumes, le capuchon ou chaperon, tenaient lieu du turban. De la robe ample on passa à l'habit étroit, puis on revint à la robe qui fut blasonnée sous Charles V. Les haut-de-chausses, si courts et si serrés qu'ils en étaient indécents, s'arrêtaient au milieu de la cuisse; les deux bas-de-chausses étaient dissemblables; on avait une jambe d'une couleur et une jambe de l'autre. Il en était de même du hoqueton mi-parti noir et blanc, et du chaperon mi-parti bleu et rouge. « Et si estoient leurs robes si estroites à vestir et à despouiller, qu'il semblait qu'on les écorchast. Les autres avoient leurs robes relevées sur les reins comme femmes : si avoient leurs chaperons decoupés menuement tout en tour. Et si avoient leurs chausses d'un drap et l'autre de l'autre. Et leur venoient leurs cornettes et leurs manches près de terre, et sembloient mieux estre jongleurs qu'autres gens. Et pour ce ne fut pas merveilles si Dieu voulut corriger les mefaits des François par son fleau. » L'étalage du luxe est odieux sans doute au milieu de la misère publique; mais le goût de la parure distingua notre nation alors même qu'elle était encore sauvage dans les bois de la Germanie. Un Français met ses plus beaux habits pour marcher à l'échafaud ou à l'ennemi comme pour aller à un festin; ce qui l'excuse, c'est qu'il ne tient pas plus à sa vie qu'à son vêtement.

Par-dessus la robe, dans les jours de cérémonie, on attachait un manteau tantôt court, tantôt long. Le manteau de Richard Ier était fait d'une étoffe à raies semé de globes et de demi-lunes d'argent, à l'imitation du système céleste. (WINISAUF.) Des colliers pendants servaient également de parure aux hommes et aux femmes.

Les souliers pointus et rembourrés à la *poulaine* furent longtemps en vogue. L'ouvrier en découpait le dessus comme des fenêtres d'église; ils étaient longs de deux pieds pour le noble, ornés à l'extrémité de cornes, de griffes ou de figures grotesques; ils s'allongèrent encore, de sorte qu'il devint impossible de marcher sans en relever la pointe et l'attacher au genou avec une chaîne d'or ou d'argent. Les évêques excommunièrent les souliers à la poulaine, et les traitèrent de *péché contre nature;* Charles V déclara qu'ils étaient *contre les bonnes mœurs, et inventés en dérision du Créateur.* En Angleterre, un acte du parlement défendit aux cordonniers de fabriquer des souliers ou des bottines dont la pointe excédât deux pouces. Les larges babouches carrées par le bout remplacèrent la chaussure à bec. Les modes variaient autant que de nos jours ; on connaissait le chevalier ou la dame qui le premier ou la première avait imaginé une *haligote* (mode) nouvelle : l'inventeur des souliers à la poulaine était le chevalier Robert le Cornu. (W. Malmesbury.)

Les gentilfames usaient sur la peau d'un linge très-fin ; elles étaient vêtues de tuniques montantes enveloppant la gorge, armoriées à droite de l'écu de leur mari, à gauche de celui de leur famille. Tantôt elles portaient leurs cheveux ras, lissés sur le front, et recouverts d'un petit bonnet entrelacé de rubans ; tantôt elles les bâtissaient en pyramide haute de trois pieds ; elles y suspendaient ou des barbettes, ou de longs voiles, ou des banderoles de soie tombant jusqu'à terre et voltigeant au gré du vent : au temps de la reine Isabeau, on fut obligé d'élever et d'élargir les portes pour donner passage aux coiffures des châtelaines. (Monstrelet.) Ces coiffures étaient soutenues par deux cornes recourbées, charpente de l'édifice : du haut de la corne, du côté droit, descendait un tissu léger que la jeune femme laissait flotter, ou qu'elle ramenait sur son sein comme une guimpe, en l'entortillant à son bras gauche. Une femme en plein *esbattement* étalait des colliers, des bracelets et des bagues ; à sa ceinture enrichie d'or, de perles et de pierres précieuses, s'attachait une escarcelle brodée : elle galopait sur un palefroi, portait un oiseau sur le poing, ou une canne à la main. « Quoi de plus ridicule, » dit Pétrarque dans une lettre adressée au pape en 1366, « que de voir les hommes le ventre sanglé ! en bas, de longs souliers pointus ; en haut, des toques chargées de plumes ; cheveux tressés allant de ci, de là, par derrière, comme la queue d'un animal, retapés sur le front avec des épingles à tête d'ivoire ! » Pierre de Blois ajoute qu'il était du bel usage de parler avec affectation. Et quelle langue parlait-on ainsi ? la langue de Wallace et du roman de Rou, de Villehardouin, de Joinville et de Froissard.

Le luxe des habits et des fêtes passait toute croyance ; nous sommes de mesquins personnages auprès de ces Barbares des treizième et quatorzième siècles. On vit dans un tournoi mille chevaliers vêtus d'une robe uniforme de soie nommée *cointise*, et le lendemain ils parurent avec un accoutrement nouveau aussi magnifique. (Mathieu Paris.) Un des habits de Richard II, roi d'Angleterre, lui coûta trente mille marcs d'argent. (Knygbton.) Jean Arundel avait cinquante-deux habits complets d'étoffe d'or. (*Hollingshed Chron.*)

Une autre fois, dans un autre tournoi, défilèrent d'abord un à un soixante superbes chevaux richement caparaçonnés, conduits chacun par un écuyer d'honneur et précédés de trompettes et de ménestriers ; vinrent ensuite soixante jeunes dames montées sur des palefrois, superbement vêtues, chacune menant en lesse, avec une chaîne d'argent, un chevalier armé de toutes pièces. La danse et la musique faisaient partie de ces *bandors* (réjouissances). Le roi, les prélats, les barons, les chevaliers, sautaient au son des vielles, des musettes et des *chiffonies*.

Aux fêtes de Noël arrivaient de grandes mascarades : l'infortuné Charles VI, déguisé en Sauvage et enveloppé dans un linceul imprégné de poix, pensa devenir victime d'une de ces folies ; quatre chevaliers masqués comme lui furent brûlés.

Les représentations théâtrales commençaient partout : en Angleterre, des marchands drapiers représentèrent la Création. Adam et Ève étaient tout nus. Des teinturiers jouèrent le Déluge : la femme de Noé, qui refusait d'entrer dans l'arche, donnait un soufflet à son mari. (*Histoire de la poésie anglaise*, WHARTON.)

La balle, le mail, le palet, les quilles, les dés, affolaient tous les esprits : il reste un compte d'Édouard II pour payer à son barbier une somme de cinq schellings, laquelle somme il avait empruntée de lui pour jouer à croix ou pile.

La chasse était le grand déduit de la noblesse : on citait des meutes de seize cents chiens. On sait que les Gaulois dressaient les chiens à la guerre et qu'ils les couronnaient de fleurs. On abandonnait aux roturiers l'usage des filets. Les chasses royales coûtaient autant que les tournois : une de ces chasses se lie tristement à notre histoire.

Le Prince Noir était descendu en Angleterre, menant avec lui le roi Jean son prisonnier. Édouard avait fait préparer à Londres une réception magnifique, telle qu'il l'eût ordonnée pour un potentat puissant qui le fût venu visiter. Lui-même, au milieu des princes de son sang, de ses grands barons, de ses chevaliers, de ses veneurs, de ses fauconniers, de ses pages, des officiers de sa couronne, des hérauts d'armes, des meneurs de destriers, se mit à la tête d'une chasse brillante dans une forêt qui se trouvait sur le chemin du roi captif.

Aussitôt que les piqueurs envoyés à la découverte lui annoncèrent l'approche de Jean, il s'avança vers lui à cheval, baissa son chaperon, et saluant son hôte malheureux : « Cher cousin, lui dit-il, soyez le bienvenu dans l'île d'Angleterre. » Jean baissa son chaperon à son tour, et rendit à Édouard son salut. « Le roi d'Angleterre, disent les chroniques, fit au roi de France moult grand honneur et révérence, l'invita au vol d'épervier, à chasser, à déduire et à prendre tous ses esbattements. » Jean refusa ces plaisirs avec gravité, mais avec courtoisie ; sur quoi Édouard, le saluant de nouveau, lui dit : « Adieu, beau cousin ! » Et faisant sonner du cor, il s'enfonça avec la chasse dans la forêt. Cette générosité un peu fastueuse ne consolait pas plus le roi Jean que l'humble petit cheval du prince de Galles; en faisant trop voir la prospérité d'un monarque, elle montrait trop la misère de l'autre.

Quant au repas, on l'annonçait au son du cor chez les nobles; cela s'appelait *corner l'eau*, parce qu'on se lavait les mains avant de se mettre à table. On dînait à neuf heures du matin, et l'on soupait à cinq heures du soir. On était assis sur des *banques* ou bancs, tantôt élevés, tantôt assez bas, et la table montait et descendait en proportion. Du banc est venu le mot *banquet*. Il y avait des tables d'or et d'argent ciselées; les tables de bois étaient couvertes de nappes doubles appelées *doubliers;* on les plissait comme *rivière ondoyante qu'un petit vent frais fait doucement soulever*. Les serviettes sont plus modernes. Les fourchettes, que ne connaissaient point les Romains, furent aussi inconnues des Français jusque vers la fin du quatorzième siècle; on ne les trouve que sous Charles V.

On mangeait à peu près tout ce que nous mangeons, et même avec des raffinements que nous ignorons aujourd'hui; la civilisation romaine n'avait point péri dans la cuisine. Parmi les mets recherchés je trouve le *dellegrout*, le *maupigyrnum*, le *karumpie*. Qu'était-ce? On servait des pâtisseries de formes obscènes, qu'on appelait de leurs propres noms. Les ecclésiastiques, les femmes et les jeunes filles rendaient ces grossièretés innocentes par une pudique ingénuité [1]. La langue était alors toute nue; les traductions de la Bible de ces temps sont aussi crues et plus indécentes que le texte. *L'instruction du chevalier Geoffroy Latour-Landry, gentilhomme angevin, à ses filles*, donne la mesure de la liberté des enseignements et des mots.

On usait en abondance de bière, de cidre et de vin de toutes les sortes. Il est fait mention du cidre sous la seconde race. Le clairet était du vin clarifié mêlé à des épiceries; l'hypocras, du vin adouci avec du miel. Un festin donné par un abbé, en 1340, réunit six mille convives devant trois mille plats.

Les repas royaux étaient mêlés d'intermèdes. Au banquet que Charles V offrit à l'empereur Charles IV, s'avança un vaisseau mû par des ressorts cachés : Godefroy de Bouillon se tenait sur le pont, entouré de ses chevaliers. Au vaisseau succéda la cité de Jérusalem avec ses tours chargées de Sarrasins; les chrétiens débarquèrent, plantèrent les échelles aux murailles, et la ville sainte fut emportée d'assaut.

---

[1] *Alias fingunt oblonga figura, alias spherica et orbiculari, alias triangula quadrangulaque; quædam ventricolæ sunt : quædam pudenda muliebria, aliæ virilia (si diis placet) repræsentant : adeo degeneravere boni mores ut etiam christianis obscœna et pudenda in cibis placeant. Sunt etenim quos. . . . . saccharatos appellitent.* (De Re cibaria; Jo. Bruyerino Campegio Lugdunensi auctore, lib. VI, cap. VII, pag. 402, prima editio. Lugduni, 1560.)

Froissard va nous faire encore mieux assister au repas d'un haut baron de son siècle.

« En cet état que je vous dis le comte de Foix vivoit. Et quand de sa chambre à minuit venoit pour souper en la salle, devant lui avoit douze torches allumées que douze varlets portoient, et icelles douze torches étoient tenues devant sa table, qui donnoient grand'clarté en la salle, laquelle salle étoit pleine de chevaliers et d'écuyers; et toujours étoient à foison tables dressées pour souper qui souper vouloit. Nul ne parloit à lui à sa table si il ne l'appelloit. Il mangeoit par coutume foison de volaille, et en spécial les ailes et les cuisses tant seulement, et guère aussi ne buvoit. Il prenoit en toute menestrandie (musique) grand ébattement, car bien s'y connoissoit. Il faisoit devant lui ses clercs volontiers chanter chansons, rondeaux et virelais. Il séoit à table environ deux heures, et aussi il véoit volontiers étranges entremets, et iceux vus, tantôt les faisoit envoyer par les tables des chevaliers et des écuyers.

« Brièvement et ce tout considéré et avisé, avant que je vinsse en sa cour, j'avois été en moult de cours de rois, de ducs, de princes, de comtes et de hautes dames; mais je n'en fus oncques en nulle qui mieux me plût, ni qui fût sur le fait d'armes plus réjouïe comme celle du comte de Foix étoit. On véoit en la salle et ès chambres et en la cour chevaliers et écuyers d'honneur aller et marcher, et d'armes et d'amour les oyoit-on parler. Toute honneur était là-dedans trouvée. Nouvelles de quel royaume ni de quel pays que ce fût là-dedans on y apprenoit; car de tous pays, pour la vaillance du seigneur, elles y appleuvoient et venoient. »

Ce comte, si célèbre par sa courtoisie, n'en avait pas moins tué de sa propre main son fils unique : « Le comte s'enfelonna (s'irrita), et, sans mot dire, il se partit de sa chambre et s'en vint vers la prison où son fils étoit; et tenoit à la male heure un petit long coutel, et dont il appareilloit ses ongles et nettoyoit. Il fit ouvrir l'huis de la prison et vint à son fils, et tenoit l'alemelle (lame) de son coutel par la pointe, que il n'y en avoit pas hors de ses doigts la longueur de l'épaisseur d'un gros tournois. Par mautalent (malheur), en boutant ce tant de pointe dans la gorge de son fils, il l'assena ne sçais en quelle veine, et lui dit : « Ha traitour (traître) ! pourquoi ne manges-tu point? » Et tantôt s'en partit le comte sans plus rien dire ni faire, et rentra en sa chambre. L'enfès (enfant) fut sang mué et effrayé de la venue de son père, avecques ce que il étoit faible de jeûner, et qu'il vit ou sentit la pointe du coutel qui le toucha à la gorge, comme petit fut en une veine, il se tourna d'autre part, et là mourut. »

Froissard est à la peine pour excuser le crime de son hôte, et ne réussit qu'à faire un tableau pathétique.

On avait été obligé de frapper la table de lois somptuaires : ces lois n'accordaient aux riches que deux services et deux sortes de viande, à l'exception des prélats et des barons, qui mangeaient de tout en toute liberté ; elles ne permettaient la viande aux négociants et aux artisans qu'à un seul repas ; pour les autres repas, ils se devaient sustenter de lait, de beurre et de légumes.

Le carême, d'une rigueur excessive, n'empêchait pas les réfections clandestines. Une femme avait assisté nu-pieds à une procession, et *faisoit la marmiteuse plus que dix. Au sortir de là, l'hypocrite alla disner avec son amant, d'un quartier d'agneau et d'un jambon. La senteur en vint jusqu'à la rue. On monta en haut. Elle fut prise, et condamnée à se promener par la ville avec son quartier à la broche sur l'épaule, et le jambon pendu au col.* (Brantôme.)

Les voyageurs trouvaient partout des hôtelleries. Chevauchant avec messire Espaing de Lyon, maître Jehan Froissard va d'auberge en auberge, s'enquérant de l'histoire des châteaux qu'il aperçoit le long de la route, et que lui raconte le bon chevalier son compagnon. « Et nous vînmes à Tarbes, et nous fûmes tout aises à l'hostel de l'Étoile, et y séjournâmes tout séjour ; car c'est une ville trop bien aisée pour séjourner chevaux : de bons foins, de bonnes avoines et de belles rivières... puis vînmes à Orthez. Le chevalier descendit à son hostel, et je descendis à l'hostel de la Lune. »

On rencontrait sur les chemins des basternes ou litières, des mules, des palefrois et des voitures à bœufs : les roues des charrettes étaient à l'antique.

Les chemins se distinguaient en chemins *péageaux* et en *sentiers* ; des lois en réglaient la largeur : le chemin péageau devait avoir quatorze pieds (Mss. Sainte-Palaye) ; les sentiers pouvaient être ombragés, mais il fallait élaguer les arbres le long des voies royales, excepté les *arbres d'abris*. (*Capitulaires.*) Le service des fiefs creusa cette multitude infinie de chemins de traverse dont nos campagnes sont sillonnées.

Les bains chauds étaient d'un usage commun, et portaient le nom d'étuves : les Romains nous avaient laissé cet usage, qui ne se perdit guère que sous la monarchie absolue, époque où la France devint sale. On criait dans les rues de Paris sous Philippe-Auguste :

> Seigneur, voulez-vous vous baigner ?
> Entrez donc sans délaïer ;
> Les bains sont chauds, c'est sans mentir.

C'était le temps du merveilleux en toute chose : l'aumônier, le moine, le pèlerin, le chevalier, le troubadour, avaient toujours à dire ou à chanter des aventures. Le soir, autour du foyer à bancs, on écoutait ou le roman de Lancelot du Lac, ou l'histoire lamentable du châtelain de Coucy, ou l'histoire moins triste de la reine Pédauque, « largement pattée, comme sont les oies, et comme jadis à Toulouse les portoit (les pattes) la reine Pédauque » (RABELAIS); ou l'histoire du *gobelin* Orton, grand nouvelliste qui venait dans le vent, et qui fut tué dans une grosse truie noire. (FROISSARD.)

La belle Mélusine était condamnée à être moitié serpent tous les samedis, et fée tous les autres jours, à moins qu'un chevalier ne consentît à l'épouser en renonçant à la voir le samedi. Raimondin, comte de Forez, ayant trouvé Mélusine dans un bois, en fit sa femme ; elle eut plusieurs enfants, entre autres un fils qui avait un œil rouge et un œil bleu : Mélusine bâtit le château de Lusignan. Mais enfin Raimondin s'étant mis en tête de voir sa femme un samedi, lorsqu'elle était demiserpent, elle s'envola par une fenêtre, et elle demeurera fée jusqu'au jour du jugement dernier. Lorsque le manoir de Lusignan change de maître, ou qu'il doit mourir quelqu'un de la famille seigneuriale, Mélusine paraît trois jours sur les tours du château, et pousse de grands cris. Tels étaient la Psyché du moyen âge et ce château de Lusignan, que Charles-Quint admira, et dont Brantôme déplore la ruine.

Avec ces contes on écoutait encore ou le sirvente du trouvère contre un chevalier félon, ou la vie d'un pieux personnage. Ces vies de saints, recueillies par les Bollandistes, n'étaient pas d'une imagination moins brillante que les relations profanes : incantations de sorciers, tours de lutins et de farfadets, courses de loups-garous, esclaves rachetés, attaques de brigands ; voyageurs sauvés, et qui, à cause de leur beauté, épousent les filles de leurs hôtes (*Saint Maxime*); lumières qui pendant la nuit révèlent au milieu des buissons le tombeau de quelque vierge; châteaux qui paraissent soudainement illuminés.(*Saints Viventius, Maur et Brista.*)

Saint Déicole s'était égaré ; il rencontre un berger et le prie de lui enseigner un gîte : « Je n'en connais pas, dit le berger, si ce n'est dans un lieu arrosé de fontaines, au domaine du puissant vassal Weissart. — Peux-tu m'y conduire ? » répondit le saint. « Je ne puis quitter mon troupeau, » répliqua le pâtre. Déicole fiche son bâton en terre ; et quand le pâtre revint, après avoir conduit le saint, il trouva son troupeau couché paisiblement autour du bâton miraculeux. Weissart, terrible châtelain, menace de faire mutiler Déicole ; mais Berthilde, femme de Weissart, a une grande vénération pour le prêtre de Dieu.

Déicole entre dans la forteresse ; les serfs empressés le veulent débarrasser de son manteau ; il les remercie, et suspend ce manteau à un rayon de soleil qui passait à travers la lucarne d'une tour. (Boll., tom. II, pag. 202.)

Chercher à dérouler avec méthode le tableau des mœurs de ce temps, serait à la fois tenter l'impossible, et mentir à la confusion de ces mœurs. Il faut jeter pêle-mêle toutes ces scènes telles qu'elles se succédaient sans ordre ou s'enchevêtraient dans une commune action, dans un même moment : il n'y avait d'unité que dans le mouvement général qui entraînait la société vers un perfectionnement éloigné, par la loi naturelle de l'existence humaine.

D'un côté la chevalerie, de l'autre le soulèvement des masses rustiques ; tous les déréglements de la vie dans le clergé et toute l'ardeur de la foi. Les *Galois* et *Galoises*, sorte de pénitents d'amour, se chauffaient l'été à de grands feux, et se couvraient de fourrures ; l'hiver ils ne portaient qu'une *cotte simple,* et ne mettaient dans leurs cheminées que des verdures. *Plusieurs transissoient de pur froid et mouroient tout roydes de lez leurs amyes, et aussi leurs amyes de lez eulx en parlant de leurs amourettes* [1]. Lors de la *Vaudoisie d'Arras,* les hommes et les femmes, retirés dans les bois, après avoir trouvé un certain démon, se livraient à une prostitution générale. Les turlupins pratiquaient les mêmes désordres.

Des moines libertins se veulent venger d'un évêque réformateur qui venait de mourir ; pendant la nuit ils tirent du cercueil le cadavre du prélat, le dépouillent de son linceul, le fouettent, et en sont quittes pour payer chaque année quarante sous d'amende. Les cordeliers avaient renoncé à *toute espèce de propriété* : le pain quotidien qu'ils mangeaient était-il une propriété ? Oui, disaient les religieux d'une autre robe ; donc le cordelier qui mange viole la constitution de son ordre ; donc il est en état de péché mortel, par la seule raison qu'il vit, et qu'il faut manger pour vivre. L'empereur et les Gibelins se déclarèrent pour les cordeliers, le pape et les Guelfes contre les cordeliers. De là une guerre de cent ans ; et le comte du Mans, qui fut depuis Philippe de Valois, passe les Alpes pour défendre l'Église contre les Visconti et les cordeliers [2].

On courait au bout du monde, et l'on osait à peine, dans le nord de la France, hasarder un voyage d'un monastère à un autre, tant la route de quelques lieues paraissait longue et périlleuse ! Des gyrovagues

---

[1] Latour, *Hist. du Poitou*; Sainte-Palaye, *Mém. sur l'anc. chev.*, V^e partie, dans les notes, pag. 387. — [2] *Spicil*, tom. I, p. 73 ; *Hist. des ouvr. des sav.*, an 1700, p. 72 ; *Lettre sur le péché imaginaire*, pag. 22 et suiv.

ou moines errants (pendant des chevaliers errants), cheminant à pied ou chevauchant sur une petite mule, prêchaient contre tous les scandales; ils se faisaient brûler vifs par les papes, auxquels ils reprochaient leurs désordres, et noyer par les princes, dont ils attaquaient la tyrannie. Des gentilshommes s'embusquaient sur les chemins et dévalisaient les passants, tandis que d'autres gentilshommes devenaient en Espagne, en Grèce, en Dalmatie, seigneurs des immortelles cités dont ils ignoraient l'histoire. Cours d'amour où l'on raisonnait d'après toutes les règles du scottisme, et dont des chanoines étaient membres; troubadours et ménestrels vaguant de châteaux en châteaux, déchirant les hommes dans des satires, louant les dames dans des ballades; bourgeois divisés en corps de métiers, célébrant des solennités patronales où les saints du paradis étaient mêlés aux divinités de la Fable; représentations théâtrales; fêtes des fous ou des cornards; messes sacriléges; soupes grasses mangées sur l'autel; l'*Ite missa est* répondu par trois braiements d'âne; barons et chevaliers s'engageant dans des repas mystérieux à porter la guerre dans un pays, faisant vœu sur un paon ou sur un héron d'accomplir des faits d'armes pour leurs mies; Juifs massacrés et se massacrant entre eux, conspirant avec les lépreux pour empoisonner les puits et les fontaines; tribunaux de toutes les sortes, condamnant, en vertu de toutes les espèces de lois, à toutes les sortes de supplices, des accusés de toutes les catégories, depuis l'hérésiarque écorché et brûlé vif, jusqu'aux adultères attachés nus l'un à l'autre et promenés au milieu du peuple; le juge prévaricateur substituant à l'homicide riche condamné un prisonnier innocent; des hommes de loi commençant cette magistrature qui rappela, au milieu d'un peuple léger et frivole, la gravité du sénat romain : pour dernière confusion, pour dernier contraste, la vieille société civilisée à la manière des anciens, se perpétuant dans les abbayes; les étudiants des universités faisant renaître les disputes philosophiques de la Grèce; le tumulte des écoles d'Athènes et d'Alexandrie se mêlant au bruit des tournois, des carrousels et des pas d'armes. Placez enfin, au-dessus et en dehors de cette société si agitée, un autre principe de mouvement, un tombeau, objet de toutes les tendresses, de tous les regrets, de toutes les espérances, qui attirait sans cesse au delà des mers les rois et les sujets, les vaillants et les coupables; les premiers pour chercher des ennemis, des royaumes, des aventures; les seconds pour accomplir des vœux, expier des crimes, apaiser des remords.

L'Orient, malgré le mauvais succès des croisades, resta longtemps pour les Français le pays de la religion et de la gloire; ils tournaient sans cesse les yeux vers ce beau soleil, vers ces palmes de l'Idumée, vers ces plaines de Rama où les infidèles se reposaient à l'ombre des oliviers plantés par Baudouin ; vers ces champs d'Ascalon qui gardaient encore les traces de Godefroi de Bouillon et de Tancrède, de Philippe-Auguste et de Coucy, de saint Louis et de Sargine ; vers cette Jérusalem un moment délivrée, puis retombée dans ses fers, et qui se montrait à eux comme à Jérémie, insultée des passants, noyée dans ses pleurs, privée de son peuple, assise dans la solitude.

Tels furent ces siècles d'imagination et de force qui marchaient avec tout cet attirail au milieu des événements historiques les plus variés, au milieu des hérésies, des schismes, des guerres féodales, civiles et étrangères ; ces siècles doublement favorables au génie ou par la solitude des cloîtres quand on la recherchait, ou par le monde le plus étrange et le plus divers quand on le préférait à la solitude. Pas un seul point de la France où il ne se passât quelque fait nouveau ; car chaque seigneurie laïque ou ecclésiastique était un petit État qui gravitait dans son orbite et avait ses phases : à dix lieues de distance les coutumes ne se ressemblaient plus. Cet ordre de choses, extrêmement nuisible à la civilisation générale, imprimait à l'esprit particulier un mouvement extraordinaire : aussi toutes les grandes découvertes appartiennent-elles à ces siècles. Jamais l'individu n'a tant vécu : le roi rêvait l'agrandissement de son empire ; le seigneur, la conquête du fief de son voisin ; le bourgeois, l'augmentation de ses priviléges ; le marchand, de nouvelles routes à son commerce. On ne connaissait le fond de rien ; on n'avait rien épuisé ; on avait foi à tout ; on était à l'entrée et comme au bord de toutes les espérances, de même qu'un voyageur sur une montagne attend le lever du jour dont il aperçoit l'aurore. On fouillait le passé ainsi que l'avenir ; on découvrait avec la même joie un vieux manuscrit et un nouveau monde ; on marchait à grands pas vers des destinées ignorées, mais dont on avait l'instinct, comme on a toute sa vie devant soi dans la jeunesse. L'enfance de ces siècles fut barbare, leur virilité, pleine de passion et d'énergie ; et ils ont laissé leur riche héritage aux âges civilisés qu'ils portèrent dans leur sein fécond

HISTOIRE DE FRANCE

PHILIPPE VI, DIT DE VALOIS.

De 1328 à 1350.

Jusqu'au règne de Philippe de Valois, les contentions entre la France et l'Angleterre n'avaient annoncé rien d'antipathique et de violent; mais sous ce règne elles devinrent une rivalité nationale, et cette rivalité divisa le monde : commencée sur la terre, elle s'y perpétua pendant deux siècles pour se prolonger ensuite sur la mer : la terre manqua aux Anglais et non la haine; ils continuèrent à gronder avec l'Océan contre ces rivages dont nous les avons rejetés.

Les deux peuples se séparèrent sans retour; les liens de parenté et de famille se brisèrent; l'Angleterre cessa d'être normande. Édouard III bannit des tribunaux la langue française; l'idiome dédaigné du Saxon vaincu fut adopté par les vainqueurs, en inimitié de leur ancienne patrie. Le caractère commerçant des insulaires se développa : leurs laines se convertissaient en trésors aux marchés de la Flandre : elles s'améliorèrent encore par les troupeaux que le duc de Lancastre tira de l'Espagne et du Portugal : elles devinrent l'aliment des subsides dont Édouard III avait besoin dans la guerre qu'il entretint contre nous. Heureusement la France n'est pas marchandise que l'on troque pour des sacs de laine : à tous les traités de partage du royaume de saint Louis, que le prince anglais fit avec son compère Artevelle, le brasseur de bière, il ne manqua que la signature de Duguesclin.

Le mal que fait un injuste ennemi profite à la nation opprimée, et c'est une belle loi de la Providence; les premiers symptômes de l'émancipation nationale éclatèrent dans les états réunis à Paris pendant la captivité du roi Jean; les *Grandes Compagnies* et la *Jacquerie* furent des fléaux qui ajoutèrent néanmoins force au droit. Partout où les hommes ressaisissent leur indépendance naturelle, cette indépendance, en reprenant ensuite le frein des lois, fait faire un pas à la liberté politique. Quand la pensée a été élargie de prison, ne fût-ce que pour un moment, elle en garde le souvenir; les idées une fois nées ne s'anéantissent plus ; elles peuvent être accablées sous les chaînes, mais, prisonnières immortelles, elles usent les liens de leur captivité.

A mesure que la liberté commune croissait, le pouvoir régulier croissait. La justice royale pénétrait dans les justices particulières ; les empiétements de la loi ecclésiastique s'arrêtèrent, et il lui fallut subir l'appel comme d'abus. La guerre nationale détruisit, par la composition des grandes armées, les guerres particulières : on pourrait presque dire que la poudre, en changeant la nature des armes, fit sauter en l'air le vieil édifice de la féodalité.

Mais tous ces progrès de la civilisation, toutes ces révolutions dans les esprits, dans les mœurs, dans les lois, ne s'opèrent que graduellement au milieu de tous les désastres. Il fallut que les Français reçussent les trois leçons de Crécy, de Poitiers et d'Azincourt, pour apprendre à délivrer leur patrie. Le règne de Philippe VI, dit de Valois, ouvre cette scène de notre histoire.

SOMMAIRE. — La veuve de Charles le Bel accouche d'une fille. — Une assemblée de prélats et de seigneurs adjuge la couronne à Philippe de Valois. — Examen des prétentions d'Édouard III à la couronne de France. — Premiers actes de l'administration de Philippe. — Recherches des financiers. — Jeanne de France, qui avait épousé Philippe, comte d'Évreux, est proclamée reine de Navarre. — La Champagne et la Brie sont abandonnées à Philippe en échange des comtés d'Angoulême et de Mortain, avec deux rentes assignées sur le trésor du roi et sur les domaines de la couronne. — Sacre du roi. — Philippe est surnommé *le Fortuné*. — Louis, comte de Flandre, vient rendre foi et hommage à Philippe et implorer son secours contre les communes de Flandre. — Guerre de Flandre. — Philippe va prendre l'oriflamme à Saint-Denis. — Couleurs nationales ; qu'elles n'ont pas toujours été les mêmes ; leur histoire ; que le blanc était la couleur des Anglais, et le rouge celle des Français jusqu'au règne de Philippe de Valois : à cette époque, Édouard III, prétendant à la couronne de France, prit les couleurs françaises, et les Français abandonnèrent ces couleurs lorsqu'ils les virent portées par les Anglais. — L'oriflamme n'était dans l'origine que la bannière de Saint-Denis : elle disparut sous Charles VII, et fut remplacée par la cornette blanche. — Victoire de Cassel. — Édouard est sommé de rendre hommage à Philippe, comme duc de Guyenne et comte de Ponthieu. — Il vient à Amiens et prête solennellement cet hommage. — Conflit entre les juridictions seigneuriales et ecclésiastiques. — Discours de Pierre de Cugnières. — Édouard confirme l'hommage qu'il avait rendu au roi à Amiens. — Projet de croisade. — Le pape songe à passer en Italie : le saint-siége à Avignon était un bien pour la France, un mal pour la chrétienté. — Le duc de Normandie, fils du roi, âgé de quatorze ans, épouse Bonne de Luxembourg, fille de Jean, roi de Bohême. — Le projet de croisade échoue. — Histoire du procès de Robert d'Artois, troisième du nom, et de Mahaud, comtesse d'Artois, sa tante. — Robert, convaincu d'avoir fait forger de faux titres et de s'en être servi, se retire auprès du duc de Brabant. — Il refuse de comparaître en cour de justice. — Le parlement le condamne à mort ; le roi commue la peine en un bannissement perpétuel. — Robert, déguisé en marchand, se réfugie en Angleterre. — David Bruce, roi d'Écosse, cherche un asile auprès de Philippe. — Communes de Flandre. — Jacques d'Artevelle. — Édouard, qui cherchait des torts à Philippe et qui méditait la guerre, intrigue avec Artevelle. — Les deux monarques cherchent des alliés de part et d'autre. — Vœu du héron.

FRAGMENTS.

VŒU DU HÉRON.

Quoique Édouard nourrît depuis longtemps le dessein d'attaquer la France, la grandeur de l'entreprise, les embarras intérieurs de son gouvernement l'effrayaient et l'arrêtaient. Peut-être même ne se fût-il jamais déterminé à prendre les armes, sans les sollicitations de Robert d'Artois, qui, retiré depuis deux ans en Angleterre, soufflait au cœur de l'ambitieux Édouard la haine dont lui, Robert, était dévoré : le banni se servit, pour déterminer son hôte, d'un moyen extraordinaire.

A cette époque de nos annales le roman est tellement mêlé à l'histoire, et l'histoire au roman, qu'on les peut à peine séparer : de jeunes bacheliers anglais paraissent à la cour du comte de Hainaut, un œil couvert de drap, « ayant voué entre dames de leur pays que jamais ils ne verroient que d'un œil jusqu'à ce qu'ils auroient fait aucunes prouesses de leur corps au royaume de France. » Messire Gauthier de Mauny avait dit « à aucuns de ses plus privés, qu'il avoit promis en Angleterre, devant les dames et seigneurs, qu'il seroit le premier qui entreroit en France, et qu'il y prendroit chastel ou forte ville, et y feroit aucunes apertises d'armes. » Souvent les barons et les chevaliers juraient par un saint ou par une dame, au pied d'un rempart ennemi, d'emporter ce rempart dans un certain nombre de jours, dût leur serment leur être funeste ou à leur patrie. Ces faits, attestés par toutes les chroniques, ne diffèrent point de ceux qu'on lit dans les romans ; ils rappellent aussi les serments que faisaient les Barbares du Nord, lorsqu'ils se condamnaient à porter une longue barbe ou un anneau de fer, jusqu'à ce qu'ils eussent tué un Romain. La querelle de l'Angleterre et de la France dans le quatorzième siècle ranima l'esprit chevaleresque ; les deux nations descendirent au champ clos, dont elles ne sont plus sorties. Comme les imaginations étaient remplies des chansons des troubadours et des aventures des croisades, les mœurs se teignirent de ces couleurs, et les reflétèrent. On sent partout, avec la chevalerie historique, l'imitation de la chevalerie romanesque à laquelle la vie de château, les chasses, les tournois, les croyances religieuses et les entreprises d'amour étaient d'ailleurs extrêmement favorables. Il y a tout à la fois quelque chose de vrai et de faux, de naturel et d'artificiel dans les mœurs de ces temps, que l'on doit, si l'on peut, saisir et peindre.

Sainte-Palaye regarde donc le vœu du héron comme un fait réel rimé ; alors on chantait encore l'histoire, comme jadis dans la Grèce : nous avons en vers *le Combat des Trente* et la première *Histoire de Duguesclin*. Au commencement de l'automne de l'année 1338, et, comme dit le poëte historien, « lorsque l'été va à desclin, que l'oiseau gai a perdu la voix, que les vignes sechent, que meurent les roses, que les arbres se despouillent, que les chemins se jonchent de feuilles, Esdouard estoit à Londres en son palais, environné de ducs, de comtes, de pages, de dames, de jeunes filles et de jeunes hommes ; il tenoit la teste inclinée en pensers d'amour. » Robert d'Artois, retiré en Angleterre, était allé à la chasse, *parce qu'il se souvenoit du très gentil pays de France dont il estoit banni.* Il portait un petit faucon qu'il avait nourri, *et tant vola le faucon par rivieres, qu'il prit un heron.* Robert retourne à Londres, fait rôtir le héron, le met entre deux plats d'argent, s'introduit dans la salle du festin du roi, suivi *de deux maistres de vielle,* d'un *quistreneus* (joueur de guitare), et *de deux pucelles, filles de deux marquis; elles chantoient accompagnées du son des vielles et de la guitare.* Robert s'écrie : « Ouvrez les rangs; laissez passer les preux que l'amour a surpris : Voici viande à preux, à ceux qui sont soumis à dames amoureuses qui tant ont beau visage..... Le heron est le plus couard des oiseaux; il a peur de son ombre. Je donnerai le heron à celui d'entre vous qui est le plus poltron; à mon avis c'est Esdouard, desherité du noble pays de la France, dont il estoit l'heritier legitime ; mais le cœur lui a failli, et pour sa lascheté il mourra privé de son royaume. » Édouard rugit de colère et de *maltalent,* le cœur lui frémit; il jure par le Dieu du paradis et par sa douce mère, qu'avant que six mois soient passés il défiera le roi de *Saint-Denis* (Philippe).

Robert *jetta un rire, et dit tout en basset : A present j'ai mon avis* (désir), *et par mon heron commencera grant guerre.*

Robert reprend le héron toujours entre les deux plats d'argent; il traverse la salle du banquet, suivi de deux ménestriers qui *vielloient doucement,* du joueur de guitare, et des deux damoiselles, qui chantaient ces paroles : « Je vais à la verdure, car Amour me l'apprend. » Robert présente le héron au comte de Salisbury, qui était assis *de lez amye* qui fut gentille et courtoise et de beau maintien; elle était fille du comte Derby, et Salisbury l'aimait loyalement. Robert prie le comte de Salisbury de jurer sur le héron. Salisbury répondit : « Pourrois-je tenir un vœu parfaitement? Je sers la dame la plus belle qui soit au firmament ; et si la vierge Marie étoit ici, mettant à part sa divinité, je ne saurois la distinguer de celle que j'aime. Je l'ai requise d'amour, mais elle se defend : elle me donne pourtant un gracieux espoir que j'aurai merci. Je prie qu'elle me preste un doigt de sa main, et qu'elle le mette sur mon œil droit. — Par ma foi, s'escria la dame, j'en presterai deux. Et lui ferma l'œil droit avec deux doigts. — Est-il bien clos, belle? dit le chevalier très gracieusement. — Oui, respond-elle. — A donc, s'escria de bouche et de cœur Salebrin, je veux et promets à Dieu tout-puissant, et à sa douce mère qui resplendit de beauté, que jamais cet œil ne sera ouvert ou par longueur de temps, ou par vent, douleur ou martyre, avant que je ne sois entré en France, que je n'y aie porté la flamme et combattu les gens de Philippe en aidant Esdouard. A présent adviennequ'advienne...... Et quand le quens Salebrin (le comte de Salisbury) eut fait son vœu, il demoura l'œil clos en la guerre. »

SOMMAIRE. — Édouard déclare qu'il va prendre les armes pour se faire rendre les terres saisies autrefois en Guyenne. — Philippe emploie les forces destinées pour la croisade à la défense de son royaume. — Premières hostilités d'une guerre qui devait durer cent vingt-six ans. — Trève. — Édouard, pressé par Artevelle, s'embarque à Douvres, arrive à Anvers, où les princes de sa confédération étaient assemblés. — Il achète de Louis de Bavière le titre de vicaire de l'empire. — Déclaration solennelle de guerre. — Exploits de Ganthier de Mauny. — Invasion de la Picardie. — Les deux armées se rencontrent à Vironfosse, et se séparent sans combattre. — Chevaliers du Lièvre. — Artevelle presse le roi d'Angleterre de prendre le titre de roi de France pour dégager la foi des Flamands. — Seconde campagne dans la Guyenne et dans le Hainaut. — Combat naval de l'Écluse. — La flotte française est détruite.

FRAGMENTS.

PERTE DES FRANÇAIS AU COMBAT NAVAL DE L'ÉCLUSE. GODEMAR DU FAY. CAUSES DES MÉPRISES DANS CES GUERRES DU QUATORZIÈME SIÈCLE.

Notre perte en hommes fut évaluée à trente mille matelots et soldats : les Génois seuls, au nombre de dix mille, demandèrent et obtinrent la vie. Des trois amiraux qui commandaient la flotte, deux moururent glorieusement.

Cette action navale sembla nous prédire l'avenir. Que de sang français a coulé sur les flots depuis cette bataille à l'embouchure de la Meuse jusqu'au combat livré dans les parages du Nil! L'Arabe, du milieu de ses sables; le Flamand, du bord de ses marais, ont contemplé nos derniers et nos premiers désastres, nos marins emportés dans des tourbillons de feu ou abîmés dans les eaux. Le caractère des peuples est quelquefois indépendant de leur sol et de leur position géographique; la France, flanquée de deux mers, n'a jamais su régner longtemps sur ces mers. Rome aussi, fille de la mer, ne dut point l'empire à Neptune. Nous n'avons eu de flottes redoutables qu'à de longs intervalles et pour un moment, sous Charlemagne, Louis XIV et Louis XVI. Vainqueurs dans les actions particulières où nos capitaines se battent comme dans une affaire d'honneur, nous succombons dans les actions générales où il faut obéissance et discipline : cet esprit d'insubordination et de jalousie, qui semble attaché à notre pavillon, éclate dès notre premier combat naval entre les amiraux chargés de s'opposer au passage d'Édouard. Nous n'avons point ou presque point participé à ces grandes découvertes qui ont changé la face du globe et les rapports des nations. Dans nos colonies, nous sommes devenus chasseurs, aventuriers, planteurs, jamais marins. Nous n'avons guère paru sur les flots qu'en chevaliers pour conquérir l'Angleterre et la Palestine, pour donner un monarque à Londres, un roi à Jérusalem, un empereur à Constantinople, un duc à Athènes, et un prince à cette Lacédémone que notre dernier triomphe maritime devait délivrer à Navarin. Si la Méditerranée paraît nous être plus soumise que l'Océan, c'est que cette mer qui baigne des rivages immortels semble nous être dévolue par le droit de notre gloire.

Personne, dans le premier moment, n'avait osé apprendre à Philippe la destruction de sa flotte; il n'en fut instruit que par un de ces misérables qui représentaient alors au pied du trône la liberté sous le travestissement de l'esclave; hommes qui se sauvaient du mépris par l'insolence, et à qui l'on permettait de tout dire, parce qu'ils pouvaient tout souffrir : le fou du roi apprit donc par une bouffonnerie la mort de trente mille Français. Philippe ne s'emporta point contre la mémoire de sujets aussi fidèles, et, remettant sa vie entre les mains de Dieu, il songea à la défense du royaume.

Il prévit qu'Édouard attaquerait Tournay. Cette place avait pour commandant Godemar du Fay, écuyer de Tournaisis ou gentilhomme de Bourgogne, que Philippe avait nommé *souverain capitaine* et *régent* de tout le pays dépendant de Douay, de Lille et de Tournay. C'était un officier brave et expérimenté, qui sauva alors la France pour la perdre au passage de Blanche-Taque; soit qu'il y ait un terme à la fidélité et à l'honneur, soit que les talents s'épuisent, soit que le héros devienne semblable au vulgaire des hommes quand il ne meurt pas au jour de sa renommée. Philippe augmenta la garnison de Tournay : il y *envoya droite fleur de chevalerie;* lui-même rassembla sous les murs d'Arras une brillante armée; il y eut beaucoup de petits faits d'armes et d'aventures. Des méprises déplorables advenaient souvent dans ces rencontres, entre des combattants dont les familles avaient des branches établies en France, dans la Grande-Bretagne et dans les Pays-Bas : tous ces ennemis étaient des Français. Les Anglais du quatorzième siècle parlaient notre langue, avaient les mêmes mœurs et la même religion que nous; ils n'étaient pas encore assez éloignés du temps de la conquête pour avoir oublié leur origine; ils se faisaient gloire d'être Normands, de retrouver sur notre sol leurs aînés. Les provinces que la couronne d'Édouard (lui-même fils d'une princesse de France) possédait en Guyenne et en Picardie, multipliaient ces liens des deux peuples; la haine que nos voisins insulaires ont conçue contre nous n'a commencé qu'avec ces guerres, véritables guerres civiles.

SOMMAIRE. — Cartel envoyé par Édouard à *Philippe de Valois*, et daté de *l'an premier de notre règne de France*. — Philippe le refuse comme roi, par écrit, et l'accepte verbalement comme chevalier. — Jeanne de Valois, sœur du roi de France, négocie une trêve ; elle est prolongée pendant deux ans. — Affaire de Bretagne. — Histoire de cette province. — Le comte de Montfort fait hommage du duché de Bretagne à Édouard. — La cour des pairs adjuge ce duché à Charles de Blois.

FRAGMENTS.

GUERRE DE BRETAGNE. LES BRETONS.

L'exécution de cet arrêt enveloppa le royaume dans les destinées d'une de ses provinces, ouvrit la France aux Anglais, et lui donna dans la personne de Duguesclin un libérateur.

La Bretagne, jusqu'alors peu connue dans notre histoire, formait, à l'extrémité occidentale de la France, un État différent du reste du royaume par le génie, les mœurs et la langue d'une partie de ses habitants. Cette longue presqu'île, d'un aspect sauvage, a quelque chose de singulier : dans ses étroites vallées, des rivières non navigables baignent des donjons en ruines, de vieilles abbayes, des huttes couvertes de chaume où les troupeaux vivent pêle-mêle avec les pâtres. Ces vallées sont séparées entre elles, ou par des forêts remplies de houx grands comme des chênes, ou par des bruyères semées de pierres druidiques autour desquelles plane l'oiseau marin, et paissent des vaches maigres avec de petites brebis. Un voyageur à pied peut cheminer plusieurs jours sans apercevoir autre chose que des landes, des grèves, et une mer qui blanchit contre une multitude d'écueils : région solitaire, triste, orageuse, enveloppée de brouillards, couverte de nuages, où le bruit des vents et des flots est éternel.

Il faut que ce pays et ses habitants aient frappé de tout temps l'imagination des hommes. Les Grecs et les Romains y placèrent les restes du culte des druides, l'île de Sayne et ses vierges, la barque qui passait en Albion les âmes des morts au milieu des tempêtes et des tourbillons de feu ; les Franks y trouvèrent Murman, et mirent Roland à la garde de ses *marches ;* enfin les romanciers du moyen âge en firent le pays des aventures, la patrie d'Artus, d'Yseult aux blanches mains, et de Tristan le Léonnois. Sur les bruyères et dans les vallées de la Bretagne, vous rencontrez quelques laboureurs couverts de peaux de chèvre, les cheveux longs, épars et hérissés ; ou vous voyez danser au pied d'une croix, au son d'une cornemuse, d'autres paysans portant l'habit gaulois, le sayon, la casaque bigarrée, les larges braies, et parlant la langue celtique.

D'une imagination vive, et néanmoins mélancolique ; d'une humeur aussi mobile que leur caractère est obstiné, les Bretons se distinguent par leur bravoure, leur franchise, leur fidélité, leur esprit d'indépendance, leur attachement pour la religion, leur amour pour leur pays. Fiers et susceptibles, sans ambition et peu faits pour les cours, ils ne sont avides ni d'honneurs ni de places. Ils aiment la gloire, pourvu qu'elle ne gêne en rien la simplicité de leurs habitudes; ils ne la recherchent qu'autant qu'elle consent à vivre à leur foyer comme un hôte obscur et complaisant qui partage les goûts de la famille. Dans les lettres, les Bretons ont montré de l'instruction, de l'esprit, de l'originalité, de la grâce, de la finesse; témoin Hardouin, Sévigné, Saint-Foix, Duclos. Ils ont donné à la France le plus grand peintre de mœurs après Molière, Le Sage; ils ont aujourd'hui l'abbé de Lamennais; dans les sciences, ils revendiquent Descartes; dans les armes, leurs guerriers ont quelque chose d'à part qui les distingue, au premier coup d'œil, des autres guerriers : sous Charles V, Duguesclin et ses compagnons, Clisson, Beaumanoir, Tinteniac; sous Charles VII, Tanneguy-Duchastel; sous Henri III, Lanoue, également respecté des ligueurs et des huguenots; sous Louis XIV, Duguay-Trouin; Sous Louis XVI, Lamotte-Piquet et du Coëdic; pendant la révolution, Charette, d'Elbée, Larochejacquelein et Moreau. Tous ces soldats eurent des traits de ressemblance; et, par un genre d'illustration peu commun, ils furent peut-être encore plus estimés de l'ennemi qu'admirés de leur patrie.

SOMMAIRE. — Prise de Rennes par Charles de Blois.

FRAGMENTS.

SIÉGE DE HENNEBON. — JEANNE, COMTESSE DE MONTFORT. — AVENTURE DE GAUTHIER DE MAUNY ET DE LA CERDA.

Charles de Blois, dans l'espoir de terminer promptement la guerre, après la reddition de Rennes, se hâta d'investir Hennebon, la plus forte place de la Bretagne, et où Jeanne, comme on l'a dit, s'était renfermée. Les assiégeants poussèrent vivement les attaques. La comtesse de Montfort, armée de pied en cap, chevauchait de rue en rue, animait, priait, gourmandait les soudoyers, ordonnait aux femmes de dépaver les cours et les passages, de porter les pierres aux créneaux, avec des pots de chaux vive, pour les jeter sur l'ennemi. Cependant le beffroi sonne. Guillaume Cadoudal, qui s'était retiré à Hennebon après la prise de Rennes; Yves de Tréziguidy, le sire de Landremans, le châtelain de Guingamp, les deux frères de Guerich, Henri et Olivier de Spinefort, soutiennent les efforts des assaillants. La comtesse monte au haut d'un donjon pour surveiller le combat : elle s'aperçoit que le camp de Charles est désert; que seigneurs, chevaliers, communiers, étaient tous à l'assaut. Elle descend de la tour, s'élance sur son palefroi, sort par une poterne éloignée avec trois cents lances, et vient mettre le feu aux tentes des ennemis. Ceux-ci, apercevant derrière eux les tourbillons de flammes et de fumée, abandonnent l'escalade et accourent pour éteindre les flammes. La nouvelle Clorinde veut regagner la forteresse; mais la voie, au retour, lui est fermée : elle pousse son cheval sur le chemin d'Aurai, tenant à la main l'épée et le flambeau, instruments de la victoire. Louis d'Espagne la poursuit sans pouvoir l'atteindre. Recueillie dans les murs d'Aurai, Jeanne rassemble cinq ou six cents aventuriers : on la croyait perdue à Hennebon, quand le cinquième jour, au soleil levant, elle reparaît sous les remparts. Elle heurte avec son escadron à la porte d'une des tours, qu'on lui ouvre; elle rentre dans la ville assiégée, bannières au vent, trompettes sonnantes, à la confusion des soldats émerveillés.

Charles de Blois divise alors son armée : avec le duc de Bourbon et Robert Bertrand, maréchal de France, il court assiéger Aurai, laissant Louis d'Espagne avec le vicomte de Rohan devant Hennebon.

Louis, de la maison de la Cerda, brave Espagnol qui combattit pour la France sur terre et sur mer, fit venir douze machines de guerre, et commença à battre les murailles du château. Les habitants et les soudoyers s'épouvantèrent et demandèrent à capituler. L'évêque de Léon, renfermé dans la ville, appela son neveu Henri de Léon, qui, après avoir trahi Montfort, servait dans l'armée du comte de Blois; ils convinrent de la reddition de la place. En vain la comtesse de Montfort conjurait les assiégés d'attendre, leur promettant qu'avant trois jours ils recevraient le secours d'Angleterre, espérance qu'elle-même n'avait pas. Elle passa la nuit dans l'inquiétude et les larmes : elle voyait perdu le fruit de son courage et de ses sacrifices, son mari prisonnier, son fils dépouillé, errant, fugitif; elle se voyait elle-même livrée à son ennemi, et recevant des fers des mains de celui à qui elle avait disputé la souveraineté de la Bretagne. Le lendemain l'évêque de Léon fit dire à Henri, son neveu, de s'approcher des portes. Déjà celui-ci s'avançait pour recevoir la ville au nom de Charles de Blois, lorsque Jeanne, qui regardait la mer par une fenêtre grillée du château, s'écria dans un transport de joie : « Voilà le secours! » Deux fois elle jette le même cri. On monte aux créneaux, aux donjons, au beffroi; tous les yeux se tournent vers la mer : elle était couverte d'une multitude de grands et de petits vaisseaux qui entraient dans le port à pleines voiles. Le miraculeux secours plonge d'abord la foule dans le silence de l'étonnement ; puis elle le salue des plus vives clameurs. L'accommodement est rompu ; l'évêque de Léon seul se retire auprès de Charles de Blois ; Mauny débarque avec son armée.

La comtesse fait tapisser des chambres et des salles, et préparer un festin à ses hôtes. Elle descend du château, *s'avance au-devant d'eux à joyeuse chère, et vient baiser messire Gauthier de Mauny et ses compagnons les uns après les autres, deux fois ou trois, comme vaillante dame.* Cependant Louis d'Espagne ordonne de redoubler l'attaque : durant toute la nuit qui suivit l'arrivée des Anglais, il frappa les murs avec les plus fortes machines, tandis qu'au dedans on n'entendait que le bruit de la fête. Le surlendemain Mauny fit une sortie, brisa les engins, et incendia une partie du camp français. L'armée s'ébranla pour le repousser. Quand Mauny vit venir la chevauchée, « que jamais, s'écria-t-il, je ne sois baisé de dame, ni de douce amie, si jamais je rentre en chastel ou forteresse, jusqu'à tant que j'aie renversé un de ces venants ! » Embrassant sa targe, il se précipite l'épée au poing sur les hommes d'armes de la Cerda, les charge, les met en fuite, *en fait verser plusieurs les jambes contremont,* et rentre dans la forteresse après avoir accompli son vœu de chevalier.

Louis d'Espagne, n'espérant plus pouvoir emporter Hennebon, leva le siège, rejoignit Charles de Blois devant Aurai, et s'empara ensuite de Dinan et de Guérande. Après avoir saccagé cette dernière ville, il monte sur quelques vaisseaux marchands qu'il trouve dans le port et ravage les côtes de la Basse-Bretagne. Descendu auprès de Quimperlé, il s'avance dans les terres. Mauny accourt, forme trois corps de ses troupes, et marche sur les pas de Louis. Inférieur en forces, Louis veut retourner au rivage, et rencontre le premier corps des Anglais qu'il défait ; mais, environné par les deux autres corps et par des paysans bretons qui l'assaillent à coups de fronde, il est blessé. Il se débarrasse de la foule, laissant sur la place un neveu qu'il aimait tendrement, et la plupart de ses soldats. Arrivé presque seul au bord de la mer, il trouve sa flotte entre les mains des archers de Mauny. Il se jette dans une barque avec quelques compagnons. Mauny le suit sur la mer, toujours près de le saisir, ne le pouvant jamais atteindre. Louis s'échoue au port de Redon, saute à terre, emprunte de petits chevaux, et fuit de nouveau. A peine est-il débarqué que Mauny survient et se met à sa poursuite. La Cerda se sauve enfin dans les murs de Rennes avec la réputation d'un des meilleurs généraux et un des plus aventureux chevaliers de ce siècle.

Mauny regagna ses vaisseaux pour retourner à Hennebon ; les vents contraires le forcèrent à faire côte aux environs de la Roche-Prion : « Seigneurs, dit-il à ses amis, tout travaillé que je suis, j'irois volontiers assaillir ce fort chastel, si j'avois compagnie. » Les chevaliers répondirent : « Sire, allez-y hardiment, et nous vous suivrons jusqu'à la mort. » Gérard de Maulain, qui défendait la place, soutient l'assaut : il blesse grièvement Jean le Bouteiller et Matthieu Dufresnoy qui avaient eu le plus de part à l'affaire de Quimperlé.

Or Gérard de Maulain avait un frère, René de Maulain, capitaine d'un autre petit fort, appelé *Favet*, à une lieue de là : René ayant appris ce qui se passait à la Roche-Prion, se met en campagne avec quarante hommes pour secourir son frère, rencontre les chevaliers blessés, les enlève, et court les renfermer dans son donjon. Mauny quitte l'assaut pour aller à la *rescousse ;* brûlant de délivrer Bouteiller et Dufresnoy, il essaye d'emporter le fort de Favet : nouveau siége, nouveau combat. Gérard de Maulain sort à son tour de la Roche-Prion, et vient rendre à son frère le service qu'il avait reçu. Mauny craint d'être enveloppé, abandonne Favet, et commence sa retraite. Chemin faisant, il aperçoit un autre castel au milieu d'une forêt. L'infatigable chevalier l'attaque, l'emporte, et va retrouver dans Hennebon la comtesse de Montfort, qui le *festoya, baisa* et *accola* de grand courage.

Cependant Charles de Blois avait pris Aurai, Vannes et Carhaix : il assiége de nouveau dans Hennebon sa rivale. La place avait été fortifiée. Les habitants se moquaient des machines qui d'abord leur avaient fait tant de peur : à chaque pierre qui partait des balistes, ils essuyaient en *gabant* sur les créneaux l'endroit où le coup avait porté. Ils criaient du haut des murs aux assaillants : « Allez chercher vos compagnons qui reposent aux champs de Quimperlé. »

Ces railleries rendaient furieux la Cerda, qui, non encore guéri de ses blessures, avait rejoint Charles de Blois. Louis était Espagnol ; ses ressentiments étaient terribles ; il regrettait amèrement le neveu qu'il avait perdu à Quimperlé : résolu de se venger, il prie Charles de Blois, pour seule récompense de ses services, de lui accorder ce qu'il lui demanderait. Du caractère le plus humain, d'une vertu si éminente qu'il fut honoré comme un saint après sa mort, Charles n'aimant pas la guerre, quoique né intrépide, poussé seulement aux combats par l'ambition de sa femme, Charles ne pouvait deviner le *guerdon* que Louis allait requérir : il lui donne imprudemment sa parole devant une foule de seigneurs.

Alors Louis d'Espagne lui dit : « Je vous prie que vous fassiez ici tantost venir les deux chevaliers qui sont en vostre prison du chastel

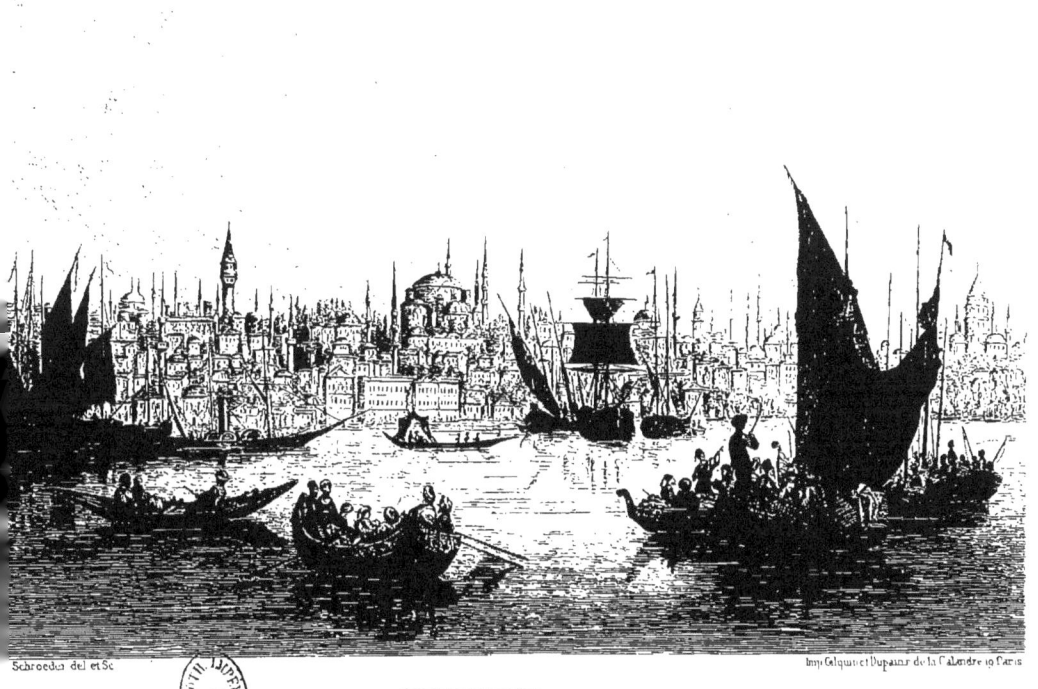

CONSTANTINOPLE
Vue du Bosphore
(Turquie)

de Favet ; c'est à savoir messire Jean le Bouteiller et messire Hubert Dufresnoy, et me les donniez pour en faire ma volonté. C'est le don que je vous demande. Ils m'ont chassé, deconfit et blessé. Ils ont occis monseigneur Alphonse, mon neveu. Si ne m'en sais autrement venger, fors que je leur ferai les testes couper devant leurs compagnons qui céans sont renfermés. »

« Messire Charles, qui de ce fut moult esbahy, lui dit : « Certes, les prisonniers vous donnerai volontiers, puisque demandez les avez ; mais ce seroit grand' cruauté et blasme à vous si vous faisiez deux si vaillants hommes mourir, et auroient nos ennemis cause de faire ainsi aux nostres, quand tenir les pourroient ; car nous ne savons ce qui peut nous advenir de jour en jour. Pourquoi, cher sire et beau cousin, je vous prie, que vous veuilliez estre mieux advisé. »

Louis déclara que si Charles ne tenait pas sa parole il quitterait à l'instant son service. La parole d'un chevalier était inviolable, et Charles, désespéré, fut obligé d'envoyer chercher les deux prisonniers. Il se les fit amener dans sa tente, et chercha encore, mais vainement, à détourner Louis de son dessein.

La nouvelle de ce qui se préparait dans le camp français parvint aux assiégés : Mauny fut saisi de douleur. Il assemble aussitôt un conseil ; les chevaliers délibèrent ; ils proposent une chose et puis une autre ; ils ne savent quel parti prendre pour sauver Bouteiller et Dufresnoy. Gauthier parle le dernier : « Compagnons, dit-il, ce seroit grand honneur à nous si nous pouvions delivrer nos frères d'armes. Si nous tentons l'aventure et que nous y succombions, le roi Édouard nous en louera, et ainsi feront tous pruds hommes qui pourront à l'avenir entendre parler de nous. Faisons donc notre devoir, chers seigneurs. On peut bien exposer sa vie pour sauver celle de si vaillants chevaliers. » Alors Mauny explique le projet qu'il a conçu. Tous jurent de l'exécuter.

Il fut résolu qu'une partie de la garnison, commandée par Amaury de Clisson, attaquerait de front le camp des Français, tandis que Mauny avec une troupe d'hommes choisis, pénétrant par derrière jusqu'aux tentes du duc de Bretagne, enlèverait Bouteiller et Dufresnoy. On prend les armes. Clisson fait ouvrir la principale porte de la ville avec grands cris et bruits de trompettes, et fond sur les assiégeants : ceux-ci appellent au secours ; les Français se portent au lieu du combat. Cependant Mauny, sorti par une issue secrète, fait le tour du camp et parvient aux pavillons de Charles de Blois ; quelques valets, qui les gardaient, prennent la fuite. Mauny fouille les tentes, et trouve les prisonniers : il les fait monter sur de vigoureux destriers amenés exprès, s'éloigne à toute bride, rentre dans Hennebon après avoir mis fin à une des plus nobles et des plus touchantes aventures dont l'amitié, l'honneur et la chevalerie aient conservé la mémoire. On crut que Charles de Blois avait prêté les mains à l'enlèvement de Bouteiller et de Dufresnoy ; car on soupçonne la vertu d'avoir commis une bonne action, aussi facilement qu'on accuse le vice de s'être rendu coupable d'un crime.

SOMMAIRE. — La comtesse de Montfort envoie des ambassadeurs solliciter de nouveaux secours en Angleterre. Ils trouvent Édouard occupé de la guerre d'Écosse. — Caractère et mœurs des Écossais. — Robert d'Artois descend en Bretagne avec la comtesse de Montfort. — Il est blessé dans la ville de Vannes qu'il avait prise, et vient mourir à Londres. — Descente d'Édouard sur les côtes du Morbihan. — Suspension d'armes convertie en trève. — Trève prolongée pour trois ans, et rompue presque aussitôt. — Tournoi à l'occasion du mariage du second fils de Philippe de Valois. — Clisson et dix autres chevaliers bretons sont arrêtés sur soupçon de trahison, et mis à mort.

FRAGMENTS.

AMOURS D'ÉDOUARD III ET DE LA COMTESSE DE SALISBURY

On n'avait point encore vu le sang de la noblesse couler sur l'échafaud, sang que Louis XI et le cardinal de Richelieu répandirent depuis largement. Les gentilshommes, qui composaient alors comme cavaliers la force de l'armée, ressentirent pour Philippe un éloignement que son adversité seule put vaincre : à Crécy ils oublièrent l'affront fait à leur corps, ne virent que l'honneur et leur roi malheureux : s'ils ne vainquirent pas, ils moururent. Philippe, appliquant la loi comme grand juge sans expliquer ses motifs, parut un tyran, tandis qu'il n'était, dans la législation du temps, qu'un prince sévère. Aujourd'hui les tribunaux peuvent seuls ôter la vie aux coupables, et dans les causes criminelles un roi de France ne s'est réservé que le droit de pardonner.

Un mari outragé fut, comme autrefois dans Rome, l'occasion d'un événement tragique. Le roi d'Angleterre avait marié Guillaume de Montagu, qui fut depuis comte de Salisbury, à Catherine ou Alix, fille de lord Granfton, une des plus belles femmes de son siècle. Il paraît qu'Édouard fut dès lors frappé de la beauté d'Alix, si l'on en juge par le début du poëme du *Vœu du héron*. Édouard *ne pensoit point aux combats, mais en pensers d'amours il tenoit le chef enclin*. Les soins de la guerre occupèrent bientôt Édouard : sa passion naissante s'était presque éteinte, lorsqu'un événement la réveilla.

Les Écossais avaient envahi le nord de l'Angleterre. Des chevaliers de Suède et de Norvége, les petits princes des Hébrides et des Orcades, les highlanders conduits par le roi David Bruce, avaient ravagé le plat pays, insulté Newcastle, et emporté Durham d'assaut.

Édouard, averti de ces dévastations par Jean de Neville, qui s'était échappé de Newcastle, ordonne à tous ses vassaux, depuis l'âge de quinze ans jusqu'à celui de soixante, de prendre les armes, et de venir le trouver sur les frontières du Yorkshire. Après le sac de Durham, David avait marché le long de la rivière de Thyn, vers le pays de Galles, et s'était avoisiné du château de Salisbury. Ce château avait été donné à Montagu, alors prisonnier en France, en récompense de ses services. La châtelaine, sa femme, se trouvait enfermée dans le manoir, où commandait Guillaume de Montagu, son neveu.

Les Écossais, ayant passé une nuit au pied du donjon, décampèrent le lendemain sans l'attaquer; mais le jeune Montagu sortit avec quarante cavaliers, tomba sur l'arrière-garde des ennemis, tua et blessa plus de deux cents hommes, se saisit de six-vingts chevaux, chargés du butin fait à Durham, et les conduisit dans ses tours dont il referma les portes. L'armée d'Écosse revient sur ses pas; le château est escaladé; les assiégés repoussent les assiégeants. La nuit approchant, David ordonne de suspendre l'assaut jusqu'au retour du soleil, et de se loger aux environs. « Lors pouvoit-on voir appareiller et fremir et querir piece de terre pour loger, les assaillants retraire, les navrés rapporter et rappareiller, et les morts rassembler. » Le lendemain, nouvelle attaque plus furieuse que celle de la veille. « Là estoit la comtesse de Salisbury, qu'on tenoit pour la plus belle dame et la plus sage du royaume d'Angleterre. Icelle comtesse reconfortoit moult ceux du dedans, et par le regard d'une telle dame et de son doux admonestement, un homme doit bien valoir deux au besoin. » Le second assaut n'eut pas plus de succès que le premier. Les Écossais se retirèrent au tomber du jour, résolus de faire un nouvel effort au lever de l'aube.

Cependant les assiégés, dans les plus vives alarmes, accablés de fatigues et de blessures, craignaient d'être emportés au dernier assaut. Montagu assemble ses chevaliers pour prendre conseil; il savait, par la déclaration de quelques prisonniers, qu'Édouard était arrivé à Warwick; il aurait désiré l'instruire de l'extrémité où il était réduit; mais comment sortir du château? Les passages étaient soigneusement gardés. D'ailleurs tous les chevaliers voulaient rester pour défendre Alix, et, quand ils la regardaient baignée de larmes, aucun d'eux ne se pouvait résoudre à l'abandonner.

Le jeune châtelain dit à ses compagnons : « Seigneurs, je vois bien votre loyauté et bonne volonté. Je veux, pour l'amour de madame et de vous mettre mon corps en aventure, et faire moi-même le message. De cette parole furent madame la comtesse et ses compagnons moult joyeux. »

Montagu, ayant fait ses préparatifs, sortit seul au milieu de la nuit dans le plus grand silence; une pluie abondante qui survint le favorisa ; il passa au travers des gardes ennemies sans être aperçu. Il était déjà assez loin, lorsqu'au jour naissant il rencontra deux Écossais qui conduisaient deux bœufs et une vache ; il tua les bœufs et blessa les deux soldats : « Allez, dit-il, apprendre à votre roi que Guillaume de Montagu a traversé son camp, et qu'il va chercher à Warwick le roi d'Angleterre. » Bruce, ne jugeant pas à propos d'attendre Édouard, leva le siége et se retira.

Édouard arriva à midi à l'endroit même d'où les Écossais étaient partis quelques heures auparavant : pressé peut-être par une passion mal éteinte, il avait fait une extrême diligence, afin de secourir la noble dame, qu'il n'avait pas vue depuis qu'elle s'était mariée au comte de Salisbury.

Sitôt qu'Alix ouït la venue du roi, elle fit ouvrir toutes les portes du château, et « s'avança hors tant richement vestue, que chacun s'en esmervelloit. Et ne se pouvoit-on lasser de la regarder, et remirer sa grande noblesse avec la grande beauté et le gracieux parler et maintien qu'elle avoit. Quand elle fut venue au roi, elle s'inclina jusqu'à terre en le regraciant de son secours, et l'emmena au chastel pour le festoyer et l'honorer. Le roi ne se pouvoit tenir de la regarder, et bien lui estoit advis qu'oncques n'avoit vu si noble, si frisque, ni si belle dame. Si le blessa tantost une étincelle de fine amour au cœur, qui lui dura par longtemps. Rentrèrent au chasteau main à main, et le mena la dame premièrement en la salle, et puis en sa chambre, qui estoit si noblement parée qu'il appartenoit à telle dame. Et tousjours regardoit le roi la gentille dame si fort, qu'elle en devenoit toute honteuse. Quand il l'eut grande piece regardée, il s'en alla à une fenestre pour s'appuyer, et commença fort à penser. »

La comtesse, ayant tout ordonné pour une fête, revint auprès du roi, qu'elle trouva plongé dans la même rêverie ; elle attribua cette tristesse au déplaisir qu'il sentait d'avoir manqué l'ennemi, et chercha à le consoler. « Ah! chère dame, dit Édouard, autre chose me touche et me gist au cœur. Le doux maintien, le parfait sens, la grace, la grande noblesse et la beauté que j'ai trouvées en vous, m'ont si fort surpris, qu'il convient que je sois de vous aimé. » Lors dit la dame : « Ha ! cher sire, ne me veuillez mie moquer ni tenter. Je ne pourrois croire que si noble et gentil prince comme vous estes eust pensé à deshonorer moi et mon mari, qui est si vaillant chevalier, qui tant vous a servi, et gist pour vous en prison. » Le banquet servi, le roi, après avoir lavé, s'assit à table entre ses chevaliers, dîna peu, et demeura toujours pensif. Après le repas il se retira à l'appartement qu'on lui avait préparé. Il demeura toute la nuit en grand trouble : tantôt il lui semblait odieux de chercher à tromper un gentilhomme qui l'avait servi avec tant de fidélité; *tantost amour le contraignoit si fort, qu'il surmontoit honneur et loyauté.* Le lendemain il dit adieu à la comtesse, la conjurant de ne pas prendre de résolution contre lui; elle, le suppliant d'abandonner ses desseins.

Peu de temps après, le comte de Salisbury, échangé contre le comte de Moray, Écossais, revint en Angleterre. Il était tranquille, car il ignorait la passion du roi, qui n'avait pas encore éclaté. De retour à Londres, Édouard fit publier un tournoi dans l'espoir d'y attirer la comtesse. Il commanda au comte d'amener sa femme à la cour, et le comte promit d'obéir. « Si avez bien entendu, dit l'historien qui nous raconte si agréablement cette aventure, comment le roi d'Angleterre avoit si ardemment aimé et par amour la belle et noble dame, madame Alix, comtesse de Salisbury. Amour l'admonestoit nuit et jour, et tellement lui representoit la beauté et le frisque arroi d'elle, qu'il ne s'en savoit conseiller et n'y faisoit que penser toujours. » La châtelaine, invitée à se rendre au tournoi, n'osa refuser, dans la crainte de donner à son mari quelque soupçon des desseins du roi. Les fêtes durèrent quinze jours : on y vit briller le roi d'Angleterre lui-même; Guillaume II, comte de Hainaut; Jean de Hainaut son oncle; Robert d'Artois, les comtes Derby, de Salisbury, de Glocester, de Warwick, de Cornouailles et de Suffolk, et un grand nombre de chevaliers. Joutes, castilles, pas d'armes, danses de toute espèce, surpassèrent ce qu'on avait vu jusqu'alors. Malheureusement Jean, fils aîné du comte de Beaumont, fut tué dans un dernier combat à la barrière. Alix parut vêtue d'une simple robe au milieu des dames chargées d'atours; elle n'en était que plus belle; et, en voulant éteindre, par cette modestie, l'amour du monarque, elle l'enflamma.

On croit que ce fut à l'une des danses de ces fêtes qu'Alix laissa tomber le ruban bleu qui rattachait une espèce d'élégant bas-dechausses qu'on portait alors. Édouard le releva avec vivacité; les courtisans sourirent; le roi se retourna vers eux en disant : *Honni soit qui mal y pense.* Quelques années après le roi fit réparer le château de Windsor, « que le roi Artus fit jadis faire et fonder, là où premièrement fut commencée la noble table ronde dont tant de vaillants hommes et chevaliers sortirent, et travaillerent en armes et en prouesses par tout le monde. » L'esprit romanesque et l'ignorance des temps donnant crédit à ces fables, Windsor sembla propre à devenir le chef-lieu de l'établissement de l'ordre qu'Édouard voulait créer en témoignage de sa passion; il fit bâtir une chapelle dédiée à saint Georges, et institua l'*Ordre de la Jarretière*, qui parut aux chevaliers *une chose moult ho-*

norable, et où tout amour se nourriroit : il est resté un des cinq grands ordres de l'Europe. Le monument fragile de la galanterie d'un roi d'Angleterre a résisté à toutes les tempêtes qui ont ébranlé le trône britannique. Cromwell fut un moment tenté de vendre ce qu'il est aujourd'hui pour l'honneur de porter un cordon emprunté au genou d'une femme. Qu'est-ce donc que les choses les plus graves de l'histoire, foi des autels, sainteté des mœurs, dignité de l'homme, indépendance, civilisation même, si elles doivent passer plus promptement que les statuts de la vanité et les chartes d'un caprice? L'antiquité ignora les femmes dans les fastes des nations, si ce n'est comme épouses, mères et filles; elle mêla peu la société à des faiblesses que le christianisme s'efforçait d'avertir de ses leçons; l'antiquité ignora de même ces domesticités décorées de l'aristocratie du moyen âge, et nous les voyons expirer par le retour des peuples à la liberté.

Édouard a été accusé de n'avoir vaincu Alix que par la violence : quoi qu'il en soit, le comte de Salisbury crut Alix coupable. Clisson et les seigneurs bretons décapités avaient pris des engagements secrets avec la comtesse de Montfort et le roi d'Angleterre. En témoignage de leur foi, ils avaient envoyé leurs sceaux à Édouard, qui les donna en garde au comte de Salisbury. Le comte, profitant de l'occasion pour se venger du séducteur ou du ravisseur de sa femme, montra les sceaux à Philippe, et Philippe fit trancher la tête aux traîtres.

La preuve la plus frappante de l'infidélité des seigneurs bretons, c'est le ressentiment qu'Édouard témoigna de leur supplice. Si Clisson avait toujours été ferme dans le parti du comte de Blois et de la France, pourquoi Édouard aurait-il été ému dans sa mort? Il écrivit au pape pour s'en plaindre, qualifiant les condamnés de *nobles attachés* à sa personne. Il prétendit punir par une guerre inique une sentence arbitraire; il se déclara le vengeur de ceux dont il n'était pas le roi, le réparateur d'un tort dont il n'était pas le juge.

SOMMAIRE. — Geoffroy d'Harcourt, après une querelle avec le maréchal de Briquebec, passe en Angleterre et fait hommage à Édouard, comme roi de France, des terres que lui, Geoffroy, possédait en Normandie. — Portrait de Geoffroy d'Harcourt, homme médiocre dans une haute fortune. Philippe, trahi de toutes parts, devient sombre et cruel. — Il fait alliance avec le roi de Castille. — Jean de Hainaut, comte de Beaumont, lui revient. Nouveaux impôts; gabelle. — Finances sous la troisième race, depuis Hugues Capet jusqu'à Philippe de Valois. — Noms des chefs de la maltôte conservés par l'histoire avec les noms les plus illustres de la chevalerie, pour montrer les larmes des peuples derrière la gloire des armes. — Édouard demande des secours pécuniaires à son parlement, qui les lui accorde, moyennant quelques concessions; subsides propices à l'Angleterre et funestes à la France, qui contribuaient à la liberté d'un peuple et à l'asservissement de l'autre. — Hostilités en Guyenne. — Prise d'Aiguillon par les Anglais. — Gauthier de Mauny retrouve le tombeau de son père à La Réole. — Prouesse d'Agos dans le château de cette ville. — Reprise des hostilités en Bretagne. — Quimper est emporté d'assaut. — Le carnage ne cesse que lorsqu'on eut trouvé un enfant à la mamelle *qui tetoit encore sa pauvre mère morte*. — Mort du comte de Montfort. Portrait de ce seigneur. — Montfort ne manqua point à la fortune, mais la fortune lui manqua, et sa femme lui ravit la gloire. — Événements de Flandre.

FRAGMENTS.

CHUTE D'ARTEVELLE.

Artevelle, usé dans les troubles populaires; las peut-être de ses orgies démocratiques, qui n'avaient plus pour lui l'attrait de la nouveauté, n'ayant point agi par la conviction d'une opinion forte, mais par l'entraînement d'une petite jalousie plébéienne contre l'inégalité des rangs; Artevelle ne pensait plus qu'à mettre à l'abri ses trésors; il aurait pu dire à ses fils : « Cet or sent-il le sang? » comme Vespasien demandait à Titus si la pièce de monnaie qu'il lui présentait sentait l'impôt dont elle était provenue. Mais, pour rire en paix des victimes qu'il avait faites et du peuple qu'il avait trompé, il fallait qu'Artevelle changeât de position. Il lui restait deux partis à prendre : s'emparer du pouvoir suprême, ou descendre de sa puissance tribunitienne et se perdre dans la foule. S'emparer du suprême pouvoir demandait un génie qu'Artevelle n'avait pas; se démettre de la puissance tribunitienne, Artevelle ne l'osait. Il n'y a pas sûreté à abdiquer le crime; cette couronne-là laisse des marques sur le front qui l'a portée; il en faut subir la terrible légitimité.

Artevelle, ne s'arrêtant ni à l'un ni à l'autre parti, eut recours à un expédient qui montrait ce qu'il y avait de vulgaire dans la nature de cet homme : après avoir déchaîné la foule, il songea à lui donner un maître, mais non l'ancien prince du pays, qu'il haïssait et qu'il croyait avoir trop outragé. Il arrive souvent qu'un despote populaire, après s'être livré aux débauches de la liberté, se retire à l'abri sous le joug d'un autre tyran, pourvu que ce tyran soit de son choix, et qu'il ait participé à ses excès : Artevelle jeta les yeux sur Édouard, qui avait trempé dans tous ses complots, servi et approuvé toutes ses fureurs. Plus il était ignoble pour un monarque, selon les idées du temps, d'avoir été l'allié et le courtisan d'un marchand de bière, plus le monarque devait entrer dans les projets de ce marchand. Artevelle machina de faire le jeune prince de Galles duc des Flamands, comme il avait fait Édouard roi des Français.

Pour négocier cette affaire, Édouard débarqua au port de l'Écluse vers le milieu du mois de juin de l'année 1345 ; il menait avec lui son fils et *grande foison de barons et de chevaliers*. Les députés de Flandre se rendirent de leur côté à l'Écluse avec Artevelle ; ils ignoraient ce qu'on devait traiter dans cette entrevue. On tint conseil à bord du grand vaisseau que montait le roi d'Angleterre, et qui s'appelait *Catherine*. Là Artevelle proposa de déshériter le comte Louis de Flandre et son jeune fils Louis, et de donner le comté de Flandre, sous le nom de duché, au prince de Galles, fils d'Édouard.

Il y a dans le cœur de l'homme un fonds de justice qui reparaît toutes les fois que les passions ne sont pas émues. Dans ce moment les députés de Flandre étaient de sang-froid ; ils s'indignèrent à cette proposition qui blessait l'esprit de bonté des uns et le caractère de loyauté des autres. Ils répondirent qu'ils ne pouvaient prendre sur eux *une chose aussi pesante qui, au temps à venir, pourroit toucher à leur pays*, et qu'il fallait prendre l'avis des communes de Flandre ; et ils se retirèrent.

Artevelle, se laissant devancer à Gand par les députés, commit une de ces fautes qui décident du sort d'un homme : s'il eût parlé le premier, peut-être eût-il entraîné les bourgeois ; mais son crédit commençait à s'affaiblir. Un rival dangereux, Gérard Denis, chef des tisserands, s'élevait sur les débris de sa fortune. Soit que ce nouveau tribun fût gagné par l'argent de la France, soit qu'il embrassât un parti généreux par son propre penchant, soit qu'il agît par esprit d'opposition à Artevelle, il ne manquait jamais de repousser les propositions de ce dernier. Artevelle sentait si bien ce que Gérard Denis avait pour lui de fatal, qu'il était résolu de s'en défaire.

Les députés, arrivés à Gand, convoquent le peuple à la place du marché ; ils rendent compte des conférences de l'Écluse. Le peuple, aussi ardent dans le bien que dans le mal, manifeste son mécontentement par ses murmures ; alors Gérard Denis prend la parole :

« Bonnes gens, nous avons jusqu'ici combattu pour nos franchises : Artevelle, qui s'en disait le défenseur, vous propose aujourd'hui de les trahir. Mais, si nous ne cessons d'être libres, à l'instant tout nous accuse. Comment nous justifierons-nous ? Que nous restera-t-il de nos sanglantes rébellions ? des crimes et des chaînes ! Cet homme qui vous a entraînés veut vous livrer à l'Angleterre. Prince pour prince, n'en avons-nous pas un né de notre sang, élevé parmi nous, que nous connaissons, qui nous connaît, qui parle notre langue, pour lequel nous avons prié, dont nos enfants savent le nom comme celui de leurs voisins, dont les pères vécurent et moururent avec les nôtres ? Parce que nous avons réduit nos anciens comtes à être voyageurs, notre pays serait-il une propriété forfaite, et doit-il demeurer à l'Anglais par droit d'aubaine? Ah! pour Dieu, si nous voulons un maître, ne soyons pas trouvés en telle déloyauté de déshériter notre naturel seigneur, pour donner son lit au premier compagnon qui le demande. »

A de semblables discours, Denis et ses partisans ajoutent ce qui devait agir le plus immédiatement sur la foule : depuis neuf ans passés qu'Artevelle gouvernait la Flandre, il avait amassé un trésor, tant des forfaitures et des amendes, que des revenus du domaine : cet amour de l'argent, passion des âmes communes, le perdit.

Artevelle, en quittant Édouard à l'Écluse, s'était rendu à Bruges, et ensuite à Ypres, qu'il fit entrer dans ses desseins. De là il revint à Gand. En chevauchant par les rues, accompagné de ses amis et de la garde étrangère qu'Édouard lui avait donnée, il s'aperçut qu'il se tramait contre lui quelque chose ; car ceux qui avaient coutume de le saluer lui tournaient le dos et rentraient dans leurs maisons. Le peuple murmurait et disait : « Voyez celui qui est trop grand maistre, et qui veut ordonner de la comté de Flandre. » Arrivé à son hôtel, il en fit barricader les portes et les fenêtres ; car l'habitude qu'il avait du peuple lui fit, aux premiers signes, prévoir la tempête. A peine s'était-il renfermé, que tout le quartier se souleva ; la maison du brasseur est entourée et assaillie. Les serviteurs d'Artevelle lui demeurèrent fidèles, ce qui arrive rarement aux malheureux ; ils se défendirent bien, tuèrent et blessèrent plusieurs hommes ; mais enfin les portes sont brisées, et la foule se répand dans l'intérieur de l'hôtel, en poussant des hurlements. Alors Artevelle paraît à une fenêtre, la tête nue, en posture de suppliant : « Bonnes gens, que vous faut-il ? Qui vous meut ? Pourquoi estes-vous si troublés sur moi ? En quoi puis-je vous avoir courroucés ? — Où est le trésor de Flandre ? s'écrièrent les attroupés. —Je n'en ai rien pris, dit Artevelle. Revenez demain, je vous satisferai. — Non, non, vous ne nous échapperez pas ainsi : vous avez envoyé le trésor en Angleterre, et pour cela il vous faut mourir. »

A cette menace, Artevelle joignit les mains et commença à pleurer. « Seigneurs, dit-il, je suis ce que vous m'avez fait. Vous me jurastes que vous me défendriez contre tout homme, et maintenant vous pretendez me tuer sans raison. Rappelez-vous le temps passé ; considerez mes courtoisies. Je vous ai gouvernés en si grande paix que vous avez eu toutes choses à souhait, blé, avoine, et toutes autres marchandises. Vous voulez me rendre petit guerdon des grands biens que je vous ai faits. »

Il ne toucha pas le peuple par des larmes; c'était le cerf pleurant aux veneurs. La foule cria tout d'une voix : « Descendez, et ne nous sermonnez pas de si haut. » Dans ces paroles, Artevelle ouït son arrêt. Il ferme la fenêtre et se veut sauver par une porte de derrière pour se réfugier dans une église voisine; il espérait trouver un asile aux pieds de celui dont la miséricorde ne se lasse pas comme la pitié des hommes. Mais déjà plus de quatre cents forcenés remplissaient la maison : Artevelle, tombé au milieu d'eux, est déchiré. Il reçut la mort de la main de Gérard Denis, qui paraissait agir pour une cause meilleure, et qui ne valait peut-être pas mieux que lui. Dans une république, le peuple étant législateur, juge souverain, peut faire la loi, prononcer l'arrêt et l'exécuter; le massacre par la démocratie est inique, mais légal : Artevelle avait consenti à un pareil gouvernement.

Édouard apprit à l'Écluse la fin de celui qui était, selon Froissard, *son grand ami et son cher compère*. Il fit voile pour l'Angleterre, menaçant la Flandre, et se déclarant toujours le vengeur de la mort des traîtres. Il n'avait pas plus d'envie de se brouiller avec les Flamands que les Flamands avec lui. Ils allèrent en députation le trouver à Londres. « Chier sire, lui dirent-ils, vous avez de beaux enfants, fils et filles. Le prince de Galles ne peut manquer d'estre encore un grand seigneur, sans l'heritage de Flandre. Et vous avez une damoiselle à fille moins aisnée, et nous un jeune damoisel, que nous nourrissons et gardons, et qui est heritier de Flandre; si se pourroit encore bien faire un mariage d'eux deux. » Ces paroles adoucirent la feinte douleur d'Édouard, et Artevelle fut oublié, comme tous ceux dont la renommée n'est fondée ni sur le génie ni sur la vertu.

SOMMAIRE. — Jean, duc de Normandie, fils aîné du roi, marche en Guyenne; et, après avoir pris Angoulême, vient mettre le siège devant Aiguillon avec plus de cent mille hommes. — Résistance des assiégés commandés par le comte de Derby.

FRAGMENTS.

INVASION DE LA FRANCE PAR ÉDOUARD.

Ce siége fut fatal; il détermina Édouard à passer en France, et priva Philippe de cent mille hommes qui auraient pu se trouver à la bataille de Crécy. Tout se préparait alors dans les conseils de Dieu. « Mais, dit le grave historien qui a le mieux connu nos antiquités, les adversités advenues à la France et les grandes victoires du roi Édouard ne doivent persuader la justice de sa querelle, mais estre estimées chastiment des vices des François. La restitution des pertes et conservation de l'Estat jusqu'à present manifestent que ce n'a esté ruine. »

Le duc de Normandie avait fait serment de ne point abandonner le siége d'Aiguillon que la ville ne fût prise, à moins que son père ne le rappelât. Il fit partir le connétable d'Eu et Tancarville, pour rendre compte à Philippe de la résistance qu'il éprouvait. Philippe retint auprès de lui ces deux seigneurs, et fit dire à son fils de continuer le siége jusqu'à ce qu'il obligeât la ville à se rendre par la famine, puisqu'il ne la pouvait emporter de force.

Cependant le roi d'Angleterre, instruit de ce qui se passait en Guyenne, se préparait à secourir en personne le comte de Derby. Il assembla, dans le port de Southampton, mille vaisseaux, quatre mille hommes d'armes, dix mille archers, seize mille hommes d'infanterie légère, dont dix mille étaient Gallois et six mille Irlandais. Il laissa le gouvernement de l'Angleterre aux archevêques de Cantorbéry et d'York, aux évêques de Lincoln et de Durham, et aux seigneurs de Percy et de Neville; il donna la garde particulière de la reine au comte de Kent, son cousin. Le vent étant devenu favorable, Édouard, vers la fin du mois de juin de l'an 1346, fit voile, avec toute son escadre, pour les côtes de Gascogne.

Il avait auprès de lui, sur son vaisseau, Geoffroy d'Harcourt et le jeune prince de Galles, qui entrait dans sa quinzième année. Les autres seigneurs embarqués étaient les comtes d'Hereford, de Northampton, d'Arundel, de Cornouailles, de Warwick, de Huntingdon, de Suffolk et d'Oxford. Parmi les barons et chevaliers, on comptait Jean Louis et Roger de Beauchamp, Renauld et Cobham, les sires de Mortimer, de Mowbray, de Roos, de Lucy, de Felton, de Bradestan, de Moulton, de Man, de Basset, de Berkley et de Willoughby. D'autres combattants, qui devinrent dans la suite célèbres, Jean Chandos, Fitz Warren, Pierre et James d'Audelay, Roger de Wettevalle, Barthélemy de Burgherst, Richard de Pembridge, étaient aussi à bord de *la navie,* au simple rang de bacheliers. Il faut encore compter quelques étrangers, Oulphart de Ghistelle, du pays de Hainaut, et cinq ou six chevaliers d'Allemagne.

Pendant deux jours, les vaisseaux firent bonne route vers le port qu'ils cherchaient : s'ils eussent entré dans la Gironde, la France était sauvée, et la France devait être perdue. Celui qui commande à la mer fit cesser le vent, par qui la flotte semblait être favorisée; il en envoya un autre qui la refoula violemment sur la Cornouailles; on jeta l'ancre,

Édouard attendit, implora le retour de la première brise, ne se doutant pas que la tempête qui soulevait alors son pavillon le menait à la victoire.

Nous avons dit que Geoffroy d'Harcourt était embarqué sur *la nef royale;* il n'avait jamais été d'avis d'attaquer la France du côté de la Guyenne, trop éloignée du centre de notre empire, et défendue, comme province frontière, par une multitude de châteaux ; quelque chose semblait avoir fait à ce traître la révélation de la colère du ciel : rien de plus intelligent que la vengeance et la haine. Quand d'Harcourt vit la flotte repoussée aux côtes d'Angleterre, il profita de cet accident pour ébranler la résolution d'Édouard. « Sire, lui dit-il, je vous ai toujours conseillé et je vous conseille encore de prendre terre en Normandie. Personne ne s'opposera à votre descente. Depuis longtemps les peuples de ce canton sont sans armes, et ils n'ont jamais vu la guerre. Toute la noblesse de la province est au siége devant Aiguillon. Vous trouverez un pays ouvert, rempli de grosses villes non fermées, où vos soldats s'enrichiront pour vingt ans. Je vous supplie de m'écouter, et je réponds du succès sur ma tête. »

L'oreille du roi s'inclina à ce conseil. Édouard ordonne de lever l'ancre; lui-même veut servir de pilote; il passe avec son vaisseau à la tête de la flotte, et fait tourner la proue vers les côtes de la Normandie. Des calamités de cent années furent le fruit de l'inspiration d'un moment et du changement des vents dans le ciel.

Les Français, qui tant de fois portèrent le ravage dans les contrées étrangères, allaient à leur tour sentir l'abomination de la conquête. Depuis l'invasion des Normands, ils n'avaient point vu les ennemis dans le cœur de leur pays; et voilà qu'après quatre siècles un Normand leur ramenait la désolation. Les mille vaisseaux anglais parurent devant La Hogue-Saint-Wast, en Cotentin. Couvert de ses armes, entouré de ses chevaliers, Édouard, monté sur son grand vaisseau, qui précédait tous les autres, déployait au vent les couleurs de l'Angleterre ; elles étaient blanches alors, et nous portions le rouge. Il aborde sans obstacle, comme Geoffroy d'Harcourt le lui avait prédit, au port de La Hogue, le 12 juillet 1346. Près du cap de ce nom, les Français, sous le règne de Louis XIV, versèrent leur sang pour remettre un monarque anglais sur le trône de ses pères.

La terre de Saint-Sauveur, qui appartenait à Geoffroy d'Harcourt, s'étendait jusqu'à La Hogue. Du bord des vaisseaux anglais, d'Harcourt découvrait le lieu même de sa naissance, et les rivages remplis des souvenirs de sa jeunesse. En montrant à Édouard le pays qu'il allait ravager, il pouvait lui dire: « Voilà la tour de l'église où j'ai été baptisé ;

voilà le donjon du château où j'ai été nourri : là vos soldats pourront déshonorer le lit de ma mère ; ici, déterrer les os de mes aïeux. »

Quand Geoffroy mit le pied sur la grève, comment put-il voir sans être ému les paysans fuir devant lui dans ces mêmes champs où il avait passé son enfance, par ces mêmes chemins qui le conduisaient au toit paternel ? Un historien représente Rome disant à Manlius Capitolinus : « Manlius, je t'ai regardé comme le plus cher de mes fils quand tu renversas les ennemis du haut du Capitole ; mais puisque tu déchires mon sein, va, malheureux, et sois précipité comme ces Gaulois que tu as vaincus. »

La France, percée de coups, les yeux en pleurs, enveloppée dans son manteau déchiré, aurait pu crier à Geoffroy d'Harcourt : « Faux et traître chevalier, je t'attends à Crécy sur le corps sanglant de ton frère fidèle à sa patrie ! En vain tu te repentiras, ton repentir ne durera pas plus que ton innocence. Traître de nouveau, tu mourras foimentie, doublement flétri par ton crime et par le pardon de ton roi. »

La flotte ayant jeté l'ancre, le débarquement se fit sur un rivage désert, image de ce qu'allait devenir le sol de notre patrie sous les pas des Anglais. Édouard tomba, dit-on, en mettant le pied sur la grève, comme César en Afrique, comme Guillaume le Bâtard en Angleterre. Le sang lui sortit du nez. Les chevaliers, effrayés du présage, dirent au roi : « Chier sire, retrayez-vous en vostre nef, et ne venez mès huy à terre, car voici un petit signe pour vous. » Édouard répondit joyeusement : « C'est un très-bon signe ; ceste terre me desire. » Il y a des paroles et des aventures qui sont de tous les conquérants ; le même instinct et les mêmes mœurs distinguent les animaux de proie.

A l'endroit du débarquement, le roi d'Angleterre arma chevalier son jeune fils le prince de Galles : cette terre de France a la propriété de faire des héros, même parmi ses ennemis. Édouard nomma connétable le comte d'Arundel, et maréchaux Geoffroy d'Harcourt et le comte de Warwick.

Le Cotentin forme une presqu'île : Édouard rangea ses soldats selon la nature du terrain qu'il avait à parcourir : divisés en trois corps, deux de ces corps, c'est-à-dire les deux ailes de l'armée, commandés par les deux maréchaux, marchaient l'un à droite, l'autre à gauche, au bord de la mer, en balayant les deux rivages de la presqu'île, tandis que le corps de bataille où se trouvaient Édouard, le prince de Galles et le connétable, s'avançait au centre par le milieu des terres. Chaque soir les deux ailes se repliaient et venaient camper sur les flancs de la *chevauchée* du roi. Le comte d'Huntingdon, demeuré sur la flotte avec six-vingts hommes d'armes et quatre cents archers, avait ordre de suivre rez les côtes le mouvement des troupes. Par cette belle disposition militaire, l'armée d'Édouard, se mouvant sur une seule et longue ligne, et embrassant tout devant elle, se déroulait lentement sur la France comme une mer de feu.

Rien n'échappa, par mer et par terre, aux ravages de ce monarque, qui se disait roi des Français, et qui venait pour régner sur des Français; par mer, tous les vaisseaux, depuis le plus grand navire jusqu'à la plus petite barque, furent pris et réunis à la flotte anglaise; par terre, toutes les villes et les villages furent saccagés et brûlés. Barfleur succomba la première; et, quoiqu'elle se fût rendue sans coup férir, elle n'en fut pas moins pillée; elle perdit *or, argent et chers joyaux. Il se trouva si grande foison de richesses, que compagnons n'avoient cure de draps fourrés de vair.* Les habitants, enlevés de la ville, furent entassés sur la flotte anglaise. Cherbourg fut incendié; le château se défendit; Montebourg, Valognes, Carentan, furent renversés de fond en comble.

Le corps de bataille ne faisait pas moins de mal au milieu du pays. « Geoffroy d'Harcourt alloit en avant de la bataille du roi avec cinq cents armures de fer et deux mille archers; » et comme il connaissait bien sa patrie, c'était lui qui traçait le chemin. Il trouva « le pays gras et plantureux de toutes choses, les granges pleines de bleds et d'avoines, les maisons pleines de toutes richesses, riches bourgeois, chars, charrettes, chevaux, pourceaux, moutons, bœufs, qu'on nourrissoit dans ce pays-là, et les plus beaux biens du monde. Ceux du pays fuyoient devant les Anglois de tant loin qu'ils en oyoient parler, et laissoient leurs maisons et leurs granges toutes pleines. Ainsi par les Anglois estoit ars (brûlé), robé, gasté et pillé le bon pays de Normandie. » Saint-Lô, où il y avait alors des manufactures de drap considérables, périt, et les trois corps de l'armée anglaise s'étant réunis, s'avancèrent dans la plaine de Caen. C'est par le récit des malheurs de la France que nous apprenons le curieux détail de sa culture et de son industrie intérieure à cette époque.

On n'avait point ignoré à Paris l'armement des Anglais, mais on n'avait pu deviner sur quel point tomberait l'orage; on n'eut pas plus tôt appris qu'il éclatait au cœur du royaume, que Philippe se hâta d'envoyer à Caen le comte d'Eu, connétable de France, et le comte de Tancarville, nouvellement arrivés du siége d'Aiguillon. Ils se jetèrent dans la ville accompagnés de quelques hommes d'armes; ils y trouvèrent Guillaume Bertrand, évêque de Bayeux, qui s'y était renfermé avec la noblesse restée au pays. Caen était une ville marchande et peuplée, *pleine de riches bourgeois, de nobles dames et de belles églises;*

mais ses murailles étaient ouvertes en plusieurs endroits, et son château, assez fort, ne défendait la ville que d'un côté. Trois cents Génois, commandés par le seigneur de Warigny, en formaient toute la garnison. C'était déjà un grand progrès en administration que de pouvoir entretenir, comme Philippe le faisait alors, cent mille hommes en Gascogne ; mais le système des troupes soldées n'étant pas encore établi, le demeurant du royaume se trouvait sans défense régulière. Le moyen âge, qui n'eut point d'armée permanente, était dans l'état le plus favorable à la liberté, et, par le défaut de lumières, ce fut un temps de servitude : quand les lumières s'étendirent, les soldats arrivèrent.

La flotte anglaise était parvenue à l'embouchure de l'Orne, petite rivière qui passe à Caen. Édouard, logé à deux lieues de la ville, s'attendait à trouver quelque résistance. Le comte de Tancarville voulait, avec raison, qu'on se contentât de défendre le pont sur l'Orne, le château, le corps de la ville, et qu'on abandonnât les faubourgs ; les bourgeois dirent qu'ils se sentaient assez forts pour combattre le roi d'Angleterre en rase campagne. Le connétable appuya cette bravade ; et, par tout ce qui suivit, il se fit accuser d'incapacité, de lâcheté ou de trahison. Il avait jadis reçu des grâces et des présents d'Édouard ; pendant sa captivité en Angleterre, les caresses de ce prince achevèrent de le rendre suspect. Il faut des succès sur le trône, et Philippe ne connaissait que des revers : le malheur délie les hommes du serment de fidélité.

Édouard, au soleil levant, prêt à exterminer une cité, entendit la messe ; peu de temps après, en violant les tombeaux et en massacrant les peuples, il fit faire un magnifique service aux gentilshommes normands décapités pour la félonie de Geoffroy d'Harcourt.

Cependant les bourgeois de Caen, rangés en bataille, ne tinrent pas ce qu'ils avaient promis. Aussitôt qu'ils virent approcher les bannières des Anglais, et qu'ils entendirent siffler les flèches, ils fuirent. Les ennemis entrèrent pêle-mêle avec eux dans la ville ; car la rivière était si basse, qu'on la passait partout à gué. Le connétable se retira à *sauveté* avec le comte de Tancarville, sous une porte à l'entrée du pont, devant l'église de Saint-Pierre. Quelques chevaliers et écuyers se réfugièrent dans le château. Le connétable, monté aux créneaux, aperçut, en regardant le long de la grande rue, les archers anglais tuant les habitants et n'en recevant aucun à merci. Parmi ces soldats il reconnut un chevalier borgne, Thomas Holland, avec lequel il avait autrefois contracté amitié dans les guerres de Prusse et de Grenade. Il l'appela, et se rendit à lui avec le comte de Tancarville et une vingtaine de chevaliers.

Les habitants, voyant qu'on ne leur faisait aucun quartier, se barricadèrent et commencèrent à se défendre ; ils jetaient par les fenêtres et du haut des toits, sur les Anglais, des meubles, des briques et des pierres. Les Anglais enfonçaient les portes, se frayaient un chemin avec le fer et le feu, violaient les femmes au milieu des flammes, et massacraient tout, sans distinction d'âge, de sexe et de condition. Chaque maison était l'occasion d'un siége où se répétaient les horreurs accomplies dans une ville prise d'assaut. Plus de cinq cents Anglais avaient péri dans ce tumulte. Édouard, devenu furieux, ordonne qu'on passe tous les Français au fil de l'épée, et qu'un vaste incendie couronne l'œuvre. Geoffroy d'Harcourt se trouvait présent lorsque cet ordre fut donné ; pour la première fois, il sentit quelque remords : il représenta au monarque étranger qu'il lui restait encore un grand pays à traverser, et Philippe à combattre ; qu'il lui importait de ménager ses soldats ; que les bourgeois de Caen, poussés au désespoir, vendraient chèrement leur vie ; que si, au contraire, on usait de miséricorde, il se chargeait, lui, d'Harcourt, de réduire la ville en peu d'heures.

Ce conseil, auquel Édouard obtempéra, en épargnant quelques maux particuliers, fit un mal général à la France. Au commencement d'une invasion, un exemple de dévouement enflamme les cœurs, les fait palpiter de vertu et de gloire, inspire cet enthousiasme qui rend une nation invincible : les trois cents Spartiates sauvèrent la Grèce aux Thermopyles. D'Harcourt chevaucha de rue en rue, commandant, de par le roi d'Angleterre, que nul, sous peine de la *hart*, ne fût assez hardi pour mettre le feu aux maisons, violer les femmes, tuer les hommes qui ne feraient pas de résistance. Les bourgeois cessèrent aussitôt le combat, et ouvrirent leurs portes. Alors commença une espèce de pillage régulier qui dura trois jours. Édouard se réserva sur la part du butin les joyaux, la vaisselle d'argent, la soie, les toiles et les draps. Il acheta de Thomas de Holland, pour la somme de vingt mille nobles, le connétable et le comte de Tancarville. Ces deux seigneurs furent embarqués sur le grand vaisseau de la flotte anglaise avec soixante chevaliers prisonniers et trois cents bourgeois, dont on espérait tirer rançon, quoiqu'ils eussent déjà tout perdu. Le vaisseau porta à Londres les captifs et les dépouilles les plus précieuses. C'était une amorce au reste des Anglais pour accourir au sac de la France.

Caen renfermait le tombeau de Guillaume le Bâtard ; le sol où ce tombeau se trouvait placé avait été jadis disputé aux os de ce prince par un bourgeois nommé Ascelin, lequel disait que ce sol, propriété de son père, lui avait été ravi contre toute justice par Guillaume vivant. Les enfants des compagnons que Guillaume avait menés à la conquête de l'Angleterre revenaient conquérir et profaner ses cendres.

Deux cardinaux légats, qu'Édouard ne voulut point écouter, furent témoins de la ruine de Caen. On a déjà remarqué, et l'on fera remarquer encore, les efforts du saint-siége pour arrêter l'effusion du sang dans ces guerres cruelles. Rien n'était plus touchant que de voir des hommes de miséricorde suivant partout des hommes de sang, essayant de faire tomber les armes de leurs mains, suppliant avant le combat, pleurant après la victoire, toujours rebutés, jamais las, colombes de paix errant de champ de bataille en champ de bataille avec les vautours.

Philippe rassemblait à Saint-Denis une armée. Les princes ses vassaux, ses alliés ou ses amis, se hâtaient de se réunir à lui. Le comte de Beaumont, Jean de Hainaut, depuis peu réconcilié à la France, accourut avec un grand nombre de chevaliers; le duc de Lorraine amena trois cents lances; les comtes de Savoie, de Salbruges, de Flandre, de Namur, de Blois, toute la noblesse qui ne se trouvait pas au siége d'Aiguillon, se rendirent à Saint-Denis. Jean, roi de Bohême, était alors dans ses États : son fils Charles venait d'être élu empereur; l'ancien empereur excommunié, Louis de Bavière, inquiétait le nouvel empereur; le roi de Bohême avait perdu la vue; tant de raisons paraissaient le devoir retenir en Allemagne; mais quand il reçut les courriers de Philippe, ses ministres le voulurent en vain arrêter. Ce vieux monarque, qui est devenu le modèle de la loyauté, dit à ses barons : « Ah, ah! quoique aveugle, je n'ay mie oublié les chemins de France. Je veux aller defendre mes chiers amis et les enfants de ma fille, que les Angleches veuillent rober. » Jean partit en effet avec son fils Charles, et vint trouver Philippe.

Édouard avait quitté Caen. Les seuls titres des chapitres de nos chroniques donnent une idée de sa marche, « des maux que les Anglois firent en Normandie, comment telle ville fut pillée, comment tout le pays fut ars, exilé et robé. » Il prit d'abord la route d'Évreux; mais cette ville étant fermée, il ne l'attaqua pas. Il emporta et incendia Louviers, déjà connue par ses manufactures de drap; de là il s'avança vers Rouen; les comtes d'Évreux et d'Harcourt y commandaient : Geoffroy d'Harcourt put voir flotter sur les murs de Rouen la bannière de son frère.

Philippe avait fait rompre tous les ponts de la Seine depuis Paris jusqu'à Rouen; lui-même, descendu de Paris avec son armée, se trouvait à Rouen à l'instant où les Anglais se présentèrent de l'autre côté de la Seine. Édouard passa sans insulter la ville, dont la rivière le séparait; il épiait l'occasion d'entrer en Picardie pour se retirer dans le

Ponthieu, qui lui appartenait. Il remonta la Seine, continuant ses ravages; Philippe marchait sur le bord opposé, réglant ses mouvements sur ceux des ennemis : on les suivait à la trace du sang et à la clarté des embrasements. Ils brûlèrent Pont de l'Arche, Vernon, Mantes et le faubourg de Meulan; des fourrageurs pénétrèrent dans le pays chartrain. L'armée anglaise parvint ainsi jusqu'à Poissy, dont le pont avait été détruit; malheureusement il en restait encore les piles et les attaches, ce qui facilita son rétablissement : Philippe arriva à Paris en même temps qu'Édouard à Poissy. La civilisation des temps modernes a fait cesser ces désastres à plaisir de l'ancienne guerre; mais les Barbares eux-mêmes avaient rarement mené une invasion avec une aussi complète absence d'humanité que cette course sanglante d'Édouard.

Des partis anglais se répandirent dans les environs de Poissy. Le château de Saint-Germain-en-Laye, Nanterre, Ruel, Saint-Cloud, Neuilly, furent réduits en cendres. La nuit, à Paris, on apercevait dans le ciel la réverbération des flammes; et le jour, du haut des tours de Notre-Dame, on découvrait les villages aux grosses fumées qui s'en élevaient. Depuis la descente des premiers Normands, un tel péril n'avait point approché des Parisiens; comme les citoyens de Lacédémone avant le temps d'Épaminondas, leurs femmes n'avaient point vu les feux d'un camp ennemi. Aujourd'hui Paris a reçu l'étranger dans ses murs, et Sparte sort de ses ruines.

Philippe voulut s'aller mettre à la tête de son armée à Saint-Denis. La foule se jeta à ses pieds. « Haa! sire et noble roi, que voulez-vous faire? Vous voulez laisser la noble cité de Paris. Les ennemis sont à deux lieues près; tantôt seront en cette ville. Quand vous en serez parti, nous n'aurons personne qui nous defende contre eux. » Le roi répondit : « Bonnes gens, ne craignez pas les Anglois; ils ne vous approcheront pas de plus près. Je vais à Saint-Denis devers mes gens d'armes, car je veux chevaucher contre les Anglois et les combattre.»

Ces paroles calmèrent peu les esprits : les frayeurs du peuple sont presque toujours mêlées de sédition et de folie; d'un côté on ne voulait pas que le roi s'éloignât, parce que Paris était sans défense; de l'autre, on se refusait aux mesures nécessaires pour mettre la ville à l'abri d'un coup de main. Paris n'était point encore entouré de remparts, ou ceux qu'avait élevés Philippe-Auguste n'existaient plus : le roi ordonna de faire des retranchements. Il fallait abattre quelques maisons; les propriétaires s'y opposèrent : remarquez cette force de la liberté civile, dans un temps où la liberté politique n'était rien. Le peuple prend le parti des propriétaires; le roi de Bohême accourt avec cinq cents chevaux pour calmer la sédition : on n'y parvient qu'en abandonnant l'ouvrage.

A ces émeutes, aux mutineries des hommes qui, n'ayant rien à perdre, se réjouissent des calamités publiques, se mêlaient d'autres troubles et d'autres confusions : tout était plein de traîtres payés du prix des rapines d'Édouard; ces traîtres s'augmentaient du troupeau des faibles, de ces gens sans cœur et sans caractère, alliés naturels des méchants, sorte de traîtres que font la peur et l'adversité. Plusieurs commençaient à croire que le roi d'Angleterre avait des droits au trône de France, puisqu'il était victorieux.

L'intérêt était puissant, et grand le spectacle : Édouard à Poissy, au berceau de saint Louis; Philippe à Saint-Denis, au tombeau du même roi; tous deux prêts à s'élancer de ces barrières pour se disputer le sceptre du monarque qui avait emporté sa couronne dans le ciel.

A en juger par les apparences, le bon droit allait triompher. Tant qu'Édouard n'avait trouvé aucun obstacle, il s'était avancé en abîmant le pays; mais il lui fallut songer à la retraite aussitôt que Philippe parut, de même que le loup, dit Mézeray, après avoir fait un grand carnage dans une bergerie, entendant aboyer les mâtins, ne tâche qu'à se retirer dans le bois. La retraite n'était pas facile. Édouard n'aurait osé se jeter sur une ville comme Paris, appuyée d'une armée de cent mille hommes. Retourner en arrière? il eût été aussitôt poursuivi sur un sol mis à nu. Tenir au premier projet de se cantonner dans le Ponthieu? la Seine, dont les ponts étaient rompus, barrait le chemin au prince anglais; et même, quand il l'aurait passée, il se trouverait renfermé entre les eaux de cette rivière, celles de l'Oise, le cours de la Somme et l'armée française à Saint-Denis. C'était pourtant le seul plan qui présentât quelque chance de succès.

Il y avait quatre jours qu'Édouard préparait en secret les matériaux nécessaires au rétablissement du pont de Poissy; il répandait le bruit que, ne pouvant traverser la Seine dans l'endroit où il cantonnait, il tenterait le passage au-dessus de Paris. Le jour de l'Assomption, il chôma, à l'abbaye des Dames, la fête de la Vierge; il affecta de donner un grand repas; il y présida vêtu d'un habit sans manches, de drap d'écarlate fourré d'hermine, comme aurait pu faire saint Louis tranquille au sein de son royaume et au lieu de sa naissance : ses troupes avaient reçu l'ordre de se mettre en mouvement pour tourner Paris. Trompé par cette disposition et ces faux rapports, Philippe était venu camper au pont d'Antony, afin de couper le chemin aux ennemis. Il n'eut pas plus tôt quitté Saint-Denis qu'Édouard, exécutant une contre-marche, revint passer la Seine à Poissy, sur le pont qui avait été rétabli avec une diligence merveilleuse. L'avant-garde des Anglais, sous le commandement de Geoffroy d'Harcourt, était à peine de l'autre côté de la Seine qu'elle rencontra les milices d'Amiens, conduites par quatre chevaliers de Picardie : d'Harcourt attaqua ces communes, qui se défendirent vaillamment; mais elles furent défaites, et leurs bagages pris; douze cents *bonnes gens* demeurèrent sur la place après avoir affronté les premiers les destructeurs de leur pays. Telles étaient ces communes, qui formaient le fond de la véritable nation française, et dont notre ancienne histoire, à sa honte éternelle, ne parla jamais que pour les traiter de *ribaudailles* et de *pédailles*... Ces nobles si hautains étaient-ils plus braves sous leurs corsets et leurs casques de fer, à l'épreuve de la flèche et de la lance, que ces paysans armés d'un bâton ou d'un fauchard, exposés demi-nus à la charge de ces centaures de bronze? Le moment n'était pas loin où la poudre, allumée à Crécy, allait égaliser les périls, niveler les rangs sur le champ de bataille, et permettre enfin à la gloire d'inscrire le peuple français dans ses propres fastes.

Philippe n'apprit qu'au bout de deux jours la levée des tentes anglaises : bien qu'il eût en tête un général plus habile que lui, il avait un grand courage et ne manquait point de capacité dans la guerre; on ne peut attribuer une partie de ses incroyables fautes et du succès de ses ennemis qu'à ce vertige d'infidélité qui avait saisi une partie de ses sujets : tant il est vrai que la loi salique n'était pas encore évidente à tous les esprits. Il reconnut alors, dit un historien, qu'il était environné de traîtres, lesquels le trompaient par de faux rapports, et donnaient avis aux Anglais de toutes ses démarches. Désespéré d'avoir laissé échapper sa proie, il se mit à sa poursuite. Il envoya offrir la bataille à Édouard ou dans la plaine de Vaugirard, s'il y voulait venir, ou entre Pontoise et Franconville, s'il se voulait arrêter et l'attendre. Édouard fit répondre qu'il n'avait point de conseil à prendre d'un ennemi : il continua sa route.

Arrivé aux champs de Beauvais, il les faucha comme le reste, passa sous les murs de Beauvais, dont il brûla et pilla les faubourgs; la ville fut courageusement défendue par l'évêque. L'abbaye de Saint-Lucien, fondée par Khildérik, était, après Saint-Germain des Prés, le plus ancien édifice religieux de la France; Édouard y prit ses quartiers : comme il s'en éloignait le lendemain, il vit, en regardant derrière lui, les flammes s'élever des tourelles de ses hôtes; il fit pendre quelques-uns des incendiaires. Il s'était ravisé par politique, et avait commandé de respecter les églises, ordres dérisoires qui ne trompèrent point le ciel, et que n'écouta point le soldat.

Ainsi périssaient la patrie, ses cités, ses hameaux, les temples de sa religion, les monuments de ses rois. Crécy allait couronner tant de désastres, et terminer la marche triomphale d'Édouard au travers des ruines.

De l'abbaye de Saint-Lucien il vint loger à Milly, de Milly à Grand-Villiers; il défila devant Dargies, brûla le château et fourragea le pays d'alentour. La ville de Poix fut trouvée sans défense; il n'était demeuré dans ses deux châteaux que deux *belles damoiselles,* filles du seigneur de Poix : elles auraient été déshonorées sans le sire de Basset et Jean Chandos, qui les menèrent au roi d'Angleterre. Les bourgeois de Poix se rachetèrent du pillage pour une somme considérable; mais le lendemain il s'éleva des contestations qui furent suivies du massacre général des habitants. Enfin Édouard vint camper à Airaines, et il envoya ses maréchaux chercher un passage sur la Somme.

Là auraient dû finir ses succès et commencer ses expiations : Philippe, accouru à marches forcées, était prêt à paraître à la tête de cent mille hommes, animés comme leur roi de la plus juste vengeance.

Les Anglais n'avaient guère plus de trente mille combattants; ils étaient fatigués d'une longue route et embarrassés de leur butin : traqués entre la mer, l'armée française et la rivière de Somme, dont les ponts étaient rompus ou gardés, ils croyaient toucher au moment de leur perte. Les maréchaux anglais avaient en vain tenté de forcer le pont de Remy, celui de Long, en Ponthieu, et celui de Péquigny. N'ayant pu découvrir aucun passage sur la Somme, ils vinrent rendre compte à Édouard de leurs inutiles recherches. Philippe, dans ce moment entrait à Amiens.

Le roi d'Angleterre, se repentant de ses triomphes, envoya proposer une suspension d'armes; il offrait de rendre ce qu'il avait pris; mais pouvait-il rendre la vie aux laboureurs, aux bourgeois paisibles, aux familles innocentes immolées à son ambition? Tant de calamités devaient-elles être regardées comme jeux de rois, qui ne laissent plus de traces quand il plaît à ces rois de les interrompre? Chef et père de la patrie, le monarque, plein de douleur et de ressentiment, refusa tout. Un historien dit que Philippe, en n'acceptant pas les propositions d'Édouard, devint injuste et se rendit coupable des malheurs de la France : c'est abuser de l'esprit philosophique, et juger de l'événement par le succès. Philippe devait obtenir pour ses peuples une réparation solennelle; il devait essayer de donner aux étrangers une leçon durable, en leur apprenant quel serait leur sort s'il leur prenait jamais envie de renouveler ces incursions de brigands. Un ennemi d'aussi mauvaise foi qu'Édouard n'aurait pas plus tôt échappé au péril, qu'il eût recommencé ses ravages. Mais la bataille de Crécy fut malheureuse. La fortune ne suit pas toujours la justice : les droits de la seconde ne sont pas moins réels, quoique abandonnée de la première.

« Or, le roi d'Angleterre, dit Froissard, étoit moult pensif à Airaines. Si ouït messe avant soleil levant, lors fit sonner ses trompettes de délogement. » Il traversa le pays de Vimeu et s'approcha d'Abbeville. Il brûla un gros village aux environs, et vint gîter à l'hôpital d'Oisemont. Philippe, parti d'Amiens, était, à une heure de l'après-midi, à Airaines. Il y trouva des « pourveances de chair en hastées, pain et pastes en four, vins en tonneaux et en barils, et moult de tables mises que les Anglois avoient laissées. » Les deux maréchaux d'Édouard, descendus le long de la Somme jusqu'à Saint-Valery, toujours pour s'enquérir d'un passage, revinrent le soir dire à leur maître qu'ils n'avaient pas été plus heureux qu'auparavant. Si Philippe avait eu seulement l'avance de quelques heures, ou si le gué de Blanque-Taque eût été mieux gardé, c'en était fait des Anglais.

Ce monarque et cette armée, qui avaient causé tant d'épouvante, ressentaient à leur tour la terreur qu'ils avaient inspirée. Perdu de réputation comme général, méprisé comme roi, abhorré comme homme, Édouard allait finir de la fin d'un aventurier et d'un incendiaire. La défaite en faisait un chef sans mérite, sans prévoyance, sans courage ; le triomphe en fit un capitaine illustre : le succès semble être le génie ; un moment sépare la honte de la gloire.

Il était nuit ; personne, dans le camp anglais, ne dormait : ceux-ci regrettaient le butin qu'ils allaient perdre ; ceux-là pleuraient leurs femmes, leurs enfants, leur patrie. Les soldats qui avaient exploré la rivière en faisaient des récits effrayants ; d'autres croyaient entendre déjà les clameurs de l'armée française, laquelle s'était promis de ne faire aucun quartier à l'ennemi ; serment que Philippe avait prononcé dans la colère, et qu'il eût rétracté dans la victoire.

Les chefs n'étaient pas en de moindres alarmes : acculé à la mer, et retiré sous sa tente comme une bête noire dans sa bauge, Édouard roulait en silence autour de lui des regards sombres qui s'attendrissaient en tombant sur son fils : ce prince adolescent, destiné à devenir le modèle de la chevalerie, était, sans le savoir, à la veille de sa renommée, et déjà comme tout brillant de l'aurore de cette gloire qui s'allait lever pour lui. Son armure noire, donnant une bonne grâce particulière à sa haute taille et à sa jeunesse, relevait encore la blancheur de son teint ; car il était grand et pâle, tel qu'on a représenté depuis le capitaine Bayard ; mais il était plus beau.

Édouard, pour prendre une dernière résolution, assemble aux flambeaux son conseil : inspiré par la mauvaise fortune de la France, il fait amener devant lui des prisonniers du pays de Vimeu et de Ponthieu ; il s'informe s'ils ne connaîtraient point un gué au-dessous d'Abbeville, promettant à quiconque indiquerait ce gué la liberté et celle de vingt autres captifs. Parmi ces malheureux se trouvait un valet appelé Gobin-Agace ; l'histoire a retenu son nom ignoble, comme celui d'un de ces hommes que la Providence emploie lorsqu'elle veut châtier les empires.

Ce valet déclara qu'il existait un gué où douze soudoyers pouvaient passer de front à plusieurs endroits, deux fois par jour, à mer basse. Le fond de ce gué était composé d'un gravier blanc et dur, d'où lui était venu le nom de Blanque-Taque, ou de Blanche-Tache, ou de Blanche-Cayeux. Le valet ajouta qu'on le pouvait traverser avec des chariots, et que les hommes n'y avaient de l'eau que jusqu'au genou. « Compains! s'écria Édouard transporté de joie, si je trouve vrai ce que tu dis, je te quitterai ta prison, à toi et à tous tes compagnons, et je te baillerai cent écus nobles. » Et Gobin-Agace lui répondit : « Sire, oïl, en péril de ma teste. »

Aussitôt Édouard ordonne à ses capitaines de se tenir prêts. A minuit la trompette sonne ; *sommiers sont troussés, chars chargés ;* on prend les armes. Au point du jour les Anglais quittent Oisemont et commencent à défiler : Gobin-Agace servait de guide ; d'Harcourt était à l'avant-garde : deux Français marchaient à la tête de la fuite de nos ennemis. Le soleil se levait lorsqu'on atteignit le gué. Si la joie des Anglais avait été grande lorsqu'ils s'étaient flattés de franchir la Somme, ils retombèrent dans le désespoir en arrivant sur ses bords : la mer était haute ; le flux coulait à pleines rives. De l'autre côté du fleuve, on apercevait douze mille Français rangés en bataille, et commandés par ce brave Godemar du Fay, qui avait si vaillamment défendu Tournay. Philippe, prévoyant que l'ennemi découvrirait le gué de Blanche-Tache, avait détaché de son armée mille hommes d'armes et six mille archers génois. Ce corps, auquel se réunirent les communes d'Abbeville, passa la Somme à Saint-Seigneur et descendit à Blanche-Tache.

Quatre longues heures s'écoulèrent avant que le gué devînt praticable. Le monarque anglais donne alors le signal, commande aux deux maréchaux Warwick et d'Harcourt de traverser la Somme, *bannière au vent, au nom de Dieu et de saint Georges, les plus bachelereux et les mieux montés devant.* Édouard, suivi du prince de Galles, se jette dans l'eau l'épée à la main. Les chevaliers français, au bord opposé, baissent la lance, viennent à la rencontre et reçoivent chaudement l'ennemi. Un combat s'engage dans le lit même de la rivière. Le péril des Anglais était imminent : ils n'avaient plus que deux heures pour accomplir le passage de leurs troupes, chariots et bagages ; le flux revenant les eût engloutis. Sur la rive qu'ils quittaient, on commençait à apercevoir les coureurs de l'armée de Philippe. La nécessité double les forces et le courage des ennemis ; leurs archers chassent à coups de flèches les archers génois qui longeaient la rive droite de la Somme. D'Harcourt et Warwick atteignent le bord avec quelques escadrons, chargent les Français, les culbutent, gagnent un terrain où se forme derrière eux l'armée d'Édouard à mesure qu'elle sort de l'eau. Alors les milices commandées par du Fay prennent la fuite, et lui-même est obligé de se retirer.

A peine l'ennemi était-il passé, que l'avant-garde de notre armée entra au campement abandonné des Anglais ; elle s'empara des chariots et prit trois ou quatre cents traînards. On aurait pu exercer des représailles sur ces brûleurs de chaumières, on leur accorda la vie. Philippe arrive, voit Édouard de l'autre côté de la Somme, et le veut suivre ; mais, déjà montante, la marée noyait le gué ; il fallut perdre un jour pour rétrograder et traverser la rivière à Abbeville. Édouard effectua le passage le 24 d'août 1346, jour de Saint-Barthélemy.

Tel est le récit que Froissard, et plusieurs auteurs après lui, font de la rencontre de Blanche-Tache ; mais le continuateur de Nangis et l'auteur anonyme de la chronique de Flandre affirment que Godemar du Fay se retira sans combattre. Mézeray ajoute qu'il était parent de Geoffroy d'Harcourt, et qu'il se vendit à Édouard ; il est certain que Philippe voulut dans la suite le faire pendre comme traître. Mais la colère du roi, excitée par le malheur, et le témoignage de deux historiens qui adoptent tous les bruits populaires, ne suffisent pas pour détruire le récit circonstancié de Froissard, pour déshonorer la mémoire d'un vieux capitaine qui avait donné tant de preuves de courage et de fidélité. Philippe avait cent mille combattants ; si, au lieu de douze mille hommes, il en eût envoyé trente mille au gué de Blanche-Tache, nombre égal à celui de l'armée d'Édouard, il est probable que les Anglais étaient perdus.

Édouard, ayant passé le gué, rendit grâces à Dieu, fit appeler Gobin-Agace, le délivra avec tous ses compagnons, lui donna les cent nobles promis et un roussin.

L'ennemi allait entrer dans des plaines ouvertes où les Français ne manqueraient pas de l'atteindre ; il ne pouvait vivre que de pillage, et ce pillage retardait sa marche. Si Édouard pressait sa retraite avec une armée harassée, devant des troupes fraîches et supérieures en nombre, cette retraite ne tarderait pas à devenir une fuite ; il savait que les communes de Flandre lui envoyaient un secours de trente mille hommes. Ces diverses considérations le déterminèrent à ne rien précipiter, à choisir seulement de fortes positions pour se mettre à l'abri de Philippe, ou le combattre avec avantage.

Dans cette résolution, qui annonçait les vues et les talents d'un capitaine, il désigna à son premier campement une hauteur qui domine Crécy, village à jamais fameux, au bord de la petite rivière de Maye. Le comté de Ponthieu avait été donné en dot à Isabelle, fille de Philippe le Bel et mère d'Édouard. Le roi d'Angleterre prit à bon augure de se défendre, s'il était attaqué, sur une terre maternelle qui semblait devoir l'aimer. Les hommes se trouvent plus forts quand ils peuvent s'autoriser de quelque chose qui ressemble à la justice.

Philippe, qui craignait de voir encore échapper l'ennemi, ne fit prendre aucun repos à ses troupes ; elles défilèrent sur le pont d'Abbeville. Logé à l'abbaye de Saint-Pierre de cette ville, le roi donna à souper aux princes, dont la plupart firent alors ce que les martyrs chrétiens appelaient le *repas libre*, le dernier repas avant d'aller mourir. Le 25 août 1346, au lever de l'aurore, l'armée française tout entière avait passé la Somme. A sa tête étaient quatre rois : Philippe le Fortuné, roi de France ; Jean l'Aveugle, roi de Bohême ; Charles, son fils, élu empereur, dit roi des Romains ; et le roi détrôné de Majorque. On y voyait encore le comte d'Alençon, frère du roi, qui fut cause de la perte de la bataille ; le comte de Blois, son neveu ; Louis, comte de Flandre, et son jeune fils ; les comtes de Sancerre, d'Auxerre ; Jean de Hainaut, comte de Beaumont ; les ducs de Lorraine et de Savoie, toute la noblesse qui n'était pas au siége d'Aiguillon ; et parmi les écuyers et chevaliers, d'Harcourt, frère aîné de Geoffroy d'Harcourt.

Trompé par un faux rapport en sortant d'Abbeville, Philippe crut que les Anglais avaient abandonné Crécy : il avait déjà fait deux lieues sur une route opposée, lorsqu'il apprit qu'Édouard gardait ses premières positions. Il fallut faire halte, changer de chemin, et envoyer reconnaître l'ennemi. Miles Desnoyers, porte-oriflamme, les seigneurs de Beaujeu, d'Aubigny et de Basèle, dit le moine, furent chargés de cette mission.

L'armée anglaise, divisée en trois corps, couvrait la colline de Crécy ; au sommet de cette colline était un bois qu'Édouard avait fait environner d'un fossé, et dans lequel on avait enfermé les bagages et les chevaux ; Édouard avait mis à pied les hommes d'armes, excepté quelque douze cents chevaliers jetés sur les deux ailes de l'infanterie. Le bois formait un dernier retranchement, lequel n'eût pourtant servi que d'abattoir, et non d'abri, aux soudoyers qui s'y seraient retirés, en cas de défaite. La gauche des Anglais était couverte par la forêt de Crécy ; la droite, par le village de ce nom, des ouvrages de terre et des arbres gisants : leur front demeurait libre, mais étroit, de sorte que l'armée assaillante y devait perdre l'avantage du nombre.

Les trois corps échelonnés dessinaient trois croissants parallèles sur la colline ; chacun de ces corps était subdivisé en trois lignes : la première, d'archers ; la seconde, d'infanterie galloise et irlandaise ; la troisième, d'hommes d'armes ou de cavalerie à pied.

Le premier corps, servant d'avant-garde presque au bas de la colline, comptait huit cents hommes d'armes, un tiers d'infanterie et deux mille archers ; il était commandé par le prince de Galles, ayant auprès de lui Geoffroy d'Harcourt, les comtes de Warwick et de Kenfort, Chandos, le sire de Man, et toute la fleur de la chevalerie.

Le deuxième corps, placé au-dessus du premier, était fort de huit cents hommes d'armes et de douze cents archers : il avait pour chefs les comtes de Northampton et d'Arundel.

Le troisième corps couronnait la colline, sous le commandement immédiat d'Édouard ; il se composait de sept cents hommes d'armes et deux mille archers. C'était peut-être au centre de ce corps qu'étaient cachées des machines inconnues.

Ainsi, pour remporter la victoire, Philippe se voyait forcé de percer, en gravissant une pente, neuf lignes formidables.

Le soir, veille de la bataille, Édouard donna un grand souper à ses comtes et barons : lorsque ceux-ci se furent retirés, il entra dans son oratoire dressé sous une tente, et resta seul à genoux devant l'autel jusqu'à minuit. Sa prière faite, il se jeta sur une peau de brebis, et se releva le 26 à la pointe du jour : il entendit la messe et communia avec le prince de Galles. La plupart de ses gens se confessèrent et se mirent en état de paraître devant Dieu : Philippe en avait fait autant à l'abbaye de Saint-Pierre, à Abbeville. En ce temps-là, la prière prononcée sous le casque n'était point réputée faiblesse ; car le chevalier qui élevait son épée vers le ciel demandait la victoire et non la vie.

Oraison faite et messe ouïe, les trois corps reprirent leurs places les uns au-dessus des autres, ainsi qu'il a été dit, chaque chevalier sous sa bannière, formant sur la colline un spectacle magnifique. Édouard, monté sur un petit palefroi, un bâton blanc à la main, *adextré* de ses maréchaux, alla *tout le pas* de rang en rang, « admonestant comtes, barons, chevaliers, escuyers, soudoyers, à garder leur honneur et à bien faire la besogne, et disoit ces langages en riant si doucement de si liée (joyeuse) chère, » que les plus timides étaient rassurés en le regardant. Quand il eut ainsi visité les trois batailles, il se retira à l'heure de *haute tierce* (environ midi) à celle qu'il commandait en personne, et d'où il pourrait voir tous les événements du combat. L'armée but et mangea par ordre des maréchaux, après quoi les soldats s'assirent à terre sans quitter leurs rangs, bassinets et arcs devant eux, attendant l'ennemi.

Le porte-oriflamme, Miles Desnoyers, les seigneurs de Beaujeu, d'Aubigny et de Basèle, envoyés par Philippe à la découverte, trouvèrent les ennemis assis de la sorte, comme des moissonneurs prêts à couper un champ de blé sur une colline; les Anglais aperçurent les chevaliers français et les laissèrent tout examiner à loisir : cette supériorité de sang-froid et de confiance annonçait déjà de quel côté passerait la fortune. Édouard avait surtout défendu, sous quelque prétexte que ce fût, de rompre les files. Il comptait avec raison sur la bouillante ardeur de nos soldats ; on avait déjà appris à nous vaincre par l'excès de notre courage.

Le tumulte et la confusion de notre armée formaient un triste contraste avec le calme et la régularité de l'armée ennemie ; nous avions mille intrépides capitaines, pas un général. Dès les premiers mouvements on n'avait point été d'accord sur l'ordre à tenir. Les arbalétriers génois étaient derrière la cavalerie, à la queue de la colonne : le roi de Bohême représenta qu'on faisait trop peu de cas de ces étrangers ; qu'il connaissait leur valeur, et qu'eux seuls devaient être opposés aux archers anglais. La majesté de ce vieux roi et son expérience dans la guerre persuadèrent Philippe ; il fit passer les Génois à la tête des troupes : mais l'impétueux comte d'Alençon murmura de cette disposition qui l'empêchait de se trouver le premier sur l'ennemi.

L'armée française, lorsqu'elle avança vers Crécy, se trouvait divisée de la sorte : quinze mille arbalétriers, presque tous Génois, commandés par Charles Grimaldi et Antoine Doria, formaient l'avant-garde ; Charles, comte d'Alençon et frère du roi, suivait avec quatre mille hommes d'armes ; le roi venait ensuite conduisant le corps de bataille, également composé de cavalerie, où se trouvaient les rois étrangers et la haute noblesse. Le duc de Savoie, nouvellement arrivé avec mille chevaux, menait l'arrière-garde conjointement avec le roi de Bohême. Une infanterie innombrable errait au hasard dans la campagne, obstruant les chemins et gênant les troupes régulières. Chaque homme à cheval était accompagné de trois ou quatre fantassins pour le servir, comme de nos jours dans les corps de Mameloucks : nous devions aux guerres des croisades cette organisation de la cavalerie, l'usage de l'arbalète et de l'habit long.

On vit revenir les quatre chevaliers envoyés à la découverte. Philippe leur cria : « Quelles nouvelles ? » Ils se regardèrent les uns les autres sans répondre; aucun n'osait prendre la parole. Philippe ordonna au sire de Basèle de s'expliquer. Ce chevalier, suisse ou champenois, était au service du roi de Bohême, et passait pour un des capitaines les plus expérimentés de l'armée. « Sire, dit-il, nous avons chevauché ; si nous avons vu et considéré le convenant des Anglois. Si conseil de ma partie, sauf toujours le meilleur conseil, que vous laissiez toutes vos gens ci arrêter sur les champs et loger pour cette journée. Car ainçois (avant) que les derniers puissent venir, et vos batailles soyent ordonnées, il sera tard ; si seront vos gens lassés et travaillés et sans arroy, et trouveriez vos ennemis frais et nouveaux. Si pouvez le matin vos batailles ordonner plus muerement et mieux, et par plus grand loisir adviser vos ennemis, et par quel costé on les pourra combattre ; car soyez seur qu'ils vous attendront. »

Jamais avis plus salutaire n'avait été donné : depuis plusieurs jours l'armée faisait des marches forcées ; elle avait passé la nuit à défiler dans Abbeville ; elle venait de faire six lieues au trot de la cavalerie; elle était hors d'haleine, accablée de fatigue et de chaleur (on était dans les jours les plus chauds de l'été) ; elle n'avait pris aucune nourriture ; enfin un orage qui grondait encore avait trempé hommes et chevaux, mouillé les armes, et rendu les arcs des Génois presque inutiles.

Philippe sentit la sagesse de ce conseil : il ordonna de suspendre la marche de l'armée ; les deux maréchaux de Montmorency et Saint-Venant coururent de toutes parts, criant : *Bannieres, arrestez! au nom de Dieu et de saint Denis;* mœurs, usages et langage qui montrent que *Dieu* était dans ce temps le seul souverain maître, et que les maréchaux de France remplissaient des fonctions aujourd'hui laissées aux officiers inférieurs.

Les Génois s'arrêtèrent, déposèrent leurs arbalètes, et commencèrent à préparer leurs étapes ; mais le comte d'Alençon, qui les suivait avec sa cavalerie, ou n'entendit point l'ordre, ou n'y voulut point obéir. La jeunesse qui l'entourait se regardait comme insultée, parce que les Génois devaient découvrir l'ennemi avant elle : elle jura qu'elle ne ferait halte que quand les pieds de derrière de ses chevaux tomberaient dans les pas des étrangers qui faisaient la tête de la colonne. Le comte d'Alençon trouve les Génois occupés de leur nourriture, les traite de lâches, et les force de continuer leur chemin. Les derniers corps de l'armée ne veulent point rester en demeure; un mouvement général entraîne le roi et les maréchaux, malgré leurs efforts. Les communiers, dont tous les champs étaient couverts entre Abbeville et Crécy, entendant la voix des chefs, et voyant se hâter la cavalerie, croient que l'on en est venu aux mains : ils brandissent leurs diverses armes et crient tous à la fois : *A la mort! à la mort!* Chaque seigneur se précipite avec ses vassaux pour arriver le premier. Cent vingt mille hommes se heurtent, se poussent, se pressent dans un étroit espace ; une éclipse frappe l'imagination ; un orage augmente le désordre, et l'on arrive, au milieu des torrents de pluie, au bruit du tonnerre, au cri répété *à la mort! à la mort!* en face de l'ennemi.

Les Anglais se lèvent en silence : les archers placés à la première ligne font un seul pas en avant; l'infanterie irlandaise et galloise au second rang tire sa large et courte épée, et les hommes d'armes au troisième rang dressent tous leurs lances *si droites, qu'elles sembloient un petit bois.*

Si Philippe n'avait pu arrêter son armée lorsqu'elle n'était pas encore sur le champ de bataille, cela lui fut bien moins possible devant les Anglais : la vue de l'ennemi produisit sur lui ce qu'elle produit sur tous les Français, l'ardeur du combat et la fureur guerrière. « Les voilà, s'écria-t-il, ces brigands qui ont occis mes pauvres peuples, gasté, ardé et essillé la France. Allons, Messeigneurs, barons, chevaliers, escuyers et bons hommes des communes, vengeons nos injures; oublions haines et rancunes passées, s'il y en a entre nous, et, courtois sans orgueil, portons-nous en cette bataille comme frères et parents. »

Quoiqu'il fut déjà trois heures de l'après-midi (26 août 1346), le signal est donné aux arbalétriers génois de commencer l'attaque : secrètement offensés des paroles outrageantes du frère du roi, ils demandent un moment de repos ; ils représentent qu'ils sont accablés de fatigue et de faim, que la pluie a détendu les cordes de leurs arbalètes, et qu'ils ne sont *mie ordonnés pour faire grand exploit de bataille.* Ces paroles étant rapportées au comte d'Alençon, il s'écrie : *On se doit bien charger de telle ribaudaille qui faille au besoin!* et il marche sur eux. Obligés d'aller au combat, les Génois commencèrent à *japer moult épouvantablement pour les Anglois esbahir.* Trois fois ils recommencèrent à crier, s'arrêtant entre chaque cri, puis courant vers l'ennemi. Au troisième cri, ils lancent leurs flèches, qui tombent sans effet.

Les archers anglais découvrent leurs arcs, qu'ils avaient tenus dans leur étui pendant la pluie, courbent ces arcs jusqu'aux empennons des flèches, et en décochent à la fois un si grand nombre, qu'elles ressembloient, disent les historiens, à de la neige ou à une grande ondée descendant sur les Génois. Ces Italiens se renversent sur les hommes d'armes du comte d'Alençon ; Grimaldi et Doria se font tuer en essayant de rallier leurs gens.

Philippe aperçut l'échauffourée, et, toujours poursuivi de l'idée de trahison, il s'écrie : « *Tuez, tuez cette ribaudaille qui nous empêche le chemin !* » Le comte d'Alençon fait sonner la charge, et passe, avec sa cavalerie, sur le ventre des Génois : percés de flèches anglaises, foulés aux pieds par nos hommes d'armes, ils coupent les cordes de leurs arbalètes, et se dispersent dans toutes les directions ; les archers ennemis tirent dans le plus épais de cette mêlée, et les cavaliers tombent abattus de loin avec leurs chevaux.

Le comte d'Alençon s'ouvre un passage à travers les archers génois en fuite et les archers anglais avançant, heurte la seconde ligne des troupes commandées par le jeune fils d'Édouard, perce encore cette infanterie, et se trouve en face des chevaliers du prince de Galles, qui le chargent à leur tour. Le comte de Flandre, avec son fils le dauphin Viennois et le duc de Lorraine, se détachant du corps de bataille français, accourent au partage de la gloire et des périls du comte d'Alençon. Les lances se croisent ; les épées remplacent les lances brisées. Tous ces rois, comtes, ducs, barons et chevaliers, au lieu de donner ensemble, combattent les uns après les autres. L'indépendance barbare dominait encore tous les esprits avec les idées romanesques ; on ne cherchait qu'à se faire une renommée particulière de vaillance, sans s'inquiéter du succès général. Jamais on ne vit plus de courage et moins d'habileté. La sérénité était revenue dans le ciel, mais au désavantage des Français, car ils avaient le vent et le soleil au visage. A mesure qu'ils trébuchaient, ils étaient égorgés à terre par les Gallois et les Irlandais.

Philippe, apercevant le comte d'Alençon au plus épais de la seconde division des Anglais, est saisi de crainte pour son frère. Il se tourne vers ses gens et leur dit : « Allons ! » et s'ébranle avec le corps de bataille. Aussitôt la seconde division ennemie descend de la colline, afin de soutenir le prince de Galles et d'arrêter le roi de France. La bataille se ranime.

Le prince de Galles, assailli par le comte d'Alençon, est au moment de succomber ; Warwick et Geoffroy d'Harcourt, qui avaient la garde du fils d'Édouard, envoient demander du secours à son père. « Si, dit Édouard au messager, mon fils est-il mort ou à terre, ou blessé qu'il ne puisse s'aider ? » Le chevalier répondit : « Nenny, sire, si Dieu plaist. » Le roi dit : « Or, retournez devers lui et devers ceux qui vous ont envoyé, et leur dites de par moi qu'ils ne m'envoyent meshuy quérir pour adventure qui leur advienne tant que mon fils soit en vie, et leur dites que je leur mande qu'ils laissent à l'enfant gagner ses éperons. Je veux, si Dieu l'a ordonné, que la journée soit sienne. »

Cette réponse, où la naïveté chevaleresque se mêle à la fermeté d'un vieux Romain, ranima le courage des deux maréchaux anglais. D'Harcourt devait être puni de la victoire qu'il remportait sur sa patrie, ainsi qu'il arrive à ceux qui s'obstinent à ces longues vengeances qui n'appartiennent qu'à Dieu. On avait dit à Geoffroy que la bannière du comte son frère avait été vue; il le cherchait pour le sauver; mais le comte n'avait point voulu survivre à la honte du triomphe de Geoffroy; il s'était fait tuer par les ennemis de la France.

Le roi de Bohême était à l'arrière-garde avec le duc de Savoie. On lui rendit compte des événements : « Et où est monseigneur Charles, mon fils? » dit-il. On lui répondit qu'il combattait vaillamment, en criant : « Je suis roi de Bohesme ! » qu'il avait déjà reçu trois blessures.

Le vieux roi, transporté de paternité et de courage, presse le duc de Savoie de marcher au secours de leurs amis; le duc part avec l'arrière-garde. On n'allait pas assez vite au gré du monarque aveugle, qui disait à ses chevaliers : « Compagnons, nous sommes nés en une mesme terre, sous un mesme soleil, elevés et nourris à mesme destinée, aussi vous proteste de ne vous laisser aujourd'hui tant que la vie me durera. » Quand on fut prêt à joindre l'ennemi, il dit à sa suite : « Seigneurs, vous estes mes amis; je vous requiers que vous me meniez si avant que je puisse ferir un coup d'espée. » Les chevaliers répondirent que « volontiers ils le feroient. Et adonc, afin qu'ils ne le perdissent dans la presse, ils lièrent son cheval aux freins de leurs chevaux et mirent le roi tout devant, pour mieux accomplir son desir, et ainsi s'en allerent ensemble sur leurs ennemis. »

Le roi de Bohême, conduit par ses chevaliers, pénétra jusqu'au prince de Galles. Ces deux héros, dont l'un commençait, et dont l'autre finissait sa carrière, essayèrent plusieurs passades de lance, pour illustrer à jamais leurs premiers et leurs derniers coups. La foule sépara ces deux champions, si différents d'âge et d'avenir, si ressemblants de noblesse, de générosité et de vaillance. « Le roi de Bohesme alla si avant qu'il ferit un coup de son espée, voire plus de quatre, et recombattit moult vigoureusement, et aussi firent ceux de sa compagnie; et si avant s'y bouterent sur les Anglois, que tous y demeurèrent et furent le lendemain trouvés sur la place autour de leur seigneur, et tous leurs chevaux liés ensemble; » vrai miracle de fidélité et d'honneur. Les Muses, qui sortaient alors du long sommeil de la barbarie, s'empressèrent, à leur réveil, d'immortaliser le vieux roi aveugle : Pétrarque le chanta, et le jeune Édouard prit sa devise, qui devint celle des princes de Galles ; c'étaient trois plumes d'autruche avec ces mots tudesques écrits alentour : *In riech*, JE SERS. Il n'appartenait qu'à la France d'avoir de pareils serviteurs.

Cependant le combat continuait ; mais le comte d'Alençon et le comte de Flandre ayant été tués, les hommes d'armes de ces princes commencèrent à plier : le frère de Philippe expiait par une fin digne de sa race les malheurs dont il était la cause première.

Tout à coup nos soldats croient entendre éclater la foudre, et se sentent frappés d'une mort invisible : Dieu lui-même semble se déclarer en faveur de leurs ennemis et lancer le tonnerre au milieu de la bataille. Pour la première fois le bruit du canon frappait l'oreille des Français ; ils frémirent. Ils eurent l'instinct des victoires nouvelles qu'ils devaient obtenir un jour par cette arme ; un nuage de fumée, déchiré par des feux rapides, couvrait leur gloire et leur malheur. Cette obscurité guerrière devait envelopper désormais ces hauts faits, ces grands combats, ce spectacle de sang, qui plaisaient tant au soleil et aux chevaliers.

Édouard avait placé six pièces de canon sur la colline : la poudre était déjà connue, mais on ne l'avait point encore employée dans une bataille. La guerre antique et la guerre moderne, le génie de Duguesclin et celui de Turenne, se rencontrèrent aux champs de Crécy. La lance, la flèche et le boulet atteignent à la fois le cheval et le cavalier ; l'oriflamme, l'étendard royal, les bannières diverses, hachés par le sabre, sont aussi traversés par ces blocs de fer qui percent aujourd'hui les drapeaux. De si grands monceaux d'armes, de cadavres et de chevaux s'élèvent, que ce qui est encore vivant reste assiégé, bloqué et immobile dans ces barricades mortes.

Tout expire, rois, princes, chevaliers, hommes d'armes, communiers. Au milieu de ce massacre, Philippe ne cherchait lui-même que le coup qui devait mettre fin à sa vie. Dès la première charge son cheval avait été tué sous lui : on vit tomber le monarque ; un cri s'éleva : « Sauvez le roi ! » Dernière ressource des Français, dernier sentiment qui les animait quand ils avaient tout perdu. Ce cri d'honneur, de dévouement, de tendresse et de douleur, fut entendu des ennemis ; il augmenta chez eux l'espoir de la victoire. Jean de Hainaut, qui était auprès de Philippe, parvint à grand'peine à le faire monter sur un autre cheval. Il l'engagea vainement à se retirer. Philippe, voulant toujours secourir son frère, déjà abattu, s'enfonce, sans rien écouter, dans les bataillons ennemis ; il reçoit deux blessures, l'une à la gorge, l'autre à la cuisse. Déjà le soleil était couché : le roi s'obstinait à mourir pour les Français morts pour lui ; Jean de Hainaut fut obligé de lui faire violence. Il saisit le cheval du monarque par le frein, et entraînant Philippe : « Sire, s'écria-t-il, retrayez-vous, il est temps ; ne vous perdez mie si simplement. Si vous avez perdu à cette fois, vous recouvrerez à une autre. »

La nuit, pluvieuse et obscure, favorisa la retraite de Philippe. Ce prince, entré sur le champ de bataille avec cent vingt mille hommes, en sortait avec cinq chevaliers : Jean de Hainaut, Charles de Montmorency, les sires de Beaujeu, d'Aubigny et de Montsault. Il arriva au château de Broye ; les portes en étaient fermées. On appela le commandant ; celui-ci vint sur les créneaux et dit : « Qui est là ? qui appelle à cette heure ? » Le roi répondit : « Ouvrez : c'est la fortune de la France ; » parole plus belle que celle de César dans la tempête, confiance magnanime, honorable au sujet comme au monarque, et qui peint la grandeur de l'un et de l'autre dans cette monarchie de saint Louis. Du château de Broye, Philippe se rendit à Amiens.

Il y avait déjà deux heures qu'il faisait nuit ; les Anglais ne se tenaient pas encore assurés du triomphe ; ils n'apprirent toute leur victoire que par le silence qu'elle répandit sur le champ de bataille. Inquiets de ne plus rien entendre, ils allumèrent des falots, et entrevirent à cette pâle lueur les immenses funérailles dont ils étaient entourés. Quelques mouvements muets indiquaient les restes d'une vie sans intelligence ; quelques blessés, sans parole ou sans cri, élevaient la tête et les bras au-dessus des régions de la mort : scène indéfinie et formidable entre la résurrection et le néant.

Édouard, qui pendant toute cette journée n'avait pas même mis son casque, descendit alors de la colline vers le prince de Galles, et lui dit : « Dieu vous doins (donne) persévérance ! vous estes mon fils. » Le prince s'inclina et s'humilia en honorant son père. Les luminaires élevés par les soldats éclairaient ces embrassements au milieu de tant de jeunes hommes privés pour jamais des caresses paternelles. Le fils et le petit-fils de la fille de Philippe le Bel avaient dans leurs veines de ce sang français qui souillait leurs pieds ; ils pouvaient aller raconter à leur mère, qui vivait encore, ce qu'ils avaient vu dans la vaste chambre ardente où gisaient les corps de ses parents et de ses amis.

Quand vint le jour, il faisait un brouillard si épais, qu'on voyait à peine à quelques pas devant soi. Les communes de Rouen et de Beauvais, une autre troupe commandée par les délégués de l'archevêque de Rouen et du grand prieur de France, mille lances conduites par le duc de Lorraine, ignorant ce qui s'était passé, s'avançaient au secours de

Philippe. Les Anglais plantèrent sur un lieu élevé les bannières tombées entre leurs mains : attirés par ces enseignes de la patrie, les Français venaient se ranger autour d'elles, et ils étaient égorgés; le duc de Lorraine, l'archevêque de Rouen, et le grand prieur de France périrent avec leurs gens.

Édouard voulut connaître l'étendue de son succès : Regnault de Cobham et Richard de Stanfort furent dépêchés pour compter les morts, avec trois hérauts pour reconnaître les armoiries, et deux clercs pour écrire leurs noms : ils revinrent le soir apportant le rôle funèbre.

Dans ces fastes de l'honneur, on trouvait inscrits, selon Froissard, onze cents chefs de princes, quatre-vingts bannerets, douze cents chevaliers d'un écu (servant de leur seule personne), et trente mille hommes d'autres gens. Quelques historiens disent qu'il périt trente mille hommes le jour de la bataille, et soixante mille le lendemain; exagération visible : on oublie toujours, dans ces calculs des anciennes batailles, le temps matériel qu'il fallait pour tuer quand on n'employait pas les machines de guerre, et alors surtout qu'on ignorait cette artillerie des temps modernes qui emporte des files de soldats à la fois. Trente mille Anglais (car il faut compter presque pour rien l'effet de six pièces de canon tirant un moment vers le soir, et vraisemblablement mal servies), trente mille Anglais auraient tué quatre-vingt mille Français dans cinq ou six heures à coups de flèches, de lances et d'épées; et ce n'est pas assez dire, car la division de l'armée ennemie, commandée par Édouard en personne, ne fut pas même engagée. Une lettre de Michel Northburgh, témoin oculaire, nous a été conservée par Robert d'Avesbury, dans son Histoire d'Édouard III [1]. Cette lettre réduit le nombre des hommes d'armes tués le jour de la bataille, à quinze cent quarante-deux, sans y comprendre *communes et pédailles* (gens de pied), et le lendemain à deux mille et plus. Northburgh nomme, ainsi qu'il suit, les principaux chefs tués dans les diverses actions : « Furent morts : le roi de Bohesme, le duc de Lorraine, le comte d'Alençon, le comte de Flandre, le comte d'Harcourt et ses deux fils (*particularité remarquable*), le comte d'Aumale, le comte de Nevers et son frère le seigneur de Thouars, l'archevesque de Sens, l'archevesque de Nismes, le haut prieur de l'hospital de France, le comte de Savoie, le seigneur de Morles, le seigneur de Guyes, le sire de Saint-Venant (*maréchal*), le sire de Rosingburgh, six comtes d'Allemagne, et tout plein d'autres comtes et barons, et autres gens et seigneurs dont on ne peut encore savoir les noms. Et Philippe de Valois, et le marquis qui est appelé l'éleu des

---

[1] *Voyez* cette lettre dans l'excellente édition de Froissard, par M. Buchon.

Romains (*Charles de Luxembourg, élu roi des Romains*), eschapperent navrés (*blessés*). » Cette lettre est datée devant Calais, le quatrième jour de septembre, neuf jours seulement après la bataille.

A ces illustres morts il faut ajouter le roi de Majorque, le comte de Blois, neveu du roi de France; les comtes de Sancerre et d'Auxerre, le duc de Bourbon, et les deux chefs des Génois, Grimaldi et Doria.

Les corps de ces seigneurs ayant été relevés par ordre d'Édouard, il les fit inhumer en terre sainte, au monastère de Mainteney près Crécy. Knighton et Walsingham assurent que les Anglais ne perdirent qu'un écuyer, trois chevaliers et très-peu de soldats : la victoire ne compte pas ses morts; qui triomphe n'a rien perdu.

La grande aristocratie française a éprouvé trois grandes défaites par les Anglais, Crécy, Poitiers, Azincourt; comme la grande aristocratie romaine perdit contre les Carthaginois les batailles de la Trébie, de Trasimène et de Cannes. Ces désastres qui nous ôtèrent du sang, non de la gloire, tournèrent en dernier résultat au profit de notre civilisation et de nos libertés. Il fut ouvert aux champs de Crécy une blessure dans le sein de la haute noblesse de France; blessure qui, élargie à Poitiers, à Azincourt et à Nicopolis, épuisa le corps aristocratique. Bientôt parut, après les déroutes de Philippe de Valois et de Jean son fils, une noblesse dont on n'avait presque point entendu parler, et qui succéda à la première, de même que la seconde noblesse franke s'était montrée après l'échec de Lother à la bataille de Fontenai. On avait méprisé la pauvreté des gentilshommes de province; on fut heureux de trouver leur épée : les Charny, les Ribaumont, les Duguesclin, les La Trémouille, les Boucicault, les Saintré, furent suivis des Pothon et des La Hire, et perpétuèrent cette race héroïque jusqu'à Bayard et au capitaine La Noue. Cette chevalerie seconde, non moins illustre, substituée aux grands barons, forma la transition entre l'armée aristocratique et l'armée plébéienne. Duguesclin commença l'art militaire moderne et la discipline; la Jacquerie et les Grandes Compagnies apprirent aux paysans qu'ils se pouvaient battre aussi bien que leurs seigneurs. Le ban et l'arrière-ban remplacèrent peu à peu la levée en masse des vassaux; ce ban et cet arrière-ban devinrent inutiles quand les troupes régulières s'établirent sous le règne de Charles VII. La royauté, ainsi que l'armée nationale, accrut sa force de l'affaiblissement même du corps aristocratique militaire : l'ancienne constitution de l'État s'altéra dans sa partie virtuelle, et la société marcha, par ce qui semblait un malheur, vers ce degré de civilisation où nous la voyons aujourd'hui. On peut dire que la couronne de France et la nation française furent trouvées sous les morts du champ de bataille de Crécy.

La dernière apparition des nobles comme soldats eut lieu à la bataille d'Ivry, dans ce corps de deux mille gentilshommes armés à cru depuis la tête jusqu'aux pieds. Vers la fin du règne de Henri IV la fureur des duels affaiblit ce qui restait de la seconde aristocratie. Enfin sous Louis XIII et sous Louis XIV, les gentilshommes ou servirent dans des corps privilégiés réputés nobles, ou devinrent les officiers de l'armée nationale. Dans cette nouvelle position ils ne manquèrent point à leur renom : les batailles livrées par Condé ou par Turenne attestent que si les gentilshommes avaient changé de fortune, ils n'avaient pas dégénéré de valeur. Aux champs de Clostercamp et à ceux de Fontenoy sous Louis XV, dans la guerre d'Amérique sous Louis XVI, la France n'eut point à rougir des d'Assas et des La Fayette. Quand, au commencement de la révolution, il ne resta plus au pauvre gentilhomme redevenu Frank que son épée, il l'alla porter aux pieds de ceux qui, selon ses idées, avaient le droit d'en requérir le service; il laissa la victoire pour le malheur. Si ce fut une faute, ce fut celle de l'honneur; et puisque la noblesse devait périr, mieux valait qu'elle trouvât sa fin dans le principe même qui lui avait donné la vie. Peu après éclatèrent les merveilles de l'armée plébéienne. Aujourd'hui si la France parvient à généraliser le système des gardes nationales, elle détruira celui des armées permanentes, elle rétablira les anciennes levées en masses des communes ; les convocations du ban et de l'arrière-ban plébéiens remplaceront les convocations du ban et de l'arrière-ban nobles; la démocratie fera ce qu'avait fait l'aristocratie. Les hommes tournent dans un cercle, et reproduisent incessamment les mêmes institutions dans un autre esprit, et sous des noms divers.

SOMMAIRE. — Philippe, arrivé à Amiens, essaye inutilement de rassembler de nouveaux soldats pour donner une seconde bataille. — Il veut faire pendre Godemar du Fay, et il est détourné de ce dessein par Jean de Hainaut. — Geoffroy d'Harcourt vient, la touaille au cou, se jeter aux pieds de Philippe, qui lui pardonne. — Édouard met le siège devant Calais : le duc de Normandie lève celui d'Aiguillon. — Les Anglais de la Guyenne envahissent tout le pays jusqu'à la Loire. — Continuation de la guerre en Bretagne. — Héroïsme de Geoffroy de Pontblanc dans Lannion. — Charles de Blois est fait prisonnier au siège de la Roche de Rieu. — Mort du vicomte de Rohan, des seigneurs de Chateaubriand et de Roye, des sires de Laval, de Tournemine, de Rieu, de Boisboissel, de Machecou, de Rosterner, de Lohéac, et de La Jaille. — Bataille de Neville, où David Bruce, roi d'Écosse, est fait prisonnier par la reine d'Angleterre. — Accroissement des taxes. — Augmentation et altération des monnaies. — Multitude de pensions assignées sur le trésor en qualité de fief, — Aventure de Louis de Male, comte de Flandre, fils de Louis, tué à la bataille de Crécy. — Gauthier de Mauny obtient un sauf-conduit pour traverser la France et se rendre de la Guyenne au camp d'Édouard qui assiégeait Calais. — Caractère du temps : la foi religieuse se fait sentir dans la foi politique ; ce n'est pas la civilisation intellectuelle de l'espèce, mais la civilisation de l'individu. La politesse du haut rang fait disparaître la barbarie, et le fanatisme de l'honneur chevaleresque tient lieu de la vertu du citoyen. — Philippe marche au secours de Calais, qui ressentait les horreurs de la famine. — Joie des Calaisiens lorsque, du haut de leurs remparts, ils aperçoivent l'armée de Philippe marchant la nuit en ordre de bataille au clair de la lune. — Leur douleur quand elle s'éloigne sans les avoir pu secourir.

FRAGMENTS.

REDDITION DE CALAIS.

Les habitants de la ville abandonnée aperçurent du haut de leurs remparts la retraite du roi ; ils poussèrent un cri comme des enfants délaissés par leur père : « *Ils estoient en si grande douleur et detresse que le plus fort d'entre eux se pouvoit à peine soutenir.* » Convaincus qu'il n'y avait plus de secours à attendre, ils allèrent trouver Jean de Vienne, et le prièrent d'ouvrir des négociations avec Édouard.

Le gouverneur monte aux créneaux des murs de la ville, et fait signe aux ennemis qu'il désirait pourparler ; de quoi le roi d'Angleterre étant instruit, il envoya Gauthier de Mauny et sire Basset ouïr les propositions de Jean de Vienne. Quand ils furent à portée de la voix : « Chiers seigneurs, s'écria le vieux capitaine, vous estes moult vaillants chevaliers en faict d'armes. Vous savez que le roy de France, que nous tenons à seigneur, nous a ici envoyés pour garder cette ville et chastel : nous avons fait ce que nous avons pu. Or, tout secours nous a manqué. Nous n'avons plus de quoi vivre ; il faudra que nous mourions tous de faim si le gentil roy, votre seigneur, n'a merci de nous. Laquelle chose lui veuillez prier en pitié, et qu'il nous laisse aller tout ainsi que nous sommes. »

— « Jean, répondit Gauthier de Mauny, ce n'est mie l'entente de monseigneur le roy que vous vous en puissiez aller ainsi. Son intention est que vous vous mettiez tous à sa pure volonté, pour rançonner ceux qu'il lui plaira, ou pour vous faire mourir. »

Le gouverneur repartit : « Gauthier, ce seroit trop dure chose pour nous. Nous sommes céans un petit nombre de chevaliers et escuyers qui loyalement avons servi le roy de France, notre souverain sire, comme vous feriez le vostre en pareil cas. Nous avons enduré maint mal et mesaise, mais nous sommes resolus à souffrir ce qu'oncques gens d'armes ne souffrirent, plutost que de consentir que le plus petit garçon de la ville eust autre mal que le plus grand de nous. Nous vous prions donc par votre humilité d'aller devers le roi d'Angleterre. Nous esperons en lui tant de gentillesse, qu'à la grace de Dieu son propos changera. »

Les deux chevaliers anglais retournèrent vers leur maître et lui rapportèrent les paroles du gouverneur. Édouard, irrité de la longue résistance de la place et remémorant les avantages que les habitants de Calais avaient obtenus sur les Anglais dans les combats de mer, voulait tous les mettre à mort. Mauny, aussi généreux qu'il était brave, osa représenter au roi que, pour avoir été loyaux serviteurs envers leur prince, ces Français ne méritaient pas d'être ainsi traités; que Philippe, quand il prendrait quelque ville, pourrait user de représailles. « Enfin, ajouta-t-il, vous pourriez bien, Monseigneur, avoir tort; car vous nous donnez un très-mauvais exemple. » Les barons et les chevaliers anglais qui étaient présents furent de l'opinion de Gauthier. « Eh bien ! seigneurs, s'écria Édouard, je ne veux mie estre seul contre vous tous. Sire Gauthier, allez dire au capitaine de Calais qu'il me livre six des plus notables bourgeois de la ville; qu'ils viennent la teste nue, les pieds deschaussés, la hart au cou, les clefs de la ville et du chasteau dans leurs mains : je ferai d'eux à ma volonté, je prendrai le reste à mercy. »

Mauny porta cette réponse à Jean de Vienne, qui était resté appuyé aux créneaux. Jean pria Mauny de l'attendre pendant qu'il allait instruire les bourgeois de la proposition d'Édouard. Il fait sonner le beffroi : hommes, femmes, enfants, vieillards, se rassemblent aux halles. Le gouverneur leur raconte ce qu'il a fait, et quelle est la dernière volonté du roi d'Angleterre.

Un silence profond règne d'abord dans l'assemblée : tous les yeux cherchent les six victimes qui doivent racheter de leur sang la vie du reste des citoyens. Bientôt les sanglots éclatent dans cette foule à moitié consumée par la faim; « lors commencèrent à plorer toute maniere de gens, et à mener tel deuil qu'il n'est si dur cœur qui n'en eust pitié, et mesmement messire Jehan (le vieux gouverneur) en larmoyoit tendrement. » Il fallait une prompte réponse, le temps accordé s'écoulait; un homme se lève; le lecteur l'a déjà nommé : Eustache de Saint-Pierre. Sa grande fortune, la consideration dont il jouissait, le rendaient *notable,* et lui donnaient les conditions requises pour mourir. L'histoire nous a transmis son discours, paroles saintes auxquelles on ne doit rien changer : « Seigneurs, grands et petits, grand' pitié et grand meschef seroit de laisser mourir un tel peuple qui cy est, par famine ou autrement, quand on y peut trouver aucun moyen, et seroit grand'aumône et grand'grâce envers Nostre Seigneur qui de tel meschef les pourroit garder. J'ai si grande espérance d'avoir pardon de Nostre Seigneur, si je meurs pour ce peuple sauver, que veux estre le premier, et mettrai volontiers en chemise, à nu chef et la hart au cou, en la mercy du roi d'Angleterre. »

« Quand sire Eustache eut dit ces paroles, chacun alla l'adorer de pitié, et plusieurs hommes et femmes se jetoient à ses pieds en plorant tendrement. »

La vertu est contagieuse comme le vice : à peine Eustache eut-il cessé de parler, que Jean d'Aire, qui avait deux *belles demoiselles à filles*, déclara qu'*il feroit compagnie à son compere*. Jacques et Pierre de Wissant, frères, dirent à leur tour qu'ils *feroient compagnie* à leurs cousins, Eustache de Saint-Pierre et Jean d'Aire, aussi magnanimes qu'Eustache dans leur sacrifice ; car s'ils n'en eurent pas la première pensée, ils se dévouaient à une mort dont lui seul devait recueillir l'honneur. En effet, les noms de Jean d'Aire, de Pierre et Jacques de Wissant sont presque ignorés, et tout le monde sait celui d'Eustache de Saint-Pierre. Et c'est pour cela que parmi les six victimes, les deux seules qui n'ont pas de désignation dans nos chroniques doivent être réputées les plus illustres ; tout Français doit leur tenir compte de l'oubli de l'histoire ; tout Français doit rendre un tribut d'hommages à ces immortels sans noms, comme les anciens élevaient des autels aux dieux inconnus.

Les annales de Calais assurent que les deux derniers candidats pour la mort furent tirés au sort parmi plus de cent qui se proposèrent après les quatre premiers, et un écrivain conjecture que ce grand nombre de concurrents est peut-être ce qui a empêché les noms des deux derniers bourgeois de parvenir jusqu'à nous ; ils se seront perdus dans la gloire commune de ces Décius. Une autre version, sans autorité, veut qu'Édouard eût demandé huit personnes, quatre chevaliers et quatre bourgeois.

Récemment blessé, accablé par les ans, les infirmités, la douleur et la fatigue, Jean de Vienne, se pouvant à peine soutenir, monte sur une petite haquenée, et escorte les six bourgeois jusqu'aux portes de la ville. Ceux-ci marchaient en chemise, la tête et les pieds nus, la hart au cou, ainsi que l'avait exigé Édouard, et tels que les prêtres, à cette époque, s'avançaient suivis du peuple dans les calamités publiques, pour offrir un sacrifice expiatoire. Eustache et ses compagnons portaient les clefs de la ville; « chacun en tenoit une poignée. Les femmes et les enfants d'iceux tordoient leurs mains et crioient à haute voix très amerement. Ainsi vinrent eux jusqu'à la porte, convoqués en plaintes, en cris et pleurs : » spectacle que n'avait point vu le monde depuis le jour où Régulus sortit de Rome pour retourner à Carthage. Le gouverneur remit Eustache de Saint-Pierre, Jean d'Aire, Pierre et Jacques de Wissant et les deux inconnus entre les mains du sire de Mauny, les recommandant à sa courtoisie : « Messire Gauthier, je vous delivre comme capitaine de Calais, par le consentement du povre peuple de ceste ville, ces six bourgeois. Si vous prie, gentil sire, que vous veuilliez prier pour eux au roy d'Angleterre, que ces bonnes gens ne soient mis à mort. »

Adonc fut la barrière ouverte, et les six bourgeois furent conduits à Édouard à travers le camp ennemi. Selon Thomas de la Moore et Knighton, le gouverneur de Calais accompagna, avec une partie de la garnison, les prisonniers, et remit lui-même les clefs de la ville au roi d'Angleterre. Les comtes, les barons et les chevaliers qui environnaient le roi d'Angleterre, saisis d'admiration au récit de Gauthier de Mauny, invitaient par un murmure Édouard à égaler la générosité de ces citoyens. Le monarque demeure inflexible : « Il se tint tout coi et regarda moult fellement (cruellement) les bourgeois; car moult hayssoit les habitants de Calais pour les grands dommages et contraires qu'au temps passé sur mer lui avoient faits. »

Il ordonna de couper la tête aux prisonniers. « Ah! gentil sire, s'écria Gauthier de Mauny, veuillez refrener vostre courage !... Si vous n'avez pitié de ces gens, toutes autres gens diront que ce sera grande cruauté que vous fassiez mourir ces honnestes bourgeois qui se sont mis en vostre mercy pour les autres sauver. »

« A ce point grigna (grinça) le roy les dents et dit : Messire Gauthier, souffrez-vous (taisez-vous), et il ordonna de faire venir le coupe-teste. »

La reine d'Angleterre se trouvait alors dans le camp; elle était enceinte, et « elle ploroit si tendrement de pitié qu'elle ne se pouvoit soutenir. Si se jetta à genoux par devant le roy son seigneur, et dit : « Ah! gentil sire, depuis que je repassai la mer en grand péril, je ne vous ai rien requis ni demandé. Or vous prié-je humblement que, pour le fils de sainte Marie et pour l'amour de moi, vous veuilliez avoir de ces six hommes mercy. »

« Le roi attendit un petit à parler, et regarda la bonne dame sa femme qui ploroit à genoux moult tendrement. Si lui amollia le cœur et si dit : « Ah! dame, j'aimerois trop mieux que vous fussiez autre part que cy... Tenez, je vous les donne : si en faites vostre plaisir. » La bonne dame dit : « Monseigneur, très grands mercis. »

« Lors se leva la reine et fit lever les six bourgeois et leur ostoit les chevestres (cordes) d'entour leur cou, et les emmena avec elle dans sa chambre, et les fit revestir et donner à disner à toute aise, et puis donna à chacun six nobles, et les fit conduire hors de l'ost à sauveté. »

Édouard prit possession de Calais. « Il y chevaucha à grand'gloire avec les barons et les chevaliers avec si grand foison de menestriers, de trompes, de tambours, de chalumeaux et de musettes, que ce seroit merveille à recorder. » On ne retint dans la ville que trois Français, « un prestre et deux autres anciens hommes bons coutumiers des lois et ordonnances de Calais, et fut pour enseigner les héritages, voulant le roi repeupler la ville de purs Anglois. Ce fut grand pitié quand les grands bourgeois et les nobles bourgeoises et leur beaux enfants furent contraints de guerpir (quitter) leurs beaux hostels, leurs heritages, leurs meubles et leurs avoirs, car rien n'emporterent. »

On croit lire une page de l'histoire des plus beaux temps de la république romaine, placée par aventure et comme par méprise au milieu de l'histoire de la chevalerie. Les vertus civiles d'Eustache de Saint-Pierre, de Jean d'Aire et des deux Wissant contrastent avec les vertus militaires des Ribaumont, des Charny et des Mauny : deux sociétés opposées se présentent ensemble, et toutes les deux font honneur à l'espèce humaine.

Calais fut repeuplé d'anglais. Édouard y établit trente-six familles bourgeoises des plus riches, et trois cents autres personnes de moindre état. Les franchises accordées à cette ville y attirèrent une foule d'habitants. Édouard donna les meilleures maisons de la cité à quelques-uns de ses chevaliers, tels que Mauny, Cobham, Stanfort et Barthélemy de Burghersh : la reine Philippe eut, pour sa part, l'héritage de Jean d'Aire. Quelques Français obtinrent aussi des propriétés à Calais. Eustache de Saint-Pierre rentra dans la possession d'une partie de ses biens, et obtint de plus une pension considérable.

Un esprit de dénigrement se répandit parmi nous vers la fin du dernier siècle ; on se plaisait à rabaisser les actions héroïques ; de même qu'on ne voulait plus de la religion de nos aïeux, on était incrédule à leur gloire. On n'eut pas plus tôt découvert qu'Eustache de Saint-Pierre avait reçu une pension d'Édouard, qu'on triompha de cette découverte : on remarqua que les historiens anglais gardaient le silence sur les faits racontés par Froissard au sujet de la reddition de Calais, et l'on voulut douter de ces faits. Mais n'avait-on pas vu tout le siècle d'Auguste se taire sur Cicéron ? Les largesses d'Édouard pour Eustache de Saint-Pierre ne sont-elles pas un nouvel hommage rendu au dévouement de ce grand citoyen ? L'estime qu'il inspira aux ennemis de la France doit-elle diminuer celle que nous lui devons ? Malheur à qui va chercher dans la vie privée d'un homme des raisons de moins admirer ses actions publiques! A coup sûr, ce ravaleur des vertus ne fera jamais lui-même des actions dignes d'être racontées.

Une injustice de la même nature avait commencé plus tôt pour Philippe de Valois : Froissard et le continuateur de Nangis avaient assuré que les habitants de Calais errèrent dans la France sans récompense et sans asile, en mendiant le pain de la charité. Philippe ne fut point coupable de cette ingratitude ; deux ordonnances de ce roi, et d'autres ordonnances de Jean et de Charles, ses successeurs immédiats, accordent aux Calaisiens des places, des priviléges et des propriétés. L'ordonnance du 8 septembre 1347 mentionne une concession remarquable. Philippe livre aux Calaisiens chassés de leurs foyers tous les biens et héritages qui pourraient lui échoir par quelque raison que ce fût ; ainsi le monarque donnait à ses sujets ses propres biens en échange des biens qu'ils avaient perdus : ce talion qu'il s'imposait, non pour le crime, mais pour le malheur, est dans un esprit touchant d'égalité et de justice. Calais ne devait être rendu à la France qu'en 1558, par François de Guise, homme destiné à faire disparaître la dernière trace des maux qu'Édouard avait faits à la France, et à en commencer de nouveaux.

SOMMAIRE. — Trèves continuées à diverses reprises jusqu'à la mort de Philippe. — Famine et peste générale. — Massacre des Juifs. — Flagellants. — Tentative sur Calais. — Combat singulier d'Édouard et d'Eustache de Ribaumont. — Le dauphin d'Auvergne abandonne ses États à Philippe ; le Roussillon, la Cerdagne et la seigneurie de Montpellier lui avaient déjà été cédés par Jacques, roi de Majorque. — Le pape achète Avignon de la reine Jeanne de Naples. — Philippe épouse en secondes noces Blanche, fille de Philippe, roi de Navarre, qu'il avait d'abord destinée à son fils Jean, duc de Normandie, devenu veuf. — Philippe meurt comme Louis XII, victime de sa passion pour la jeune reine qui, prolongeant sa vie jusqu'à un âge très-avancé, vit la désolation de la France commencer sous le roi Jean, finir sous Charles V, et recommencer sous Charles VI.

FRAGMENTS.

MORT DU ROI.

Philippe, étant sur son lit de mort, fit appeler ses fils, le duc de Normandie et le duc d'Orléans. Dans ce moment où toutes les illusions s'évanouissent, où il ne reste que le souvenir du bien ou du mal qu'on a fait, le roi protesta de son bon droit dans la guerre qu'il avait été obligé de soutenir, et de ses titres légitimes à la couronne. « Mon fils, dit-il au duc de Normandie, qui fut son successeur, défendez donc courageusement la France après ma mort. Il arrive quelquefois, comme j'en ai fait l'expérience, que ceux qui combattent pour une chose juste éprouvent des revers ; mais ils doivent mettre leur espoir en Dieu, qui ne permet pas que le règne de l'iniquité soit durable. Aimez-vous, mes fils ; maintenez la justice et soulagez les peuples. »

Un roi qui craint que ses revers ne le fassent regarder comme coupable, qui se croit obligé de prouver à son successeur la justice de ses droits malgré le peu de succès de ses armes, eût également confessé l'injustice de ces mêmes droits et les châtiments mérités d'une ambition criminelle. Et cette confession, à qui était-elle faite, à qui rappelait-elle les voies impénétrables de la Providence ? à ce roi Jean, que l'adversité marquait déjà de son sceau, adversité qui néanmoins ne devait pas perdre la France ; car Dieu *ne permet pas que le règne de l'iniquité soit durable.*

Le premier des Valois alla, le 22 août 1350, porter sa cause aux pieds de celui qui donne et retire les royaumes à sa volonté, laquelle n'est autre que le pouvoir éternel et l'infaillible justice.

JEAN II.

Depuis son avénement à la couronne jusqu'à la bataille de Poitiers.

De 1350 à 1356.

Philippe VI, dit de Valois, laissa le sceptre à son fils Jean, second du nom ; car on compte un fils de Louis X, Jean Ier, qui ne vécut que cinq jours. Louis XVII, enfant, a pareillement été placé au nombre de nos monarques. La loi salique était en ce point d'accord avec le caractère national : en France, l'innocence et le malheur n'excluent pas de la couronne.

Jean avait reçu une éducation aussi bonne que celle de son père avait été négligée ; il aima et protégea les lettres autant que Philippe les méprisait : c'est à ses ordres que nous devons les premières traductions de Tite-Live, de Salluste, de Lucain, et des *Commentaires de César*. Il chercha et récompensa le mérite ; il sentait par le cœur ce qu'il ne voyait pas par l'esprit. Il eut à la fois ces défauts et ces qualités propres à perdre les empires : l'impétuosité de caractère et l'irrésolution d'esprit ; le courage, qui ne consulte que l'honneur, et la magnanimité, qui sacrifie tout à l'accomplissement de sa parole. Dans un temps où la justice était en France la liberté, il protégea la justice. En amitié, il n'y eut point d'homme plus fidèle ; mais on pardonne rarement aux rois d'avoir des amis ou de n'en avoir pas.

A Reims, le 26 septembre 1350, Jean se para de la couronne qui devait orner son cercueil à Londres. Le jour de son sacre il arma chevaliers des princes et des gentilshommes qui ne devaient plus remettre dans le fourreau l'épée qu'ils prirent de sa main. La pompe fut superbe, la dépense prodigieuse ; chaque nouveau chevalier reçut, selon l'usage, aux frais du roi, les habits de la cérémonie : fourrures précieuses, double tenture d'or et de soie. Paris s'émut à l'aspect de son monarque. Les rues furent tapissées ; les artisans divisés en corps de métiers, les uns à pied, les autres à cheval, étaient vêtus d'une manière uniforme, mais différente pour chaque confrérie. Les fêtes durèrent huit jours : une exécution sanglante mit fin à ces joies funestes.

Jean fait décapiter le comte d'Eu, connétable de France, nouvellement revenu, sur parole, de sa prison d'Angleterre. Il fut dit, mais sans preuves, que le connétable trahissait sa patrie, à l'exemple de tant de Français.

SOMMAIRE. — La trêve conclue avec l'Angleterre sous le règne précédent est confirmée par les soins du pape ; elle est prorogée à diverses reprises pendant trois années. — Néanmoins les hostilités ne cessent jamais tout à fait dans la Guyenne et dans la Bretagne. — Combat des Trente. — Création de l'ordre de l'Étoile. — Surprise du château de Guines par Édouard, qui disait que les trêves étaient marchandes. — Recherches inutiles, par la chambre des comptes, des malversations financières. — Jean pris pour juge dans une querelle d'honneur entre le duc de Brunswick et le duc de Lancastre. — Mort du pape Clément VI. — Premier crime du roi de Navarre.

FRAGMENTS

DU ROI DE NAVARRE.

Le troisième fléau de sa patrie, Charles le Mauvais, monte sur la scène après Robert d'Artois, déjà disparu, et Geoffroy d'Harcourt, qui va disparaître. Il était, comme on l'a déjà dit, fils de Jeanne, fille de Louis le Hutin, reine de Navarre, et de Philippe, comte d'Évreux, prince du sang : par l'héritage maternel, il possédait un État important vers les Pyrénées ; par l'héritage paternel, des terres, des villes, des châteaux en Normandie. Sa puissance s'accrut encore : il devint gendre du roi, qui lui donna pour accordée, en attendant mariage, sa fille Jeanne, âgée de huit ans. Plus Charles s'approchait du trône, plus il semblait l'envier et le haïr. Si la loi salique avait été rejetée, le roi de Navarre eût eu à ce trône des prétentions mieux fondées que celles d'Édouard, puisqu'il était fils d'une fille de Louis le Hutin, et qu'Édouard ne descendait que d'une fille de Philippe le Bel. C'est ce qui fit qu'Édouard ne secourut Charles qu'autant qu'il le fallut pour désoler la France, pas assez pour le faire triompher.

Charles le Mauvais mérita son nom : esprit inquiet, âme noire, impuissant dans les forfaits comme dans les débauches, ses qualités étaient avortées comme ses vices. L'histoire parle de sa beauté, de sa libéralité, de son éloquence, de sa bravoure, et cela ne le conduisit à rien : les monstres adorés au bord du Nil portaient aussi une parure.

Son caractère est tout à part au milieu des caractères de son siècle : Charles était moins un chevalier qu'un de ces petits tyrans alors oppresseurs des républiques d'Italie. Il naquit, comme Marcel, pour ces troubles civils qui allaient annoncer l'apparition de la nation dans ses propres affaires, et une révolution dans les mœurs.

La charge de connétable de France avait été donnée, après l'exécution du comte d'Eu, à Charles d'Espagne, frère de Louis d'Espagne. Ce jeune étranger, connu sous le nom de La Cerda, est le premier de cette race de favoris qui s'attacha aux Valois, comme une branche bâtarde de leur famille. On accusa La Cerda d'avoir poussé Jean à un acte de rigueur, afin de s'emparer des dépouilles de la victime. Que cette accusation fût fondée ou non, Charles d'Espagne devint odieux aussitôt qu'il eut pris l'épée de connétable. On pardonne quelquefois à celui qui verse le sang, jamais à celui qui en reçoit le prix.

SOMMAIRE — Charles le Mauvais, jaloux de La Cerda, le fait assassiner. — Il passe de l'assassinat à la trahison, se lie avec l'Angleterre, et entraîne dans ses projets le comte d'Harcourt et Louis son frère. — Traité honteux pour le roi Jean, conclu à Mantes, et pardon solennel accordé au roi de Navarre. — Celui-ci se brouille de nouveau. — Autre traité conclu à Valogne presque aussi honteux que celui de Mantes. — La trêve avec l'Angleterre expire. — Édouard aborde à Calais, et entre pour la première fois en France par la porte dont il tenait les clefs. — Il retourne en Angleterre, rappelé par une invasion des Écossais. — Charles le Mauvais séduit Charles le Dauphin, âgé de dix-sept ans, et qui devient Charles le Sage. — Il l'engage à fuir de la cour sous prétexte que le roi Jean lui préférait ses autres fils. — Le Dauphin, saisi de remords, révèle le secret à son père. — Jean, bien qu'il eût accordé de nouvelles lettres de grâce au roi de Navarre, se détermine à se venger de lui. — Convocation des états.

FRAGMENTS.

LES TROIS ÉTATS.

En moins de cinquante ans, depuis la première convocation régulière des états jusqu'à la convocation de ces états sous le roi Jean, les principes politiques se développèrent avec une force et une clarté qu'il aurait été impossible de prévoir. Si le royaume eût été un corps compacte; si des vassaux n'avaient pas exercé la souveraineté dans les provinces par eux possédées; si une guerre d'invasion n'avait pas détourné les esprits de la politique, il est probable que les trois états se fussent fondés comme le parlement d'Angleterre. Les états de 1355 et ceux qui les suivirent eurent des idées beaucoup plus nettes des droits d'une nation que le parlement britannique n'en avait alors. On ne sait où des bourgeois à peine émancipés, où des prélats et des seigneurs féodaux avaient pu puiser des notions si claires du gouvernement représentatif au milieu des préjugés du temps, de l'obscurité et du chaos des lois : la promptitude de l'esprit français supplée à l'expérience des siècles.

Il est vrai que des malheurs, ces puissants maîtres de la race humaine, hâtèrent le développement de la vérité sous le règne de Jean et pendant la régence de son fils. Un grand fait se présente partout dans l'histoire : jamais les peuples ne sont entrés en jouissance de leurs droits qu'en passant à travers des maux inhérents aux révolutions combattues. Ces révolutions sont en vain accomplies au fond des mœurs; en vain elles sont devenues inévitables comme les productions naturelles du temps; les chefs des empires refusent de reconnaître que le temps est venu. Les intérêts particuliers font résistance aux intérêts généraux; la lutte commence et devient plus ou moins sanglante, selon le mouvement des passions, le caractère des individus, les hasards et les accidents de la fortune. Déplorons les calamités que tout changement amène, mais apprenons de l'histoire qu'elles sont des nécessités auxquelles les hommes ne peuvent se soustraire. Quand les révolutions s'accompliront-elles sans efforts et sans injustices? Quand les lumières seront-elles assez répandues, la civilisation assez complète pour que peuples et rois se cèdent mutuellement ce qu'ils ne doivent se dénier ni se ravir? C'est le secret de Dieu.

Les états de la langue d'oil, c'est-à-dire du pays coutumier, dans lequel on reconnaissait pourtant le Lyonnais, quoique pays de droit écrit, s'assemblèrent dans la grand'chambre du parlement, à Paris, le 2 décembre de l'année 1355. L'archevêque de Rouen, Pierre de Laforest, chancelier de France, ouvrit l'assemblée par un discours qu'il prononça au nom du roi; il exposa les besoins du royaume; il déclara que le roi était prêt à abandonner l'altération des monnaies, si les états trouvaient le moyen de remplacer cette sorte de taxe par un subside équivalent. Fixez au règne des Valois la naissance de l'impôt.

Jean de Craon, archevêque de Reims, au nom du clergé; Gauthier de Brienne, duc d'Athènes, au nom de la noblesse; Étienne Marcel, prévôt des marchands de Paris, au nom du tiers état, protestèrent de leur dévouement et de leur fidélité au roi. Ils demandèrent la permission de se retirer, afin de délibérer entre eux sur les subsides à accorder et sur la réforme des abus.

Leur première déclaration fut ainsi conçue : Aucun règlement n'aura force de loi qu'autant qu'il sera approuvé par les trois ordres; l'ordre qui aura refusé son consentement ne sera pas lié par le vote des deux autres. Cette déclaration rend tout à coup le tiers état l'égal du clergé et de la noblesse. La liberté dépasse déjà la limite de la monarchie constitutionnelle ; car la majorité absolue des suffrages est reconnue aujourd'hui bastante à l'achèvement de la loi : par le décret des états, il suffisait d'un ordre corrompu ou factieux pour arrêter le mouvement du corps politique.

Il n'est pas dit que le roi fût appelé à donner sa sanction à ce décret constituant des états de 1355 ; ainsi le principe du pouvoir de la couronne, tel que nous l'admettons maintenant, était ignoré ; mais cela est moins étonnant que la force acquise du tiers état : il n'y avait pas deux siècles qu'il était encore esclave, et il n'y avait pas deux siècles que le roi n'était rien au milieu des grands vassaux. La liberté revient aux sociétés par tous les canaux, comme le sang remonte au cœur par toutes les veines.

Ce point obtenu, on le paya au roi Jean d'un vote qui mit à sa disposition trente mille hommes d'armes, ce qui devait composer un corps de quatre-vingt-dix mille combattants : on ne comptait point dans ce nombre les communes, infanterie de l'armée. Un impôt sur le sel, un autre de huit deniers sur toutes les choses vendues, excepté sur les ventes d'héritages, devaient, pendant l'espace d'une année, fournir une somme de 50,000 liv. par jour, somme jugée équipollente à l'entretien de trente mille hommes d'armes. Les états se réservaient le choix des personnes commises à la levée et à la régie de l'imposition, dont personne, pas même le roi et la famille royale, ne devait être exempt.

Le roi rendit, le 28 décembre 1355, une ordonnance conforme à la délibération des états. Il promettait de ne point toucher à l'argent levé pour la guerre, de le laisser distribuer aux hommes d'armes par une commission des députés des états, ce qui livrait le pouvoir exécutif au pouvoir législatif. Le roi s'engageait en outre à fabriquer des monnaies fortes et stables, à renoncer dans les voyages, pour lui, sa maison et les grands officiers de bouche et de guerre, aux réquisitions de blé, de vin, de vivres, de charrettes, de chevaux, que les paysans étaient obligés de fournir. Défense à tout créancier de transporter sa dette à une personne privilégiée ou plus puissante que lui. Ordre à toute juridiction de ressortir aux juges ordinaires. Nombre des sergents restreint comme abusif, et injonction auxdits sergents de ne rien exiger au delà de leur salaire. Commerce interdit à tout juge et officier judiciaire dans quelque espèce de tribunal que ce fût. Toutes les ordonnances en faveur des laboureurs confirmées.

Quant aux choses militaires, le roi baillait parole de ne plus convoquer l'arrière-ban sans une nécessité évidente, et d'après l'avis des états, si faire se pouvait. Les fausses montres étaient défendues sous des peines rigoureuses : les chevaux devaient être marqués pour être reconnus dans les revues, et afin que la solde ne fût pas payée à un homme d'armes deux ou trois fois pour le même cheval. Les capitaines étaient rendus responsables des désordres commis par leurs soldats. Les troupes ne pouvaient s'arrêter plus d'un jour dans les villes sur leur passage; si elles y demeuraient plus longtemps, on serait libre de leur refuser l'étape et de les contraindre à passer outre. Le roi s'obligeait enfin à ne conclure ni paix ni trêve, que d'accord avec une commission des trois ordres des états.

Telle fut cette ordonnance que l'on a comparée, sous certains rapports, à la grande charte de cet autre roi Jean, d'Angleterre, première source de la liberté britannique : par les choses que cette ordonnance défend, on apprend ce qui avait été permis. Mais les états de 1355 devançaient en principes politiques et administratifs les lumières de leur siècle; ils changeaient la nature de la monarchie. Aussi ne resta-t-il rien, pour le moment, de ces essais salutaires; les temps et les malheurs firent avorter, dans un sol encore mal préparé, ces germes d'une civilisation trop hâtive.

SOMMAIRE. — Le roi va à Rouen arrêter de sa propre main le roi de Navarre dans un banquet. — Il fait exécuter devant lui le comte d'Harcourt, le seigneur de Graville, Maubué de Mainant et Olivier Doublet. — Le roi de Navarre, fait prisonnier, est conduit à la tour du Louvre ou au château Gaillard, et de là au Châtelet.

FRAGMENTS.

BATAILLE DE POITIERS.

Les fautes du roi sont frappantes : sa colère l'aveugle et passe plus vite que sa bonté, qui revint trop tôt pour épargner le seul coupable qu'il eût fallu punir; il se croit sûr de sa justice, et il est arrêté au milieu de l'exécution par sa miséricorde; il viole assez les lois pour faire haïr la couronne, pas assez pour la sauver; il prouva qu'un honnête homme ne peut devenir un mauvais roi, et qu'après tout il n'est pas si aisé d'être un tyran. Les erreurs qui, comme celles de Jean, sont sensibles, donnent aux esprits vulgaires l'occasion d'étaler des lieux communs de morale, et aux méchants un sujet de triomphe : les clameurs furent universelles; Philippe de Navarre, frère de Charles, Geoffroy d'Harcourt, le fameux traître pardonné, oncle du comte décapité, soulèvent la Normandie; ils se livrent au roi d'Angleterre, le reconnaissent pour roi de France, jurent de le seconder dans la conquête de ce royaume, et lui font hommage de leurs domaines. Édouard, de son côté, agit comme il avait fait autrefois à la mort des seigneurs bretons ; il envoie à toutes les cours de la chrétienté un manifeste déclarant : « Que les gentilshommes décapités ou emprisonnés par Jean, se disant roi de France, avaient été traîtreusement frappés ; qu'ils n'avaient fait aucun traité avec lui, et qu'au contraire lui, Édouard, avait toujours regardé le roi de Navarre et ses amis comme les ennemis de l'Angleterre. » Geoffroy d'Harcourt était-il l'ennemi d'Édouard ?

Pour appuyer ce manifeste, le duc de Lancastre descendit en Normandie ; les Anglais, réunis aux Navarrais, formèrent une armée de quarante mille hommes d'armes, sans compter les gens de pied. Jean s'avança contre les alliés, qui venaient de prendre et de raser Verneuil au Perche ; les Anglais se retirèrent dans les forêts de l'Aigle, et Jean mit le siége devant Breteuil, qui n'ouvrit ses portes qu'après deux mois de résistance.

Jean, de retour à Paris, apprend que le prince de Galles, après avoir ravagé l'Auvergne, le Limousin et le Berri, s'approchait de la Touraine : il fait aussitôt le serment de marcher à lui, et de le combattre partout où il le rencontrera. Il convoque barons, grands vassaux, seigneurs, gentilshommes et chevaliers de son royaume, ordonnant qu'aucun d'eux ne se dispense de se trouver au rendez-vous sur les marches de Blois et de Tours.

On s'assemble dans les plaines de Chartres : Craon, Boucicault et l'Hermite de Chaumont se portent en avant avec trois cents hommes d'armes pour reconnaître et harceler l'ennemi.

Le Prince Noir avait eu d'abord le dessein de rejoindre dans le Perche l'armée du duc de Lancastre ; mais trouvant les passages de la Loire gardés, et apprenant que Jean réunissait des forces considérables, il reprit le chemin de Bordeaux par la Touraine et le Poitou : il perdit quelque temps au château de Romorantin, dans lequel Boucicault, Craon et l'Hermite de Chaumont s'étaient renfermés, à la suite d'une affaire d'avant-poste : c'est le premier siége, comme Crécy fut la première bataille, où l'on se soit servi du canon. Le prince de Galles avait donc du canon dans son armée ? Il ne l'employa pourtant pas à la bataille de Poitiers ; nos grands barons dédaignèrent aussi d'en faire usage à la bataille d'Azincourt, quoiqu'ils eussent avec eux une artillerie formidable pour le temps. La valeur chevaleresque méprisait les armes qui pouvaient être également celles du lâche et du brave.

Le prince de Galles, en s'arrêtant devant Romorantin, avait commis une faute qui le devait perdre : ce fut cette faute qui le couvrit de gloire, et la France de deuil : elle laissa à Jean le temps d'atteindre l'armée anglaise, qui, n'eût été ce siége imprudent, fût rentrée en Guyenne sans coup férir.

Les Français franchirent la Loire sur différents points.

Le Prince Noir commençait à manquer de vivres; il avait fait un détour pour éviter Poitiers, resté fidèle à la France. Ce mouvement permit au roi, qui suivait la ligne la plus courte, de se porter en avant des Anglais.

Or, ceux-ci envoyèrent à la découverte deux cents armures de fer, *tous montés sur fleur de coursiers,* et commandées par le captal de Buch. Elles tombèrent dans les troupes du roi, et virent la campagne couverte d'hommes d'armes : elles fondirent sur les traîneurs. Le bruit de l'attaque parvint à Jean au moment même où il allait entrer dans Poitiers : il retourna sur ses pas avec le gros de son armée.

Les coureurs anglais, ayant rejoint le prince de Galles, lui racontèrent ce qu'ils avaient appris, et combien l'armée française était nombreuse. Il répondit : « Or, il nous faut savoir à present comment nous la combattrons à nostre avantage. » Il prit poste sur un terrain de difficile accès; Jean, de son côté, s'arrêta : la nuit vint et couvrit les deux camps.

Le lendemain dimanche, 18 septembre, le roi fit chanter une messe dans sa tente, et communia avec ses quatre fils, Charles, Louis, Jean, Philippe, et les seigneurs des fleurs de lis, comme on appelait alors les princes du sang.

Quand cela fut fait, Jean assembla son conseil : il proposa d'attaquer l'ennemi, et le conseil fut de l'avis du roi.

Les historiens ont blâmé cette résolution; mais ils n'ont considéré ni les circonstances ni les mœurs. Sans doute il eût été plus sûr d'affamer les Anglais et de les forcer à se rendre; mais il était aussi très-possible et plus héroïque de les vaincre. Si l'on n'eût pas perdu un jour; si le duc d'Orléans ne se fût pas retiré avec un tiers de l'armée à l'abord de l'engagement, il est probable que le prince de Galles eût succombé. Et quel juste sujet de ressentiment le roi n'avait-il pas contre les Anglais ! Dans ce temps, d'ailleurs, les batailles n'étaient plus des calculs; elles étaient le fruit du hasard ou d'une impulsion guerrière; elles n'avaient presque jamais de grands résultats; elles ne changeaient pas la face des empires : c'étaient des actions où l'on décidait non de l'existence, mais de l'honneur des nations. Aussi les princes s'envoyaient-ils des cartels pour se rencontrer en tel lieu convenu, comme de simples chevaliers s'appelaient en champ clos. Des hérauts d'armes portaient ces défis. « Vous irez à Troyes, dit le comte de Buckingham aux deux hérauts d'armes qu'il envoya au duc de Bourgogne, sous le règne de Charles V; vous parlerez aux seigneurs, et leur direz que nous sommes sortis d'Angleterre pour faire faicts d'armes, et là où nous les croyons trouver nous les demandons ; et pour ce que nous savons qu'une partie de la fleur de lys et de la chevalerie françoise repose là dedans, nous sommes venus à ce chemin, et s'ils veulent rien dire, ils nous trouveront sur les champs. »

On poussait si loin quelquefois cette délicatesse du point d'honneur entre deux armées, qu'on se refusait à prendre l'avantage du terrain. Souvent les généraux et les rois faisaient serment de combattre leur ennemi partout où ils le trouveraient, comme les dieux d'Homère juraient par eux-mêmes de faire des choses qui n'étaient pas toujours raisonnables, ou plutôt comme les vieux Germains s'engageaient à porter une longue barbe ou un anneau de fer jusqu'à ce qu'ils eussent abattu un Romain. Deux nations ainsi descendues dans la lice ne pouvaient pas plus refuser le combat, qu'un homme de cœur ne se peut dispenser de tirer l'épée quand il a reçu un affront.

Il fut donc résolu, dans le conseil du roi, de marcher droit à l'ennemi. Aussitôt les ordres sont donnés : les cors de chasse et les trompettes sonnent haut et clair ; les ménestriers jouent de leurs instruments, les soldats s'apprêtent; les seigneurs déploient leurs bannières; les chevaliers montent à cheval et viennent se ranger à l'endroit où l'étendard des lis et l'oriflamme flottaient au vent. On voyait courir les chevaucheurs, les poursuivants, les hérauts d'armes, les pages, les varlets avec leur casaque, le blason et la devise de leurs maîtres. Partout brillaient belles cuirasses, riches armoiries, lances, écus, heaumes et pennons; là se trouvait toute la fleur de France, car nul chevalier ni écuyer n'avait osé demeurer au manoir. On entendait, au milieu des fanfares, de la voix des chefs, du hennissement des chevaux, retentir les cris d'armes des différents seigneurs : « Montmorency au premier chrétien, Châtillon au noble duc, Montjoie au blanc épervier, Montjoie Bourgogne, Bourbon Notre-Dame. » Tous ces cris étaient dominés par le cri de France : « Montjoie Saint-Denis, » par des complaintes en l'honneur de la Vierge, et par la chanson de Roland.

Des vassaux, tête nue, sous la bannière de leur paroisse, et portant des colobes et des tabards (espèce de chemise sans manches et de manteau court); des barons en chaperons, en robes longues et fourrées, marchant sous les couleurs de leurs dames ; une infanterie en peliçon ou jaquette, armée d'arcs, d'arbalètes, de bâtons ferrés et de fauchards ; une cavalerie couverte de fer et portant le bassinet et la lance; des évêques en cottes de mailles et en mitre; des aumôniers, des confesseurs; des croix, des images de saints, de nouvelles et d'anciennes machines de guerre; toute cette armée, enfin, présentait aux feux du soleil un spectacle aussi extraordinaire que brillant et varié.

Les troupes réunies formaient plus de soixante mille combattants : on y voyait le frère et les quatre fils du roi, la plupart des seigneurs des fleurs de lis, d'illustres commandants étrangers, trois mille chevaliers portant bannières. Tous ces guerriers avaient à leur tête le roi, qui, s'il n'était pas le plus grand capitaine de son royaume, en était du moins le plus brave soldat et le premier chevalier.

L'armée fut divisée en trois corps ou trois *batailles,* comme on parlait alors, par l'avis du connétable Jean de Brienne et des deux maréchaux d'Audeneham et de Clermont. Le duc d'Orléans, frère du roi, ayant sous lui trente-six bannières et deux cents pennons, commandait la première bataille; la seconde avait pour chef le dauphin Charles, duc de Normandie, qui fut Charles le Sage; ses deux frères Louis et Jean marchaient avec lui : les trois princes étaient sous la garde des sires de Saint-Venant, de Landas, de Vondenay et de Cervolles, dit l'Archiprêtre, depuis célèbre aventurier. Le roi menait la troisième bataille avec Philippe, le plus jeune de ses fils, tige de la seconde maison de Bourgogne.

Ces trois corps, qui auraient pu envelopper l'ennemi en tournant la position du prince de Galles, furent disposés sur une ligne oblique, un peu en arrière les uns des autres. L'aile gauche, la plus avancée vers l'ennemi, et sous les ordres du duc d'Orléans, n'était séparée des Anglais que par un monticule, dont on négligea de s'emparer; le dauphin commandait au centre, et le roi, à l'aile droite, la réserve. On jugera de la science militaire de ce temps, quand on saura que ces dispositions se faisaient avant d'avoir reconnu le terrain occupé par le prince de Galles.

Tandis que l'armée française se mettait en bataille, le roi envoya Eustache de Ribaumont, Jean de Landas et Richard de Beaujeu examiner le camp du chevalier qui avait gagné ses éperons à Crécy. Cependant Jean, monté sur un cheval blanc, parcourait les lignes et disait : « Quand vous estes dans vos bonnes villes, vous menacez les Anglois, et desirez avoir le bassinet en la teste devant eux. Or, y estes-vous. Je vous les montre : si leur veuillez remontrer leur maltalent, et contrevenger les dommages qu'ils vous ont faits. » L'armée répondit d'une commune voix : « Sire, Dieu y ait part! »

Les trois chevaliers envoyés à la découverte revinrent, et rendirent compte au roi de ce qu'ils avaient observé.

L'ennemi s'était retranché au milieu d'une vigne, sur une petite hauteur, auprès d'un village appelé *Maupertuis*; pour aller à lui, il n'y avait qu'un chemin creux bordé de deux haies épaisses, et si étroit, qu'à peine trois cavaliers y pouvaient passer de front. Le prince de Galles avait embusqué des archers derrière ces haies. Parvenu au bout du défilé, on trouvait l'armée anglaise, composée en tout de deux mille hommes d'armes, de quatre mille archers et de quinze cents aventuriers. Il n'y avait guère sur ces sept à huit mille hommes que trois mille Anglais : le reste était Français et Gascons.

Le prince avait fait mettre pied à terre à sa cavalerie, qui ne pouvait agir dans le lieu où elle se trouvait : le tout formait, sur la pente de la colline, un corps d'infanterie pesamment armé, retranché parmi des buissons et des vignes, couvert sur son front par des archers rangés en forme de herse. Cette disposition était l'ouvrage de James d'Audeley, chevalier d'une grande expérience.

Si le roi Jean avait avec lui la fleur de la chevalerie de France, le Prince Noir avait pour compagnons les plus vaillants guerriers de l'Angleterre et de la Guyenne : entre les premiers, on remarquait Jean lord Chandos, les comtes de Warwick et de Suffolk, Richard Stanfort, James d'Audeley, et Pierre, son frère, sir Basset et plusieurs autres; entre les seconds on comptait le captal de Buch, Jean de Chaumont, les sires de Lesparre, de Rozem, de Montferrand, de Landuras, de Prumes, de Bourguenze, d'Aubrecicourt et de Ghistelles : c'est toujours nommer des Français.

Ribaumont ayant peint au roi la position des ennemis, Jean lui demanda comment on les devait attaquer. « Tous à pied, répondit Ribaumont, excepté trois cents armures de fer choisies entre les plus habiles et les plus chevalereuses; elles entreront dans le chemin creux pour rompre les archers. Elles seront suivies du reste des hommes d'armes à pied pour donner sur les hommes d'armes anglois qui sont en bataille sur la hauteur au bout du défilé, et pour les combattre de la main à la main. »

Jean suivit cet avis, qui lui plaisait par sa hardiesse : mieux conseillé, il aurait fait attaquer les archers à dos, et les eût chassés des deux haies avant de s'engager dans le défilé. Les maréchaux, d'après le plan adopté, désignèrent les trois cents cavaliers qui devaient ouvrir le chemin. Le reste des hommes d'armes fut démonté; on leur ordonna d'ôter leurs éperons, de tailler leurs piques, et de les réduire à cinq pieds de long, pour s'en servir avec plus de facilité dans la mêlée. Un corps d'Allemands, commandé par les comtes de Nidau, de Nassau et de Saarbruck, demeura à cheval afin de soutenir, en cas de besoin, les trois cents hommes d'armes à l'attaque du défilé. Le roi, accompagné de vingt chevaliers, se mit au milieu de ces Allemands pour voir de plus près le commencement de l'action. Tout étant ainsi disposé, on donne le signal du combat.

Déjà les trois cents hommes d'armes avaient embrassé leurs targes, quand voici venir un cavalier qui demande à parler au roi : on reconnut le cardinal de Périgord. Le pape ne cessait de travailler à la réconciliation de la France et de l'Angleterre : les deux cardinaux d'Urgel et de Périgord avaient été envoyés vers les deux armées pour les engager à la paix et traiter de la liberté du roi de Navarre. Le cardinal de Périgord ne s'était point rebuté du mauvais succès de ses premières tentatives, et, s'attachant aux pas des princes rivaux, il était arrivé à l'instant même où ils allaient vider leur querelle.

Il court vers le roi de France ; aussitôt qu'il l'aperçoit, il descend de cheval, s'incline et s'écrie en joignant les mains : « Très chier sire, vous avez ici toute la fleur de la chevalerie de vostre royaume, reunie contre un petit nombre d'ennemis. Si vous pouvez en obtenir ce que vous desirez sans combattre, vous espargnerez le sang chrestien et la vie de vos sujets. Vous savez que Dieu tient dans sa main le sort des armes ; je vous conjure, au nom de ce Dieu et de la charité, de me permettre d'aller vers le prince de Galles lui representer son peril et l'avantage de la paix. »

Le roi répondit : « Il nous plaist que cela soit ainsi ; mais retournez vite. »

Le cardinal chevauche au camp anglais. Au nom de la religion, les barrières des deux armées s'abaissent et laissent passer son ministre : il trouva le fils d'Édouard au milieu de ses chevaliers, couvert de son armure noire, et portant la devise des princes de Galles, prise de l'écusson du vieux roi de Bohême ; présage qui promettait à Poitiers le destin de Crécy. « Certes, beau fils, lui dit l'envoyé du pape, si vous aviez examiné l'armée du roi de France, vous me permettriez d'essayer de conclure avec lui un traité. » Le prince répondit : « J'entendrai à tout, fors à la perte de mon honneur et de celui de mes chevaliers. » Le cardinal répliqua : « Beau fils, vous dites bien. » Et il retourna en toute hâte au camp français.

Il supplia le roi de suspendre l'attaque jusqu'au lendemain. « Vos ennemis, disait-il, ne peuvent eschapper ; accordez-leur quelques instants pour apercevoir leur peril. » Jean s'y refusa d'abord sur l'avis de la plus grande partie de son conseil ; mais, par respect pour le saint-siége, il consentit enfin à ce délai, qui donna le temps aux Anglais de se retrancher, ralentit l'ardeur du soldat et fut la principale cause de la perte de la bataille.

Le roi fit dresser une *belle tente de couleur vermeille* dans l'endroit même où il se trouvait. Les troupes déposèrent leurs armes, à l'exception du corps commandé par le connétable et par les deux maréchaux.

Le cardinal, retourné au camp anglais, et revenu ensuite au camp français, rapporta au roi les propositions du prince de Galles. Celui-ci offrait de rendre les prisonniers qu'il avait faits, les villes et châteaux qu'il avait pris depuis trois années ; il s'engageait, pendant sept ans, à ne point porter les armes contre la France : Villani ajoute qu'il consentait à payer deux cent mille nobles ou écus d'or pour les dégâts commis par son armée. Le prince demandait en mariage une fille du roi, et, pour dot de cette princesse, le seul duché d'Angoulême ; enfin, il réclamait la liberté de Charles le Mauvais, et s'engageait à faire consentir Édouard aux conditions du traité.

Jean, que les historiens représentent comme un téméraire, n'avait déjà été que trop modéré en accordant aux Anglais une suspension d'armes ; il allait donner une nouvelle preuve de son esprit conciliant en acceptant l'offre du Prince Noir, lorsque Renaud de Chauveau, évêque de Châlons, se leva dans le conseil.

« Sire, dit-il, s'il m'en souvient bien, le roi d'Angleterre, son fils, et son frère le duc de Lancastre, vous ont, à plusieurs reprises, insulté, et ont rempli votre royaume de meurtres et de ruines. Sur terre, ils ont humilié votre père Philippe et massacré votre noblesse ; sur mer, ils ont assailli vos vaisseaux et brûlé vos ports comme des pirates. Quelle vengeance en avez-vous tirée ? Quoi ! pour prix de ces brigandages, vous donneriez votre fille à des mains teintes du sang français ! Dieu vous livre votre principal ennemi, ces orgueilleux Anglais, ces Gascons infidèles, ces lâches qui viennent d'égorger les pâtres et les laboureurs, ces incendiaires qui ont porté la flamme dans les hameaux qui fument encore, et vous les laisseriez échapper ! Et croyez-vous qu'ils soient de bonne foi dans ce qu'ils vous proposent ? Ne connaissez-vous pas leur perfidie ? Sous le prétexte de faire ratifier les conditions par le monarque anglais, ils gagneront du temps ; Édouard refusera de confirmer le traité conclu. Cependant le duc de Lancastre, qui ravage le Perche avec son armée, aura rejoint le prince de Galles ; alors la victoire passera peut-être à vos ennemis. Dieu vous préserve de plus grands malheurs ! Je demande qu'aucun délai ne soit accordé, et que votre vengeance cesse d'être suspendue par des propositions insidieuses, et par les lenteurs de votre conseil. »

Ce discours, dont le prélat soutint la vigueur la pique à la main, fit bouillonner dans le sein du roi l'ardeur guerrière ; les barons crièrent : Aux armes ! « Allez, dit Jean au cardinal, allez signifier au prince de

Galles qu'il ait à se rendre prisonnier lui et cent de ses principaux chevaliers : à cette condition, je laisserai passer son armée. » Le prince, au ouïr de ces paroles, qui lui furent rapportées par le cardinal, répondit : « Mes chevaliers ne seront pris que les armes à la main ; quant à moi, quelque chose qu'il arrive, l'Angleterre n'aura pas à payer ma rançon. »

Ces pourparlers occupèrent toute la journée du dimanche. Pendant la tenue du conseil, divers chevaliers des deux armées chevauchèrent le long des batailles. Dans une de ces courses, le maréchal de Clermont rencontra Jean Chandos : ils portaient tous les deux dans les armes le même emblème : c'était une dame vêtue d'une robe bleue, au milieu des rayons d'un soleil. « Chandos, dit le maréchal, depuis quand avez-vous pris ma devise? — Et vous, la mienne? » répliqua Chandos. « Si nos gens, reprit Clermont, n'estoient au moment de jouer des mains, je vous prouverais tout à l'heure que vous ne devez pas porter cette devise. — Eh! s'écria Chandos, demain nous nous retrouverons, et je vous prouverai que la dame bleue est plustost mienne que vostre. » Cette querelle de chevalerie coûta la vie au maréchal, qui fut tué par Chandos.

La nuit était venue : les Français, abondamment pourvus de vivres, se fiant dans leur nombre et leur valeur, la passèrent à dormir ; les Anglais, manquant de tout, veillèrent et se retranchèrent : autour de leur camp et devant leurs archers, ils creusèrent des fossés profonds, qu'ils revêtirent de palissades ; dans la partie la plus faible de leur poste, ils se couvrirent avec leurs bagages et leurs chariots. Le prince de Galles commanda d'apporter le butin enlevé ; il en fit faire trois monceaux entre son camp et celui des Français, et l'on y mit le feu. Ce sacrifice ne laissa plus rien à regretter aux Anglais ; tandis que les tourbillons de flammes et de fumée qui s'élevaient, la veille d'une bataille, dans les ténèbres, servirent à masquer les travaux de l'ennemi et à étonner nos soldats.

Le soleil qui devait éclairer un jour si funeste à notre patrie se leva, et trouva les cœurs bercés de fausses espérances (19 septembre 1356). Les Français se rangèrent dans le même ordre que le jour précédent ; les Anglais changèrent quelque chose à leurs dispositions : instruits, on ne sait comment, de la manière dont ils seraient attaqués, ils placèrent au front de leur ligne un certain nombre de cavaliers pour soutenir le choc des maréchaux ; ils cachèrent, en outre, trois cents hommes d'armes et trois cents archers à cheval derrière une petite colline, au revers de laquelle s'étendait le corps commandé par le dauphin et ses deux frères. Ces six cents hommes avaient ordre, aussitôt qu'ils verraient l'action engagée, de tourner le mamelon et de prendre en flanc les troupes du dauphin. Le cardinal de Périgord reparut, mais on lui fit dire de la part des Français de se retirer. Il passa alors chez le prince de Galles, dont il était sujet, comme natif de Guyenne. « Beau fils, lui dit-il, faites ce que vous pourrez; il vous faut combattre. » Le prince répondit : « J'y compte, ainsi que mes chevaliers; Dieu veuille aider au droit ! » Le cardinal alla rejoindre l'autre légat au haut d'une colline, d'où ils élevèrent leurs mains vers le Dieu de paix, tandis que dans la plaine on invoquait celui des armées.

Au milieu de ses compagnons d'armes, le Prince Noir leur tint ce discours :

« Seigneurs, si nous ne sommes qu'un petit nombre contre l'armée puissante de nos ennemis, il ne faut pas laisser s'affaiblir notre courage. Ce n'est pas le soldat, c'est Dieu qui donne la victoire. Si nous sommes vainqueurs, notre triomphe en sera plus éclatant; si nous devons mourir, j'ai un père et deux frères; vous, vous avez des amis qui nous vengeront; ainsi ne songez qu'à bien combattre. S'il plaît à Dieu, vous me verrez aujourd'hui bon chevalier. »

Le prince de Galles garda auprès de lui Chandos, qui cependant courut au choc des maréchaux de France : il désirait aussi retenir d'Audeley; mais celui-ci avait fait vœu de combattre au premier rang dans toute affaire où le roi d'Angleterre, ou l'un de ses fils, se trouverait en personne. Le prince de Galles lui permit donc d'accomplir son vœu, et il s'alla placer au front de la ligne, parmi les hommes d'armes qui soutenaient les archers.

Les Français élèvent le cri d'armes : à ce signal, les deux maréchaux de France, les comtes d'Audeneham et de Clermont, entrent dans le défilé à la tête de trois cents cavaliers commandés pour frayer le chemin. A peine sont-ils engagés entre les deux haies qui bordent le chemin, que les archers retranchés derrière font pleuvoir sur eux une grêle de flèches. Ces flèches, longues, barbues, dentelées, lancées à bout portant par un ennemi invisible, frappent dans l'épais bataillon. Les chevaux, percés d'outre en outre, effrayés et rendus furieux par la douleur, hennissent, ronflent, se cabrent, refusent d'avancer, se tournent de côté, trébuchent et tombent sous leurs maîtres. Les derniers rangs essayent de passer sur les premiers rangs abattus, se renversent et augmentent le péril et la confusion. Cependant les deux maréchaux, avec quelques chevaliers, surmontent les obstacles et parviennent au front de l'armée anglaise : là ils trouvent une nouvelle ligne d'archers et sire James d'Audeley à la tête de ses hommes d'armes. Ces braves maréchaux, sortis presque seuls du défilé, ne peuvent soutenir un combat trop inégal : Clermont meurt de la main de Chandos; d'Audeneham, porté à terre par d'Audeley, est forcé de se rendre.

Bientôt le bruit de cette défaite se répand. Les cavaliers arrêtés au milieu du défilé, entre leurs premiers rangs abattus et les hommes d'armes à pied qui les suivent, ne pouvant ni avancer ni reculer, restent immobiles, exposés aux flèches qui les transpercent et les clouent à leurs chevaux ; des cris et des rugissements sortent de l'horrible mêlée. Les hommes d'armes, qui déjà pénétraient dans le chemin, se replient sur le corps commandé par le dauphin Charles. Au même moment les six cents cavaliers anglais cachés au revers de la colline sortent de leur embuscade, et viennent prendre à dos ce même corps. La terreur s'empare des soudoyers; les hommes d'armes démontés se dispersent. Les seigneurs de Landas, de Vondenay, de Saint-Venant, qui avaient la garde des trois fils du roi, jugeant trop vite la bataille perdue, les forcent de s'éloigner. Landas et Vondenay, après avoir laissé les jeunes princes entre les mains de Saint-Venant, revinrent avec de L'Angle, Saintré et Cervolles, se ranger auprès du roi.

Les troupes du dauphin s'étant débandées, celles du duc d'Orléans prirent lâchement la fuite avec leur chef; il ne resta sur le champ de bataille que l'escadron de cavalerie allemande et la division conduite par le roi, à laquelle se joignirent plusieurs chevaliers qui n'avaient pu se résoudre à abandonner leur maître.

Instruit de la déroute des deux premiers corps français, le prince de Galles ordonne à ses hommes d'armes de remonter à cheval. Jean Chandos dit au prince : « Sire, chevauchons avant, la journée est vostre, Dieu sera aujourd'hui dans votre main ; marchons au roi de France. Je sais bien que par vaillance il ne fuira point, ainsi il nous demeurera. » Le prince répondit : « Allons, Jean ! vous ne me verrez d'aujourd'hui retourner en arrière. » Il crie aussitôt à sa bannière : « Bannière, chevauchez avant ! au nom de Dieu et de saint Georges! » et il descend de la colline avec toute son armée.

Le roi, faisant serrer les rangs, marche aux Anglais, qui sortaient du défilé pour l'attaquer : il se faisait remarquer au milieu des siens par sa haute taille, son air martial, et par les fleurs de lis d'or semées sur sa cotte d'armes; il était à pied, comme le reste de ses chevaliers, et tenait à la main une hache à deux tranchants, arme des vieux Franks. A ses côtés était son fils, le jeune Philippe à peine âgé de quatorze ans, comme le lionceau auprès du lion. Tous les historiens conviennent que si la quatrième partie de notre armée avait combattu comme son roi, elle aurait remporté la victoire. Le choc fut rude : d'un côté c'était le Prince Noir environné de Chandos, du captal de Buch, fameux rival de Duguesclin; de d'Audeley, d'Aubrecicourt, des comtes de Warwick et de Suffolk, maréchaux d'Angleterre; de l'autre, le roi Jean, accompagné de Jacques de Bourbon, et de Pierre de Bourbon, père de ce Louis II de Bourbon dont les vertus annoncèrent celles de Henri IV; des deux princes d'Artois, fils d'un traître, et tous deux fidèles; des comtes de Saarbruck, de Nidau et de Nassau, tous trois Allemands, et dignes d'être Français; de Guichard de Beaujeu, de Guillaume de Nesle, de Guillaume de Montagu, de Richard de L'Angle, des sires de Chambly, de La Heuse, de Pons, de Tancarville, de Laval, de Damp-Marie, de La Tour, d'Humières, d'Urfé, de Duras, de Gaucher de Brienne, connétable de France et duc d'Athènes, double titre qui lui imposait l'obligation de tomber avec gloire; de l'évêque de Châlons, qui mourut le casque en tête comme Adhémar sur les murs de Jérusalem; de Geoffroy de Charny, le vaillant porte-oriflamme; d'Eustache de Ribaumont, si célèbre par la couronne de perles qu'Édouard lui donna devant Calais; de Lafayette et de La Rochefoucauld, noms que les armes ont cédés aux lettres; enfin, de Jean de Saintré, réputé le plus brave chevalier de son temps, et dont les romans gaulois ont consacré le nom.

La cavalerie allemande soutint bien la première charge, mais elle lâcha pied après avoir perdu les comtes de Saarbruck, de Nidau et de Nassau, qui la commandaient. Les chevaliers français des diverses provinces, rangés, avec leurs écuyers, autour des bannières de leurs suzerains, combattaient tantôt par pelotons séparés, tantôt mêlés et confondus. Le prince de Galles, avec Chandos, attaqua la division du connétable, et le captal de Buch, avec les maréchaux d'Angleterre, se trouva en face du roi.

Jean le vit approcher avec une joie intrépide : abandonné des deux tiers de ses soldats, il ne lui vint pas même un moment la pensée de reculer, résolu qu'il était de sauver l'honneur français, s'il ne pouvait sauver la France. Nos hommes d'armes ayant raccourci leurs piques, le roi ne put les faire remonter à cheval comme le prince de Galles avait fait remonter les siens. Les Anglais étaient, en outre, accompagnés d'archers qui décidèrent de la victoire en perçant de loin des fantassins pesants, qui ne pouvaient joindre leurs légers ennemis. L'armée anglaise, toute à cheval, se ruait avec de grands cris sur l'armée française toute à pied. Les flots des combattants étaient poussés vers Poitiers, et ce fut près de cette ville que se fit le plus grand carnage. Les habitants, craignant que les vainqueurs n'entrassent pêle-mêle avec les vaincus, refusèrent d'ouvrir leurs portes.

Déjà les plus braves avaient été tués; le bruit diminuait sur le champ de bataille, les rangs s'éclaircissaient à vue d'œil; les chevaliers tombaient les uns après les autres, comme une forêt dont on coupe les grands arbres. Charny, haussant l'oriflamme, luttait encore contre une foule d'ennemis qui la lui voulaient arracher. Jean, la tête nue (son casque était tombé dans le mouvement du combat), blessé deux fois au visage, présentait son front sanglant à l'ennemi. Incapable de crainte pour lui-même, il s'attendrit sur son jeune fils, déjà blessé en parant les coups qu'on portait à son père; il voulut éloigner l'enfant royal, et le confia à quelques seigneurs; mais Philippe échappa aux mains de ses gardes, et revint auprès de Jean, malgré ses ordres. N'ayant pas assez de force pour frapper, il veillait aux jours du monarque en lui criant : « Mon père, prenez garde! à droite, à gauche, derrière vous, » à mesure qu'il voyait approcher un ennemi.

Les cris avaient cessé. Charny, étendu aux pieds du roi, serrait dans ses bras raidis par la mort l'oriflamme qu'il n'avait pas abandonnée; il n'y avait plus que les fleurs de lis debout sur le champ de bataille : la France tout entière n'était plus que dans son roi. Jean, tenant sa hache des deux mains, défendant sa patrie, son fils, sa couronne et l'oriflamme, immolait quiconque l'osait approcher. Il n'avait autour de lui que quelques chevaliers abattus et percés de coups, qui se ranimaient dans la poussière à la voix de leur souverain, faisaient un dernier effort, et retombaient pour ne plus se relever. Mille ennemis essayaient de saisir le roi vivant et lui disaient : « Sire, rendez-vous! » Jean, épuisé de fatigue et perdant son sang, n'écoutait rien et voulait mourir.

Un chevalier fend la foule, écarte les soldats, s'approche respectueusement du roi, et lui parlant en français : « Sire, au nom de Dieu, rendez-vous! » Le roi, frappé du son de cette voix, baisse sa hache, et dit : « A qui me rendrai-je? à qui? Où est mon cousin le prince de Galles? si je le voyais, je parlerais. — Il n'est pas ici, répondit le chevalier; mais rendez-vous à moi, et je vous menerai vers lui. — Qui estes-vous? » repart le roi. « Sire, je suis Denis de Morbec, chevalier d'Artois; je sers le roi d'Angleterre, parce que j'ai esté obligé de quitter mon pays pour avoir tué un homme. »

Jean ôta son gant de la main droite et le jeta au chevalier en lui disant : « Je me rends à vous. » Du moins le roi de France ne remit son épée qu'à un Français.

On ne voyait plus ni bannières ni pennons de notre armée dans les champs de Poitiers. Le prince de Galles ignorait encore toute sa gloire : Chandos lui conseilla de planter sa bannière sur un buisson, pour rallier ses troupes et se reposer. On dressa une petite tente rouge : le prince y entra. Les officiers de sa chambre lui détachèrent son casque et lui présentèrent à boire ; les trompettes sonnèrent le rappel. Les chevaliers anglais et gascons accourent, amenant avec eux un nombre prodigieux de prisonniers ; il y avait tel soldat qui à lui seul en avait jusqu'à dix : on les traita avec une générosité extraordinaire : la plupart furent renvoyés sur parole, et sur la simple promesse d'une rançon qu'on eut soin de ne pas rendre assez forte pour les ruiner.

Les deux maréchaux d'Angleterre arrivèrent auprès du fils d'Édouard, qui leur demanda des nouvelles du roi de France. « Sire, répondirent-ils, nous ne savons ce qu'il est devenu, mais il faut qu'il soit mort ou prins, car il n'a pas quitté l'ost. » Chandos avait déjà jugé que Jean, par *vaillance,* ne fuirait point ; Warwick déclare qu'il est mort ou pris, car il n'a pas cessé de combattre ; nous allons voir le prince de Galles proclamer Jean le plus brave gentilhomme de son armée : un monarque français, dont la valeur est si hautement reconnue même de ses ennemis, peut être vaincu sans cesser de régner ; les rois chevelus ne perdirent que sur la pourpre la couronne qu'ils avaient reçue sur un bouclier.

Le Prince Noir dit à Warwick et à Cobham : « Allez, je vous prie, et chevauchez si loin, que vous me puissiez apprendre nouvelle du roi de France. » Warwick et Cobham partirent, et tout en chevauchant montèrent sur un tertre, afin de regarder autour d'eux. Ils découvrirent une troupe d'hommes qui marchaient lentement et s'arrêtaient à chaque pas. Les deux barons descendirent aussitôt de la colline et piquèrent de ce côté. Ils s'écrièrent en approchant de la troupe : « Q'est-ce cy ? » On leur répondit : « C'est le roy de France qui est prins : il y a plus de dix chevaliers et escuyers qui se le disputent. »

Jean, au milieu de ces soldats, menant son fils par la main, était exposé au plus grand péril : les Anglais et les Gascons s'arrachaient tour à tour la proie ; ils l'avaient enlevée à Denis de Morbec. Chacun criait en parlant du roi : « Je l'ai prins, je l'ai prins. » Jean disait : « Menez-moi courtoisement, et mon fils aussi, devant le prince de Galles, mon cousin. Ne vous querellez point pour ma prise ; car je suis assez grand seigneur pour vous faire tous riches. » Ces paroles apaisaient un moment les hommes d'armes ; mais ils n'avaient pas fait un pas qu'ils recommençaient leur contention. Warwick et Cobham se jettent dans la foule, écartent les soldats, leur défendent sous peine de vie d'approcher du roi, descendent de cheval, saluent le monarque et son fils, et les mènent à la tente du prince de Galles.

Déjà averti de l'approche du roi, le fils d'Édouard sortit pour recevoir le grand prisonnier, s'inclina devant lui jusqu'à terre, l'accueillit de paroles courtoises, le pria d'entrer dans sa tente, commanda d'apporter le vin et les épices, « et les presenta lui-mesme à Jean et à son fils, disent les chroniques, en *signe de fort grand amour.* » Ainsi sont écrites au ciel les défaites et les victoires; ainsi s'élèvent et tombent les empires! Huit siècles auparavant, le premier roi frank triompha des Visigoths presque au même lieu où Jean devint prisonnier des Anglais ; et Charny succomba en défendant l'oriflamme dans les champs où, quatre cents ans après lui, Larochejacquelein devait mourir pour le drapeau blanc.

La nuit venue, le Prince Noir fit dresser dans sa tente une table abondamment servie, où s'assirent, avec le roi et son fils, les plus illustres prisonniers, Jacques de Bourbon, Jean d'Artois, les comtes de Tancarville, d'Estampes, de Damp-Marie, de Graville, et le seigneur de Parthenay. Les autres barons et chevaliers français, compagnons des périls et des malheurs de leur maître, étaient placés à d'autres tables. Le prince de Galles servait lui-même ses hôtes ; il refusa constamment de partager le repas du roi, disant qu'il n'était pas assez présomptueux pour s'asseoir à la table d'un si grand prince et d'un si vaillant homme. « Chier sire, disait-il à Jean, ne vous laissez abattre ; si Dieu n'a pas voulu faire aujourd'hui ce que vous desiriez, monseigneur mon pere vous traitera avec tous les honneurs que vous meritez, et traitera avec vous à des conditions si raisonnables, que vous en demeurerez pour toujours amis. Vous devez certainement vous rejouir, quoique la journée n'ait pas esté vostre, car vous avez acquis le haut renom de prouesse ; vous avez surpassé tous ceux de vostre costé. Je ne dis mie cela, chier sire, pour vous consoler, car tous mes chevaliers qui ont vu le combat s'accordent à vous en donner le prix et la couronne. »

Jusque-là, Jean avait supporté son malheur avec magnanimité ; aucune plainte n'était sortie de sa bouche, aucune marque de faiblesse n'avait trahi l'homme : mais quand il se vit traiter avec cette générosité, quand il vit ces mêmes ennemis qui lui refusaient sur le trône le titre de roi de France le reconnaître pour roi dans les fers, alors il se sentit réellement vaincu. Des larmes s'échappèrent de ses yeux et lavèrent les traces de sang qui restaient sur son visage. Au banquet de la captivité le roi très-chrétien put dire comme le saint roi : *Les pleurs se sont mêlés au vin de ma coupe.*

Le reste des prisonniers se prit à pleurer en voyant pleurer le roi : le festin fut un moment suspendu. Les guerriers français, si bons juges en nobles actions, regardaient avec un murmure d'admiration leur vainqueur, à peine âgé de vingt-six ans. « Quel monarque il promet à sa patrie, disaient-ils, s'il peut vivre et persévérer dans sa fortune ! »

Les paroles des malheureux sont prophétiques : si le prince de Galles entendit celles de ses prisonniers, il put avoir, à la vue des inconstances du sort, un pressentiment de ses propres destinées. Ce prince vécut peu de jours. Son fils, qui monta sur le trône d'Angleterre, trahi par ces mêmes nobles qui avaient combattu à Poitiers, obligé de recourir à la protection de l'héritier du roi Jean, déposé par un parlement ingrat, enfermé dans une tour; son fils, dis-je, condamné à mourir de faim, lutta plusieurs jours contre la mort, désirant en vain à son dernier soupir les miettes de ce repas que son père, victorieux, servit à un monarque infortuné. La gloire même du vainqueur de Poitiers a péri dans les champs où elle jeta une si vive lumière.

Au-dessus de l'ancienne abbaye de Vouillé et du village de Beauvoir en Poitou, sur le haut d'une colline couverte de joncs marins, on croit trouver les vestiges d'un vieux camp. Vers le milieu de ce camp, on remarque l'ouverture d'un puits à demi comblé : c'est tout ce qui atteste le passage d'un héros. Le village de Maupertuis a disparu; personne dans le pays ne se souvient qu'il ait existé. Par une autre bizarrerie du sort, le lieu où l'on voit les traces du camp anglais s'appelle aujourd'hui *Carthage;* comme si la fortune, pour se jouer des hommes, s'était plu à effacer un nom fameux par un nom plus fameux encore, une ruine par une ruine, une vanité par une vanité [1].

---

[1] *Voyez*, sur ce mot de *Carthage*, l'*Essai de dissertation sur le* CAMPUS VOCLADENSIS, dans les *Dissertations* de LEBŒUF. *Voyez* encore les *Vies des capitaines illustres au moyen âge,* par M. MAZAS. On trouve dans ce consciencieux ouvrage des renseignements sur les batailles de Crécy, de Poitiers et d'Azincourt. J'ai dans mon récit corrigé les noms propres misérablement estropiés par nos historiens, qui ont suivi FROISSARD et les Chroniques de Flandre. L'édition de FROISSARD, par M. BUCHON, m'a beaucoup servi pour ces corrections, bien que je n'adopte pas entièrement toutes les leçons. J'ai reçu aussi de Poitiers, sur la bataille de ce nom, des plans et des documents.

FIN DU TOME PREMIER DE L'ANALYSE RAISONNÉE.

TABLE DES MATIÈRES

ESSAI HISTORIQUE SUR LES RÉVOLUTIONS ANCIENNES ET MODERNES. (Suite.)

Pages.

Chapitre XII. — Denys à Corinthe. Les Bourbons. 4
Chap. XIII. — Aux Infortunés. 6
Chap. XIV. — Agis à Sparte. 14
Chap. XV. — Condamnation et exécution d'Agis et de sa famille. 16
Chap. XVI. — Jugement et condamnation de Charles Ier, roi d'Angleterre. 19
Chap. XVII — M. de Malesherbes. Exécution de Louis XVI. 23
Chap. XVIII. — Triple parallèle : Agis, Charles et Louis 26
Chap. XIX. — Quelques pensées. 30
Chap. XX. — Philippe et Alexandre. 31
Chap. XXI. — Siècle d'Alexandre. . . . . ib.
Chap. XXII. — Philosophes grecs 32
Chap. XXIII. — Philosophes modernes. Depuis l'invasion des Barbares jusqu'à la renaissance des lettres 38
Chap. XXIV. Suite. — Depuis Bacon jusqu'aux encyclopédistes 42
Chap. XXV. — Les encyclopédistes. 44
Chap. XXVI. — Platon, Fénelon, J.-J. Rousseau. La *République* de Platon, le *Télémaque*, l'*Émile* 46
Chap. XXVII. — Mœurs comparées des philosophes anciens et des philosophes modernes. 53
Chap. XXVIII. — De l'influence des philosophes grecs de l'âge d'Alexandre sur leur siècle, et de l'influence des philosophes modernes sur le nôtre 56
Chap. XXIX. — Influence politique. 57
Chap. XXX. — Influence religieuse. 59
Chap. XXXI. — Histoire du polythéisme, depuis son origine jusqu'à son plus haut point de grandeur. . . . . Ib.
Chap. XXXII. — Décadence du polythéisme chez les Grecs, occasionnée par les sectes philosophiques et plusieurs autres causes. 62
Chap. XXXIII. — Le polythéisme à Rome jusqu'au christianisme. 64
Chap. XXXIV. — Histoire du christianisme, depuis la naissance du Christ jusqu'à sa résurrection. . . . . Ib.
Chap. XXXV. — Accroissement du christianisme jusqu'à Constantin 65
Chap. XXXVI. Suite. — Depuis Constantin jusqu'aux Barbares 66
Chap. XXXVII. Suite. — Conversion des Barbares. 68
Chap. XXXVIII. — Depuis la conversion des Barbares jusqu'à la renaissance des lettres. Le christianisme atteint à son plus haut point de grandeur. 69
Chap. XXXIX. — Décadence du christianisme occasionnée par trois causes : les vices de la cour de Rome, la renaissance des lettres, et la réformation. 70
Chap. XL. — La réformation 71

	Pages.
Chap. XLI. — Depuis la réformation jusqu'au Régent	74
Chap. XLII. — Le Régent. La chute du christianisme s'accélère	75
Chap. XLIII. — La secte philosophique sous Louis XV	76
Chap. XLIV. — Objections des philosophes contre le christianisme. Objections philosophiques	79
Chap. XLV. — Objections historiques et critiques	80
Chap. XLVI. — Objection contre le dogme	82
Chap. XLVII. — Objection contre la discipline	83
Chap. XLVIII. — De l'esprit des prêtres chez les anciens et chez les modernes, considéré dans un gouvernement populaire	85
Chap. XLIX. — De l'esprit des prêtres chez les anciens et chez les modernes, considéré dans un gouvernement monarchique	87
Chap. L. — Du clergé actuel en Europe. — Du clergé en France	90
Chap. LI. — Du clergé en Italie	91
Chap. LII. — Du clergé en Allemagne	92
Chap. LIII. — Du clergé en Angleterre	Ib.
Chap. LIV. — Du clergé en Espagne et en Portugal. Voyage aux Açores. Anecdote	93
Chap. LV. — Quelle sera la religion qui remplacera le christianisme	99
Chap. LVI. — Résumé	102
Chap. LVII et dernier. — Nuit chez les Sauvages de l'Amérique	110
Note	116

ANALYSE RAISONNÉE DE L'HISTOIRE DE FRANCE.

Première race	121
Seconde race	138
Troisième race	159
Hugues Capet	161
Robert	163
Henri Ier	164
Philippe Ier	Ib.
Louis VI	167
Louis VII	170
Philippe II	Ib.
Louis VIII	173
Louis IX	174
Philippe III	175
Philippe IV	176
Louis X	184
Philippe V	188
Charles IV	191

FÉODALITÉ, CHEVALERIE, ÉDUCATION, MŒURS GÉNÉRALES DES DOUZIÈME, TREIZIÈME ET QUATORZIÈME SIÈCLES.

Féodalité	194
Chevalerie	210
Éducation	216
Mœurs générales des douzième, treizième et quatorzième siècles	220

HISTOIRE DE FRANCE.

Philippe VI, dit de Valois	242
Fragments. — Vœu du Héron	243

	Pages.
Fragments. — Perte des Français au combat naval de l'Écluse. Godemar du Fay. Causes des méprises dans ces guerres du quatorzième siècle.	246
Fragments. — Guerre de Bretagne. Les Bretons.	248
Fragments. — Siége de Hennebon. Jeanne, comtesse de Montfort. Aventure de Gautier de Mauny et de La Cerda	249
Fragments. — Amours d'Édouard III et de la comtesse de Salisbury	254
Fragments. — Chute d'Artevelle	259
Fragments. — Invasion de la France par Édouard	262
Fragments. — Reddition de Calais	289
Fragments. — Mort du roi.	294
Jean II, depuis son avénement à la couronne jusqu'à la bataille de Poitiers.	295
Fragments. — Du roi de Navarre.	296
Fragments. — Les trois états.	297
Fragments — Bataille de Poitiers.	300

FIN DE LA TABLE DU TOME PREMIER DE L'ANALYSE RAISONNÉE.

LAGNY. — Typographie de VIALAT.

EN VENTE CHEZ LES MÊMES ÉDITEURS

Œuvres de M. de Chateaubriand, ancienne édition, 16 vol. grand in-8°, illustrés de 64 gravures sur acier.
Œuvres littéraires de M. A. de Lamartine, 5 vol. grand in-8°, 30 gravures.
Œuvres de Buffon, 10 demi-vol. in-8°, 100 gravures sur acier coloriées à la main, et le portrait de l'auteur.
Histoire de France, 6 beaux vol., 34 gravures.
Histoire de Paris depuis les premiers temps historiques, par J.-A. Dulaure, continuée jusqu'à nos jours par C. Leynadier, 8 vol., 150 gravures dont 50 coloriées à la main.
Histoire maritime de France, par M. Léon Guérin, historien titulaire de la marine, 7 vol. grand in-8°, 50 gravures sur acier ou plans.
    Les trois derniers volumes, qui comprennent les événements maritimes depuis 1789 jusqu'en 1857, se vendent à part.
Histoire de Napoléon III et de la Dynastie napoléonienne, par Paul Lacroix (Bibliophile Jacob), 4 vol. illustrés de 40 gravures inédites sur acier.
La Collection de l'Écho des Feuilletons, 17 vol., 180 gravures sur acier, et 540 gravures sur bois.
Louis XIV et son siècle, par A. Dumas, 60 gravures, 240 vignettes, 2 vol. grand in-8°.
Histoire de Louis XVI et de Marie-Antoinette, par A. Dumas, 3 vol., 40 gravures.
Monte-Cristo, par A. Dumas, 2 vol. grand in-8°, 30 gravures sur acier.
Les Mousquetaires, par A. Dumas, 1 vol. grand in-8°, 33 gravures.
Vingt ans après, par le même, 1 vol., 37 gravures.
Le Vicomte de Bragelonne, par A. Dumas, 2 très-beaux vol. grand in-8°, 60 gravures.
Mémoires d'un Médecin, par A. Dumas, comprenant : *Joseph Balsamo, le Collier de la Reine, Ange Pitou* et *la Comtesse de Charny,* 6 volumes divisés en 12 tomes ornés de 200 gravures inédites sur papier teinté chine.

EN COURS DE PUBLICATION

Œuvres de Chateaubriand, nouvelle et riche édition, 20 vol. grand in-8° jésus, ornés de 100 gravures inédites sur acier.
Géographie universelle de Malte-Brun, revue, rectifiée et complétement mise au niveau de l'état actuel des connaissances géographiques, par M. **CORTAMBERT**, membre et ancien secrétaire général de la Société de Géographie, 8 forts tomes divisés en 16 vol., illustrés de 80 gravures et types coloriés; plus, de 8 cartes inédites.
Les Héros du Christianisme à travers les Ages, magnifique ouvrage illustré de 48 splendides gravures sur acier. 4 parties de 2 vol. chaque.
Histoire de France, nouvelle et riche édition, comprenant la guerre d'Orient, illustrée de 60 gravures sur acier, 4 cartes et plans, 12 vol. grand in-8° ou 6 forts tomes.
Nouvelles Œuvres illustrées de A. Dumas, comprenant : *El Salteador, Maître Adam le Calabrais, Aventures de John Davys, un Page du duc de Savoie, les Mohicans de Paris, Salvator le Commissionnaire, Journal de madame Giovanni,* etc., etc., etc.

LAGNY. — Imprimerie de VIALAT.

www.ingramcontent.com/pod-product-compliance
Lightning Source LLC
Chambersburg PA
CBHW050738170426
43202CB00013B/2285